本项目得到2010年教育部人文社会科学研究一般项目（10YJA720028）经费资助

实践哲学问题史文丛

存在与伦理

——海德格尔实践哲学向度的基本论题考察

Being and Ethics:
Ethical Dimension of Heidegger's Thinking

孙小玲 著

《实践哲学问题史文丛》学术指导委员会

顾 问

张世英　杨祖陶　梁志学　叶秀山　刘放桐　陈村富　杨寿堪　宋希仁
黄颂杰　赵修义　朱贻庭　赵敦华　俞吾金　张志扬　陈家琪　吴晓明
韩　震　冯　俊　Ludwig Siep(德国明斯特大学)
Volker Gerhardt(德国柏林洪堡大学)
Jürgen Stolzenberg(德国维藤伯格大学)　Patrick Riley(美国哈佛大学)

主 任

李文潮[德]　万俊人　童世骏

成 员　(按笔画顺序)

王凤才　王金林　王　恒　王新生　牛建科　邓安庆　石敏敏　田海平
冯　平　刘清平　刘森林　江　畅　孙小铃　孙向晨　吴新文　余达淮
邹诗鹏　汪行福　陈　真　林宏星　罗亚玲　柯景华　徐长福　高兆明
高国希　黄　勇　黄裕生　郝兆宽　章雪富　曾晓平　詹世友　廖申白
戴茂堂　魏敦友

《实践哲学问题史文丛》
主 编 的 话

  西学东渐一百多年，我国人文学术的精神气象为之大变。叙事论道、解经释义既不再是圣人之心一统天下，亦不可能只是所谓西方普理的具体应用，"古今中外"成为每一个思想者不得不思考与探究的问题境遇和立言基础。所以，民国学术一经"西学"之润泽与激励，旋即迎来其耀目的辉煌，"学贯中西"、"理及古今"乃此时大师之标志。虽然体用之辩、中西之别、古今之分凡此种种二元对立的思维构成此时意识的主宰，但贯中西之绝学、会古今之通理、察万物之妙变、穷人伦之公义乃学问之所向，思想之真如。通过民国学术大家的努力，中国古典学问被纳入现代世界知识系统中来了，这是具有伟大意义的思想史事件，但二元对立的思维方式毕竟客观上阻碍了此时学术前行的步伐，博学的大师一个个都未能跳出心灵的枷锁，最终只留下一个确切的前景之暗示：只有真正地超越二元对立的思维定势，方有可能让中国学术登上思想之顶峰。

  但一种思维定势一经形成且已成为某种文化的固件，却要去克服它又谈何容易！因为这种思维方式毋宁说是整个西方文化最为根深蒂固的东西。虽然一般地说，二元对立的思维是西方现代性哲学的标识，立根于笛卡尔的"我思"，完成于康德本体与现象相分的二元世界之确立，但其真正的发源地，却不在现代的笛卡尔，而在古希腊的柏拉图。正是柏拉图为了对抗智者派的相对主义和主观主义，使哲学定位于在纷繁多变的复杂现象中把握其"本质"这种概念化的规定而让思维上升到了纯概念的"理念世界"。这种起初"反主观性"的思维通过近代为科学知识奠基的知识论的转化和"主体性哲学"的强化，就转换成为本质上的"主观性思维"了，而柏拉图式的"本质主义"也被定格为"理论哲学"的经典模型。所以，过去的哲学史家都在说，西方哲学无非就是柏拉图主义的"注脚"，而柏拉图主义实质上又是二元论的："世界"无不以"概念化的本质"和"经验性的现象"的二元分裂和对立呈现出来。哪怕是处理带有强烈实践性的伦理问题，"柏拉图的伦理学就一直是严格二元论的伦理学"，① 这便成为几乎所有现代性的批评者最终都把西方文化的病根归因于柏拉图的缘由。

当然，我们也要看到，由柏拉图的学生亚里士多德所首倡的"实践哲学"，从一开始就是这种二元对立的思维方式的克星。因为亚里士多德所理解的"实践哲学"与"理论哲学"的最大不同，在于它的提问方式："理论哲学"以"这是什么"发问，而"实践哲学"则是以"事物如何是其所是"发问 ②。苏格拉底不断地问："美是什么?"纯然是理论哲学的发问方式，而被问者却只能回答说，陶罐是美的，美女是美的，如此等等，都是答非所问。因为被苏格拉底所"代言的"柏拉图哲学所期

---

① ［德］E.策勒尔：《古希腊哲学史纲》，翁绍军译，山东人民出版社 1996 年版，第 148 页。

② 参阅：Aristoteles: Metaphysik, 994a21："尽管实践哲学也要问，某物性质如何……" übersetzt von Hermann Bonitz (ed.Wellmann), rowohlts enzyklopädie, 3. Auflage 2002,S.71。

望的答案是要说出"美本身",即美的本质是什么,对于这一问题最终连苏格拉底自己也真诚地承认,他对之是无知的!无知乃最大的知,其实并非只是对一般不懂哲学的门外汉的"讽刺",同时也是对"理论哲学"二元对立的"本质主义"本身的自我"讽刺"!亚里士多德十分反感理论哲学的这种腔调,显示出他"吾爱吾师,吾更爱真理"的超越风范,他的超越性当然是思维方式上的,而这本于他的提问方式的改变:以"白"为例,我们只需问:一个白色的事物如何成为白色的,而不是去问"白本身"是什么,因为白就在白马、白墙、白云等个别的事物之中,"白本身"如果存在的话,也并不比白墙、白云更白!①

立足于这种发问方式的实践哲学,本来是不会出现"本质"和"现象"的二元对立的,因为它抓住了哲学最终所问者——"存在"的真正本质即"实存"(zur Existenz),而"实存"就是"是其所是"地去"行动"(ergon),由其"潜能"到"实现"。这种意义上的"实践"不是与"理论"(思辨)对立的,它是"目的"在自身的生成"活动","物"以其所是的"物性"而自"行"成物,人以其固有的人性而自"行""成人",因而绝不是什么把理论哲学所制定的"原理"拿来"实践运用",所以这种"实践"从根本上区别于现代的"实践"。后者只相当于亚里士多德的"制作活动"(tēchne):是"目的在自身之外的",从而把具有自身目的实现意义上的"理性"演变为现代的"工具理性"。亚里士多德意义上的"实践"有其自身的"原则"和规范,诚如伽达默尔所言,它完全不与"理论"对立,相反,"理论也是一种实践,而且是高贵的实践",因为"理

---

① 参阅亚里士多德:《尼各马可伦理学》1096b1—5:"由于把人这个概念补充为'人本身'(Mensch an sich)还是回到同一个本质指称上,只要他们都是人,在'人'和'人本身'之间就没有区别。这也适用于'善'和'善本身'。'善本身'并不因其永远是善的就是更高程度的善,就像长期存在的白并不因此就比只存在一天的白更白些一样。"邓安庆译,人民出版社2010年版,第49页。

论"（思辨）在亚里士多德的哲学中成为最高尚的生活方式，即最接近
于神的最幸福的生活方式。正是在这种意义上，"实践哲学才可恢复其
往日的尊严：不只是去认识善，而且还要共同创造善。"①

可是，这种本来自成一体的"实践哲学"，却被亚里士多德作为与
"理论哲学"对立的一个部门哲学来对待，这就让"实践哲学"本身的"行"
（ergon）与其"第一哲学"上的"真"（知）再次分裂开来了，他的克服
柏拉图二元论的努力也就功亏一篑。因为在他作为"神学"看待的第一
哲学（形而上学）中，"存在"却是从"实体"的形式，作为"已成的"、
"不动的""存在者"去把握的，因而成为了纯形式的逻辑"范畴"而失
去了"行"的实践性，"实践哲学"却专注于"行"的"自我实现"而
又似乎缺乏自身的"形而上学"，这就从根本上割裂了"存在"与其本
质（实存）的内在生命之联系，从而也显示出旧的形而上学之最为隐蔽
的错误：以范畴来阐释存在者的存在最终会扼杀哲学所要领会的存在一
般的内在生命。

康德哲学之伟大，不在于二元相分的论证之缜密和独卓，而在于随
之提出的"实践哲学"证成了"伦理的形而上学"（Metaphysik der Sit-
ten）以取代旧的以表象为中介的"知性形而上学"，这不仅从根本上革
了旧形而上学的命，而且填补了亚里士多德实践哲学与"形而上学"之
间的空地，使"伦理的"或"实践的""形而上学"登上了哲学的王座。
同时康德一再阐明，只有这种"实践的""形而上学"才是"可行的"，
向上通往"本体"和宗教的超验领域，遂使自由、灵魂和上帝临在的意
义呈现出来；向下实达意志，遂以自律之道德和自治之律法开辟出有义
（正义）、有法（法律之法和道德之法）和有德（自由的个人之美德）的

---

① 伽达默尔：《价值伦理学和实践哲学》，载于邓安庆译：《伽达默尔集》，上海远东
出版社 1997 年版，第 271 页。

道德世界。至此为止，他心目中孜孜以求的"形而上学的复兴"应该说是达到了目的。但是，康德自己却不这样看，他最终还是觉得，"形而上学"不应该只是"实践的"，而是对"自然的"与"伦理的"加以综合的这种"总体的"！但是，这一"总体形而上学"的要求又完全超越了人类理性的限度。因为在他看来，"理性"只是"原则的能力"，那么对应于这种能力之应用的，就是"伦理的形而上学"了，再要在"伦理的形而上学"之上建构"总的形而上学"这一根本不可能完成的任务，就成了康德哲学最根本的失误，从而也造成了其哲学最终使得超越的本体世界和经验的现象界被强行地二元对立起来。这一失误本身同时还是显露出康德对在亚里士多德那里已经显露出来的旧形而上学对存在本身内在生命的扼杀了无意识。

所以，无论是亚里士多德还是康德，本来从他们的实践哲学出发，即成功地确立了自身的"实践的形而上学"，而实践的形而上学所证成的可行的道义原则依赖于其本身的实践性，即是形而上学所要领悟的一般存在的内在生命，这就使"实践哲学"本身成为了"一阶的"哲学基础，而不仅仅是个部门哲学了，但他们却都把它仅仅作为一个"二阶的"部门哲学来对待！所以这里的根本问题还是出在没有真正地打通实践哲学（伦理学）和"形而上学"之间的关系上。之所以"打不通"，是出于这种根深蒂固的错误认识："形而上学"所思考的"存在"是不动的存在者，只能"静观"（思辨），不能"自行"（实践）！

康德之后的德国观念论（Deutsche Idealismus）于是都以超越康德为己任。表面上看，费希特、谢林和黑格尔都是努力克服康德的二元论，但这种克服本身，实质上只不过是印证了康德在《实践理性批判》一开始就给哲学确定的任务：证明纯粹实践理性本身是可以实践的！因而是通过不同的方式来重构实践哲学（伦理学）与"形而上学"之间的内在同一性而展开的，这也就是间接地证明，形而上学意义上的"存在"本质上就具有实践性。

自诩最得康德哲学之真谛的费希特首先以"本原行动"(Tathande-lung)来构建其"知识学"作为对康德哲学的克服和完成，最能体现我们的上述判断。所谓"本原行动"仅从字面上看，就是这样一种行动：行动（Handelung）和事实（Tat）是完全同一的。例如，我们"做人"，是通过我们的自我意识"我是一个什么样的人"去"行动"，而这种"是其所是"地"行动"，就和"你成了什么样的人"这一"事实"即"结果"直接等同。所以费希特洞察到，"自我意识"就是这样的"本原行动"，自我既是"意识的""对象"，又通过"成己"的行动变成真实的自我："是其所是"（我就是我，即我成为我所意识到的本真的我）。这不仅是所有"知识"（主客体的同一）的基础，同时也是伦理的（知和行的统一）基础。"我是（Ich bin），乃是对一种本原行动（Thathandlung）的表达，但也是对整个知识学中必定产生的那唯一可能的本原行动的表达。"① 这样，费希特就从"实践"（行）本位的形而上学确立了他的所谓"知识学"，而这种"知识学就是形而上学"。

谢林开始以"艺术"和"神话"构建"绝对"（本原存在），以期回到主客体的二元对立尚未出现之前的本原存在，来克服和完成康德哲学，最终在《天启哲学》中以"能在、必在和应在"的三位一体阐发"元存在"（Ursein）的"实存结构"和"实存关系"，从而以"能在、必在和应在"的存在论关系阐明"实存"的"伦理"关系和精神秩序 ②，这不仅超越了康德的二元论，而且为海德格尔的"实存论"实践哲学奠定

---

① Fichte-Gesamtausgabe I, 2. Herg. von Reinhard Lauth und Hans Jacob, Stuttgart-Bad Cannstatt 1965, S.259.

② F.W.J.Schelling: Urfassung der Philosophie der Offenbarung, Teilband 1, Herausgegeben von Walter E. Ehrhardt Felix Meiner Verlag, Hamburg1992.S.82–88. 中文翻译请参见邓安庆译《晚期谢林〈天启哲学〉中的存在论四讲》，载于《云南大学学报》2014 年第 3 期。

了基础。

黑格尔以"辩证法"的自否定性将在柏拉图的"理念论"中所具有的"本体论"、逻辑学和认识论及价值论的功能融于一体，实质上是借助逻各斯（绝对理念）本身的内在生命力量之外化（体现为"历史的表演"）来诠释或理解人类生活样态的结构演变，其目的无非就是考察逻各斯内见于心（意识、精神），外示于行（政治、伦理）的法则力量对于人类历史的生成演变。因此，他在法哲学中，一再地阐释所谓"理念即概念及其现实化"，于是，我们可以说，他的哲学无非就是对柏拉图的理念论和亚里士多德的"实践哲学"的内在综合，从广义上也可以说是一种实践哲学：逻各斯实存论（Logos-existentialismus）或逻各斯释义学（Logos-Hermeneutik）。

有了黑格尔辩证法的这种哲学性质，以黑格尔辩证法作为其哲学来源之一的伽达默尔才干脆宣称，他的释义学就是一种实践哲学！我们对此就完全不用惊讶了，因为他的作为实践哲学的释义学就是对柏拉图和黑格尔的辩证法以及亚里士多德的实践哲学和海德格尔存在论哲学的内在综合，于是才成为实践哲学在当代复兴的一面旗帜。

当然，伽达默尔实践哲学的释义学最切近的基础，还是建立在海德格尔的基础存在论之上的。"基础存在论"之所以"基础"，表面上看只是因为它以"存在意义"之问取代"存在本质"之问，而使得存在论回到了被旧本体论所遗忘和抛弃的存在本身，但实际上是因为这种提问方式彻底纠正了以本质主义的"存在""范畴"来"静观"存在者从而遗忘了存在本身的内在生命这一整个西方哲学的根本错误，使得切问存在本身就是对所有存在者最为优先的基础：实际性的生命经验的显现，这不仅是形而上学的最根本问题，也是哲学本身的生命实践问题。所以，从这种意义上说，只有海德格尔的基础存在论才真正地使形而上学回到了其问题本身，即回到了存在的内在生命：实存性，而只有对实存性的回归，才使得那种"静观"不动的存在者之存在的旧本体论焕发出从未显露出来的生机：实存性才是真正的实践性！于是，海德格尔成为西方哲学史上真正打通形而上学和实践性的第一人，我们完全可以同意说："《存在与时间》的一个划时代的贡献是恢复了实践哲学的基础地位"，"开始了哲学的实践哲学转向。"①

不过海德格尔的基础存在论的实践哲学转向，还只是一个起点，甚至只是一种在他自身这里也有待具体展开的可能性，如果容忍对具体伦理—政治问题付之阙如，存在论意义上的实践哲学同样会遭遇实践哲学意义上的存在论一样的困境。庆幸的是，海德格尔意义上的融存在论与实践哲学为一体的新的实践哲学的复兴，在海德格尔的一些学生当中结出了累累硕果，无论是伽达默尔、汉斯·约纳斯还是汉娜·阿伦特和列维纳斯等等，都通过实践哲学对西方文化的纠偏和人类未来的文化发展作出了不可估量的贡献。尤其是，当列维纳斯明确地说出："伦理学作为第一哲学"时②，形而上学和实践哲学的真正关系才如此鲜明地得以确证，整个德国古典哲学通过完成形而上学的革命来复兴实践哲学的伟大意义才变得如此光辉！

这种意义上的实践哲学的复兴，才是克服现代性的主观思维的利器。从这种意义上的实践哲学出发，我们就不会把整个西方哲学仅仅看作是柏拉图主义的注脚，甚至对柏拉图的哲学本身也将获得一种新的实践哲学的理解。这就是我们强调研究实践哲学的复兴对于把握西方文化与哲学的历史，对于我们曾经被迫遭遇而现今对之迷茫的"现代性"所具有的最为独特的价值所在。

---

① 张汝伦：《存在与时间》释义（上），上海人民出版社 2012 年版，第 17 页。

② Lévinas: Éthique comme philosophie première, Préfacé et annoté par Jacques Rolland, Éditions Payot &Rivages, 1998. 中文由朱刚译，载于邓安庆主编：《当代哲学经典——伦理学卷》，北京师范大学出版集团 2014 年版，第 331—351 页。

　　而对于我们中国而言，民国之后已无大师的无奈现实的根本原因，实在是我们的二元思维之弊未能找到超克它的真正哲学。传统中国哲学虽然本质上也是一种"实践哲学"，但如何让它在经历了现代性的洗礼之后推陈出新，回到本根上焕发出生命的光彩，依然是今天的国学者必须承担的艰巨使命。如果其旧形而上学的致命缺陷得不到真正的克服，其"实践性"就难以获得存在论上的实存性生命，从而在实际生活中失去其规范的有效性，很有可能就或者成为那种以自身"先天的"优越感来对待天下之学，以己之所长对人之所短的夸夸其谈，或者变成毫无哲学性的批判的武器或无实际操作性的操作指南。

　　在全球化的今天，我们确实既沉重地感受到重建中国文化主体性的这一历史使命之迫切，又深切地体悟到克服主观性思维的这一现代性课题之重要。所以，我们推出"实践哲学问题史文丛"既希望借鉴西方复兴实践哲学之历程来为中国实践哲学的复兴找到重生的启示，又要提倡以"问题史"的方法来扎实反映我们对哲学问题的深入分析和小步推进，以促进真正有学术性的学术积累。

　　因为此种方法专注"具体问题"之义理在各家各说中的证成，中、西、古、今都能化境在"问题"之中获得超越时空的对话机缘，如此运心逐境，方能极"两仪"（中西）之至、悟"四象"（古今中西）之宜，达"存在"之本义，以"心通"及"理通"，通悟人类之共理。否则，若无究天下通理之志，岂有以一家之学而独化西学之功？在立志化西之前，先学会原汁原味地去理解，或许正是我们比较诚实的起点，而这一起点也不失为一种新文化的生机。

邓安庆

2014 年 8 月 16 日于上海

9

目　　录

序

　　《存在与伦理——海德格尔实践哲学向度的基本论题考察》是我近年来读到过的有关这一论题的最优秀的作品。我喜欢这本书，因为它引起我的共鸣，激发我深入思考伦理学的一大难题。

　　休谟以来，近代哲学已把区分"是"与"应该"作为理所当然的事情。科学的任务是描述事实，寻找现象之间的规律。伦理学的任务是建立规范，根据规范判定什么是应该的，什么是不应该的。"是什么"的问题能通过观察确定其真假，因而是可实证的；"应该是什么"的问题则与事实无关，不可通过观察来证实。科学被认为属于"实然"的领域，伦理学被认为属于"应然"领域。这样，伦理学就被排斥在科学的范围之外。

　　有关伦理的问题，被认为不属于真假的问题，而属于正当或不正当的问题。那么怎样来确立伦理规范的正当性呢？启蒙运动以来的近代思想家提出过各种各样的解决办法。休谟认为人是自利的，人们为了共同生活需要调整各自的利害关系，而只有当人通过协约建立公共生活的准则之后，才有伦理道德可言。但是这样一来，伦理学的着眼点就从"公义"转为"功利"，这无异于丧失了伦理学之为伦理学的本质。康德企图通过先验的实践理性建立普遍有效的道德准则,然而这样的道德的"绝对律令"以设定"上帝存在""灵魂不死"和"自由意志"为前提。康德一方面主张理性自己为自己立法,自己为自己建立合法性的依据,另一方面又设定理性的界限。这意味启蒙理性遇到了瓶颈:启蒙理性从扬弃上帝开始,然后为了道德律的普遍性又把上帝作为实践理性的先验设定请了回来。后现代主义否定普遍的道德律,主张没有一种宏大叙事是绝对真理,无论是大叙事还是小叙事都有自己的游戏规则,都有自己的合法性规范。这样,规范或规则似乎成为可任意制定的东西,其影响力和疆域的大小无非是权力意志和权力角逐的结果。后现代主义的伦理观活龙活现地印证了尼采有关虚无主义时代的预言。

在这种情况下,海德格尔有关把存在作为沟通"应然"与"实然"之间的桥梁,在生存中达到"实然"与"应然"的统一的论述,对伦理学无疑具有启发意义。有人说海德格尔没有伦理学。确实,在海德格尔那里没有规范的伦理学,但这并不意味他的基本本体论不能为规范伦理学打下元伦理学的基础。此在的生存是筹划中的生存,筹划也包含规则的筹划,把应然的东西实现出来,成为实然的"是"。此在在生存中看见和领悟什么是应然的,并通过实然的生活体验确定是与非,开始新的抉择和尝试。什么是好的生活?这既是应然的话题又是实然的话题。孙小玲的书稿正是抓住了这一要点,论述海德格尔生存论分析对于建构伦理学的意义。

然而,海德格尔的这条道路是不是能够走得通呢?这也是孙小玲的书稿着力研究的问题。本书中谈到"良知与罪责"。海德格尔认为"良知是对存在愧疚的意识"。此在为什么会产生这种愧疚的意识呢?按照海德格尔的解释,此在是所有在者中唯一能把存在的可能性握在自己手中的在者。此在若放弃这种对存在可能性的抉择,把自己混同为"常人",人云亦云,亦步亦趋,就丢失了此在之"生存"的本质,因而是对存在的愧疚。海德格尔的这一良知定义，与西方哲学史上通常的良知定义不同。从斯多亚学派到康德，良知被认为是一种内在的法官，判断每个人自己的意念和行为的是与非；即使当一个人因为私利而做道德上不应做的事情时，他也自知这是不应该的。海德格尔的良知定义强调了行为选择的可能性，但仅仅从这种选择的可能性入手，能不能阐明良知与罪责呢？"应然"隐含可能性；没有选择的可能性，也就没有应该与不应该的问题。因此，存在向此在开放着的可能性是应然的前提。但是，"良知"不仅是"可能性"之知，而且是知"良"之知。只知道存在选择的可能性，并不意味会作出好的选择。一个人可以选择成圣，也可以选择为盗。因此，要从基本本体论开通走向伦理学之途，廓清何谓本真存在是关键所在。

本真的存在既是实然的又是应然的，在本真的存在中真和善是统一的。但什么是本真的存在呢？要回答这个问题，海德格尔的发问从面对此在转向面对存在本身。但对存在本身的追问要比对此在的追问艰难得多。这好比一个在此岸，另一个在彼岸；一个在人世间，另一个在天地神人的四重奏中。奥古斯丁曾主张，上帝给予我们的存在原本甚好，但人自己把它弄坏了，这好比瓦器上的漏洞。瓦器上的漏洞是实然的事实，而要把它修补好属于应然的维度。人认识到自己的罪责和期待通过上帝的拯救，修补存在的缺陷，恢复完善的存在。这既是认识本真存在的实然过程，又是道德行为的应然过程。德国神秘主义大师艾克哈特主张要领悟存在的真谛，先得把自己的意志放下，把自我掏空了，不被自己的意欲牵着鼻子走了，本真的存在才显现出来。这就是所谓"泰然任之"（Gelassenheit）。由此看来，聆听存在召唤的方式与敦促此在进行自主选择的方式正好相反。从本体论的推论到诗一般的思，海德格尔后期哲学的探讨，好似一条神学的进路。不过，这不是托马斯·阿奎那式的天主教传统神学的进路，而是带有神秘主义色彩的进路。

　　孙小玲把海德格尔的观点和论证方式放在西方思想传统的大背景中加以考察。她不仅比较西方哲学传统中的相关观点，而且比较西方神学中的相关观点，不仅对照亚里士多德和康德的理智主义传统的伦理观，而且探讨奥古斯丁、谢林及基督教神秘主义传统与海德格尔思想的关联。这让我们注意到西方思想传统的复杂性和探索道路的多样性。曾经沧海难为水。对于海德格尔的哲学，做个弄潮儿容易，但若真正历经他所涉及的领域的广度和深度后，就不免有茫然不知所措的感觉。孙小玲是海归博士，多年来一直从事这一领域的研究，厚积而薄发。她的这本书是长久积累，博学切问，反复磨炼而成的精品。该书思路清晰，言之有据，论证严密，文字优雅，贯通古今，通过一种内在性批判，揭示海德格尔的存在学说作为"元伦理学"的可能性及其当代意义。

张庆熊　谨识

2016 年元月于复旦光华楼

导　言

海德格尔与伦理学

　　在 1947 年《关于人道主义的通信》中，海德格尔表明：如果我们正确地理解其存在论，那么，他的存在论"在其自身已经是原伦理了"。这与他在 1927 年《存在与时间》中将本真的罪责，即对存在的本真领悟视为"道德上的"善恶之所以可能的生存论条件，乃至于"一般道德及其实际上可能形成的诸形式之所以可能的生存论条件"，以及 1929 年的《康德与形而上学的基本问题》（以下简称《康德书》）中将自己的基础存在论称为"道德形而上学"的说法遥相呼应。我们在此书中主要就海德格尔《存在与时间》发表前后，即 20 世纪 20 年代到 30 年代中期的思想，批判性地考察了海德格尔关于其存在论的伦理性宣称，同时也回应了对海德格尔存在论的伦理蕴含的诸种解读。

一

　　或许由于其扑朔迷离的风格，较之于其他哲学家，对海德格尔哲学的解释往往呈示出完全针锋相对的效果：对于其追随或者拥戴者而言，海德格尔，尤其是其后期的哲学标志着一个令人激动的全新的开端，一种完全不同于传统形而上学的思的可能性；对于其反对者而言，海德格尔的哲学则不过是思想史上古老常新的相对主义与虚无主义的复兴。但是，无论如何，就其广泛而经久的影响力来说，海德格尔的思想无疑已经成为我们这个时代的表征（icon）。所以，尤其从20世纪中后期开始对海德格尔思想的伦理蕴含愈来愈多的关注也就不那么令人惊讶了。在此，正如舍勒夫（Charles M. Sherover）在他的《生存论伦理学建构》中所言："如果海德格尔对人的生存状况的分析确实具有生存论的相关性……那么它就必定能够对构成我们生存论结构的伦理维度有所言说，能够对构成我们现实生存状况的道德困境有所启示。也即是说，海德格尔的生存论分析应该指示出一种按照他对人类生存状况的全新理解重构道德哲学的可能性。"①

　　当然，此处，也正如在关涉海德格尔思想其他方面的情况一样，我们仍然可以看到完全截然不同的看法。对于一些哲学家来说，海德格尔的思想中并未包含任何有意义的伦理学。事实上，早在《存在与时间》发表之初，与海德格尔同时代的德国哲学家哥里斯巴赫（Eberhard Grisebach）和瑞特（Karl Löwith）就于1928年在他们各自的著作中质

---

① Charles M. Sherover, "Founding Existential Ethic", in *Human Studies* 4 (1981), p.223.

疑了海德格尔思想的伦理性向。在他们看来，海德格尔在《存在与时间》中对本真存在的唯我论（egological）和唯意志主义的阐述与他关于此在（Dasein）共在的在世性的观点互不相容。由于海德格尔最终排斥了人与人之间形成有意义的伦理关联之可能性，他关于人的此在之生存论分析也就不可能为我们提供任何有效的伦理学。[1] 类似的看法也可见于许多晚近的海德格尔的评论者。而海德格尔对具有价值中立性的存在问题的强调，对道德与伦理采取的贬抑口吻，在许多评论者看来也标证了他的存在论之非伦理性，或者至少他对伦理的冷漠。这一冷漠多少体现于他在纳粹问题上持久的令人失望的缄默。当然，他与纳粹思想与政治几乎是无可置疑的关系则更使得一些甚至多少受其思想影响的哲学家因此而趋向于质疑或否认他的思想的伦理性，[2] 如果伦理与政治相关的话，这一质疑当然具有一定的正当性。

　　尽管如此，仍然有为数众多的评论者们试图在海德格尔那儿找到一种伦理学，这些评论者或者在海德格尔那儿找到了一种康德式伦理学的生存论表述，这一表述在他们看来多少弥补了康德伦理学的某些不足，比如与伦理生活之丰富性与灵活性不相适宜的形式性与刻板性。另一些评论家则试图在海德格尔与亚里士多德的思想，尤其是后者的伦理思想之间建构起有意义的联系。循此路径，我们或许可以认为海德格尔的思想中包含了一些与亚氏，而不是康德，或者其他近现代伦理学相近的伦理动机与主题。当然，也有为数不少的评论者试图在海德格尔那儿找到某种超越于，或至少不同于一切传统伦理学的全新的伦理学，或者一种

---

　　① 　Karl Löwith, *Das Individuum in der rolle des Mitmenschen*（Munich, Drei masken verlag, 1928）与 Eberhard Grisebach, *Gegenwart. Eine kritische Ethik*（Halle-Saale: M. Nie-meyer, 1928）可能是研究海德格尔伦理思想最早且仍然具有相当影响力的著作。至今，对海德格尔思想的共在概念（Mitsein）可能的伦理蕴含，及其与本真的个别化的能在之间的关系问题仍然是海德格尔伦理研究的一个重要主题与争论点。

　　② 　其中比较著名的有诸如 E.Levinas, Leo Strausse 等。

海德格尔自己许诺的原初的伦理学。

与试图建构海德格尔与某一传统伦理思想的关联，并在此基础上发掘海德格尔思想的伦理性，或者重构一种海德格尔式伦理学的评论者不同，另一些评论者则不那么关心海德格尔思想从整体上看是否具有伦理意义，或者说是否支持我们建构一种海德格尔式伦理学的努力，而是更多地聚焦于海德格尔思想中的某些主题或者概念，比如海德格尔对情感的揭示性功能的强调，海德格尔后期对人类中心主义的拒斥，并通过对这些概念与主题的建设性阐发来唤起一些被主流伦理学忽视的要素与维度。

二

无可否认的是，这些无论是论证或否证海德格尔思想伦理性的尝试都具有自身的建设性意义，多少启迪了当代的伦理学研究与我们对自己置身的伦理境遇的反思，并因此已经构成了当代伦理学的反思与研究的一个组成部分。在本书中我们也在必要的情况下对其中某些观点做了回应。但是，另一方面，这些阐发海德格尔思想伦理性的努力在大多数情况下往往已经预设了一种特定的伦理学说与立场，比如康德式的伦理观，并试图通过对海德格尔的读解来丰富和修正，或者补充自身已然持有的伦理学说。与此不同，我在本书中将力图保持一种与完全是探索性的研究相适应的最大程度上的开放性。与上面我们引述的舍勒夫的观点不同——这一观点无疑表达了大多数介入海德格尔伦理思想研究的评论者的共识，我们将不预先设定海德格尔的思想必然包含某种伦理维度，即使我们也认为海德格尔确实对人类的某些体验作出了非常深刻与富有启迪的分析，但是，如果对这些体验的分析从根本上忽略了，或者不能与人类生活的其他重要经验达成某种平衡与可协调性（congruence），那么，无论其本身如何具有洞察力，都可能没有导向任何有意义的伦理启迪。比如，我们对人类的一些宗教性向，或者人类自利本性的阐释，如果同时遮蔽而不是开启了我们对人性其他方面的理解，那么就可能无法构成有意义的伦理启迪。这当然并不否认这一阐释具有自身的意义。就此而言，即使没有提供任何有意义的伦理学，海德格尔的存在论仍然可以具有无可否认的意义。

当然，问题是如果海德格尔的存在论并无伦理意义，那么，我们或许仍然可以研究他的思想的其他方面，但对其思想的伦理蕴含的研究就没有意义了。就此而言，不认可舍勒夫式预设与其说免除，不如说逼迫我们去对海德格尔的存在论的伦理性作出更强的证明。所以，也正如我们在本书中所要显明的那样：如果我们对海德格尔的存在论作出恰当的理解，那么，这一存在论在其自身已经是伦理化的存在论，以至于我们可以说海德格尔的存在论与伦理具有某种共生性，这仍然不等于说海德格尔对存在的思考必然导向一种有意义的伦理学，而毋宁是说，如果没有达到其所内涵的伦理要求，那么其存在论及其采取的形态都会受到深刻的影响。

这一研究导向自然地要求我们：

首先，必须从对海德格尔的存在论的理解出发去理解其内涵的伦理意向，无论这一伦理意向是否最终被完成，因为或许正如海德格尔自己所言，他的存在之思在其自身已经是原初的伦理学了。当然，我们这样做不仅是出于对海德格尔的尊重，而是因为促使我们展开研究的动机不只是去证明或否证海德格尔的伦理学，或者如果是前者的话，去界说这一伦理学的形态；而更多地是通过对其思想可能的伦理意向的研究去寻求更深地了解海德格尔的思想——就其对我们时代的广泛而深远的影响而言，理解我们所处身的时代。这当然不是说，我们因此就不那么关心伦理学，相反，从伦理的视角去解读一种几乎成为时代的标志的思想本身就表达了一种伦理关切。

其次，与上面的方法相连，我们将尽量不预设任何特定的伦理理论，这当然不是说我事实上并不偏好于某种形态的伦理学，即使或许由于人类自身的有限性，可能根本不存在一种完美的伦理学理论，而我们也因此应当对不同伦理学说保持开放性，我们总是会认为一种理论比另一种理论具有优越性。所以，精确地说，我上面所言的不预设特定的理论所表达的毋宁说是一种可以用现象学的悬搁（epoche）来描述的人为（artificial）的态度，我们希望借此达到在这方面最大限度的开放性，因为如果我们一开始就具有过强的理论承诺，我们很可能仅仅因为海德格尔的伦理意向与我们赞同的伦理学不同而不公正地否认或贬低海德格尔思想的伦理意义，或者相反，牵强附会地把我们赞同的伦理学读解为海德格尔思想内涵的伦理学，并因此而误读了海德格尔的思想。

但是，另一方面，如果完全不预设一种关于什么可以被视为伦理学的观点，那么，这一探讨一开始就会迷失方向，换一句话说，如果这一探讨确实还能够进行下去，那么，我们事实上至少有一个关于何为伦理与伦理学的导引性概念，隐瞒这一点不是不诚，就是故弄玄虚。所以，在这一探讨展开之前，我希望首先陈明在我看来构成一种有意义的伦理学所不可或缺的要素：（1）至少必须提供最为基本的善恶区分的可能性或者说理论空间，无论具体而言，这一区分被表达为善与恶（目的论），正当与不正当（道义论），德与恶（德性论）之间的区分；也无论这一区分的标准为何，比如理性法则、道德情感，乃至于个体之所欲与所恶。在此，我们事实上包容了利己主义与某些形态的唯意志主义（包括决断论）的伦理学，虽然，两者为许多伦理学家所排斥，并且这一排斥也具有充分的理由。所以，为我们这一预设所排除的将是这样一种学说，这一学说完全否认存在着任何善恶区分的标准，或者认为即使有这样一种标准，也完全不为有限的人所知，两者结果都在某种意义上拒绝在善恶之间作出区分，这或许表述了某种肯定存在圆融性的神秘主义的见解，或者表达了绝对超验的神的视角——对于这样一位神而言，善恶的区分可能完全没有意义。但对人来说，这一区分构成了我们伦理判断的基础。（2）与此相关，我们预设了伦理学之属人性，用中国的话来说，是人伦之理。这当然不是说伦理学就必须是非（反）形而上学的，或者必须是完全世俗意义上的学问，而是说一种有意义的（包括宗教内含的）伦理学必须对人类有所安置，无论其关注的更多的个人德性或权利，还是我们的社会政治生活。这就要求我们不能忽视最为基本的人类境况与人性需求，不能违背某些最为基本的信念，比如不能杀死无辜者——这些信念不仅为不同文化与历史时代的人们所公认，而且构成了我们作为社会性的人共同生活的必要条件。这一预设显然排除了比如克尔凯廓尔试图证明的亚伯拉罕杀死自己亲身儿子的正当性。当然克尔凯廓尔是在他认为超越了伦理的宗教性的意义上界说这一正当性的，但对我们来说，如果完全以此来定义宗教性，那么，宗教在此只能被认为是非伦理的，即使有所谓上帝的命令也一样。同时，这一预设也在比较宽泛的意义上提供了我们判断不同伦理学之间优劣的标准，利己主义，或者某种以强权取代正义的理论当然也提供了构成区分善恶的标准，但这样一种理论可能是自我挫败的。即便如此，两者，就其至少在形式上提供了某种区分善恶的标准而言，仍然被我们包容到广义的伦理学范畴之中。（3）伦理学作为一种弱意义上的哲学学说或者说理论反思必须相对于人类共享的经验具有一种原则上的可印证性或可否证性，或者至少必须有某种较为广泛的可传达与交流性。沿用上面的例子，亚伯拉罕特殊的信仰体验之所以不能构成对其杀子行为的伦理辩护，部分地是因为他对上帝的这一体验从本质上无法被印证与共享，同样，我们也拒绝基于一些根本上无法被共享的，极端个人性的神秘体验去建构一种伦理学，因为这种体验不能提供任何足够被分享的善恶标准。

　　某种意义上，正是基于上面关于伦理学的预设，我们以下的研究将主要聚焦于海德格尔的前期思想，即《存在与时间》前后的一系列著作，因为至少在这些著作中，对此在的经验的分析与描述仍然占有主导地位，并因此具有现象学意义上的，即使常常是有限的可印证性。[①] 此外，与其后期哲学不同，海德格尔在这些著作中更为显明地表现出了对人的关注，我们因此也更有理由期待在他的生存论分析，即其所言的基础本体论，而不是他后期对存在的纯然思辨中，找到一种有意义的伦理意蕴。这当然不是说，海德格尔的后期思想就是非伦理的，或者不能提供某种有意义的伦理启迪，这需要单独研究。即便如此，我们也更倾向于通过对其前期思想的理解找到可能通向海德格尔后期思想及其伦理相关性的线索，因为无论表面如何不同，在海德格尔前后期思想之间确实存在着某种深层的连续性。当然，另一方面，我们对其基础存在论的解读事实上也已经受到其后期思想的影响。

三

　　按照上面说明的研究意向，我们在本书中的研究将分成四个部分：

　　[①]　在他关于海德格尔思想的论著《存在之光》中，Ridling 就明确指出：《存在与时间》中的一切在原则上可以得到现象学的印证（verification）。当然，其所包含的是存在论而非存在状态的命题或论断（propositions），也即是说，它们所关涉的是存在者之存在（比如，此在存在论意义上的在世性）。但是，存在并不完全越出（over and above）[此在的] 存在领悟，这些命题仍然可以得到印证。即使《存在与时间》中的一些断言可能会有可证性问题，但这一问题却与他后期哲学中的断言之根本的不可印证性不同。Zaine Ridling, Ph.D., *The Lightness of Being: A Comprehensive Study of Heidegger's Thought*, Access Foundation, 2001, p.458。

在第一部分中，我们主要由此在与存在关系入手去读解海德格尔《存在与时间》中的基础存在论。如同许多评论者所见，《存在与时间》在某种意义上糅合了两个故事或主题，即一个存在论（ontologisch）的主题，与一个在存在者状态（ontisch）层面展开的关于此在之本真性的主题，并且两者具有不同的渊源，如果说前者表现了海德格尔对希腊以来的存在论之发展，后者则更多地体现了基督教的，或者说具有存在主义倾向的基督教的影响。我们也认可这一点，但是，这并不意味着我们可以分离两者，比如像德雷福斯（Hubert Drefus）在他的《寓世》中所做的那样。因为如果这样做的话，我们将得到的是一种关于应手性（Zuhandenheit）与现成在手性（Vorhandenheit）的存在论，即一种尽管是经过现象学改塑的物的存在论，或者至多是关于人与物交道活动的存在论。[①] 但海德格尔却从一开始就表明，我们只有在具有不同于物的存在性的此在那儿才能找到通达存在意义的路径。存在，对于海德格尔来说，是此在所领悟的，并且严格来说，是此在在其本真的生存方式中领悟的意义。

循此理解，本真性与非本真性的区分将始终构成我们探讨海德格尔基础存在论，即其关于此在的生存论分析的导引。在这一探讨中，我们将尽量摆脱沃林所言的那种大多数海德格尔的研究的二手文献所使用的注经式的解释，这一解释方式，正如沃林所见，表现了对海德格尔思想所谓的真理性的不加质疑的接受。当然，至少在开端，我们尚且无法完全摆脱海德格尔的某种意义上"与非海德格尔语言不可通约"[②] 的语言的约束。尽管如此，我们仍然试图以一些尽可能尖锐的提问将读者的目

---

①　这当然或许正是 Drefus 所要达到的目的，即由海德格尔对此在之"寓世性"的分析而导出一种结合了后期维特根斯坦与实用主义的社会（实践）本体论。Drefus 的 *Being-in-the-World* (Cambridge: MIT Press, 1991) 至少对英美海德格尔思想及其伦理性的研究具有相当深远的影响。

②　［德］理查德·沃林：《存在的政治》，周宪、王志宏译，商务印书馆 2000 年版，第 25 页。

光导向海德格尔的存在论内蕴的二元性，正是这一"世界"与"存在"之间隐在的二元性构成了海德格尔的本真与非本真生存方式区分的存在论基础。唯其如此，正如本真存在在此在之存在中有其基础，非本真的存在同样有其存在论意义上的必然性。所以，本真性，或者说领悟存在之可能性就必然地依赖于每一此在的决断。就此而言，海德格尔的存在论在自身中已经依赖于一种激进的自由观，或者用海德格尔的说法，向死而在的自由。这一自由之所以可能，是因为按照海德格尔，此在是能够先行到自身死亡中去的在者，也即是说，因为此在是时间性的、行动的在者。事实上，也正是这一行动从一开始界说了此在与存在的关联性：此在即是对其存在有所作为（Verhalten）的在者。由此，我们对海德格尔的存在论的初步探讨自然地将我们引向行动与自由的问题。

所以，在第二部分，我们将通过对这一行动，确切地说，自由的行动的深入分析进一步追问海德格尔的"存在"的含义及其与时间的相关性。事实上，如果海德格尔确实如他所言的那样更新了希腊的存在问题，那么，《存在与时间》之题名应当一开始就引起我们足够的注意，如果不是惊讶的话，因为按照通常的理解，"存在"在希腊乃是超越于流变（时间）的存在，这当然不是说希腊哲人完全无视生灭变化，但后者作为"意见"（doxa）的对象显然不能与作为理性对象的"存在"相提并论。所以，对在海德格尔那儿与"存在"并置的时间的理解无疑是理解海德格尔之存在的存在性的关键，而行动则显然提供了我们理解存在的时间性的最为重要的线索。①

但是，虽然在第二部分，对海德格尔的"存在"概念的进一步理解仍然是我们的主要任务，我们同时也开始了对他的存在论的伦理意义的

---

① 并非偶然，海德格尔《关于人道主义的通信》以"我们迄今仍远未对行动的本质作出具有决定意义的思考"开头。（WM145）

探讨，在这两方面，海德格尔自己对亚里士多德的明智（phronesis）及其所指导的伦理行动（praxis）以及他对康德的实践自由概念的解读都具有明显的指导意义。所以，在简单地介绍了亚氏和康德的伦理学说，以及在我看来两者之间最为重要的区别之后，我们在第四章（此在即行动：亚氏之路）中将聚焦于海德格尔在《柏拉图的〈智者〉》中对亚氏的明智的解释，这一解释，正如我们最终显明的那样，事实上将在亚氏作为对行动之善（目的）的明察解释成为存在的意义在其中被去蔽（领悟）的原行动，从而完成了海德格尔给自己规定的"将希腊的存在导向时间"的任务。

当然，海德格尔并没有忽视他自己的存在论与希腊存在决断之间的根本性差异，但是，对于海德格尔来说，如果伦理行动（praxis）是亚氏所言的目的（善）在其自身的行动，那么，它必定在自身中指向了这样一种行动者，这一行动者不仅是时间性的，从而是行动的存在者；而且是作为目的自身（end-in-itself）的存在者。换一句话说，在海德格尔看来，伦理行动之所以可能是为自身之故的行动，是因为此在乃是为自身之故的存在者。就此而言，海德格尔对此在的生存论分析旨在提供的恰恰是以自身为目的的伦理行动的存在论条件，并在此意义上充分地表明了其存在论的伦理意向。

但是，另一方面，如果希腊的伦理学，按照海德格尔，乃是基于，并且以自己的方式表达了希腊此在的存在论决断，那么，海德格尔的与希腊存在决断迥异的存在论所导向的自然会是一种与希腊伦理学不同形态的伦理学。所以，并不奇怪的是，海德格尔对亚氏之明智的解释与其说发展了亚氏的伦理学或实践哲学，还不如说，正如我们将要显明的那样，准备了他与康德的实践哲学的相遇。也正是在这一相遇中，原行动及其伦理性获得了更为明确的规定。我们也将因此更为清晰地看到海德格尔的存在论与希腊存在论之间的根本性差异，正如海德格尔自己表明:"虽然主导的问题是存在的问题,哲学的根本问题却是自由的问题"也即是说,某种意义上,或许并非柏拉图和亚氏这样的思想巨人为之殚精竭虑的存在问题,而是自由(意志)的问题才是海德格尔存在论的真正聚焦点。所以,为了探讨海德格尔的存在论的伦理含义,在第五章(此在即意志:康德之路)中,我们将主要解读海德格尔在《人类自由的本质》中对构成了康德伦理学基础的自由概念的解释,这一解释从根本上解构了康德的自由概念内含的合法则性,由此,康德的(实践)理性被归结为纯粹自我意欲的,并因其自我意欲性而是自由的意志,而康德道德哲学的核心问题,即"理性(法则)如何可能是实践的"也被相应地转化为"自由如何可能限制自身,或者说对自身负责"的问题,某种意义上,海德格尔对此在的生存论分析试图阐明的即是这一伦理性的自我限制或自我责任的存在论条件,也正因此,他可以将自己的基础存在论比作"道德形而上学"。

对于海德格尔而言,这一自我责任之所以是可能的,是因为自由对于此在而言,不仅是有限的自由,而且是基于有限性的自由。所以,为了进一步探寻海德格尔存在论之伦理性,我们在第三部分将转而探讨其有限性,确切地说,有限性与自由的关系。无论就对海德格尔的存在论,还是对这一存在论的伦理含义的理解而言,第三部分可以被视为最为关键的部分。在这一部分,我们将首先在第六章(认知的有限性)与第七章(生存的有限性)中通过对有限性及其与自由的关系的分析表明:自由与有限性在海德格尔那儿是互相蕴含的概念,只有在假设一种至少是存在论意义上绝对的,不受存在物限制的自由,即假设一种从无中创生世界(有)的原行动可能的情况下,我们才可能达到海德格尔所言的有限性,即此在与世界无关系,最终是此在不在此(世)的可能性。这一有限性与其说是对自由的限制,不如是自由的可能性条件。所以,并不奇怪的是,在海德格尔那儿,形而上学并非是关于存在(有),而是关于无，确切地说关于无中创造有的自由意志的"哲学"。当然，在海德格尔那儿，作为形而上学主题的意志不再是神圣意志，而是人的有限的意志。尽管如此，作为神圣意志的不完美的摹本，这一有限的意志仍然是（至少在存在论意义上）无中创生有的自由意志，并因此必须是伦理的，即将神圣意志的伦理性纳入自身的意志。在此，我们或许可以看到海德格尔之伦理与存在共生性（symbiosis）的深层原因：对于海德格尔而言，存在论必须是伦理的，否则一切都将陷入虚无的深渊，其结果是我们不仅不可能认识世界，甚至不能与世界、与自身相关联。但另一方面，伦理必须是存在论的，必须首先是意欲存在的意志，因为在建构起一切（无论是自然还是自由的）法则之前，我们首先必须建构起与世界，乃至于与自身的关系。

基于这一分析，我们将在第八章（责任与自由）中通过对海德格尔用以规定本真性的生存的罪责的分析表明：生存的责任（罪责）最终呈示为一个责任的悖论，不仅不能如海德格尔许诺的那样，提供道德的存在论基础，而且相反地表明了善恶区分，从而也是道德的无根据性。所以，虽然海德格尔的存在论，或者说他对此在的生存论分析确实表达出了一种明确的伦理意向，乃至于对伦理的要求，但这意向却始终没有得以真正完成。

至此，我们在某种意义上已经完成了我们自己给这一研究设定的任务。但是，另一方面，我们或许留下了更多的问题，其中最为重要的是生存的责任（罪责）所指示的自由的二义性的问题。正如我们将在第八章（责任与自由）中表明，就其与存在的关联而言，此在乃是自我根据的自由，并且这一生存论的自由是罪责，作为生存的责任必要的预设。但是，从存在者状态层面看，此在却不可能从根据处设置自身，也即是说不可能承担起生存的责任。某种意义上，海德格尔的罪责所凸显出的正是这一自由的悖论性。就此而言，或许海德格尔所要做的并非是通过生存的责任对于此在之可能性，相反地是通过其不可能性来印证存在之伦理性，如果是这样的话，海德格尔的这一印证就非常类似于奥古斯丁式的神义论了。所以，我们在第四部分第九章（罪与自由：海德格尔与奥古斯丁）将首先在与奥古斯丁神义论的关联中再次探讨海德格尔证明存在之伦理性的努力，通过这一探讨我们也试图更为深入地理解罪责，以及通过罪责而被领悟的自由概念在奥古斯丁那儿的源起。除此之外，我们也试图借此显明海德格尔存在论内涵的宗教性，不理解这一与其伦理意向密不可分的宗教意向，我们也许很难理解海德格尔的此在分析与存在之问之间的内在关系。但是，尽管海德格尔的此在的存在关联性主题在某种意义上可以被视为奥古斯丁的罪意识所表述的上帝与人的伦理关联性之存在论阐释，由于罪意识在海德格尔那儿不复具有任何伦理意义，其所能印证的与其说是奥古斯丁的伦理的上帝，不如是说非伦理的存在。与此相应，海德格尔的自由与责任（罪责）的形而上学也转化为他通过对后期谢林思想的阐发所建构的"恶的形而上学"。

所以，在第十章（恶与自由：海德格尔与谢林），我们将转而解读海德格尔对谢林后期的"自由论"的阐释，通过这一阐释，存在被最终表述为谢林的"上帝创世时绝对的自由"，或者海德格尔的《形而上学导论》中描述的超强力（Übergewalt）。以此存在的名义，不仅任何诉求于理性规范的伦理学，而且人与人之间的友爱与善意，也即是说，一切被我们视为善与人伦之理的东西都被解构，或者被消解。剩下的只有对存在，或者恰切地说，对神圣任意性（divine arbitrium）的纯然回应，这一回应不仅否弃了伦理责任所要求的最低限度的自由，而且由于其所回应者的非伦理性而从根本上缺乏伦理意义。

当然，在海德格尔晚期的作品中，意志论的色彩逐渐减弱，存在的天命也更多地被表述为馈赠与安置，而不是之前的超强力，但是，这一馈赠并不能在自身中制约，更毋庸说排除存在无度的强力，其结果是，由对存在（的天命）之回应所规定的此在不可避免地徘徊于强力与仁慈之间，在无差别的善恶之间。

就我们考察的结果而言，虽然海德格尔的存在论，无论其形态变换，确实表达了显明的伦理意向，甚至从一开始就为某种伦理，或者恰切地说，宗教—伦理的关怀所导引，但这意向却始终未得以完成。这是否表明了，如某些评论者所见的那样，在存在与伦理，因此也是存在论与伦理学之间有某种不相容性？或者正如沃林指出，是否"存在和人的行动这两者的利益不但可能不一致，而且实际上是彼此抵触"，以至于海德格尔，在他看来，"为了存在的图腾祭坛，而牺牲人类实践生活的多样性和差异"？① 某种意义上，我们的考察也试图更新对伦理（学）与存在（论）之间关系的思考。就存在论而言，问题是一种完全拒绝人类的伦理诉求的存在论是否有意义？就伦理学而言，如果伦理学的建构，如海德格尔相信的那样，必然地包含了某种存在论承诺，那么，对这一存在论承诺的思考将不仅促使我们对伦理学，而且对我们生活中内涵的伦理维度的深入反思。

除了通过从伦理的视角去解读海德格尔的存在论，以寻求对海德格尔思想更为深入的理解之外，我们在本书中也对构成近现代伦理与政治哲学核心的自由概念做了一些探讨。如果说，诚如保罗·利科（Paul Riceour）断言："在遭遇圣奥古斯丁称之为意志的匮乏形态（modus defectives）之前，西方思想中或许并无真正的自由概念"，那么通过回溯到自由概念在奥古斯丁神义论中的原构建，我们试图显明自由概念内含的歧义性，或许正是这一歧义性使得自由可能，正如柏林（Isaac Berlin）在政治的领域内所发现的那样，悖论性地成为自由的否弃。某种意

---

① ［德］理查德·沃林：《存在的政治》，周宪、王志宏译，商务印书馆 2000 年版，第 25 页。

义上，海德格尔在一个更深的或者说存在论层面上展示了自由概念内涵的悖论性，并因此可能激发我们对自由与道德以及政治之间的关系作出更为深入的思考。就此而言，即使我们本书中关于海德格尔思想伦理性的论断具有一定的合理性，这并不否认海德格尔思想对伦理反思与伦理学构建的启迪意义，正如许多在这方面作出卓越的研究的作品已然显明的那样。当然，鉴于海德格尔文本的复杂性与丰富性，对海德格尔思想的解释，从根本上就很难避免某种程度上的偏颇性，甚至于解释学的暴力性，意识到这一局限性，我们并不希望将自己的结论强加给读者，而更多地意在提供一个理解海德格尔思想及其伦理性的视角之同时，唤起对伦理学及其可能的存在论前提的深入思考。

与本书的研究导向相契合，我们主要采用了为海德格尔所发展的现象学的解构法（deconstruction），以确认往往被复杂的文本表层所掩盖的真正意向。当然，在采用这一方法时，我们也尽量避免在海德格尔那儿经常出现的解释学的暴力性（hermeneutic violence），为此，我们力求以一种同情的（sympathetic）态度去读解海德格尔的文本，比如，尽管我们认为海德格尔从其与亚氏迥然不同的存在决断解构了亚氏的伦理学，但我们仍然力图显明他的这一解构在一个不同的语境中保存了亚氏伦理学的某些要素，比如伦理行动之目的的内在性，这一同情的态度也使我们能够深入理解海德格尔存在论内蕴的伦理动机与意向——虽然我们最终认为这一意向没有得到完成。其次，我们在研究中尽量保持开放的态度，至少不预设任何特定的伦理理论与立场，而只设定我们认为一种有意义的伦理学所不可或缺的要素。与此相应，我们在此致力于一种内在性批判（immanent criticism），也即是说，我们并不从，比如康德式的伦理学，或者由海德格尔的政治立场去评判海德格尔思想的伦理性，而是就海德格尔之存在论本身内蕴的伦理要求是否得以满足来对其思想的伦理性作出评述。

第一部分　此在与存在

按照我们在导言中交待的规划，我们将首先从海德格尔的《存在与时间》入手探讨海德格尔思想可能的伦理蕴含。但是，也正如我们在导言中已经指出，如果不能深入理解海德格尔的存在论，那么，我们的这一探讨将从一开始就失去根据。所以，第一部分将主要聚焦于对海德格尔的存在论，即其关于此在的生存论分析的解读。

在《存在与时间》伊始，海德格尔就引出了关于存在的问题。按照他的介绍，这是最为古老的哲学问题，曾经让柏拉图和亚里士多德这样的思想巨匠为之殚精竭虑。但是，也正是在这些首次提出存在问题的哲学巨匠那儿，存在之遗忘已露端倪，因为他们所开启并且主导了西方存在之思的路径已然遮蔽了存在。所以，虽然存在的问题曾经被提出，但远未被解决，甚至可以说，这些巨匠以及他们的继承者们连正确的提问方式都未找到。

海德格尔引以为自己使命的就不只是重新提出巨人们的问题，不只是简单地回归到巨人们所代表的传统——无论海德格尔如何频繁地表达他对希腊这一哲学民族的敬意——而是以与巨人，或许还有他们代表的思的传统迥异的方式重新追问存在，去找到一条存在可被通达的途径。但是，困难在于，任何寻找的尝试可能一开始就迷失于关于存在诸多的规定中：存在究竟是最为普遍空洞的，还是最为自明的概念？如果说我们在诸多不同的意义上使用"存在"一词，那么究竟什么是存在之统一性？简而言之，既然我们无法确知所问者，我们又如何可能在诸多的途径中选择很可能是唯一正确的途径，而不是一开始就误入歧途而不自知？

然而，海德格尔认为，如果我们真正注目于存在之问，我们就不会因此而茫然无措。在此，我们所问者乃是存在的意义，按照现象学的规定，意义产生于意向行为（noesis）与其对象（noema）的关联之中，所以，我们也就应该在发问者与所问者的关联中去寻找存在的意义，而不是停留于对存在概念的思辨之上。当然，这并不意味着我们可以将存在简单地视为意识的意向对象，一如我们将桌子看作我们知觉的对象，并进而断言对象的意义是知觉，最终是我的意识的构造物。相反，在我们不知道追问的意义之前，我们将不可能知道"存在"是否是"我思"之特殊或一般对象，还是使我们把握任何对象或者说存在物的可能性条件。甚至或许并非我们的发问赋予存在以意义，而是存在使我们的发问可能，是存在将我们置于对存在的发问之中？但是，无论如何，正如海德格尔在多年后所言，"现象学赋予了我们道路的可能性"。对于海德格尔来说，借助于现象学，他至少暂时找到了通向存在之途的起点。这一起点即是此在（Dasein），那个追问着存在的存在者。所以，海德格尔将《存在与时间》中对于此在的生存论分析称为基础存在论（fundamental ontology）。

这当然表明海德格尔在《存在与时间》中所着眼的首先是对存在的意义或真理，而不只是作为一种存在者的此在（人）的界说，但是，这却并不意味着，如同某些评论者设想的那样，海德格尔关于此在的生存论分析只是为其对存在意义更为直接的彰显所作的准备。毋庸置疑的是，与《存在与时间》所阐释的基础存在论不同，在 30 年代中后期完成的著名的转向之后，海德格尔更多地借助于对存在的直接思辨，而非此在分析来继续他的存在之问，尽管此在仍然被视为存在意义得以彰显的场所。但是，这一转向，也正如海德格尔自己表明，与其说是对其前期基础存在论之继续，不如说是其存在之问所采纳的一种新的途径。与此相应，关于此在的生存论分析则可被视为海德格尔在《存在与时间》撰写阶段用以界说存在意义的相对独立的途径，也即是说，海德格尔对此在的生存论分析并非只是为其存在论所作的准备，毋宁说，所谓的基础存在论无非就是关于此在的生存论分析。① 而基础存在论之"基础"与其说表明其准备性，不如说表明其根本性与激进性。②

事实上，关于此在的生存论分析之所以可以完全被等同为（基础）存在论，是因为这一分析所着眼的已经是此在之存在性，即其对存在之领悟，而存在则无非是此在所领悟的意义。这当然预设了（1）此在之存在关联性，即此在是与存在内在关联的存在者，唯其如此，对此在之存在性，即其生存论结构的分析所界说的已经是存在的意义。与此相关的是另一预设，即（2）存在的意义只能通过此在之存在领悟而获得

---

①　这也解释了《存在与时间》中存在论 (Ontologisch) 范畴与生存论 (Existential) 范畴之间严格的对应性，比如此在的"在世性" (In-der-Welt-sein) 既是存在论也是生存论范畴。与此相应，存在者状态 (ontisch) 也与生存状态 (existenziell) 的范畴严格对应。

②　某种意义上，我们或许可以将海德格尔的基础存在论比作康德对形而上学的可能性的批判性考察，海德格尔在他的《康德书》中也暗示了这一点。当然，与康德不同，海德格尔在其转向后放弃了这一点，并且更多地试图以其后期思想来解释其生存论分析，这也导致了一些评论家倾向于将其前期关于此在的生存论分析视为他后期的存在论的准备，但这样的断言至少必须基于两个预设：(1) 连续性预设 (2) 优越性预设。就 (1) 而言，虽然存在之问贯穿海德格尔前后期思想，但无论从方法论还是从内容而言，前后期都有明显的变化，不足以支撑一种强连续性断言。就 (2) 而言，如果没有《存在与时间》，那么海德格尔至多可以被视为一个富有灵感的作家，一如他对克尔凯郭尔的评价。

界说，也即是说，除却经由此在对自身存在的理解与自我理解，我们并无对于存在的直接可通达性。如果说预设（1）以不同的方式为海德格尔前后期的存在之思所共享，预设（2）则在某种意义上区分了海德格尔前后期所采纳的界说存在意义的不同途径，以及与之相应的不同的方法论承诺。我们在此将不对这两种途径及其优劣作出贸然的评估，基于在导言中已经给出的理由，我们解读的重点将是海德格尔《存在与时间》中关于此在的生存论分析。与此相应，我们也将在下面两章中由此在对存在的领悟入手对海德格尔的基础存在论作出尽管是非常初步的探讨。

在此，正如圭侬（Charles E. Guignon）所见，在《存在与时间》中，海德格尔明显地试图通过"对人的存在的逐渐深入，也即是说，更为本真的生存方式的分析来为其存在之问奠定基础"。① 因此，在第一篇中海德格尔主要由对此在日常的（älltaglich）、通常是非本真的共同在世的方式来界说此在之存在性，这一界说某种意义上只是为了在第二篇中展示此在更为本真的生存方式所作的准备，因为唯有在这一本真的方式中，存在的意义将获得最终的界说。所以，虽然本真与非本真方式的区分，按照海德格尔，只是在此在的生存状态层面（existenziell）的区分，这一区分却具有显明的存在论意义。当然，另一方面，如同许多评论者所见，《存在与时间》在某种意义上糅合了两个故事或主题，即一个存在论（ontologisch）的主题，与一个在存在者状态（ontisch）层面展开的关于此在之本真性（与非本真性）的主题，并且两者具有不同的渊源：如果说前者表现了海德格尔对希腊以来的存在论之发展，后者则更多地体现了基督教的、或者说具有存在主义倾向的基督

---

① Charles B. Guignon, "Heidegger's authenticity revisited," in *Review of Metaphysics* 38 (Dec. 1984) 321-339, p.321.

教的影响。① 我们也认可这一点，但是，这并不意味着我们可以分离两者，比如像德雷福斯（Hubert Drefus）所做的那样。因为如果这样做的话，我们将得到的是一种关于应手性（Zuhandenheit）与现存在手性（Vorhandenheit）的存在论，即一种尽管是经过现象学改塑的物的存在论，或者至多关于人与物交道的存在论。但海德格尔却从一开始就表明，我们只有在具有不同于物的存在性的此在那儿才能找到通达存在意义的路径。并且，存在，对于海德格尔来说，最终是此在在其本真的生存方式中领悟的意义。循此理解，我们在这一部分中对海德格尔的存在论的解读将始终以他在本真性与非本真性之间所作的区分为导引，并力图阐明本真性的意义及其可能性，这一努力将把我们导向行动与自由的问题，因为按照海德格尔自己对本真性的界说，此在只有在对自身死亡的先行中才可能以本真的，也即是真正属己的方式存在，这一本真的存在被海德格尔描述为"向死而在的自由"。

① 比如 Zimmerman 就持有这一颇具代表性的观点，不过他将第二主题称为戏剧性主题。参见 Michael E. Zimmerman, *Eclipse of the self: the Development of Heidegger's concept of authenticity* (Revised edition), Athens. Ohio: Ohio University Press, 1981, p.89。

第一章

此在之双重牵萦

依循海德格尔在《存在与时间》中给出的基础存在论的思路，我们在本章第一节中将由此在的存在关联性入手去界说此在之在此，正如我们将要显明的那样，这一关联性并非某种事实的给予性，而毋宁说是在此在对存在的追问中被建构起来的意义。同时，也正是这一追问在海德格尔看来界说了此在与非此在的存在者的存在论差异（ontological difference），即此在对作为整体的存在者的超越，或者说此在的自由。由于追问是此在的行动，此在与存在的关联性也相应的首先是一种时间而非空间性关联。但是，另一方面，这一建构了此在之存在关联性的行动，正如海德格尔在关于现身形态的分析中所显明，却并非出于此在的意愿，而是已然为此在之存在所规定。就此而言，正如海德格尔在其生存论分析展开之初就表明，此在乃由其存在（即其在—此）所规定的在者。这一此在之"在此"，按照海德格尔的界说，首先意味着此在之在世。

所以，我们在第二节中主要由此在之在世，尤其此在与世内之物的日常交道，对此在作出进一步的界说。在许多评论家看来，海德格尔对此在的世界性的分析提供了一种摒弃了笛卡尔—胡塞尔式先验主体的生活世界的现象学，并且以其对前理论、乃至于前反思的人类实践的强调拒斥了近代的主知论传统。这一阅读对诸如德雷福斯那样具有实用主义倾向的哲学家尤其具有魅力，因为它可能将我们的视线从对知识的绝对基础的追寻转向对普通人的福祉的关怀。然而，海德格尔随后对常人及与之相连的沉沦现象的描述却使这一类读解成为问题，因为正是为这一类读解推崇的日常生活与社会实践被海德格尔归为非本真的，也即是说遮蔽了此在之存在的生存方式。由此，我们的探讨也相应地转向了本真与非本真性的问题。

在第三节中，我们主要分析了海德格尔关于常人与沉沦现象的描述，构成我们分析的核心问题是：何以诸如"常人"与"沉沦"那样的描述了此在特定的，即日常此在非本真的生存方式的范畴同时又被视为描述了此在之"在此"的基本范畴？换一句话说，何以沉沦到常人中去具有一种存在论意义上的必然性？正如我们试图证明的那样：除非将此在视为同时受到"存在"之牵萦与"世界"之诱惑的在者，我们将无法理解沉沦现象及其必然性。也即是说，海德格尔的存在论事实上是包含了不可消解的二元性的一元论，这一不可消解的二元性构成了海德格尔的本真与非本真生存方式的区分的存在论基础。也正因此，正如本真存在在此在之存在中有其基础，非本真的存在同样有其存在论意义上的必然性。所以，本真性，或者说领悟存在之可能性就必然地依赖于每一此在的决断，就此而言，海德格尔之存在论在自身中已经指向了一种激进的自由观，也正因此，海德格尔将本真存在界说为自由的存在。但是，如果此在首先是，并且由其存在就总已经是沉沦到常人中的此在，向本真状态的转化又如何可能？对于这一问题的解答将是我们下一章的任务。

一、此在之在此

此在，按照海德格尔的界说，即是我们每个人所是的存在者，从根本上有别于非人格的物性的存在者，并因此只能以人称代词名之。更为确切地说，此在所指的首先是由第一人称指称的我的存在，具有向来我属性（Jemeinigkeit）。但这并不就是说，此在所指的就是我们一般所谓的人（homo sepia），或者说是可以用第一人称指谓的个体。海德格尔之启用"此在"一词，并不只是为了避开传统哲学对人的诸种误导性的规定，例如人是理性的动物，是灵魂与肉体的结合等等；而是为了显明此在，即我们每个人所是的存在者与存在之间的关系，即此在的存在关联性。海德格尔以"在此存在"（Da-sein）来描述这一关系。这当然不是说"存在"，或者说"在此存在"是此在具有的属性。此在与存在的关系也决不能被解作两个存在者之间的关系，因为存在不是任何意义上的存在者，甚至不能被等同为上帝——如果上帝被视为最高和最完美的存在者的话。事实上，如果存在被等同为存在者的话，那么我们可以恰切地说存在不存在，也即是说，存在不是任何意义上的存在者。

但是，如果说存在不是存在者，如果说——用海德格尔的语言——存在与存在者（包括此在所是的存在者）之间具有不可逾越的存在论差异的话，那么，我们又如何，并且在何种意义上，可能有意义地谈论这一"关系"呢？我们或许可以说这一"关系"是可与康德所言的"理性事实"相类比的存在论事实。如果不避嫌疑的话，我们还可以称此存在论事实为形而上学事实，当然，此处的"形而上学"，正如海德格尔在他的《康德书》中指出，所指的并非任何实际的[形而上学]建构，而是康德所言的一切人都具有的"自然倾向"（K4）。

　　所以，虽然，"存在"不存在，但是此在追问存在的事实却已经指示了其与存在之间的关系。某种意义上，正是在这一对存在的追问（Fragen）之中，并且通过这一追问此在才被构建或自我构建成与存在相关联的存在者，即"在此"之在者。故此在的"在此"并非任何事实意义上的给予性，而已经是追问存在之存在者的行动（Verhalten），其所界说的也并非作为存在者的此在之本质或其"所是"（whatness），而毋宁说是此在之"所不是"，即此在对作为存在者之自身的超越性，这一对存在者，包括作为存在者之一的此在（人）的超越，按照海德格尔在《逻辑的形而上学基础》中的界说，规定此在特有的自由。事实上，也正是这种超越性构成了此在相形于非此在的其他存在者的存在论优越性，也正因此，海德格尔一再指出，他的基础存在论不能被看作任何意义上（包括哲学）的人类学。但是，另一方面，此在之所不是，即此在之"在此"又悖论性地构成了作为存在者之此在之"所是"，即此在之生存（Existenz）。故对于此在而言，生存（zu Sein）就是与存在相关联，这种关联，即此在之"在此"，正如海德格尔一再强调，所描述的与其说是一种空间性关系，不如说是一种源始的时间性关系，这一关系构成了此在本身之时间性。也正因此，对于此在而言，存在（与存在关联）即是时间，即此在之时间性开展，是这一具有自身特殊结构的开展所规定的历史性。所以，并不奇怪的是，《存在与时间》以对存在之发问为开端，以时间性以及此在之历史性为终结。而此在之绽出（Ex-istenz），即此在之烦（Sorge），或言此在对自身存在之操心，也最终被表述为一个三维时间互相勾连的意义结构，对这一意义结构之阐释最终界说了此在的存在关联性，即此在对存在之领悟。

　　但是，这一领悟并非此在所拥有的关于存在的知识，而毋宁说是此在关联存在的行动，正如海德格尔在关于此在之生存论分析开端处所言，此在即是这样一种存在者，"对于这一存在者来说，存在乃是与它自己性命攸关的东西"（SZ42）。海德格尔用"umgehen"来描述这一此在与存在之关联性，"um"在德文中既有"环绕"也有"为了……目的"的意思，故此在可以说是环行（gehen um）于作为其目的之存在的存在者。故而，此在每时每刻（jeweilich）总已经"对它的存在有所作为"（verhält）（SZ42），有所领悟（Verstehen）。这并不是说此在与存在的关系以充填每一时间点的方式展开于时间之中，毋宁说此在之存在关联性即是此在之时间性展开，或云其存在之可能性条件，而这一关联之每时每刻性（Je）则规定了此在之向来我属性或者说此在之个我性。同样，此在对存在之作为（verhalten）或者说领悟也不能被理解为此在主动的行为，因为此在并没有不如此作为的自由（选择），作为被托付给（überantworten）自己的存在之存在者，此在之"在此"所言的与其说是此在之存在（zu sein），不如说是让存在（Seinlassen）。

当然，此在并不总是能够领悟自身的被托付性。在大多数情况中，此在都处于一种遗忘存在的状态，对存在的诸种思辨，甚至整个传统存在论都可以被视为这一存在之遗忘的表征。尽管如此，此在之被交托性却也总是已经被情绪性地揭示出来。也正因此，情绪决不只是我们惯常所认为的那样只是一种转瞬即逝的心理状态，而是对此在之存在最为源始的揭示（Entschlossenheit），并因此具有极为重要的存在论意义。海德格尔富有意味地以"现身状态"（Befindlichkeit）来称谓这一对此在之在此的揭示：① 此在总是已经处于这种或那种情绪之中，也即是说，

---

① 日常德语中并没有"Befindlichkeit"一词，海德格尔显然由日常问候语"Wie befinden Sie sich?"创造了这一新词，从字面意思来说，这一问候语可以被直译为"你 [发现自己] 处于什么状况"？——此处的"状况"不仅指一般所言的情绪，而是被情绪地感受到的整体处境。显然，海德格尔试图以此词凸显情绪与处境之意向关联性，或者说情绪对我们存在之整体揭示性，以及这种揭示性所具有的接受性。

此在发现自己（befindet sich）总是已经为存在所触动，并因此总已经与自身的存在相关联。这一情绪性的关联并非此在认知与意愿的结果，毋宁说它以一种"先于一切认知与意愿"（SZ 136）的方式揭示了此在"被托付之实事性"（Faktizität der Überantwortung）（SZ 135）。海德格尔将这一此在之被托付性称为此在之被被抛状态（Geworfenheit）。作为一种被托付的，也即是说被抛的在者，此在完全不可能知道自身之何所来与何所往，而只是"存在着并且不得不存在着"（Das es ist und zu sein hat）（SZ 135）。故在情绪中，此在之存在只是作为被托付给此在之任务或者说负担而被公开出来，这一存在之负担在此在一切意愿之前已经先行地规定了此在之在此，唯其如此，此在从根本上不可能对自身的存在漠然置之，不可能不作为自身所是的存在者而存在。

当然，海德格尔随即指出，在大多数情形下，此在总是倾向于以某种方式摆脱或者说逃避这一存在之负担（Last），这种方式可能是"积极"的，即此在可以使自己处于一种昂扬的情绪（gehobene Stimmung）中，以解脱存在的负担；也可能是"消极"的，即此在让自己沉身于一种对自身存在没情没绪的厌倦状态之中。但是，从存在论的角度而言，两者不过是日常生活中此在与存在相关联的典型方式而已。并且后者，即我们通常视为否定性的情绪更加充分地公开出了存在之负担性，因为尽管我们可能凭借知识与意志对自己的情绪有所控制，但这种控制及其相伴的积极或云肯定性的情绪恰恰掩盖了此在之被抛状态，即此在为存在所萦绕的实事性。

就此而言，我们或许可以说此在乃是为存在所萦绕（obsessed）之存在者。在此，"萦绕"一词并不意欲暗示出某种非此在之异己的力量，比如被认为是绝对地超越于人之存在的上帝，而只是试图凸显出海德格尔所言的被托付与被抛的不可回避性。但这并不等于说，此在是被动的，是比如被严格意义上的命运所决定的存在者。存在或者说此在之存在关联性并不能构成对此在之限制，因为与命运不同，存在并非外在于此在的某种异己的力量，毋宁说，正如海德格尔一再表明，若无此在对存在的领悟，也无所谓存在。所以，此在与其说是以一种被规定的方式存在，不如说是自我规定的，即规定了其向来我属性（自我性）的方式的自由的存在者。正是在此意义上海德格尔将此在之"在此"界说为一种纯粹的可能性或者说"能在"（Seinkönnen）。此在存在着并且总是以对自身存在有所领会的方式存在，这即是说，此在能够自由地在自己的存在中选择或者不选择自己本身的存在，成为——用海德格尔的术语而言——本真或非本真的存在者。事实上，即使表面上具有否定意味的被抛性也已经指示了此在之能在，即此在在世界中的自我展开，海德格尔以此在之寓世性（In-der-Welt-Sein）来描述这一此在展开的本质方式。

二、此在之寓世

此在，对海德格尔而言，总已经是在世界中的存在，这并不是说此在与世界处于某种空间性关系之中，犹如水之于水杯之中。世界也不是此在，或者说人类诸种活动得以展开的一个先于此在存在的场所，按照海德格尔的解释，就源始的意义而论，

> "之中"（"in"）源自"innan"，即居住（habitare），逗留，其所意味的是：我已住下，我熟悉，我习惯，我照料。……于是，"我是"或"我在"（ich bin）就等于说：我居住于世界，我把世界作为如此这般熟悉之所而依寓之，逗留之。若把存在领会为"我在"的不定式，也就是说领会为生存论环节，那么

存在就意味着：居而寓于……，同……相熟悉。因此，"在之
中是此在存在形式上的生存论术语，而这个此在具有在世界之
中的本质性机制"（SZ 54）。

我们可以据此把"在世界之中"（in-der-Welt-Sein）解读为"寓居于世"，以凸显出此在对其所居的世界之熟悉。这种熟悉，按照海德格尔的解释，并非来自于我们关于世界的理论知识，而是描述了此在日常在世（Alltäglichen In-der-Welt-Sein），及其与世内之物交道（Umgang）的方式，这一"最切近的方式并非一味地进行觉知的认识"，而是前理论性的"操作着，使用着的烦忙（Besorgen）"（SZ 67），并且这种烦忙有它自己独特的认识或者说观视方式，海德格尔称之为寻视（Umsicht）。对于烦忙寻视的此在来说，世内之物并非与认识主体相对峙的客体—对象，而是首先呈示自身为被使用，被制造之物，即用具（Zeug），比如一把可以用来锤打钉子的锤子。但海德格尔也随即指出：

严格来说，从没有一件用具这样的东西存在。属于用具的
存在的向来总是一个用具整体。只有在这个用具整体中那件用
具才能够是它所是的东西。用具本质上是一种"为了作……的
东西"。诸种"为了作……之用"的方式，诸如"有用"，"有益"，
合用，方便等构成了一个用具整体。（SZ 69）

在这个用具整体中，每一用具都是为了其他用具的存在，故用具整体所指并非互相独立的用具之简单集合，而是诸用具之间互相关联指引所构成的意义整体。与此相应，烦忙的寻视也不只意味着使用单个用具的能力，因为这种能力本身已经预设了此在对这一被海德格尔称为指引整体的意义整体的领悟，这一基本的领悟构成了此在日常的寓世。

在《存在与时间》中海德格尔仔细分析了构成了用具之用具性的指引关系（Verwiesenheit）。每一用具不仅在自身中总是已经指向与之相关的其他用具，比如钢笔指示了墨水瓶；而且还指示了其所由来的原材料，即我们通常所谓的自然物。显而易见，海德格尔在此所言的用具不仅包括我们通常谓之的人造物（artifacts），而且，至少以一种间接的方式，包括了自然物。换一句话说，不仅人造物，而且自然物也可能以用具的形式照面日常寻视的此在，比如南风也"只在农耕的寻视的目光中被有所计算地揭示出来"（SZ 71）。

这当然并不等于说自然物因此可以被还原为用具，事实上，海德格尔在此所讨论的与其说是物，不如说是世内之物与日常寻视的此在相关联的方式，这一方式被称为用具之应手性（Zuhandenheit），以区别于作为认识对象的物之现成在手性（Vorhandenheit）。应手性所规定的并非物之"自在的物性"，而是作为人类实践之意向关联项的用具的意义，用海德格尔的语言来说，即用具之存在性。所以，离开人类活动去谈论应手性或现成在手性将毫无意义。就此而言，应手性可以被视为从对象（noema）的角度对此在与用具交道活动的界说，其最终的目的是为了阐释此在之日常寓世方式。海德格尔对形式指引的描述也显明了这一点，如果说每一用具都以"为了作……"的方式有所指引，并因此被卷入形式指引整体，那么其所指向的最终不再是具有应手性的存在物，而是寓居于世之此在，即此在本身的"为何之故"（um-willen）。比如锤子被用作建造居所，而居所则是为了遮风避雨，即为了契合此在的一种存在方式。

事实上，作为用具的物之所以具有"为了作……"（um-zu）的结构，也即是说，可以被界说为一种具有目的导向的存在物，是因为此在乃是"为了其存在之故的存在者"，也即是说，是因为此在，作为目的性的存在者，规定了一切相对的目所归属的最终目的。正是在此意义上，海德格尔可以谈论用具之被赋予指引意义，被卷入某种关联。决定这一用具之指引性（Verwissehheit）与关联性（Bewandnis）的是此在与世内之物打交道特有的方式，即此在有目的的实践活动。换一句话说，用具之所以具有意义，即有其特定的功能，是因为它能够在一个工具的，也即是说，意义整体中有其位置，而这最终又可被归结到我们的活动所具有的意义与目的性。就此而言，用具整体所承载的乃是作为意义整体的世界，也即是说，正是在与用具的日常交道中——这一交道总已经预设了此在对世界（意义）的某种领悟，此在以在世的方式而在此。所以，此在对意义整体之领悟已经是对自身存在，即自身之寓世性的领悟。显然，与传统哲学所见不同，如此被领悟到的世界并非独立于——外在或先在于——此在的世界，以至于我们不得不去追问主体如何达到世界的问题。毋宁说，世界从来就是此在的世界，是在此在诸活动中被建构起来的世界。

　　但是，这并不是说世界是独立于世界之主体的构造物。如果说世界之存在（意义）有赖于此在，那么此在同样依赖于世界而存在，因为只有在与世内之物的交道中，也即是说，只有在有目的的实践活动之中，此在才可能拥有一个有意义的世界。唯其如此，世界连同世内之物才可能以一种与此在相牵连的方式被开展出来，故此在不可能首先作为无兴趣的纯粹的旁观者与世内之物相遇，而总是已经有所牵挂地繁忙劳神于世界之中。海德格尔用烦忙（Besorgen）一词传神地描述了此在对世内之物的关顾。作为这一关顾直接对象之用具的应手性的存在之所以具有对于现成在手性之优先性，是因为它更为恰切地描述了此在与物之交道的最为原初的方式，并且同时凸显了日常此在对于其所寓居的世界之熟悉。

　　这一熟悉性首先体现于日常此在与用具打交道方式之中。在这种交道中，用具对于此在具有一种契合性，以至于"它在应手状态中就仿佛抽身而去（zuruckzuziehen）"（SZ 70）。因此，一个娴熟地使用某个用具的此在不仅不会以一种专题把握的方式去寻求获得关于用具的知识，甚至并"不驻留于用具本身"（SZ 70）。比如一个熟练的驾车者不会在驾车途中时时留神于方向盘，甚至于驾驶这件事本身；相反，他所关心的更多地是比如旅途的风光，到达目的地后将相遇的友人等等。驾车对他来说是自然而然，因而无需多加思虑的事，但也正是在这种没有思虑的交道中，车子以一种最为本真的方式应手而在。

当然，这一娴熟的技能已经预设了驾车者累积的驾驶经验，但是，更为重要的是，它预设了驾驶者对诸如道路，信号灯，交通规则等所构成的意义整体的熟悉。所以，正是在对用具的熟练使用中，世界，首先是此在的周边世界（Umwelt）被揭示为一个此在所熟悉的，能够游转自如地生活于其中的世界。并且这个世界不仅把应手的东西作为世内照面的东西开放出来，而且把此在，把他人也就在他们的共同此在中开放出来了。（SZ 123）

事实上，在与物的交道中，其他此在已经同时进入我们的视域。某种意义上，他人与用具一同被"给予"。这当然不是说他人因此也具有物的存在方式，而是说我们首先是在实践活动中遭遇他人。故他人既非无世界的主体，也不是某种抽象或神秘的他性之显现（epiphany），而总已经是某个具体的人，比如某只渡船的主人，或者乘坐它的旅客等。与无论是应手还是上手之物不同，他人具有此在同样的存在方式，并且是与我共同在世的存在者，故海德格尔以烦神（Fürsorge）来描述此在与他人的交道，以区别于此在与物的交道，即此在之烦忙。按照海德格尔的说法，此在之所以能够将他人领悟为与我共在之此在，是因为此在就其存在而言即是共在（Mitsein）的存在者，所以，无论事实上此在是否茕茕独立，是否对他人有所关心，他人总是已经在周边世界应手的用具中与此在相照面，因为这些用具"在这个世界中对他人也是应手的"（SZ 118）。

由于共在性是此在之在世性的构成要素，所以，世界从来不只是我的世界，而总已经是我与他人共享的世界，此在之寓世是与他人的共寓世。这当然不只是说，此在与他人一起处于世界之中，而是说世界之为意义的世界是此在与其他此在的社会性实践活动得以展开的可能性条件。即使对一个简单的用具，比如一把锤子的使用也已经预设了这一此在与其他此在共享的意义与标准（Norm）。也唯有凭借此一意义与标准，我们才可能对此在使用工具的能力作出界说，才可能在对工具的正常与非正常的、或者怪诞的使用之间作出区分。显然，此在与世内之物的交道总已经是一种社会性活动，并且作为意义的世界也已经是一个社会性的或者说公共的世界。

对于许多海德格尔的评论者来说，海德格尔对日常此在之寓世性的描述，无疑是我们能从海德格尔那儿见到的关于世界与此在之寓世性的最为辉煌的现象学分析。这一描述给出了一个不复被置于胡塞尔式先验主体性阴影下的生活世界。这一前理论与前反思的生活世界，正如胡塞尔在《危机》中指出，是我们共同处身其中的，事实与价值相交织的世界，是一切科学知识的"前科学"的"原基地"① 唯有在这一被传统哲学忽视的生活世界中我们才能够找到无论是理论还是实践活动的真正动机以及最终的目的和意义。就此而言，海德格尔对此在之在世性，以及作为其构成要素的世界现象的描述确实构成了对笛卡尔及其所继承的西方的本体论暨主知论传统有力的批判，正如海德格尔自己表明，自我与世界并不如主体与客体那样是两种互相独立的存在物，而是"互相归属于同一存在体"，甚至可以说"此在……只是……以操心的方式在世之存在者。"②

同样值得注目的是，正如德雷福斯在他的《寓世》中指出，海德格

① E. Husserl, *Die Krisis der Europäischen Wissenschaften und die Transzendentale Phanomenologie*, (Husserliana XXIX), The Hague: Nijhoff, 1953, p.49.

② Martin Heidegger, *History of the Concept of Time: Prolegomena*, translated by Theodore Kisiel, Bloomington: Indiana University Press, 1985, p.197.

尔对我们的实践活动之于理论活动之优先性的揭示，在某种意义上开启了一种不同于，甚至可以说是颠覆了主知论之传统哲学的新的哲学导向。并且，海德格尔对此在之共在性的分析也不仅拒斥了笛卡尔式孤独的我思，而且指示了胡塞尔式的主体际性理论之局限性，从而展示了一种，借用特尼生（Michael Theunissen）的术语，社会本体论的可能性。[①] 对于这一本体论而言，并非笛卡尔式主体及其各种哲学变式，而是我们共享的社会实践，最终是我们共同寓居的生活世界构成了无论是理论还是实践的意义的最终源泉。

但是，另一方面，尽管海德格尔确实将批判或称解构传统哲学视为其对此在生存论分析的目的之一，他对日常此在之寓世的分析却至多构成了这一生存论分析的第一环。此在的日常寓世所具有的现象学意义上的"明见性"或许并不能保证其生存论意义上的优先性，而恰恰表明了其非本真性，即此在对自身存在之遗忘。而仿佛可以被视为一切意义源泉的公共的世界——正如海德格尔在随后关于"常人"的分析中——则成了此一非本真性之源。

三、此在之沉沦

在对被海德格尔视为此在最为切近的存在方式，即此在之日常寓世作出分析之后，海德格尔关于常人（das Man）的分析所要回答的问题

---

① 当然，特尼生认为从一种社会本体论角度看，海德格尔之共在说仍然是有缺陷的，因为他人仅仅通过我们与物的交道而被相遇。参见 Michael Theunissen, *The Other: Studies in the Social Ontology of Husserl, Heidegger, Sartre, and Buber*, translated by Christopher Macann, Cambridge: MIT Press, 1984, pp.35-40。

乃是：谁是日常在世之此在？对于这一问题的解答将使我们能够对本真与非本真的存在方式作出进一步的区分，就此而言，这一分析具有承上启下之重要的作用。但另一方面，正如德莱福斯（Hubert Drefus）指出，它又是《存在与时间》中最为令人困惑的章节。① 我们暂且不论什么是使得包括德莱福斯在内的许多海德格尔评论者作出如此判断的理由，而先看一下这一分析本身。

在上面的分析中，海德格尔已经显明，日常此在总已经烦忙劳神于世间之物，这不只是说，此在就其存在而言总已经是与世内之物打交道的存在者，并且首先是通过使用与制造用具的活动与其他此在相遇；而且是说，日常此在是以这样一种方式寓居于世的，即它总已经完全沉湎于（Aufgehen）与物的交道中而无暇他顾。其结果是不仅他人，连同此在自身都首先是在与世内之物的交道中被揭示出来。用海德格尔的语言来说，此在总是从"世界"出发来理解自身与他人。与此相应，世界也总是被理解为世内之物的总和。

不仅如此，对于日常此在来说，他人也无非是他所从事的活动，是我所制造的用具之可能的使用者，或与我一同使用，制造用具的那个（些）人。而如果说我们只有在一个意义整体中，即在海德格尔所言的用具（指引）整体中，才可能有意义地使用一个用具的话，那么，这个意义整体，正如德雷福斯所见，显然具有对于每一个具体的用具使用者而言的某种"超越性"。这当然不是说有一个先在于一切人类活动的意义整体，及其所构成的世界，而是说世界首先不是我的、你的，或任何特定的此在的世界，而是我们共有的世界，也即是说世界具有公共的（öffentlich）存在方式。

但如果只是这样的话，海德格尔的常人分析就不会显得有什么突兀

---

① Hubert L. Dreyfus, *Being-in-the-World*, Cambridge: MIT Press, 1991. p.143.

了。海德格尔自己就一再表明：此在是寓居于世的存在者，并且与他人之共在是此在之在世的一个构成性环节，故世界首先是此在与他人共有的世界，是我们的世界，并且"此在生长于其中的，包围着此在的共同的世界，总是作为一个公共的世界支配着此在对其自身以及世界的每一解释"。① 显然，海德格尔关于常人分析之令人困惑的地方并不在于他对日常世界之公共性的强调，而在于他对此一公共性具有明显否定意味的阐释。按照这一阐释，公共的世界对此在之支配将不可避免地构成对此在存在之剥夺，以至于此在完全丧失自身，即不复能够作为区别于其他此在的，以自己独特的方式能在的在者。这样，此在实际上就变成了异于自身的他人，并且"这些他人不是某个确定的人"，而只是支配着此在的任何人，海德格尔称此"他人"为"常人"：常人"既非这个人，也非那个人……而是中性的东西"（SZ 126）。

按照海德格尔的描述，这一中性的存在者存在于一种平均状态（Durchschnittlickkeit）之中，并且以这种平均的方式支配一切。在此，平均当然不只是一个统计学意义上的概念，而是指为常人或匿名的公众所接受与持守的标准和习俗。由于这一平均状态总是已经先行地描绘了什么是可能而且允许去冒险尝试的东西，任何优越状态都被不声不响地压住。一切源始的东西都在一夜之间被磨平为早已众所周知的了。一切奋斗得来的东西都变得唾手可得的了。任何秘密都失去了它的力量。（SZ 127）

海德格尔以平整化（Einebnung）来描述这一常人对一切有意义的差异与区分之抹杀。从表面看来，我们或许可以如德雷福斯那样将海德格尔的这一描述看作是他对我们通常所言的顺从主义（conformism）的批判，这种顺从主义可以被界说为一种对习俗与大众意见及趣味不加辨

---

① Martin Heidegger, *History of the Concept of Time: Prolegomena*, p.188.

别地、无原则的顺从，这一盲目顺从显然会导致对个体所具有的创造性
与评判能力的扼杀，故一个顺从主义大行其道的社会往往会处于停滞不
前，甚至倒退衰弱的状态。就此而言，海德格尔的批判当然是有意义
的。但问题是，海德格尔在此所质疑的并非只是对于"公众意见"的某
种（不恰当）的态度，而是"公众意见"本身：

> 公众意见当下调整着对世界与此在的一切解释并且始终保持
> 为正确的。而这不是以公众意见为一种对"事物"的别具一格的
> 与首要的存在关系为根据，不是因为公众意见对此在具有格外适
> 当的透视能力，倒是"以对事情"不深入为根据，是因为公众意
> 见对水平高低与货色真假的一切差别毫无敏感。(SZ 127)

也即是说，公众意见不仅不具有其所惯常宣称的"正确性"，而且，
从存在论的角度而言，它恰恰构成了对此在之存在之遮蔽，因为正是常
人"从每一个此在身上把责任拿走了"。也正因此，在常人的支配下，
此在不复是其所是的能在，即不复能承担对自身存在的责任，海德格
尔将这一失去了自身存在之此在称为"常人—自我"（Man-selbst），并
且明确表明：常人—自我或者说常人的存在方式乃是此在非本真的存在
方式。

显然，海德格尔对公众意见（而不只是对待这一意见的某种方式或
态度）的质疑指向的是世界之公众性，即日常此在与他人共同寓世的存
在，正如海德格尔在常人分析之初表明的那样，常人现象可以在某种意
义上被归结为此在之共在性，换一句话说，正因为此在是与他人共同在
世的存在，常人现象才具有一种生存论意义上的必然性，并因此必须被
看作是此在的一个"生存论环节"(SZ 129)。

所以，并不奇怪的是，对于许多海德格尔的评论者来说，海德格尔

关于常人的分析如果不是说完全否定了他此前对世界的现象学描述及其内蕴的对传统形而上学的批判，那么至少也与他之前对此在之寓世性与此在之社会性的强调不相一致。其结果是，在拒绝主知论的唯我主义之后，海德格尔事实上陷入了一种存在论的唯我论。①

与这些批评者相似，德雷福斯也认为，如果我们将海德格尔的常人分析简单地看作是对常人的否定性批判，那么，不仅海德格尔此前关于世界之现象学分析将不可避免地失去其真正的意义，而且他对常人的批判也将丧失其基础。但是，与这些评论者不同，德雷福斯认为海德格尔没有，也不可能去否定常人或者说世界之公众性的积极意义。事实上，这一积极意义已经在海德格尔之前关于此在之烦忙的分析中得到充分的阐释，因为用具之公众性已经预设了世界之公众性。就用具来说，用具之为用具与谁使用这一用具并无关系，故用具所指向的总已经是一个一般的使用者。并且，对每一用具来说，总是有一种多少由其所置身的特定语境所规定正确（合适）的使用方式，故用具又总是指向一个正常（normal）的使用者。在德雷福斯看来，海德格尔的"常人"所指的正是这样一个不指称任何特定的人的正常的［工具］使用者。② 所以，"常人"可以被视为在此在共同的社会实践中形成的规范(norms)之承载者，并且负有维系这些规范不受诸种偏离行为干扰的使命。当然，常人之统治确实具有对哪怕是建设性偏离的压制倾向，并可能因此导向一种"坏的"顺从主义。但这并不表明顺从主义是常人统治的必然结果，因为规范与习俗本身也绝非一成不变之物。并且，"常人"所维系的并不只是一个（可能错误的）概念或信念体系（belief system），而是任何共享的规范得以形成的共同的实践，即我们日常共同的在世。所以，与维特根

---

① 参见 Frederick A. Olafson, *Heidegger and the Philosophy of Mind*, New Haven: Yale University Press, 1987, pp.146-147。

② Hubert L. Dreyfus, *Being-in-the-World*, p.151.

斯坦相似，对于海德格尔而言，"平均化的公共实践是世界之可知性的源泉"，① 因为只有在我们共享的实践中，我们才能够对世界，从而对自身有所理解。而我们所理解到的世界，正如海德格尔指出，总是已经作为共同的世界被给予。也正因此，海德格尔在肯定的意义上将"常人"视为一个生存论范畴。

由于常人"构成了此在之日常的共在，以及我们在严格意义上所言的公共性"，② 对于常人作为常人的质疑将没有任何意义，在此，正如维特根斯坦所言，"证明走到了其尽头"。事实上，也正是因为常人，即一种平均化的规范体系的存在，我们才可能有一个单一共享的公共的世界，而不是复多的个人的世界，以至于我们必须如胡塞尔所作的那样，从个人的世界出发徒劳无益地去构造出一个主体间共同的世界。

就此而言，在德雷福斯看来，海德格尔所批判的只是一种否定性的顺从主义，而不是具有肯定性的，或者用德雷福斯的术语，结构性的顺从（constitutive conformity）。与否定性的顺从主义不同，结构性的顺从本身并不排除对习俗与共享的规范的变革乃至于反抗，但是，这种变革本身必须以结构性顺从为基础，因为后者界说了任何社会实践得以展开必需的条件。所以，如果每一个体都对社会共享的规范采取反叛或不顺从的态度，去追求自身特有的卓越，那么任何社会性合作都将不复可能。其结果是任何对只有在某个社会共同体中才可能被认可的卓越与特异的追求也将成为无本之木，无源之水。也正因此，海德格尔没有，也不可能在肯定一个共同的世界之同时去全盘否定结构性的顺从。

当然，德雷福斯也承认，海德格尔在其关于常人的分析中并没有在结构性的顺从与坏的顺从主义之间作出明确的区分，以至于经常混淆两

---

① Hubert L. Dreyfus, *Being-in-the-World*, pp. 155-156.

② Martin Heidegger, *History of the Concept of Time: Prolegomena*. p.246.

者，并因此导向了许多情有可原的误读。① 尽管如此，他坚持认为海德格尔对"常人"作为一个生存论环节之肯定意义的坚持，以及他关于本真状态是常人之变式的说法不仅在相当程度上纠正了这一不幸的偏误，而且继续了他在此前对世界现象的富有洞见的分析。所以，如果我们能够正确把握海德格尔关于常人分析的真正含义，那么我们也将看到，常人分析同时也表明了海德格尔对传统哲学的拒斥态度，因为对于传统哲学来说，世界之可知性之源并不在世界之中，故传统哲学所追寻的是一种最终的，在生活世界之外（上）的绝对的可知性与绝对的清晰性，一种作为一切意义之基础的绝对奠基的可能性。但是，海德格尔关于常人的分析显然从根本上否弃了这一笛卡尔式的奠基意向，由于此在就其存在而言是在世界之中的存在者，不可能有在世界之外的（构造意义）的主体，也不可能有世界之外的意义。当然，这并不意味着意义之虚无，更不意味着生活的不可能性，相反，正如海德格尔关于常人的分析所示，"依赖于我们的实践中形成的共享性，我们可以做我们所要做的一切：理解世界、理解彼此、拥有家庭和研究科学等"。②

某种意义上，德雷福斯无疑为他所理解的海德格尔的事业做了卓越的辩护，但另一方面，这一辩护却并非无懈可击。首先，德雷福斯将常人是一切可知性之最终源泉的观点归于海德格尔显然是值得质疑的，因为在海德格尔那儿，日常的共同在世只是此在共同在世的一种样态，其切近性并不能保证其本真性，甚至恰好相反，日常在世是此在非本真的共同在世的方式。事实上，如果日常在世（常人）是海德格尔就此在对存在之意义领悟所给出的最终答案，那么他随后关于本真的此在(在此)

---

① 德雷福斯将在结构性的顺从与坏的顺从主义之间不加区分，甚至故意抹杀这一区分归因于来自克尔凯郭尔在 "The Present Age" 对公共性的批判的影响。*Being-in-the-World*, p.154.

② Hubert L. Dreyfus, *Being-in-the-World*, p.156.

的分析也将变得完全多余，而海德格尔也可以如德雷福斯那样以《寓世》而非《存在与时间》作为其关于此在之生存论分析的题目了。

　　当然这并不是说海德格尔就因此否认日常共在（常人）的生存论意义，但是即使常人确实如德雷福斯所言的那样是维系着我们与用具的交道的可能性条件，那么这也并不就必然表明它是一切意义之源。换一句话说，尽管与用具的交道为此在之在世所必需，海德格尔也并不因此就必须将我们使用与制造用具的社会实践视为人类最有意义的，甚至是最高的实践活动，并因此认为其所构成的意义就是此在与世界的最终意义。用一个尽管可能具有误导性的浅近的比方来说，承认物质生产是人类生存乃至发展不可或缺与最为基本的活动并不表明我们就一定是一个将其看作人类最高使命的唯物主义者。所以，无论海德格尔如何强调此在与用具的交道，此在之烦忙也只构成了此在之在此，即此在之烦的一个环节，而远不是其全部意义。与此相应，虽然用具之应手性具有对于物的在手性之优越性，但在反对以在手性界说此在之存在的同时，海德格尔也同样在物的应手性与此在之存在之间做了明确的区分。这显然表明，对于海德格尔来说，此在并不能被单纯地界说为用具的使用或制造者，也即是说，此在的意义并不仅在于它与其他此在共享的日常实践活动之中，相反，此在依其与存在的关系而获得界定。

　　与此相应，如果海德格尔并不将此在日常的社会实践（常人）看作一切意义的源泉，那么，他对常人的批判也就不会如德雷福斯认为的那样自相矛盾，甚至完全缺乏基础。事实上，在关于常人的分析中，海德格尔并不如德雷福斯所言的那样，从平均的日常共在，即常人提供的意义出发去批判其可能导向的坏的顺从主义，而是基于此在之本真存在的可能性将日常此在界说为非本真的在世方式。也即是说，对于海德格尔来说，此在对自身存在的本真的领悟，而不是日常的平均化的共同在世才是此在与世界的意义之源。当然，正如海德格尔一再强调，本真的此在仍然是在世的与他人共在之在者，而绝非一个无世界的主体，也即是说，在本真的存在方式中，此在仍然是烦忙劳神于物的，与他人处于同一个世界的存在者，虽然它不再只从自身与世内之物的关系去领悟自身与其他此在的存在。也正是在此意义上，海德格尔将本真的此在视为常人的一个生存论变式。

显然，将意义归于本真存在而非平均化的日常存在，并不表明海德格尔因此就退回到他所批判的传统形而上学中去，除非我们如德雷福斯那样将所有对常识与习俗的超越都视为坏的，应当被否弃的形而上学。但如果是那样的话，海德格尔就其哲学意向而言，就是形而上学的，甚至可以说，哲学对海德格尔来说，就是形而上学，而非实践哲学或实践人类学。正如我们在前面关于海德格尔的存在之问的分析中指出，此在所界说的与其说是被我们称之为人的存在者大全中的一种存在者，不如说是其对自身作为存在者的超越性。

所以，海德格尔将常人规定为具有肯定意义的存在论范畴，并不就必然表明他对常人的分析就不可能包含某种否定与批判的意向。为了显明这一点，也为了更深地理解其常人分析，我们或许有必要转而看一下另一被德雷福斯视为同样令人困惑的概念，即海德格尔关于"沉沦"的描述。①

————————

① 在此必须指出的是，虽然在上面我们质疑了德雷福斯对海德格尔常人分析的解释，但却并不想借此证明海德格尔的分析以及其所明确导向的本真性概念就毫无问题，而更多地是试图引向真正的问题：如果日常的平均化的共同在世并不能规定此在存在的意义，那么，海德格尔对本真性存在的分析是否能够提供另一种我们可以赖以在世界中生存的意义，还是，如德雷福斯所担心的那样，仅仅展示了无限的深渊，以至于我们的生活将不可避免地完全被忧虑与畏惧所缠绕。事实上，这种担忧正是德雷福斯试图挽救海德格尔事业的努力背后的动机。所以，德雷福斯事实上所要表达的是：如果没有比日常社会实践更高的意义，或者说，如果这种更高的意义将显示自身为无意义，或者说是为存在主义哲学所言的世界完全的荒诞性，那么，既然我们不可能不是世界中的存在，让我们满足于日常生活中展示的哪怕是非常有局限性的意义。我们当然不可能在真正理解海德格尔之本真性概念之前对德雷福斯的忧虑作出任何有意义的回应。

海德格尔在对此在的"在此"的分析，即第一篇的第五章中第一次比较详细地描述了"沉沦"现象。在此之前，海德格尔已经阐释了"在此"的两种最为基本的、互相勾连的方式，即我们前面已经谈及的现身情态与领悟，以及作为领悟之展开的解释和言谈。依循这一阐释所提供的线索，海德格尔随后分析了诸如怕的现身情态，以及闲谈、好奇、两可等被归入"沉沦"的现象。

在此，值得注意的是，一方面海德格尔将"沉沦"界说为与现身情态及领悟那样的此在之在此的基本方式（SZ134），另一方面，海德格尔又将其解释为常人特有的在此方式：与现身情态以及领悟不同，"沉沦"并不提供一种适用于此在所有生存形态的在此方式，而只是描述了某种特殊的在此，即日常共在或者说常人所特有的生存方式。就此而言，"沉沦"似乎并不能被视作现身情态以及领会那样的基本方式，但是，海德格尔却坚持将"沉沦"看作一个生存论范畴。海德格尔在第二篇第一章中对此在之烦的定义进一步表明了这一点。

按照海德格尔的阐述，作为"为自身存在之故"的存在者，此在总已经是有所烦的存在，烦是此在的基本机制（SZ 250），而此在之烦最终呈示为一个三维的时间性结构，即此在是先行于自身的（Sich-vorweg-schon）——已经在（世界）之中的（Sein-in[der Welt]）——作为寓于（世内）来照面的（als Sein-bei（inner-weltlich）begegnenden Seinden）的在者。海德格尔将未来朝向的"先行于自身"称为此在之存在，过去朝向的"已经在世"称为此在之（被抛的）实事性，而将与世内存在者之当下照面，即烦的最后一个环节，称为沉沦。这显然表明了至少在生存论层面上，沉沦不仅构成了烦不可或缺的一环，并且与此在之生存和被抛性具有同等的重要性。

在此，情形正如海德格尔的"常人"范畴，一个规定了某种特殊的在世方式的范畴却又同时被用作规定了无论处于何种（比如说本真或非本真的）生存方式中的此在的生存论范畴。与对"常人"的分析类似，在关于"沉沦"的分析中，海德格尔也描述了一系列通常被视为具有否定意义的现象，诸如闲谈、模棱两可、好奇，甚至安定化、异化等。同样，与他对常人的生存论解说一样，海德格尔也强调了"沉沦"作为一个生存论范畴所具有的肯定意义，或者至少坚持了生存论范畴特有的价值中立性。但是，另一方面，在日常德语中，"沉沦"明显地具有一种贬义，一个能够正确使用德语的人不会说"树叶沉沦（Verfallen）"了，而会说"树叶掉落了（fallen）"。很难想象对语言如此敏感的海德格尔会对此毫无顾忌，所以，更为合理的解释是海德格尔之启用"沉沦"一词所意图的是以一种表面上中立的方式暗示出某种批判的意味。这也与我们上面试图显明的常人分析所具有的批判意图相契合。

当然，这一契合并非偶然，正如海德格尔自己表明，关于沉沦现象的分析所要解答的问题是："常人具有特殊的现身状态吗？具有特别的领会，言谈和解释么"？（SZ 167）从言谈入手，海德格尔以"闲谈"（Gerede）来描述沉沦着的此在的领悟方式，这一方式组建了常人赖以统治的公众意见，这一公众意见对任何人具有同等的开放性，并维持了一种平均的领悟状态，这种平均的领悟"从不能够断定什么是原始创造，源始争得的东西，什么是学舌而得的东西"（SZ 169）。不仅如此，还从根本上抹杀了这一差别，因为它培养了一种漠无差别的理解力，对这种理解来说，"没有任何东西是深深锁闭的"（SZ 169）。故作为言说的一种褫夺方式，闲谈不仅"没有保持在世的敞开状态，而是锁闭了这样一种存在样式"（SZ 169）。与闲谈相适应的是一种被海德格尔称为好奇的看或者说领悟存在的方式。好奇不仅规定了看什么，而且决定了如何看。这一看总是追逐并涣散在新的可能性之中，而从不逗留专注于某事，故言"好奇到处都在而无一处在"（SZ 173）。没有什么是对好奇封闭的。这一好奇为闲谈提供了无尽的资料，其所"知"者具有两可的形态，因为好奇总停留于不加考证的猜测，尽量"不做决定，不付诸行动"，所以，闲谈与好奇在其两可状态中所操心的是："让真实的创新，在来到公众意见面前之际已经变得陈旧"。(SZ 174)

　　显然，沉沦所描述的正是常人特有的存在方式。从现象学的角度观之，如果说关于常人的分析主要从烦（无论是烦忙还是烦神）的对象（noema）方面描述了常人—自我特有的烦的方式，那么，沉沦则更多地从烦本身（noesis）对这一方式作出进一步规定，并且最终析离出常人—自我之烦的时间意义，即其所特有的当下性。这一当下性导向的烦，从其所烦的对象而言，则主要是世内之物以及通过世内之物而得以照面的他人，即其他此在。从其本身的样态而言，又可以被析分为怕的现身情态和闲谈及与之相连的好奇的领悟方式，两者互相勾连而成就了常人的统治，故而沉沦即是"在常人中失落"（SZ 177），沉沦着的此在以常人—自我的方式在世，这一常人自我又可以被界说为沉湎于世内之物的当下性存在者。换一句话说，沉沦所指的是这样一种在世方式，即此在完全奉身于与世内之物的交道，为物所萦绕，以至于完全从物的存在方式去理解自身以及其他此在的存在，其结果是此在完全遗忘了自身区别于物的存在性，故沉沦着的此在已经是此在之"异化"（Entfremdung）（SZ178）。这一此在的自失或自我疏离同时也表现为此在对自身的过去（被抛性）与未来及其所特有的不确定性的逃避（怕），正是通过这一逃避，通过完全生活于当下，沉沦着的此在获得了一种安宁与确定性。而这种确定性之所以是虚假的，是因为，正如海德格尔指出，沉沦着的自我仍然是，并且不能不是有所烦的，因而是被抛的存在者。

　　在此，正如科珀（David Cooper）所见，海德格尔事实上涉及了一个异化的主题，当然主要是在自我疏离，而非人与世界相疏离的意义上。异化的主题在黑格尔之后的德国哲学中一直是一个被深为关注的问题，从黑格尔对其的描述看，这一主题包括两个方面：一方面，异化被视为意识的基本特色，贯穿于意识的整个历史——这一历史肇始于精神"与它自身的分离"，并进一步地"从它的快乐的自然生活中退出，进入自我意识的黑夜"；另一方面，精神致力于重新掌握先前失去的与自然的统一，并通过对异化的克服而达到于自身最终的同一（at home with itself），"在被分离的地方重建……整个现实"。① 事实上，也正因为自我同一性（尽管以辩证的方式）构成了精神的本质，自我疏离以及与世界（主要是自然）的疏离才可以被适切地称为具有否定意义的异化，这同时也解释了异化概念内蕴的批判力。但是，在海德格尔那儿，沉沦虽然被界说为"从自身脱落"（SZ176），却并没有其所由脱落的未曾沉沦的自我，即一种自我未曾沉沦（或自我疏离）的原初状态。② 在这一原初状态假设缺失的情况下，沉沦（异化）当然就具有了一种生存论意义上的必然性，或者用海德格尔的话来说，属于此在"本质性的存在论结构"（SZ176）。

至此，我们或许能够理解德雷福斯所言的海德格尔关于常人与沉沦现象描述令人困惑的地方：一方面，海德格尔的这一描述所具有的批判意味如此显明，而不容忽视；但是，另一方面，由于将沉沦到常人中去视为一种生存论意义上的必然性，海德格尔的批判从一开始就失去了存在论根据，甚至可以说在存在论意义上是自我挫败的。③ 某种意义上，正是为了避开这一困境，德雷福斯在结构的顺从主义与坏的顺从主

---

① G.W.F Hegel. *Introduction to the Lectures on the History of Philosophy*, translated y T. M. Knox &A.V. Miller, Oxford University Press, 1985, p.42.

② 在关于沉沦的描述中，海德格尔明确指出："此在之沉沦不可被看作是从一种较纯粹较高级的'原始状态''沦落'。我们不仅在存在者状态上没有任何这样对较纯粹的高级的原始状态的经验，而且在存在论上也没有进行这种阐释的任何可能性与线索"（SZ176）。

③ David Cooper 也注意到海德格尔之"异化"或沉沦概念的这一困难。参见［美］大卫·科珀：《存在主义》，孙小玲等译，复旦大学出版社 2011 年版，第 42 页。

义之间做了区分，基于这一区分，德雷福斯方得以捍卫常人及其维系的公共性的肯定（积极）的生存论意义，并由此解释了海德格尔何以坚持将常人（沉沦）视为此在生存论环节的理由。但是，这一解释，如果成立，沉沦就不是海德格尔所言的沉沦到常人的世界中去，而是从常人的世界沉沦，即德雷福斯所言的从结构性顺从向坏的顺从主义的偏离。事实上，也正如我们上面已经指出，这一解释的问题在于：德雷福斯暗中将海德格尔对常人的存在论（ontological）批判偷换为一种存在者状态（ontic）的批判，这也体现在他对沉沦的原因所作的心理学解释之中。

按照海德格尔，沉沦意味着此在从自身脱落而落入世界之中。这当然不是说此在从世界之外进入世界，或者说从一个无世界的主体变成世界中的存在者，如果是那样的话，海德格尔对沉沦的描述显然与其对此在在世性的规定相左。为了避免这类误解，海德格尔在大多数情况下都小心翼翼地将此处所言的世界加上双引号（SZ 175，176），以别于作为此在在世之环节的世界现象。就此而言，我们或许可以用一种较少引发误解的方式，将沉沦描述为此在从一种（本真的）在世方式落入另一种（非本真的）在世方式。由于此在之如此运动本身意味着此在之自我失落，即此在之异化，故我们可以从生存论角度将其描述为一种下降的运动，即沉沦。但如此，我们至多能够说沉沦是此在在世的一种可能性，而不能解释其生存论意义上的必然性，因为必然的只有此在之在世性，而不是作为一种（非本真）在世方式的沉沦。①

在他对沉沦的分析中，德雷福斯试图从海德格尔关于诱惑与安定化的分析入手解释沉沦的原因或者说心理动机，按照德雷福斯，由于此在力图获得安定，获得某种确定性与安全感，所以就不可避免地会受到对

_____

① 按海德格尔的说法，他对沉沦的描述意在以褫夺的方式指示此在的在世性，但这仍然不能解释何以将这一褫夺的方式与其所指示者同样看成此在生存论的必要环节。

此作出承诺的常人的诱惑，从而导致了本真自我与自由的失落。[①] 但问题是，为什么对安宁的追求就会导致此在失却自身？至少在哲学史上，我们可以看到不少哲学家把某种宁静与确定性看成人生的真正目标与真正自我的实现。事实上，正如我们前面的分析所表明，安宁与确定性在海德格尔那儿与其说是沉沦之原因，不如说已经是沉沦之结果。就此而言，德雷福斯的心理学解释并没有回答为什么此在——按照海德格尔的界说——总已经失落于常人之中的问题，而只是将沉沦归结为一种心理定势，但究竟什么是这一心理定势的生存论根据，或者说在什么意义上沉沦具有一种生存论意义上的必然性，并因此与常人一样可以被视为一个生存论范畴？

从存在论的角度而言，此在之所以总已经是沉沦着的存在者，是因为此在在其自身同时受到了两种不同方向的牵引：一方面，此在为自身的存在所萦绕；另一方面，此在又同时受到"世界"的诱惑。作为在世界中的存在者，此在总已经牵系于世内之物，即那些与此在具有不同存在方式的存在者，就此而言，此在总已经处于异化（即非此在化）状态之中，并因此倾向于将世界视为存在物的总和，将自身也同时视为诸物（物的世界）中的尽管是具有某种优越性的一物。显然，沉沦之必然性恰恰植根于此在之寓世性。也正是在此意义上，海德格尔可以谈论世界之诱惑。[②] 这一诱惑在诱使此在忘却自身特殊存在，即其与存在之关联性的同时，也遮蔽了世界现象本身，即作为此在之存在构成性要素的世界。

但是，另一方面，这一总已经诱惑着此在的"世界"与牵萦着此在的存在却又不能被视为两种不同的存在者，或者说两种性质不同的力

---

① 参见 Hubert L. Dreyfus, *Being-in-the-World*, p.231。

② 正如海德格尔在论及沉沦时表明，"在世就其本身而言就是有引诱力的"（SZ177）。

量，因为此在就其存在而言就是在世的存在，换一句话说，此在总已经被托付给世界，也正因此，世界首先是此在之家园，是此在可以悠然栖居，劳作其中至于忘却自身（之何所来与何所往）的地方。而此在之在世，此在与物以及他人的交道，乃至于此在之沉沦都可被归结为被托付的实事性，并最终被归结为此在之烦所特有的时间性。在此意义上，我们甚至可以说，沉沦是此在被抛性的必然结果：作为被抛的有所烦的存在，此在总已经是沉沦的存在，甚至可以说在此（世）即沉沦。

　　显而易见的是，通过将此在的存在归结为烦及其所特有的时间性，海德格尔事实上以一种激进的存在（或者毋宁说时间）的一元论消除了诱惑的语言所隐约暗示出的世界与存在之二元性。此在所受到双重牵引也相应地被理解为此在之存在关联的双重效应，即此在本身（就其存在而言）所具有的双重性，① 这一双重性从存在论角度解释了何以沉沦可以被视为一种运动，并因此解释了本真与非本真形态之间区分的存在论意义：正如本真存在在此在的存在中有其根据，非本真存在同样具有存在论意义上的必然性。也即是说，某种意义上，存在无差别地支持了无论是本真还是非本真的生存方式，故而，以何种方式存在就在相当程度上取决于每一个此在自身在存在者状态层面上决断。这当然并不意味着这一决断没有存在论相关性，恰恰相反，存在的意义完全依赖于这一此在的决断，因为只有在本真的生存状态，我们才可能真正领悟存在的意义。就此而言，海德格尔的存在论在自身中已经依赖于此在的自由（决断），因为正如海德格尔指出，如果说领悟本身就是一种能在，那么"这种能在唯有在最本己的此在中才必定变成自由的"（SZ178）。

　　当然，另一方面，无可否认的是，至少在《存在与时间》中，这

---

　　① 　与此相应，"世界"的诱惑也被解释为此在的自我诱惑——"此在为它自己准备了要去沉沦的不断的诱惑"（SZ177）。

一此在之存在的双重性至多被以极为谨慎的方式暗示出来，① 尽管如此，却已经足以表明沉沦并不能由此在所具有的心理学意义上动机而获得解释，仿此在可以通过某种方式——比如说不再追寻一种安定的生活——来摆脱或消除这一动机，就可以不沉沦。因为沉沦，正如海德格尔强调，并不是此在偶然的特性，可以归因到此在的某些——比如知识方面的局限性，意志的缺乏等，并因此"也许在人类文化的进步阶段可能被消除掉"（SZ 176），毋宁说它是此在的基本机制的一个构成部分，也正因此，海德格尔将其与沉沦所至的"常人"一同视为一个生存论范畴，并表明它具有生存论范畴所特有的中立性与肯定意义。

但问题是，如果此在就其存在就是沉沦的存在，或者说此在就其存在总已经是失落于常人的存在，并且在"没有发现自身时已经失去自身了"（SZ 128），那么本真的自我如何可能？换一句话说，常人的世界中什么可能促使此在发现自身？

---

① 与《存在与时间》相比，在转向之后，尤其在海德格尔 1936 年对于谢林的"自由论"的解释中，原存在直接被界说为在自身包含有根据与实存之二元性的存在。也即是说，这一二元性不再被表述为此在（之存在关联）的双重性，而直接被界说为存在本身内含的二元性。我们在本书第十章（恶与自由：海德格尔与谢林）将对此作出进一步分析。

第二章

此在与否定性

在上一章中，我们从海德格尔在《存在与时间》中对存在的追问出发，就此在与存在的关联性而对此在作出了规定：虽然此在所指谓的是我们每一个人所是的存在者，但"此在"一词所描述的却是人与存在的关系，也即是此在的"在此"。并且，此在首先作为在世界中的，与物相交道的，并在此交道中与他人相遇的存在者而"在此"。但是，另一方面，此在之沉湎于与物的交道则构成了对自身的存在的遗忘，其结果是此在倾向于从世界方面看待自身与其他此在，而完全遮蔽了其与非此在的存在者之间的存在论差别，即其对存在者，包括作为存在者的自身的超越性，这一超越性界说了此在之自由，即其本真存在的可能性。丧失了自身自由的此在，也不复能够承担起自身存在所委托的责任，即不可能在本真的意义上为自身之故而存在，而是完全屈从于无名的常人之统治。海德格尔以"常人—自我"描述了这一非本真的"在此"形态，他对沉沦的分析则进一步界说了"常人"状态的生存论意义。

然而，如果此在，按照海德格尔，总已经是沉沦于常人之中的，即以非本真的方式存在的在者，那么，除非常人世界，或者说此在日常与物及他人的交道已经提供了某种自我否定的可能性，向本真存在的转化将全无可能，其结果是我们也不可能以本真的方式领悟自身的存在，也即是说，存在对我们将会是无法通达的。所以，为了能够把握存在的意义，同时也为了由其存在而把握此在本身，我们在本章中将按照海德格尔关于此在的生存论分析所提供的线索，去追索这一蕴含于常人世界中的否定的力量。

正如我们将在第一节中显明的那样，这一否定性首先体现为应手之物的非应手性。由于这一非应手性在某种意义上必然地隶属于此在与应手之物的交道，也即是说，隶属于此在存在之在世性，用具之非应手性在自身中已经指向了此在的世界的否定性，即在畏的情态中显示的世界全无意蕴的可能性。所以，在第二节中我们将就海德格尔对畏的现象的分析，阐明世界在何种意义上变得全无意蕴。这一世界在畏中的无化，正如我们将要显明的那样，所描述的是作为应手之物之应手性的可能性条件，即作为意义整体的世界不复有意义的可能性。由于此在存在着总已经是在世的在者，这一世界无意义的可能性只能意味着此在不在此（世）的可能性。但是，不在世的此在，或者说与世界完全分离的此在又在何种意义上在此——在世？

在第三节中我们将通过对海德格尔关于死亡的现象学描述的解析来回答这一问题，因为死亡在海德格尔那儿正好意味着此在不在此（世）的可能性，并且这种可能性必须被理解为此在无可规避的必然性。但是，另一方面，对于海德格尔来说，正是通过接受而不是规避这一此在自身不在此（世）的可能性，此在才能够最终将自身从常人中振拔出来，成为以本真的方式存在的存在者，因为唯有先行到自身的死亡中去，此在才可能将自身领悟为自由的，不复受到常人意见统治的存在者。海德格尔将此自由称为"向死而在的自由"。显然，如果存在最终是此在在其本真的存在方式中所领悟的意义，那么，这一自由必定以某种方式与存在相关，故而，我们只有在与此在的存在的关联中去进一步探讨这一从表面看来悖论性的自由的意义。这将是我们第二部分的任务。

一、物之否定性

如果用具（不仅人工制品，而且自然物）总是能够得心应手，如果此在与物的交道永远一帆风顺，那么此在或许就可以心安理得地沉湎于世界之中，可以安宁而满足地栖居于世界这一其所熟悉的家园，不再为自身存在所牵萦，也不再为世界所"诱惑"，而是处于一种仿佛是物我两忘的境界之中。与此相应，常人所许诺的安定与确定性也不再是一种欺骗性的诱惑，是对此在之自我与自由的剥夺，而相反地是对此在真正的安置。常人也因此可以被视为此在的世界之可知性或者说意义的源泉，而常人所统治的世界或许也正如德雷福斯所意愿的那样可以被视同为世界现象本身，并因此具有全然肯定的意义。当然，如果是这样的话，海德格尔在非本真的常人—自我与本真自我之间的区分也就失去了任何根据。

但是，事实并不如此，素常应手的工具可能突然变得无法使用，可能会在我们需要它们的时候不知所之，甚至变得不仅无助于我们当下意欲的活动之开展，而且相反地成了难以克服的障碍，以至于我们对自己平素很自信的能力也产生了怀疑。更加糟糕的是此在恰恰不能对此漠然不顾，因为正如海德格尔指出：

让某某东西来照面本来就是巡视着让某某东西来照面，而

53

> 不是单纯的感知或注视。……巡视而烦忙着让某某东西来照面
> 具有牵连的性质。(SZ 137)

也即是说，我们与世内之物的相遇总已经是带有某种情绪的相遇，也正因此，我们不能不因为相遇之物的无用或不应手而感到沮丧，甚至感受到某种威胁。当然，此在并不因此就必定会完全陷于这种情绪中无法自拔，而更多地会倾向于对此有所作为。比如由于手边的锤子突然坏了，我们只能被迫停下手头的工作，但一般来说我们会在沮丧之余转而尝试着去修理它，为了修理这一锤子，我们就可能转而以一种新的方式看待锤子，在我们与这把锤子的新的关联方式中，锤子不再以原先的应手的存在方式出现。海德格尔以此来解释物从应手性（Zuhandenheit）到现成在手性（Vorhandenheit）的转变。当然，坏了的工具并不马上就变成现成在手之物，而只是以不复应手的方式对我们存在。只有在一种特殊的观视方式中，也即是说只有当此在将用具从用具整体中分离孤立出来，将之视为，比如理论研究的对象之时，物才会以现成在手的方式呈报自身。

当然，这不是说物自身——如果这样的说法有意义的话——发生了变化，而是说物的意义，即此在与物的关联方式发生了变化。与物从应手到现成在手方式的转变相应，此在也同时从烦忙巡视特有的与世内之物的牵连中脱身出来，并因此在某种意义上不再为物的无用、阻碍和威胁等触动。这当然不等于说此在因此就不再以有情绪的方式在世，而是说此在能够借此变化与世内之物保持某种距离。这一与应手之物保持距离的能力，或者说人类对于欲望的直接对象的自由事实上构成了一切理论研究和审美观照的必要条件。尽管如此，此在并不因此就成为不复以巡视烦忙的方式在世的存在者。只有在一种形而上学的视域中，世内之物，乃至于世界本身才会被完全视为理论研究甚至是纯粹观照（contemplation）的对象，而此在也相应地成为以世界为其认识或观照对象的纯粹主体。对于这一认知的主体而言，不仅情绪渐渐被看作是无关紧要的，应当被理性地克服或超越的变幻不定的心理状态，而且整个世界也最终被视为外在于此在的存在者。其结果是此在作为这样的主体被解释为无世界的，或者更为恰切地说，独立于世界之自足的存在者。

所以，并非偶然，现成在手的概念渐渐成为海德格尔批判或解构传统形而上学的努力的一个核心概念。对于海德格尔来说，如果说我们在此在日常的生存状态中已经足以看到遗忘存在之端倪，那么，以实体（或主体—实体）为主导性理念的传统形而上学则是这一存在之遗忘的系统化表述，并因此强化了此在对存在的遗忘，就此而言，传统形而上学可以被称为现成性的形而上学（metaphysics of presence）。在此，明显地具有时间意味的"现成性"所指谓的是主导了传统形而上学之时间性，这一时间性也构成了对（此在之）存在的规定，由此，存在实际上被视同为作为对象的物的现成在手性。海德格尔在《存在与时间》之后的著作中对此作了更为深入的阐发。但从海德格尔对物的现成在手性的分析中，我们已经能够——尽管是非常初步地——看到海德格尔之形而上学批判的意蕴所在。

当然，至少在《存在与时间》中，海德格尔关于现成在手的分析并不意味着对我们的认知或者理论活动的否定，换一句话说，海德格尔并没有说我们不应当介入对物的科学研究活动，并借此克服实践中遇到的困难。也正因此，现成在手与应手性始终被视为物的两种基本存在方式。通过揭示现成在手在应手性中的源泉，海德格尔试图消除的毋宁说是其被形而上学化的可能性，因为这一形而上学的理解不仅掩盖了现成在手与应手性之间的关联，而且——对海德格尔来说，更为重要的是——不可避免地掩盖了烦忙操劳的此在所强烈地感受到的用具内含的否定性。

由于每一用具总已经在自身中指向一个用具整体，即指向作为意义整体的世界，用具内含的否定性又指示了这一意义整体内含的某种否定性。故世界并不如我们在大多数情况下设想的，或者说如常人所许诺的那样是圆融贯通的整体，具有绝对的确定性，是我们可以无需忧虑地安居其中的家园。当然，这并不就意味着，如存在主义哲学通常宣称的那样，世界是荒诞的所在。事实上，这种荒诞性的说法恰恰可能源于我们对世界错误的看法，即导源于我们将世界视为外在于笛卡尔式主体的"异己"的存在者的观点。就此而言，它不过是笛卡尔哲学框架中无法解决的我们如何可能通达外在于我们的世界的认识论难题的情绪化表达。然而，对于海德格尔来说，此在总已经是在世界中的存在，唯其如此，世内之物才可能对此在展示自身。但也正因此，作为意义整体的世界之最终落点是此在之在世：正如每一用具之"为何之故"最终都可以被归到为自身之故的此在，用具内含的否定性也将指向此在之否定性，首先是——正如海德格尔关于畏的分析所表明——此在之世界的否定性。

二、世界之否定性

如果说用具之非应手性已经指示了作为意义整体之世界的裂痕的话，那么，通过对畏的现象的分析，海德格尔进一步表明了"这种应手东西之无就植根于某种东西之中，即植根于世界之中"（SZ 187），或者说，植根于在畏（Angst）的情态中所显示的世界之无化之中。

关于畏的现身情态的分析，按照海德格尔自己所表达的意图，是为了最终把握此在之生存论结构之整体性，即将此在把握为烦（Sorge）

的存在者，包括此在与世内之物相关联之烦忙，以及与其他此在相关联之烦神，两者又共属于此在为自身之故的存在。同时，烦的现象又表达了此在之被抛的事实性与其存在性的最终的（时间）统一性，故对烦的现象学描述显然构成了海德格尔对此在之本真性阐释的存在论视域。但是，另一方面，如果此在总已经是沉沦的，因而是非本真的存在，我们又如何可能找到通达本真性之线索？在海德格尔看来，畏的情态即提供了这样的线索。

就我们通常的看法来说，畏可以被看作一种具有否定意味的情绪，海德格尔并未否定其在存在者状态上的否定性，但是，这种否定性在他看来恰恰表明了在常人中的沉沦是一种褫夺性状态（privation），故已经在自身中指向了某种肯定性意义，即此在本真存在的可能性。也正因此，从存在论的角度来看，畏恰恰构成了对此在之存在的揭示，并因此具有积极的意义。而海德格尔对畏的分析也标志着其生存论分析由对日常（非本真）状态转入对本真状态之阐释。

这一阐释，正如海德格尔表明，"将方才进行的对沉沦的具体分析当作出发点"，（SZ184）因为畏是沉沦的日常的此在都有所体验的，甚至在某种意义上是不可避免的情绪。但是，日常此在却经常有意无意地混同畏与怕，或者更为恰切地说，将畏解释为怕（Furcht）。所以，如果要将畏视为一种具有生存论意义的情态，我们首先应当在畏与怕这两种表面相似的情绪之间作出区分。按照海德格尔的描述，怕之所怕者总是某种迫近的，具有威胁性的世内之物，故我们也总是能够明确地指出怕的具体对象。对于日常此在而言，某物之所以被经验为可怕的，是因为它不仅无助于，而且以某种方式阻碍，甚至威胁到日常此在沉湎于其中的活动的顺利开展，就此而言，怕可以被视为对用具之非应手性体验的极端形态。而日常此在也总是倾向于在世界之中寻找逃避这一情态的途径，比如当锤子不复应手之时，此在通常会转向另一把锤子，或者可以勉强被用作锤子替代品的工具，以便继续手头的工作。当然，此在也可能转而去细究不复应手的用具，寻求从材料及工艺方面对工具作出改进，以便提高工具的效能与使用寿命，这一研究活动至少使此在暂时逃避了用具不应手对其手头的工作的威胁。但是，这种逃避是不彻底的，因为用具不应手的可能性并不只源于我们知识或能力上的缺陷，而是从本质上隶属于用具之应手性，也即是说隶属于我们与世内之物打交道的这一最为切近的方式。① 唯其如此，日常此在不可避免地屈从于常人的统治，因为只有常人所许诺的确定性为受到非应手性威胁的此在提供了最终的避难所。对于常人—自我来说，受到威胁的不再是我（此在），而是某个不确定的他人，是常人。而常人的自信则保证了"一切存在之可能性是牢靠的，真实的和充分的"（SZ 177）。故对怕的逃避恰恰是要"转回到世内存在者中去而消散于其中"（SZ 186）。就此而言，有所怕是此在沉沦于世的一种方式，而对怕的逃避则在某种意义上巩固了常人的统治，并因此掩盖了怕的真正起因，即使怕成为可能的畏。

与怕不同，畏之所畏者并不是某个应手或者在手的世内存在者，相反，"凡是在世界之内应手在手的东西，没有一样充任得了畏之所畏者"（SZ 186）。故畏"不仅在实际上对于是什么世内存在者在威胁根本未加

① 何以如此？因为对于海德格尔而言，我们——此在就其存在而言，乃是欲求（意志）的存在者，并且这不只是说欲求或意欲（志）构成了人的存在或人性的一个维度，而是说"此在乃由其对在者的原初的永无餍足所规定"（MFL 192-3）。也即是说，此在——甚至存在，无非是永无餍足的欲求（意志），而用具不应手的可能性，或者恰切地说，必然性最终是因为世内存在物并非我们（此在）欲求的产物，因而并不按照我们所意欲的那样存在——为此在所用。当然，这也意味着，对于海德格尔，或者对于谢林之后的德国唯心主义来说，除非我们以某种方法将世内之物（自然）纳入精神—意志，就没有自由，即欲求最终满足的可能性。显而易见的是，除非我们能够释明此在之存在的欲求性本质，《存在与时间》中的此在分析从根本上是不可理解的，因为其所描述的并非只是我们表层的社会性实践，而已经是此在欲求的诸种形态与层次，也即是说，其所提供的已经是欲求的现象学分析。

判定，而且等于说世内存在者根本是不'相干'的"（SZ 186）。就此而言，畏并不将畏的此在与任何世内的存在者相关联，而是相反地在某种意义上"解除"了此在与世内存在者之关联性。其结果是，此在不再可能依赖于任何世内存在者来避开畏的情绪。事实上，一旦领悟到畏之真正所畏者，返回到熟悉的常人世界的道路已经被切断，因为畏之所畏者乃是世界本身。而世界之所以是可畏的，是因为世界无意蕴的可能性。也即是说，畏所体验到的不再只是应手的东西的不应手，而是世界本身无化之可能性，并且后者是前者，即应手的东西之不应手性的最终根源，因为世界作为意义整体乃是应手东西的可能性条件。也正因此，海德格尔可以说在畏的情态中，"凡是在世界之内被揭示的应手在手的东西的因缘整体性本身也无关重要，它完全沉没于自身之中。世界也变得全无意蕴"（SZ 186）。

当然，这并就不意味着世界本身的缺席，相反，正是"在世内事物无所意蕴的基础上，世界之为世界仍然独独地涌迫上来"（SZ 187），故畏之所畏者正是世界本身，是此在之在世性本身。

但问题是什么是这一某种意义上可以"独立"于世内一切应手与在手存在者的世界本身？

在前面关于日常寓世现象的分析中，海德格尔曾经将世界阐释为此在共同的实践活动，首先是此在与世内之物交道所预设的意义整体。也即是说，在海德格尔看来，世界并不如传统哲学所认为的那样，是现成在手之物的总和，这样一种观点其实可被归源于我们对此在最为切近的存在方式之忽视，从而也是对日常此在生活于其中的（生活）世界之忽视。所以，在对此在之寓世现象的分析中，海德格尔首先聚焦于此在与物打交道最为根本的方式，即此在制造与使用用具的实践活动，在此一活动中，世内之物首先显示自身为应手的用具，而不是现成在手的存在者。与此相应，世界则显现自身为一个用具的整体，这个用具整体则已经是一个与此在密切相关的意义整体。我们或许可以从世界与此在两方面来看一下这一关联性，从世界的角度来看，正如用具之何所用最终指向的是此在为自身之故的存在方式，世界之意义最终决定于此在之存在方式。换一句话说，正是因为此在是在世的存在，是就其存在而言已经绽出于世界中的存在者，世内之物才可能以某种与此在的存在方式相适宜的方式照面于此在。但是，这并不意味着此在就因此是先于世界的世界意义之构造者，是从笛卡尔直到胡塞尔以来诸多近代哲学家所试图阐释的先验主体。相反，从此在一面而言，只有作为与世内之物交道的共他人存在之在者，此在才能够"拥有"一个有意义的世界。故此在之在世所表达的乃是此在与世界相互依存的关系。这种相互依存性是世界之被视为有意义的世界，同时也是此在之寓世的可能性条件。就此而言，正如德雷福斯指出，海德格尔关于此在寓世性的分析界说了一种使得一切理论与实践活动，即一切意向性关联得以可能的原意向性。① 用海德格尔的话来说，世界是一切应手的东西之可能性条件。

作为应手东西的可能性条件，世界当然不能为视同为应手的东西本身，正如构成了物知觉的视域不能被视同为落入这一视域的某物，或者一切被知觉物的总和。用海德格尔的存在论语言来说，视域与视域内的被知觉物具有不同的存在方式。但是，另一方面，在物，或者恰切地说，物知觉完全缺失的情况下，视域也就成了一个空洞的，没有意义的，甚至自相矛盾的概念。所以，如果在畏的情态中显身的世界仍然具有世界性（意义）的话，那么其所指谓的并不是世内之物完全缺如的"世界"，而是不能被等同为任何世内之物的世界。也即是说，海德格尔借此极端化的表达希望凸显的是世界之不同于世内之物的存在方式。所以，如果我们仅仅由世内存在物来规定存在本身，那么世界不存在，因

① Hubert L. Dreyfus, *Being-in-the-World*, p.48.

为世界对于海德格尔来说并非世内存在物的总和，而是此在与世内存在物的交道中涌现的世界，就此而言，世界属于此在之在此（世）。与此相应，海德格尔所言的世界之无意蕴性也似乎应当被理解为世内之物之无意蕴，即在与使其得以被揭示的世界，即此在的在世相分离的情况下，世内之物在其自身（in-itself）并没有任何意蕴。这当然不是说世内之物因此就不复实存，正如海德格尔所告诫，世内的存在物在某种意义上可以脱离我们对它的经验，但存在（意义）则只系于能够对存在有所领会的此在。

在这一有限的意义上，在畏的情态中被揭示的世界之无化可以被解释为对常人所提供的意义的否定：即对一种完全沉湎于物，并由世内之物理解自身存在的此在的存在方式的否定，故畏之存在论意义最终在于畏之所以畏者，即此在之本真的能在世。由于畏在某种意义上越过了常人所维系的公共解释，或者说剥夺了此在沉沦着从"世界"以及从公众讲法方面来领会自身的可能性。[常人的]"世界"不复能够提供任何东西，他人的共同此在也不能，此在因此被抛回到自身本真的能在世。海德格尔将此抛回称为此在之个别化。因为这种个别化意味着对常人之独裁的摆脱，故个别化的此在是被带到自身的"为……之故"的自由的存在者，当然，这一自由的个别化的存在者仍然是在世的存在者，因为在世性是此在存在（在—此）的基本方式。

但是另一方面，对于畏之所以畏的本真的能在世而言，世界却不再是此在熟悉信赖的世界，而是在畏的情态中以其纯粹的在场性追迫着此在的世界。这一纯粹的在场性与其说是存在，不如说是无，是在畏的情态中显示自身的无与无何有之乡（Nichts and Niegends）（SZ 186）。在此，我们或许可以见到较上面所言的世界之"有限"的无化更为激进的世界之无。对于此一世界之无来说，我们上面与视域概念的类比显然不够恰当。因为视域只能伴随物知觉被给予，也正因此，正如不可能没有视域的物知觉，也不可能存在没有物知觉的视域。但是，在畏的情态中现身的世界却是可以在世内之物无所意蕴的基础上涌现的世界，是无赖于物知觉，或者说我们与物的交道而现身的世界。显然，这一世界之无不再能够被解释为世内之物（相对）的无意蕴，而是世内之物无意蕴所植根的世界本身的无意蕴。由于世界现象从一开始就被视为此在之在世性的一个构成性环节，这一世界的无化所指向的只能是作为寓世的此在本身的无根基性，即此在之不在此与不在世的可能性。正是对于这一可能不在此（世）的此在来说，世界从根本上并非可以安居的家园，或者用海德格尔的话来说，此在之不在家是比此在之在家更为源始的生存状态。

三、此在之否定性

如果说应手的东西的无植根于畏的情态中被体验到的世界之无化的话，那么世界之无则植根于此在本身的无根基性中，也正因此，正如海德格尔在关于死亡的生存论分析中明确表明，畏从根本上是对此在死亡的畏。

在《存在与时间》中，海德格尔关于死亡的分析可以被视为在一个更深的层面上对畏的情态的分析之继续。与畏的分析相似，这一生存论分析旨在把握此在之存在的整体性，并在此基础上进一步规定此在之本真存在。

但是，至少从表面来看，将死亡或者说此在之终结问题引入视域明显地不利于从整体上把握此在之意图，尤其是因为这一整体把握从一开始就被理解为此在的自我把握或整合。因为正如伊壁鸠鲁所言，生者因其生而不知死，死者因其死而不知死。就此来说，死亡恰恰构成了此在把握自身的最终界限，并因此构成了此在生存的最终界限，这一界限在某种意义上拒绝了此在获得最终自我理解的可能性。

当然，这不是说我们就不可能对死亡有所认识，日常此在之共同在世显然为我们提供了足够的认识，乃至熟悉死亡的机会：总是有一些与我们有着或疏或密关系的人们在死去，而作为生者的我们也总是不断地以某种方式和礼仪与死者相关联，比如通过葬礼对死者所作的哀悼与追缅。同时，这些仪式也以某种方式解除了我们与死者的关系，使我们得以摆脱死亡投下的阴影，毕竟逝者已逝，生活却依然要进行下去。在此生与死的接合与疏离之间，人们显然不可能对死亡全无所知。但对海德格尔来说，这却并不表明我们对死亡有所领悟，因为我们所知者只是他人而非自身的死亡，如果我们将此一对死亡的知识视为对死亡之领悟本身，那么我们从一开始就错失了自身，因为我们事实上已经将此在视为"可以随随便便用其他此在来代替的存在者"（SZ 239）。毋庸置疑的是，在日常烦忙的活动中，此在所做的事情在大部分情况下总是可以由另一此在来代做，所以，如果我们从此在所烦忙的事情去理解此在的话，也即是说如果我们仅仅以此在所从事的活动、所扮演的社会角色去规定此在之"所是"的话，那么，每一此在多少总能够为其他此在所代替，但死亡却恰恰意味着这种可替代性的终结，因为没有人能够代替他人去死，能够取走他人的死亡。所以，死亡总是具有向来我属性的此在的死亡，并因此必须被把握为我的死亡，即我自身存在的终结。

然而，尚未死亡的我又如何可能对自身的终结有所领悟呢？按照海德格尔的解释，此在之烦的生存论结构已经提供了这一领悟自身死亡的可能性，由于此在就其存在而言总已经是先行于自身的存在，故我们能够在这一先行中把握自身的死亡，从而从整体上把握自身的存在。当然，这也意味着对死亡的解释必须严格依循这一此在特有的存在性，所以，我们也就有必要首先从生存论的角度去澄清此在之"尚未"的含义，及其与"终结"的关系。在日常生活中，我们经常将"尚未"理解为有所欠缺，而欠缺则意味着一个整体的某个部分的缺失，即其不应手或在手的状态，于是，终结意味着把缺失的部分纳（补）入整体，即使其能够整体地应手或在手，但这一理解显然不适用来理解此在之"尚未"与"终结"，因为此在就其存在而言不能被视为应手或上手之物。

所以，一种更为切近的理解是将"尚未"理解为某种未被实现的潜在状态，如同果实之未成熟，而终结则被相应地解说为果实之成熟，即果实的最终实现或完成，这样"尚未"与"终结"就获得了一种内在的，即由果实之特殊的存在所规定的关联性或者互属性。由此，"只要此在存在，它就已经是它的尚未，它同样也总已经是它的终结"（SZ 245）。所以，死亡所指的不是发生于此在的某个事件，而是此在朝向终结的存在，即此在"刚一存在就必须承担起来的去存在的方式"（SZ 245），所以，死亡总是已经悬临（bevorstand）于每一此在。

但是，海德格尔也随即指出，与果实的情况不同，此在的死亡或者说终结与其说是实现了此在特有的可能性，不如说是剥夺了此在之在此的可能性。所以，死亡恰恰意味着此在之不复在此之可能性（die Möglichkeit des Nicht-mehr-dasein-konnnen），即此在之不可能的可能性。由于世界之意蕴最终维系于此在之能在，此在之不可能在此的可能性当然也意味着世界之无意蕴的可能性，意味着——正如海德格尔在畏的分析中指出的那样——"世界已经不再能够提供任何东西，他人的共同此在也不能"（SZ 187）。于是，也正是在死亡悬临之际，"此在之中对其他此在的一切关联都被解除了"，此在也因此得以被揭示为一种无所关联的，也即是说最为本己的可能性。这一最为本己的可能性，正如海德格尔在关于畏的分析中已经表明，即是此在本真能在之可能性，是此在作为自由的存在者之可能性。在关于死亡的分析中，海德格尔进一步将此"为……的自由"界说为朝向死亡的自由（Freiheit zum Tode）。

先行向此在揭露出丧失在常人自己中的情况，并把此在带
到主要不依靠烦忙烦神而是去作为此在自己存在的可能性之
前，而这个自己却就在热情的、解脱了常人幻想的、实际的、
确知他自己而又畏着的向死亡的自由之中。(SZ 266)

在此，将自由与死亡相连明显地具有一种悖论性效果，因为死亡一
般都被视为人类生存不可逾越的最终界限，而自由却总是与我们的生存
相关：只有活着，我们才可能自由地行动与筹划，即使这种自由是有限
的，必然会受到人们处身的历史文化传统与当下境遇，包括来自于社
会、他人、自然及其综合要素的制约。就此而言，死亡恰恰构成了对我
们自由最终的剥夺。某种意义上，海德格尔并不否认这一死亡对于自由
之否定性，相反，海德格尔明确地指出，死亡是此在之不能在此之可能
性，这一可能性既确定无疑又绝对的不确定，因为我们虽然确知每一个
人都会遭遇死亡，却不知，更加无从掌控死亡到临的时刻，毋宁说"死
亡随时随刻都是可能的"(SZ 258)。作为确定的不确定性，死亡随时可
能终止我们所有的活动、筹划和关系，而我们对此一突如其来的终止却
无计可施。也正因此，海德格尔在果实的成熟与死亡之终结之间做了明
确的区分，与果实的成熟——这一成熟构成了果实"努力"的目的，即
果实的完成不同：

死亡，作为可能性，不给此在任何"可实现"的东西，不
给此在任何此在本身作为现实的东西能够是的东西。死亡是对
任何事情都不可能有所作为的可能性，是每一种生存都不可能
的可能性。(SZ 258)

于是，问题是，什么是这一最终为死亡所揭示的，甚至所规定的自

由？与其对畏的分析相继，海德格尔认为死亡之所以揭示了此在的自由是因为死亡，或者更为恰切地说对死亡的畏，将我们从常人的统治下解救出来。对于常人来说，死亡只具有一种经验意义上的确定性，但是，虽然我们的经验已经表明，每个人都终有一死，所有活着的人却总是仍然可以说：当下遭遇死亡的尚不是我，也即是说，死亡对于我来说尚未现成。显然，在常人看来，死亡并不本己地归属于我，因为常人恰恰不是任何特定的人，而毋宁说总是某个不确定的他人。所以，死亡只是某个（他）人的死亡，而不是我的死亡。对于尚未死亡之我，死亡仿佛只是从某个所在来到的，发生于世内的事件，"偶然地"落到某个人的头上。作为一个具有威胁性的事件，死亡构成了怕的对象，这一对死亡的怕又经常被看作是怯懦的表现，因为我们总是可以通过投身于世内之物的烦忙与烦神去克服怕的情绪。这样，通过以怕取代对于死亡的畏，此在被更深地诱惑入其日常的沉沦状态。以这一方式，常人事实上通过对死亡的持续逃遁而维持了一种安定的假象，仿佛日常生活从其根底上言是绝对牢靠的，甚至不会受到死亡的侵蚀。于是，只要此在继续沉湎于当下还可以通达，可以烦忙的事情，死亡就总是尚未来临，因此也不足为惧。但是，另一方面，被迫入烦忙活动之紧迫性的此在却又不可避免地在其日常的烦忙与烦神中遭遇应手东西之无，并且这一应手东西之无又总是指示了世界无意蕴之可能性，从而指示了此在日常存在方式的无根基性。就此而言，常人所许诺的日常生活之可靠性只是一种虚假的可靠性，不仅没有使此在获得自由，也即是说将此在从对死亡的恐惧中解救出来，而且相反地剥夺了此在的自由，即此在成为自身的可能性。

与常人对死亡的态度相反，对死亡的本真领悟要求我们直面死亡及其所揭示的无意义之可能性——

在向着不确定的死亡先行之际，此在把自身的一种从他的

此本身中产生出来的持续的威胁敞开着⋯⋯（SZ 262）

这一向着死亡之先行乃是畏的先行，因为畏是"能够持续而又完全的，从此在之最本己的个别化的存在中涌现出来的此在本身的威胁保持在敞开的状态中的现身情态"（SZ 187）。所以，在畏的情态中，死亡不再无差别地"属于"每一个此在，而总已经是我的死亡，就此而言，"死亡是把此在作为个别的东西来要求此在"（SZ 263），也即是说，死亡要求此在从它自身出发，而不是从常人的解释出发，把自身的死亡作为最为本己的可能性承担起来，如此承担起自身死亡的此在即是以本真的方式存在的此在。由此，在海德格尔看来，只有通过对死亡之本真领悟，此在才能够从常人的掌控中脱身出来，获得属于其自身的自由，这一自由，海德格尔随即指出，并不如同非本真的存在那样闪避死亡这一此在无可逾越的境界，而是"为这一无可逾越的境界而给自身以自由"（SZ264，）是为了自身死亡的自由，故可以被称为朝向死亡的自由。

从海德格尔对朝向死亡的自由的描述中，我们或许可以概括出这一自由的几层含义：在此，自由首先意味着对于常人之统治的自由，诚如我们前面已经表明，在对死亡的非本真的领悟中，常人的统治也获得了最终的巩固，因为正是常人提供了能够克服对死亡惧怕的途径，并由此使面临死亡之威胁的此在确信其存在之不可动摇的可靠性与确定性。但是，另一方面，这一途径所导向的恰恰是常人许诺的意义之无意义性，因为此在烦忙的活动愈是变得切迫，其无根基性也愈显得突出，其结果是此在不再能如常人所指示的那样依赖于其所烦忙的世内之物以及由此获得规定的世界意义来抵抗死亡所揭示的无意义的可能性。正是在此意义上，海德格尔指出，"在事涉最本己的能在之时，一切寓于所烦忙的东西的存在与每一共他人同在都是无能为力的"（SZ 263）。所以，也正是在死亡作为此在生存的不可逾越的最为极端的可能性悬临于此在面前之际，此在得以从常人的统治，从对常人的幻想中解脱出来，被个别化为无所关联的本己的存在。当然，这并不是说，此在因此可以被视为自足的，与世界以及他人没有关系的主体，即不再是烦忙与烦神的存在者，因为烦忙与烦神都是此在之生存论规定性，也即是说，只要存在，此在就是，并且只能是以某种方式烦忙与烦神的存在者。这一有所烦的存在者则又不可避免的是向着常人沉沦的存在者。就此而言，从常人中解脱出来同时意味着从自身解脱出来，故自由又意味着对于自身的自由。也正是在此意义上，海德格尔以令人困惑的方式写道："先行把放弃自己（Selbstaufgabe）作为最极端的可能性向生存开展出来。"（SZ 264）

在此，放弃自己显然不能被理解为消极意义上的自弃（self-renunciation），相反，它是在积极意义上去接受自身最为极端的可能性，即自身不能在此的可能性。唯其如此，此在才能够不执着于任何已经达到的生存状态，即不执着于自身已有的一切，而将自己完全作为可能性，即作为自由的存在者而作出筹划。也只有如此，此在才能够在真正意义上让他人也以自身能在的方式存在，既不剥夺属于他人的可能性，也不以他人的可能性来解释和界说自身的可能性，并因此而自失于他人之中。

显然，先行于死亡的自我放弃与其说是放弃自身，不如说是获得真正自我的方式，因为在此被放弃的只是非本真的常人自我（Man-selbst），是那个试图在其所烦忙的世内之物中找到最终的意义与确定性的自我，而所获得的则是本真的自我。这一本真的自我不再依赖于烦忙的烦神所展示出来的有限的意义。对于这一自我来说，唯一的确定性乃是自身死亡的确定性，并且这一确定性最终规定了此在之一切筹划的意义，故一切筹划从根本而言是朝向死亡之筹划，是朝向死亡的自由。

但是，如果说常人许诺的意义最终只是对死亡的逃避，并且因为死亡之无可逾越性而只是对于终极意义的幻想，故不仅没有成全而且剥夺了此在的自由，那么朝向死亡的自由为什么不是在另一种意义上对自由的剥夺，甚至是最终的否定？因为正如海德格尔自己所承认，死亡是对任何事情——包括死亡本身——都不可能有所作为的可能性，是每一种生存都不可能的可能性。就此而言，死亡恰恰表明此在的任何筹划就其根底上来说就是无意义的，是萨特所言的无用的激情，而所谓的朝向死亡的自由则可被相应地称为——再次借用萨特的表述——被罚的（condemned）自由。

然而，这一流行的存在主义式的读解却恰恰可能误解了海德格尔关于死亡的存在论分析的意义。这一分析所要描述的最终并非终止一切意义的死亡（事件），而是此在可能把握到的死亡的意义。正是在此意义上，海德格尔将死亡视为生的现象，也正因此，对于海德格尔来说，死亡不仅是此在之不可能性，而且必须被把握为一种此在最为本己的可能性。正是通过对这一最本己的可能性的把握，此在才能够最终把握自身存在之整体性，即将自身把握为被抛于世的自由的存在者。所以，对死亡的本真领悟构成了此在的自由的第三层，也是最终的含义，也即是说，此在的自由最终是对自身死亡的自由，是在无意义中把握意义的自由。此在对于常人及其自身的自由皆基于此一对于死亡的自由。所以，也正是通过向死而在，总是已经沉沦的，因而也是非本真的此在能够将自身从其所沉落的常人之中解放出来，能够成为其最为本己的，也即是说本真的存在。这当然不是说，此在因此将自身从死亡中解救出来，成为某种意义上不朽（死）的存在。与此一宗教或形而上学的惯常论断相反，此在的自由恰恰基于其对自身之死亡及其所展示的无意义之可能性的接受，并将其把握为自身被抛性的一个部分。就此而言，对于死亡的自由即是朝向死亡的自由，而这一自由之所以可能，是因为此在是先行于自身的存在。换一句话说，此在的自由最终基于此在特殊的时间性，就此而言，我们可以说，此在之所以是自由的，是因为此在完全是时间性的存在，甚至可以说，至少对于海德格尔而言，只有时间与历史性的存在者才可能在真正意义上是自由的，因此，对于海德格尔自由概念的理解最终将取决于对此在特有的存在，即此在之时间性的理解。

第二部分　存在与自由

在《人类自由的本质》中，海德格尔写道"虽然主导的问题是存在的问题，哲学的根本问题却是自由的问题"（WF303）。此语或许为我们提供了穿越海德格尔扑朔迷离的存在论迷宫，并由其所强调的存在论的伦理中立性转而探究海德格尔存在论之伦理蕴含最为重要的线索，因为自由，尤其在现代，不仅是伦理与政治哲学的核心概念，而且在某种意义上被进一步视为道德的基础。这当然不是说，我们可以从海德格尔的自由概念直接推导出其存在论的伦理意义，不仅因为海德格尔是在存在论，或者说形而上学，而非道德的层面上使用自由这一概念，而且也因为这样的推导，如果可能，那么也必须首先基于对海德格尔的自由及其与存在概念之间关系的深入理解。

事实上，只有在《存在与时间》发表之后，也即是在 20 世纪 20 年代末到 30 年代中，自由问题在海德格尔那儿才获得专题化的讨论，这一讨论最初见于海德格尔在 1928 年春季学期的讲课稿，即《逻辑的形而上学基础》（全集 26 卷）。在此书第二部分第二节，自由被界说为规定了此在之存在的超越（transcendence）。按照海德格尔的规定，超越是一种广义的活动，或者说（时间性的）行动，唯有在这一规定了此在之本质的超越活动中，非此在的存在物才可能以对象的方式存在或被给予。不仅如此，在这一超越活动中被构建的同时还有此在之自身（或自我）性（Egoität），即此在之"为自身之故"。① 当然，如此被构建或自我构建的自我已经是在世界中的在者，但这并不是说此在是与其他世内之物同样的存在物，毋宁说，作为超越的在者，此在是构建世界的自由（意志），也即是说，世界就其本质（存在性）而言乃是此在为自身之故的意志（Umwillen）的构造物，并因此从根本上"隶属于此在的存在"（MFL 185）。② 也正因此，此在存在着总已经是在世的在者，在世性属于此在的存在，即此在之存在领悟。

显然，自由在此所界说的无非是此在的存在领悟，这一存在领悟当然不能被归结为对存在之认知，因为并无自由之外的存在，就此而言，自由乃是构造存在（意义）的行动，是海德格尔所言的"神圣的超力"（übermachtig），我们也只有"经由此在的超越来显明这一存在领悟之源，也即是说，去显明存在的理念如何属于存在领悟本身"（MFL165）。某种意义上，也正是这一神圣的超力规定了此在与非此在之存在者的存在论差异（ontological difference），所以，虽然"此在在事实上为自然（物）所环绕"，就其超越性［自由］而言，此在已然"越出自然"，是"异在于自然的在者"（MFL164）。

当然，另一方面，至少在《逻辑的形而上学基础》中，这一神圣的超力（即自由）并非不受约束的力量：作为构建世界的行动，自由之构建同时也是一种承诺，或者说自我约束（Bindung）。就此而言，正因为

---

① 参见 Martin Heidegger, *The Metaphysics Foundation of Logic*, translated by Michael Heim, Bloomington: Indiana University Press, pp.160-164。

② 海德格尔明确表明唯有作为意志，此在才可能是自由或超越的存在者。当然，海德格尔也随即指出他并非是在生存—存在状态意义上（exitentiell-ontisch）谈论意志行动（act of will），毋宁说意志在此所指的是自由或者意志的内在可能性（the intrinsic possibility of willing），也即是，使得意志（自由）行动可能的原意志。

是自由的在者，此在才可能是负责的存在者，以至于我们可以说自我即是"对自身与为自身的责任"（MFL 192）。

在 1929 年撰写的《根据的本质》中，海德格尔基本上延续了在与世界现象的关联中界说自由的思路。但是，在 1930 年撰写的《论真理的本质》中，海德格尔则明显地放弃了具有主体性色彩的语言，诸如世界构建与自我构建，自由"现在显示自身为让存在者存在"（WM144），其所表达的首先是对存在的保管与尊重。更为重要的是，自由不再被界说为"主体之主体性"，甚至不只是此在之存在领悟，而是这一存在领悟的可能性条件，是存在之真理和馈赠。① 与此存在之真理（去蔽）相伴的是存在之非真理（遮蔽），但是，诚如真理并非仅源于人的行动（意志），非真理或真理的非本质也"并非源于人的纯然无知与疏忽，而毋宁说必然地源出于真理的本质"（WM146），故与同样并非只源于人的真理一同属于存在。而存在之所以同时是、甚至无差别地是去蔽与遮蔽，乃是因为存在"在本质上即是自由"，而自由，诚如后期谢林所断言，乃是致善与致恶的双重可能性。当然，这一自由不再是人（此在）的特性，故与其说人拥有自由，不如说"自由拥有人"（WM145）。这一拥有人的自由当然也不再只是人的自由，而首先是，正如海德格尔在 1936 年关于谢林的《自由论》的解释中认可的那样，神的自由，或者用海德格尔的语言，存在的自由。由此，对自由的本质的思考最终要求我们越出人，甚至此在之存在领悟，而思入存在本身。

所以，对自由的专题化讨论并非偶然地出现于海德格尔 20 世纪 20 年代末与 30 年代的著作与讲课稿中，正好与海德格尔著名的转向所发生的时期相吻合。某种意义上，我们在第五章（此在即意志：康德之路）

---

① 与此不同，在《逻辑的形而上基础》中，正如在《存在与时间》中一样，"仅因为此在领悟存在，方有存在"（MFL156），故而，我们也不可能在此在之存在领悟之外或之上谈论存在之自我遮蔽或揭示，即存在之真理或非真理。

将要论及的海德格尔的《人类自由的本质》典范性地例示了这一转折。与 1928 年至 1929 年间对自由的思考不同，在《人类自由的本质》中，自由已经并非人所拥有者，而是使得此在之在此，即此在之存在领悟可能的条件。但与《论真理的本质》及之后关于自由的作品不同，海德格尔仍然首先在人的自由，即伦理的行动的可能性条件意义上谈论自由，故而康德的实践自由构成了这一自由论的切入点，当然，作为这一探讨之终点的已经是作为世界开端的（先验）自由。这一自由当然不复是人的自由，而是从无中创生有（世界）的神圣意志。但是，另一方面，作为实践自由的存在论（形而上）条件，自由始终是伦理的，从而也是人的自由。就此而言，我们可以从中看到人与神——或者存在的——自由如何在海德格尔对自由的本质的思考中被隐秘地勾连起来，以及这一思考如何由此在的自由（即存在领悟）而思入存在。事实上，也正是通过与自由问题相关联，海德格尔最终达到了对自己迄今为止关于存在的思考的清晰的意识或者说自我意识：正如他在《人类自由的本质》中表明：所谓的存在问题无非是自由的问题。所以，并非传统意义上的存在问题，即作为存在者的存在，而是自由问题，即对存在者总体的超越，才是海德格尔哲学的根本问题。与此相应，我们也只有通过思入在海德格尔那儿与存在相关联的自由，才可能真正把握海德格尔的存在论及其可能的伦理蕴含，而不至于完全迷失于海德格尔有意无意间为我们设置的存在的迷宫之中。

虽然尚未获得专题化处理，但是，正如我们迄今关于海德格尔存在论的初步解读所示，自由的主题已经隐在于《存在与时间》之中，尤其凸显于海德格尔关于本真与非本真生存状态的区分之中。所谓的非本真的存在，即是这样一种生存形态，在这一生存方式中，此在屈从于常人支配，丧失了自身自由。与此相反，在本真的存在状态中，此在摆脱了常人统治，在直面自身死亡中，赢回了自身的自由。海德格尔将这一自由称为"向死而在的自由",这一自由之所以可能,是因为此在是能够先行到自身死亡中去的在者,也即是说因为此在是时间性的、行动的在者。

这一行动,也正如我们在第一章(此在之双重牵萦)中表明,从一开始就界说了此在与存在的关系,此在即是对其存在有所作为(Verhalten)的在者,就此而言,在此即是行动,所以,也唯有通过对这一行动,恰切地说,自由的行动的深入分析,我们才可能把握存在的意义,即此在在其本真状态中所领悟的存在。当然,此处所言的行动首先是存在论的行动,而不只是我们一般所言的实践活动,尽管如此,如果海德格尔的存在论确实具有伦理性,那么,这一伦理性应当在存在中有其根据,所以,在对海德格尔的存在论意义上的行动与自由的分析中,我们将同时着眼于其可能的伦理蕴含。①

鉴于亚里士多德与康德的伦理学在西方思想史具有的典范性意义,以及它们各自对海德格尔思想,尤其是其基础存在论之形成的毋庸置疑的影响,我们在第四章(此在即行动:亚氏之路)中将首先聚焦于海德格尔在《柏拉图的〈智者〉》对亚氏的明智(phronesis)及其所指导的伦理行动(praxis)的阐释,以显明明智在海德格尔那儿不复是亚氏的对行动的善的明察,而是存在的意义在其中被揭示的原行动,并且正是作为原行动,行动是自由的,为自身之故的行动。但是,虽然海德格尔对亚氏的分析在某种意义上解构了亚氏的行动的伦理性,另一方面,这一解释却又旨在为亚氏所言的目的(善)在自身的行动提供一个存在论

---

① 必须指出的是,尽管海德格尔的存在论表现了某种实践旨趣,我们在此并不打算将海德格尔的存在论解读为一种实践哲学,或一种实践哲学的存在论(ontology of praxis)。即使对理论认识有所贬抑,海德格尔还不至于否认其为一种重要的人类活动,或者说人类存在的一种方式(样态)。更何况海德格尔前期对存在之追问,及其后期所强调的与诗联动之思都很难被归入我们通常所言的(社会性的)实践性活动。

基础，就此而言，海德格尔的存在论已经是伦理的存在论，或者按他自己的说法，是真正意义上的"道德形而上学"。

不过由于海德格尔自己认可的在他与亚氏（以及希腊）的存在论决断上的根本差异，我们或许更多地应当在与康德，而非亚氏的伦理学的关联中去进一步理解海德格尔的存在论及其伦理意义。所以，在第五章（此在即意志：康德之路）中，我们将通过解读上面已经提到过的海德格尔的《人类自由的本质》来把握其存在与自由的关系。在这一源自1930年讲课稿的文本中，海德格尔批判了康德的自由观，尤其是其形而上学设定，即其暗中预设的现时性的形而上学。对于海德格尔来说，这一形而上学与其说支持，不如说消解了康德所强调的基于自由的伦理行动，其结果是康德只能将自由行动理解为非（超）时间的行动，但如此，自由（理性）的法则如何是实践的也就成了一个从根本上不可解决的问题。尽管如此，康德的实践自由仍然为我们指示了认识自由的存在论意义的可能性。由此，通过对康德的实践自由的阐释，海德格尔最终将自由界说为存在意义在其中被"构造"的原意志，并进而阐明这一原意志的自由的本质。所以，就其与存在的关系而言，此在即是自由意志。当然，自由在此所涵盖的不复是道德，而且还包括在康德那儿被截然区分于道德的自然，这一自由意志，正如我们试图显明的那样，事实上乃是以神圣意志，即从无中创生世界的意志为原型的自由。与此相应，构成康德伦理学的核心问题，即"理性如何可能是实践的"在海德格尔那儿也被转化为"自由如何可能是伦理的，即自我限制与自我负责的意志"的问题。某种意义上，海德格尔对此在的生存论分析试图阐明的即是这一自由的自我限制，即自我责任的存在论条件。

考虑到海德格尔对无论是亚氏，还是康德的有关文本的解释已经完全受到他自身的，很可能与亚氏，乃至于康德的存在论设定完全不同的存在论的导引——这事实上至少部分地解释了海德格尔的解释众所周知的"暴力性",尽管这些解释同时包含了海德格尔对其所解释的文本细致入微的解读,为了不至于完全盲从海德格尔的解释,我们将在第三章(伦理行动:康德与亚里士多德)中提供了一个对亚氏与康德的伦理学,尤其是两者对伦理行动的界说的概览,借此,我们也试图显明康德与亚氏伦理思想的深层差异。

第三章

伦理行动：亚里士多德与康德

　　一般而言，行动（praxis）所指谓的是人类的一切实践性活动，与人们对世界及自身的纯理论性认识相区别。在古希腊，行动不仅与理论性活动相区分，而且往往也有别于生产性或者说创制性活动（poiesis），其所指称的是主要是自由人才能够参与的政治与社会性活动，故为政治学与伦理学主要的研究对象。这一研究不仅旨在规定行动之条件及其所属的人类实践之范域，而且进一步在好的行动（eupraxis）与坏的行动（dyspraxis）之间作出区分。所以，行动也就兼具描述性与规范性意义，并因此可以被称为伦理行动。由于人类行动总已经是受到理性指导的行动，对行动的研究同时也是对其所归属的理性之研究。与指导理论研究之理性不同，指导行动的理性一般被称为实践理性，即亚氏所言的理性的实践部分。

　　在近现代，创制性活动与伦理行动之间不再具有它们在亚氏那儿所具有的那种明晰的界限，但实践与理论理性之间的区分仍然得以持存。与这两种理性之不同运用相对应的是理论哲学(包括形而上学与认识论)

与实践哲学之区分，伦理学与政治哲学仍然构成了实践哲学的主干。

当然，诚如我们下面将要显明的那样，如果说亚氏主要在德性—幸福的框架中界说行动的伦理性，并且行动对于亚氏首先是城邦公民的伦理与政治的活动，那么，在康德那儿，伦理行动首先与非（超）时间性的自由的法则相关。这一对伦理行动的不同界说最终不仅指向了两种不同形态的伦理学，即我们通常所言的目的论与义务论的伦理学，而且指向了两种不同的人格理想。借着这一分析，我们试图从伦理的视角去接近海德格尔用以界说此在与存在之关联性的行动，以及这一存在论意义上的行动的自由的本质。这一自由，正如我们前面对海德格尔的存在论分析已经表明——描述了此在对自身存在的本真领悟，也即是此在在其本真性中所把握到的存在的意义。

一、德性与完美人生

虽然亚氏不仅在伦理学中，而且在他的诗学、物理学、灵魂论乃至形而上学中对行动（praxis）都有所论及，并且他对行动的规定也相应于不同的语境而有所变化，但行动无疑是亚里士多德的实践哲学（包括伦理学与政治学）的一个核心主题，所以，我们也将主要按照亚氏的伦理学对其行动学说做一纲要式的概述，在亚氏的伦理学中，

（1）行动所指的首先是人的行动，故行动总是在自身指向行动者（agent），对行动的研究同时也是对行动者的研究。由于人既是理性又是非理性的存在者，行动是理性与非理性要素结合的结果，虽然在亚氏看来，正确的行动总是理性起其支配作用的行动，但他也不排除感性的作用，故将正确的行动规定为"理性欲望"（intellectual desire）的结果

（N 1139b4-5）。

（2）人的行动总已经是有目的的行动，行动的目的可能是行动本身，也可能是经由行动而获得的产品。目的可以被视为行动者所欲求的善（good）。不同的行动具有不同的目的，这些目的之间可能具有主从关系，如果是这样的话，从属性目的是其所从属的目的之手段。但不是所有的目的都可以被视为一个更高的目的的手段，因为如果是这样的话，我们不仅会陷入无穷的倒退，而且，我们的欲求也会无所旨归。所以，存在着一个"最终的目的"（final end），这一目的不仅不复能被归为任何其他行动之手段，而且"我们是因它自身而欲求它"（N 1094a20），故同时被视为最高的善。幸福（eudemonia）就其通常被视为因自身而可欲者，是为最高的善，虽然人们对于什么是幸福各持己见。

（3）人类行动不仅带来变化，而且本身是一种变化，是潜能得以变成现实的过程。故行动又被视为一种特殊的运动（kinesis），也即是说，行动总已经是发生在时间中的行动。作为朝向某个目的的行动，即"为……之故"的行动，行动具有未来朝向的时间性结构。所以，虽然每一个行动总是已经在其自身中综合了过去与未来，未来对于过去和当下仍然具有某种优先性。比如某人现在之所以努力攻读医学，是因为他已经将成为一个医生确立为自己的重要目标，这一目标不仅决定了他当下的行动，而且赋予这一行动以意义。这当然不是说他当下的行动就必定没有自身的意义，他可能对学医本身很有兴趣。尽管如此，我们只有在与他所确立的目的之关联中，才可能完整地理解他当下的行动。所以，虽然行动总是发生于当下的行动，当下却没有，或者至少没有完全独立于未来的意义。此外，由于行动总是以落实于未来的目的为旨归，而未来则总是具有某种无法消除的不确定性。以上面学医者为例，无论他如何努力，无论当下的条件看上去如何有利于他实现自己的目标，没有任何东西能够保证他一定如愿以偿地成为一个医生。所以，行动也就总是在自身中包含了某种不确定性，并因此要求一种在直面不确定性的选择或决断。这一不确定性也是一切生成变化者所具有的特性。由于行动属于变化之域，以人类行动为其主题的实践哲学也就有别于以不变的存在（者）为其对象的理论哲学。

（4）就行动（praxis）或言实践活动与理论活动（theoria）所具有的不同的对象而言，亚氏区分了理论与实践科学。前者所处理的是不变的对象，诸如数学对象、原则与原理。与此不同，实践科学的对象是变动不居的人事。也正因此，我们不能要求实践科学具有理论科学之精确性，与理论科学不同，关于行动的知识只具有某种一般性（generality），甚至概然性，而不具有严格意义上的普遍性。由此，我们也只能依赖于实践智慧或称明智（phronesis），即某种不能完全被归结为具有超越具体情景的精确法则的判断能力，来判定行动的正确与否。

（5）亚氏不仅区分了理论与实践活动，而且在《尼各马可伦理学》中还进一步区分了伦理行动与创制性活动（poiesis）。[①] 创制性活动的目的是其所制造的产品，行动本身只是这一目的的手段。作为纯粹的手段，行动本身不具有内在价值，只有目的才能赋予其意义。

在此，正如巴拉班（Oded Balaban）所见，在创制性活动的目的与手段之间总是存在着不可消解的时间间距（gap in time），因为只要活动还在持续，目的就尚未达到，而一旦目的达到，活动本身也就终止了。就此而言，创制性活动的目的与手段之间具有某种对立性（antago-nism），所以，作为手段的创制活动与作为目的的产品之间总是互相分离的。但另一方面，创制者则与创制活动紧密相连，两者因此都可以被

---

① 参见 Aristotle, *Nicomachean Ethics*, Terence Irwin (trans.), Hackett Publishing Company, 1999, 1145a2-5 和 1140b5。

视为产品（即目的）的手段。① 也正因此，亚氏认为这类活动并不能赋予活动者以超出手段的价值，并因此是低贱的："城邦公民不应当过手艺人与商人的生活，因为这样的生活是低贱的，不利于德性的形成"。②显然，正如巴拉班指出，"创制活动（或者说劳动）虽然提供了生活之必需品，但不应被混同为生活本身"。③ 与创制性活动不同，"伦理行动的目的在于其自身"（N1140b3-8），是为其自身之故的活动，故伦理行动具有内在的价值。同时，伦理行动在亚氏那儿总是一种社会性的，甚至政治性的活动，这一活动构成了城邦公民生活的真正主体：正是通过伦理行动，公民致力于自身的以及共同体（城邦）的善，并在此过程中形成公民应有的美德。所以，只有伦理行动与人的德性以及最终的目的（善）相联，是伦理学与政治学研究的真正主题。

（6）与此相应，伦理行动的行动者已经是应当为自己的行动负责的道德主体（moral agent）。这一责任又预设了行动者的自由，不仅是其自由的政治身份，而且还有其与自身行动相关联的自由。在《尼各马可伦理学》中，亚氏区分了自愿与非自愿的行动，自愿的行动是行动之始点在行动者的行动，即是行动者在不受外力强制的情况下自由的作为。

诚如上面所言，虽然亚氏也阐释了一般意义上行动的诸要素，如行动之目的性、时间性，作为行动始点的选择等，但他所聚焦的始终是行动之伦理面，或者说具有伦理意义的行动。也正因此，他不仅在理论与实践活动之间做了区分，而且进一步区分了严格意义上的伦理行动与创制性活动。尽管两者的对象都是可变之物，但只有前者才具有伦理意

---

① 参阅 Oded Balaban, *Aristotle's Theory of "Praxis"*. *Herms*, 114. Bd., H.2 (2nd Qtr., 1986) 163-172, pp.164-165。

② Aristotle, *Physics*, Robin Waterfield (trans.), Oxford University Press, 1996, 1328b39-1329a2.

③ Oded Balaban, *Aristotle's Theory of "Praxis"*, p.165.

义, 或者说是伦理行动。借此, 亚氏得以在行动层面上界定了伦理评价
与研究的对象。显然, 如果用我们现代的术语来说, 亚氏在此提供的不
只是对行动之描述, 而已经是一种具有规范 (normative) 意义的行动
理论。

　　当然, 与目前处于主流地位的规范性理论不同, 亚氏对行动伦理性
的阐释所着眼的不是对单个行动之道德价值的判断, 而是行动者的性格
之有德与否。换一句话说, 对于亚氏来说, 道德判断的对象最终不只是
单个的行动, 而是其所体现的行动者的性格。就此而言, 德性而不是只
是行动构成了亚氏伦理学的核心。当然, 德性决非与行动无关, 人之有
德与否首先见诸于他 (她) 的行动, 但是, 另一方面, 我们并不因为某
个勇敢的行动就可以被认为具备了勇敢的德性, 德性必须表现为一种
行动的恒常性, 也正因此, 我们将德性视为人所具有的一种品格, 即
一种"稳固持久的状态"(N1106a5)。其次, 虽然没有人能够不去公正
地行动而"变成公正的人"(1105b9-14), 德性却不能完全依赖外在可
观察的行动而获得界说, 因为, 即使排除行动可能的偶发性, 一个行动
仍然可能从外表上看合乎德性, 却并不是出于德性考虑, 而是因为其他
原因。所以, 要判断行动是否出于德性还需要其他条件: 首先, 行动者
"必须知道他所做的事, 其次, 他是基于一种明确的意愿选择以这种方
式行动, 并且这种抉择是全然为了这件事情本身。再次, 它是出自坚定
与毫不动摇的性格而如此行动的"(N1105a30-1105b)。以公正为例, 判
断一个行动是否公正的行动 (德行), 也即是说是否是具有公正德性的
人的行动, 除了行动本身表现出的公正的品质外, 作出这一行动的人还
必须是自愿地、基于理性与深思熟虑而选择像具有公正德性的人那样去
行动。就此而言, 德性更多地是一种人所具有的尽管多少会体现为外在
行动的内在品格。亚氏因此将德性界说为灵魂活动所达到的卓越状态,
并且"这种活动是遵循理性或不可缺少理性而实现的"(N1098a7), 因

为按照亚氏，唯有理性构成了人区别于其他动物的特质。

亚氏将灵魂分为理性与无理性的部分，后者中的一部分，即"感性欲求能力"，"以某种方式分享了理性"，并"能够听从或者顺从理性的指导"（N1102b30）。与此相应，亚氏在《尼各马可伦理学》中将德性分为理智与性情德性两类，前一类是灵魂理性部分本身之卓越，后一类，诸如勇敢、节制、慷慨等则是无理性与理性部分关联中的德性，又被称为伦理德性。伦理德性关乎性情与行动，是我们通过教育与训练等形成的习性，它要求理性对感性（欲望与情感）施以适当的导引。亚氏以其中道说来区分德性（virtue）与恶习（vice）。所谓中道，即是在过分与不及两端之间择中而取，比如勇敢是鲁莽与怯懦两端之间的中道。中道，正如亚氏一再指出，并不具有几何学意义上的精确性，而是因人、因时、因地而易，所以，我们也不能给出衡度中道（德性）之精确的标准。当然，亚氏也意识到中道作为尺度可能过于宽泛，① 故在第六章论及理智德性，尤其是实践智慧，即明智（phronesis）时试图对其中道说作出进一步阐释。

按照亚氏，明智是灵魂理性之实践部分的德性，它使我们能够在具体的行动中命中中道，由于明智是对具体行动是否导向善的判断，故也包括我们对行动具体情境的正确把握。在亚氏那儿，明智不仅是达成行动之善的手段，也是德性不可或缺的构成要素，以至于如果没有明智，也就没有真正意义上的德性。当然，明智并不只因为其对行动之正确指导而可欲，作为灵魂重要部分之德性，它就其自身而言就是可欲的。

但是，尽管明智是行动之正确性不可或缺的构成性要素，智慧（So-

---

① 在《尼各马可伦理学》第六卷转向理智德性讨论时，亚氏指出虽然中道规定了正当的尺度，但是"这种规定虽然大体正确，但尚不明确"（N1138b25），所以，我们就必须与其对应的理智德性，即明智来说明"正当的尺度是什么，它如何变成一种品格"（N1138b34）。

phia）而非明智才是最高的德性，正如亚氏在《尼各马可伦理学》最后（第十）卷中表明，虽然正确的行动（eupraxis）是完美的生活，或言幸福的不可或缺的要素。但并非伦理和政治性的行动（praxis），而是沉思不变对象的思辨活动才使我们得以达到真正的幸福，因为这一活动是人（灵魂）的最高功能努斯的实现，而"如果幸福是一种合乎德性的实现活动，那么它必定也就是合乎最优秀的德性，也就是说，合乎内在于我们的最高贵部分的德性"（N1177a12-3）。并且，这一观照沉思的生活之所以被视为最高的生活，不仅因为理性（智慧与努斯）是人所具有的最高的功能，而且因为其对象是可知的对象中最为高贵之物。与有待于外物的伦理行动相比，它也最具有自足性。当然，自足的生活并不意味着与世隔绝的生活，因为人生来就是政治性的存在者。尽管如此，亚氏仍然将自足的生活规定为即使在与他人相隔绝的情况下，仍然为我们所欲求的生活，是在其自身中无所匮乏的生活。在此意义上，沉思的生活使人超越于自身的必死性，而趋近于不朽之神。与人不同，神决不介入有待的实践，而只沉思不变的对象，并在思与对象之同一中超越流变，臻于永恒。

　　理智（diagnostic）德性与伦理德性的关系一直是亚氏学者中争议与分歧颇大的问题，这当然部分地归因于亚氏在这一问题上的论述缺乏必要的清晰性，① 但也与近现代以来对何为道德（伦理）的主导性看法相关。基于这一看法，我们往往只将亚氏所言的伦理，即关于性情与行动的德性视为具有道德意义的德性，并试图由理智德性与前者的关系来理解其可能具有的伦理意义，其结果是我们不仅不能理解理智德性就其自身而言的可欲性，而且也不能理解亚氏何以将沉思的生活，事实上也

---

　　① 　参见邓安庆为翻译的《尼各马可伦理学》撰写的导论，人民出版社 2010 版，第29—30 页。

是理智德性，尤其是智慧得以完美实现的生活视为最幸福的生活。我们在此也不可能深入这一问题，但是，必须看到的是亚氏的伦理学所着眼的是整体意义上人生（而不只是狭义的道德）的完善，即幸福（eudamonia）或言完美的生活。这明显地体现在《尼各马可伦理学》的结构之中。在第一卷开端，亚氏就直截了当地提出了作为人的，同时也是人的行动的最终目的的幸福问题，并试图由构成幸福的诸要素，在诸种互相竞争的幸福观中作出裁断。借助于其灵魂说，亚氏在此卷中至少初步阐明了在他看来是作为人生最终目的的完满：这一完满（幸福）最终必须是"绝对完善的，永恒地因其自身之故而决不因他物之故而被欲求的东西"（N1097a35）。它虽然与快乐相关，但决不能被视同为感性欲望的满足，甚至也不只体现为对荣誉的追求，因为与荣誉相比，"德性是更高的目标"（N1095b30），所以，"我们的学说同那些主张幸福在于德性或某一种德性的意见相一致"（N1098b30）。幸福因此被规定为"灵魂合乎德性的活动，如果有许多德性，那么就是灵魂合乎最杰出，最完善的德性的活动"（N1098a18）。

如此，对幸福的探讨在亚氏那儿就自然地将我们导向对德性的研究。尽管如此，亚氏对德性的探讨是为了幸福这一人生最终的目的，而不仅是为了德性的德性，正如亚氏自己表明，"由于幸福是灵魂合乎完满德性的一种活动，那么现在我们就把德性作为我们探讨的对象，这样之后我们也就能够更清楚地理解幸福了"（N1102a5）。显而易见的是，在亚氏那儿，幸福，而非无论是伦理还是理智德性，构成了人生最高的目的，即使后者也在其自身就是可欲的。① 正是在此意义上，亚氏的伦

---

① 正如亚氏明确表明："因为我们永远因其自身之故，而决不会因为别的缘故而欲求幸福。相比之下，我们追求荣誉，快乐，智慧和每个德性，虽然也是为其自身之故——但毕竟也还是为了幸福而欲求他们，因为我们相信正是通过那些东西我们才幸福。"（N1097b1-5）

理学可以被归入目的（幸福）论的伦理学，也即是说，对于亚氏而言，行动之所以可以被认为是正当的（德行），是因为它能够导向完满的生活。当然，另一方面，与比如功利主义代表的目的或后果论不同，幸福最终不能在与伦理和理智德性完全分离下获得界说，就此而言，正如麦金太尔所见，德性的践行在亚氏那儿可以被看作幸福这一目的的必要的组成部分。① 或者更为恰切地说，构成了亚氏伦理学核心的是德性与幸福之内在关联性，而不只是德性，更非单纯的伦理德性，亚氏之伦理学因此不能仅被视为单纯意义上的德性说，更毋庸说狭义的伦理德性说。对于亚氏来说，伦理学是探讨（首先在实践或行动领域）何为完满的生活并努力促成人们去过完满生活的学说，德性只是作为完满的生活必要的构成要素而成为伦理学的主题，但此处所言的德性不仅包括伦理德性，而且包括理智德性，因为不仅前者，而且后者对我们过一种完美的生活都是必需的。与此同理，如果完美的生活最终实现于超越实践（伦理行动）的思辨活动，那么，后者也理应被包括到伦理学的研究之中，即使就其所探讨的主要是人通过自己的努力而获得的幸福与善而言，伦理学的主体始终是德性与德行。

　　除了这一行动—德性—幸福所构成的主线索外，亚氏也探讨了自愿与非自愿行动的区分，并就自愿行为阐释了理性选择或筹谋的概念。按照亚氏的介绍，这一探讨关涉的是对行为的赞扬与谴责的问题，"对于立法者考虑奖惩也是有用的。"（N1109b30）也即是说，其所关涉的是伦理与法理之可归责性问题，就伦理角度来说，是伦理责任及可负责的主体的问题。虽然这一探讨对研究德行是有必要的，但在亚氏的目的论的伦理框架中只是一个从属于德性研究的问题。

---

　　① 参见 Alasdair MacIntyre, *After Virtue: A Study in Moral Theory*, Notre Dame: University of Notre Dame Press, 1981, p.149。

二、责任与自由

　　与亚氏不同，责任问题构成了康德道德哲学的核心，对于康德来说，伦理学要探究的核心问题乃是：我们在何种意义上应当被视为可归责的（imputable），或者说能够承担责任（responsible）的主体，也即是说道德责任的可能性条件。与此相应，虽然同样坚持理性的主导地位，行动在康德那儿也明显地具有不同的含义，由此导向了一种与亚氏伦理学完全不同伦理学（实践哲学）形态，在这一通常被称为义务论的伦理学中，责任与自由，而不复是德性与幸福构成了伦理学的核心问题。

　　康德接受了亚氏以来在理论（理性）与实践科学（理性）之间所作的区分，并通过对传统理性形而上学的批判，对两种科学及其界分作出了自己的界说。按照这一界说，理论科学的对象是严格受制于因果律的自然与自然物，而实践科学的对象则是人的行动与作为行动者的人。由于人同时是现象界的，受制于因果必然性的和本体界的自由的存在者，人的行动，就其规定的根据而言，也包含两种不同的可能性：既可能受到欲望与情感，即我们的感性的决定，也可能完全为我们的（实践）理性所规定。在康德看来，只有在后一种情况下，我们才具有真正的自由，也即是说才是自由（道德）的行动者，故康德将实践规定为出自自由的行动，只有这一意义上的行动，才是严格意义上的伦理行动，是道德哲学研究的对象。

　　显然，严格意义上的行动，即伦理行动，不仅是具有理性的存在者（包括人）的行动，而且是完全为理性法则所规定的行动。所以，虽然行动总是发生于时间之中，并因此已经受制于自然之因果必然性，而自然之偶然性，以及人自身的自然情感与欲望也总是构成对行动及其结果的影响。但就其可能的决定性根据，即纯粹理性的法则而言，行动则已经超越于流变（时间），乃至于整个自然域。所以，与真正意义上（伦理）的行动所关联的是与我们的感性相分离的纯粹理性，以及行动者的理性本质。与此相应，道德哲学所要研究的最终是规定了我们的道德义务的纯粹理性及其法则，这一理性法则具有严格意义上的普遍性与必然性。在此意义上，康德将道德哲学，或他所言的道德形而上学区分于作为经验科学的道德人类学。

作为理性之存在者，人属于摆脱了支配着现象界之因果必然性的本体界（noumenal world），因而也是自由的存在者。正是在此意义上，康德断言整个道德（以及道德责任）都基于自由。但是，与亚氏的自愿性，即行为者具有不受外力所迫的自由不同，自由在康德完全是一个先验的概念。在《纯粹理性批判》中，康德将先验自由界说为独立于自然律的另一种原因性，这一自由意味着开启一个全新的事件（序列）的能力，也即是说，自由在康德那儿是非（超）时间意义上的绝对开端的行动，是绝对的自发性，是"行动之可归责性（imputability）的根据"（KRV A448 B476）。而实践自由则基于先验的自由。在《实践理性批判》中，康德进一步阐发了实践自由概念之先验性，并拒绝了对其所作的经验主义理解。在康德看来，实践自由既不能被混同为不受外物，即行为者之外的原因强迫的状态，也不能被视为一种单纯的（经验）心理学之属性，"其解释唯一地取决于对灵魂的本性和意志的动机作更细致的研究"（KPV 98）；而必须被看作完全有别于自然之原因性的另一种原因性（causality）。否则我们事实上完全取消了自由，"连同一起取消的是不接受任何经验性的规定根据的道德法则本身"，以及道德责任之可能性，因为即使

> 我把我的整个存有假定为不依赖于任何一个外来的原因（如上帝），以至我的原因性，甚至我的整个实存的规定根据都完全不会处于我之外，那么这也丝毫不会把自然必然性转变为自由。因为在每一时间点上我总还是服从必然性的，即通过那不受我所控制的事而被规定去行为的……（KPV 99）

换一句话说，只要我仍然将自己视为时间中的，也即是自然域中的存在者，那么无论我的行动是否受迫于外在于我的强制力，我都不是自由的，因为我总已经受制于我自身的过去。显而易见的是，康德之先验自由概念基于自然与自由的，同时也是感性与理性之间的严格区分，这一区分，正如康德在《判断力的批判》中表明，也规定了其实践哲学与传统意义上的实践哲学截然不同的型态。对于康德来说，区分理论与实践哲学的与其说是两者不同的研究对象，不如说是理论与实践活动所服从的不同的法则，凡是服从自然法则的活动，就所其服从的法则而言，事实上都从属于理论哲学，而真正意义上的道德实践则只服从自由的法则。唯有自由的法则才具有道德意义，才构成具有普遍约束力的道德律，并因此在"不需要关及任何我们已有的目的或意愿的情况下"，独自就能够规定行动之道德性。① 由此，真正意义上的道德论已然在自身中区别于任何自然的目的或幸福论。正如康德在《实践理性批判》中表明，并非事实上可欲的善（目的）规定了行动之正当性，毋宁说我们只能依据行动之正当性来裁定行动所指向的目的是否在道德意义上是善的。

就实践哲学而言，康德进而区分了幸福论与德性论这两种道德形

---

① Immanuel Kant, *Critique of Judgment*. Translated by Werner S. Pluhar, Hackett, 1987, p.12.

态。与无论是何种意义上的幸福论不同，德性论，也即是说，对康德来说，真正的道德哲学，并不将幸福看成道德行动的决定性根据，毋宁说行动之道德价值只取决于其是否与理性（道德）法则相符，正如康德之《道德形而上学奠基》开篇所言，唯有善良意志才是唯一无条件的善。当然，幸福的可能性仍然是康德关心的问题，但是，最高的善，即幸福与德性之匹配只有在设定一个理性的上帝的情况下才有可能。即使在那儿，具有决定性的仍然是幸福应当与之相匹配的德性。

　　但是，虽然强调与感性相分离之纯粹理性，康德并未完全否认人同时是感性的，因而也是有限之存在，也正因此，道德律对于人而言总是以强制性的形式出现。并且，幸福，就其被理解为"对伴随着其整个存在的生活之愉悦性的不受阻断的意识"而言，也仍然被视为既是感性与理性的存在者(人)欲求的目标，并因此被视为最高善的一个组成部分。

　　尽管如此，与亚氏不同，在康德看来道德以自身为目的，幸福并非道德（行动）的目的，因为后者不可避免地关涉到自然，包括人的自然性存在。所以，如果说康德的伦理学仍然具有目的论要素，那么这一目的论在某种意义上已经排除了自然要素，包括人的自然面，故可被视为一种道德（或实践理性）的目的论。在此，我们或许可以看到康德与亚氏以内在关联之德性与幸福为核心的伦理学之间的根本区别，这一区别也体现于两者对伦理行动不同的界说：与亚氏相比，康德所着眼的不只是行动之伦理面，而是严格意义上的伦理行动。如果说在亚氏那儿，行动所指谓的是人类的一种特殊的实践活动，并且这一实践活动总是在现实生活中，在与他人的社会政治性关联中得以展开的行动，那么，在康德那儿，行动已经被从其事实的，因而也总是在时间中的开展，包括其所发生的情境（context）中被抽离出来。对行动的事实关联，或用康德的术语，对行动之质料部分的研究从一开始就被归入经验科学或称道德人类学，伦理学（道德哲学）所关注的只有行动（者）之意向或理由。

故行动在康德那儿所指的是对行动准则之（maxim）选择，而行动之伦理性的判断则依据（主观）准则与（客观）道德律之间符合与否。就此而言，道德判断的对象首先是单个的行动，更为严格地说，是行动的准则，即行动者对准则之选择。至于行动的结果，即行动是否达成其预设的目的丝毫也不会影响到行动的道德价值。

当然，康德并不否认行动总是有其目的或对象，也不否认幸福构成了人类活动最具包容性的目的，但行动之道德价值却并不在行动所达成的目的之中，而只取决于行动的意愿准则。也正因此，康德才可能将行动与一个超越经验（先验）的自由概念相关联，因为我们只能受迫做或不做某事，但不可能受迫意愿（will）或者不意愿（not will）某一行动。换一句话说，就行动者意志之形式（而不是其质料内容）来说，行动者总已经是自由的，并因此应当为自身的行动负责。当然，具体的行动总是发生在某个时空关联体之中，并因此不仅受到各种外在的要素，比如自然与他人的制约，而且受到内在的要素，比如行动者自身的过去的影响，故就行动之经验面来说，亚氏在自愿与非自愿之间的区分显然是有意义的，并且有助于我们决定具体的行动者是否，以及在何种程度上应当为其行动及其后果承担责任。

尽管如此，亚氏的自愿性在康德看来所界说的只是经验意义上的自由，因而不可能将行动者规定为道德的，即自由的主体。因为即使在不受外力强迫的状态下，即使行动之始点在行动者本身，行动者仍然可能是不自由的，并因此不可能对自身的行动绝对负责。所以，正如康德在《实践理性批判》中表明，"在追问一切道德律及与之相应的责任必须当作根据的那个自由时，问题根本不取决于那按照一条自然法则来规定的原因性是由于处在主体之中的规定根据还是由于处在主体之外的规定根据"（KPV 100-101）。对于康德来说，如果只有经验意义上的自由，或者如果说自由只是一个经验的概念，就不可能有严格意义上的道德责任，因为道德责任最终所基于的并非外在于主体的归责，而是主体为自身而承担的责任。也正因此，我们必须悬设（postulate）一个先验自由的概念，即使我们不可能在经验中发现这样一种自由，但这一自由的概念却是道德责任之根据。

显而易见的是，自由在康德那儿不仅是道德之先验根据或者说预设，而且本身已经是一个道德形而上概念，乃至于我们可以说自由即是在道德意义上对自身负责。我们或许可以在三个层面上厘清自由与责任的内在联系。从行动的层面观之，就意愿的纯形式而言，行动者是绝对自由的，以至于可以被视为超越于现象界的，即本体界的存在者，故行动者必须承担起为自身行动的完全的责任，也即是说行动者理当按其行动之准则是否与道德法则相符而获得评判。但是，如果道德法则并非出自行动者本身，而是从外面被强加于行动者，那么行动者就没有真正的自由，也没有道德意义上的责任，而只是在纯粹法律（外在）意义上被归责。所以，我们必须在一个更高的层面上将道德法则视为行动者本身，即其理性所制定的法则，在此意义上，为行动负责（不只是因为行动负责）即是对那个作为道德法则颁布者的自身，即行动者的理性自我负责，责任遂成为"为我的责任"，这一为我的责任与其说是对自由之限制，不如说是自由之实现，因为自由乃是理性存在者按照法则的自我限制，即康德所言的自律。这一自由（自律）从根本上有别于缺乏任何限制的任意性，并因此已经是道德的自由。更为重要的是，作为"为自身的责任"，道德责任已经在自身中指示了责任之承担者的真正或者说本质的自我，这一自我，按照康德，乃是作为自在的目的人（格），是道德法则以及与之相应的责任的形而上根据。在《理性限度内的宗教》中，康德进一步指出，这一自我构成了严格意义上的人格（die eigentliche Persönlichkeit），即道德人格。所以，从人格层面上看，作为道德责任根据的自由构成了目的本身，换一句话说，如果自由的自我限制构成了道德责任，那么，道德的目的则是不可能在经验中被发现的自由，是作为自在目的的人本身，正是在此意义上，道德以自身为目的。也即是说，道德（理性）的目的乃是自由的人格的最终实现。

显而易见的是，从自由与责任之内在相关性而言，康德的伦理学可以被称为责任的，或者更为恰切地说，自我负责的伦理学，这也标示出其与亚氏伦理学之间的根本性区别。对于康德而言，伦理学之核心是落实到个体，或者说每一个行动主体的责任，为了显明这一责任之可能性，就必须设定一个绝对的、先验的自由概念。而亚氏的实践哲学中没有也不需要这样一个自由概念。正如我们上面已经指出，责任在亚氏那儿更多地被理解为法律意义上的外在的归责。当然，另一方面，就责任问题被纳入德性说而言，亚氏对责任的阐释已经指示了责任概念由法律向道德拓展的可能性，并因此指示了界说一种道德责任的可能性。但是，正如我们上面指出，这一处于道德与法律之间的责任在亚氏那儿只具有从属于德性的地位，因为对亚氏来说，尽管对行动之奖惩构成了对行动道德评介的一个要素，为此，我们有必要研究这一奖惩之合宜性，即行动者在何种意义上应得对其的奖惩，在何种意义（程度）上应当对行动负责，但是，行动之道德意义却并不在于奖惩，而在于行动所构建的行动者的德性，最终在于行动是否，以及在何种程度上导向幸福。当然，亚氏之幸福决非（比如功利主义之）感性欲望的满足，而是被规定为人的各种潜能，尤其是其本质性潜能（即理性）的完美实现，德行（eupraxis），就其是出于德性的行动，也即是说就其总是合乎理性的行动而言，也被视为人的幸福的一个不可或缺的要素，就此而言，伦理行动之目的在于其本身。

但是，另一方面，幸福并不等同于德行，故行动之目的又不完全在于自身，而是最终指向其所不能完全包容的目的，即亚氏或希腊人所设想的神的完美性：神不行动，而只沉思，故无待于外物，是为自足。这一自足所描述的是神之充盈，神唯居于自身之充盈之中，无所缺失，也无所溢出，故无需法律之限制，因为被限制者已非完美的存在。而行动之所以需要限制，是因为行动尚未启达完全的现实性，但神之沉思则是完全的现实性。当然，另一方面，与其他，比如创制性活动相比，伦理行动是直接以自身的现实性为目的的行动，故对于必定要有所行动的人来说，不可能设想德行亏缺的幸福（完美）。由于行动总是与他人相关的社会性行动。所以，道德以幸福为旨归就意味着在实践的层面上，德性使人成为好的公民；在一个超越实践的，形而上或者理想的层面上，德性则意味着无限地趋近神性生活，或者说最终实现人性中内蕴的神性。

在此，我们可以看到亚氏与康德伦理学的深层区别，这一区别并不仅在于前者是目的论而后者是义务论，正如我们在上面论及自由与责任时已经表明，康德之伦理学绝不限于在行动层面上对于义务以及规定了义务的道德法则的关注，而是进一步在道德形而上层面阐释了其人格理想，道德最终是为了这一人格理想之实现。就此而言，康德的伦理学并不缺乏目的论维度，所以，真正区分两者的毋宁说是两者所指示的人格理想之间的差别，是康德的自我限制的绝对自由与亚氏的神性自足之间的区别，是不断自我限制的自由行动与超越行动而臻于神性之静观之间的区别。用海德格尔的话来说，是对存在不同的领悟，或不同的存在论决断。某种意义上，只有把握了这一深层次的区别，我们才可能析明在何种意义上，海德格尔同时承继了两种不同的传统，或者说，在何种意义上，两者影响了海德格尔对行动的存在论意义之阐释。

第四章

此在即行动：亚氏之路

　　诚如我们在上一章表明，构成康德道德哲学基石的乃是自由的概念，无论这一自由在行动层面上被表述为绝对的主动性，还是在道德立法层面上被表述为自律，自由在康德那儿既是道德之可能性条件，又是道德之旨归。所以，并不奇怪的是，在康德之后，自由之实现及其可能性条件成了德国哲学的主导性课题，以至于整个德国唯心主义哲学都可以被视为关于自由的哲学，而行动，就其为自由实现之场所而言，也具有了前所未有之重要意义。事实上，也正因为自由之重要性，康德最终肯定了实践理性对于理论理性的优越性。然而，也正因此，康德之实践理性与理论理性的二分（dichotomy）受到了尤其是来自于古典唯心主义的挑战。

　　某种意义上，与古典唯心主义哲学相继，海德格尔同样拒绝了康德的实践与理论理性之二分性，而试图在一个更高的层面上找到一种理性的，或者更为恰切地说，存在论的统一性。在海德格尔看来，这一理论与实践之二分可以被归结到标志着现代哲学之主客之分。与此相关的还

有自然与自由、感性与理性、知与行、目的与手段的分离，而这一系列
分离又可以被视为传统西方形而上学的必然结果。尽管如此，在西方形
而上学形成之初，尤其是在亚氏那儿，存在之统一性尚未完全失落。就
行动的意义而言，与笛卡尔以来的近代哲学的主知论导向相伴随的是知
与行的二分。行动往往只被视为是对理论认识所获致的真理与原则之践
行，离开了理论，行动本身是盲目的。换一句话说，行动之意义并不在
行动本身，而是在行动之外。其结果是行动只被视为理论认识所确立的
目的之手段。所以，与这一知行二分相联的还有目的与手段的二分性。

　　相形而言，虽然亚氏也认为实践哲学只具有从属于理论哲学（形而
上学）的地位，但是，另一方面，在亚氏那儿，不仅伦理政治行动，而
且创制性活动（poiesis）都拥有自身的真理。与亚氏相似，海德格尔在
《存在与时间》中也再三强调，此在使用工具的活动具有自身特有的观
视（Sicht），并且这一观视不能被还原为对用具的理论性知识。当然，
另一方面，正如我们前面在论及常人现象时已经指出，使用工具的生产
性活动尽管是人类生存必需的活动，但并不就因此是人类最高的活动。
就此而言，在海德格尔那儿，我们在某种意义上仍然可以见到亚氏对生
产性活动的贬抑，这当然并不就表明海德格尔必定会追随亚氏将理论认
识置于实践活动之上。为海德格尔推崇更多的是亚氏所言的伦理行动
（praxis）。因为正如亚氏表明，伦理行动乃是目的在其自身的行动，这
一目的与手段之统一性同样体现于德性与明智（phronesis）之内在的关
联性之中。明智，就其致力于中道之确立而言，可以被界说为德性（目
的）之手段，但另一方面，明智又是德性之为德性，或者说德性之完成
的可能性条件。正是在此意义上，亚氏表明，在明智缺失的情况下，我
们不可能具有真正意义上的德性。不仅如此，明智还被视为诸种德性统
一性的源泉。这一德性的统一性最终规定了行动之目的论统一性，其所
指示的不再是单一行动之目的，而是人类伦理行动之最终目的，即被视

为整体的人类生活之善。显然，亚氏之伦理行动说为对行动的存在论思考提供了有益的导引。这至少部分地解释了海德格尔对亚氏伦理思想的重视。

一、存在、真理与行动

从 1919 年到 1931 年，海德格尔一再返回到亚氏哲学，① 虽然亚氏之存在论或称形而上学一直是海德格尔关注之重点，但除此之外，海德格尔在这一期间几乎遍涉了亚氏之伦理学，物理学，逻辑以及灵魂学说。随着海德格尔讲课稿的成集出版，海德格尔对亚氏思想的承继面也受到愈来愈多的关注。当然，即使在此前，海德格尔对亚氏的解释，已经通过其当年的学生，深刻地影响了尤其是在德国的亚氏研究，② 同时也启迪了某种意义上由伽达默尔开启的对海德格尔思想之亚氏式解释，这一解释尤为注重海德格尔对亚氏之实践哲学的承继性。③ 沃尔皮

---

① 这段时期海德格尔关于亚氏思想的阐释主要收录于海德格尔全集第 18，19，22，33，61，62，63 卷。

② 海德格尔的影响尤其见于诸如 Hans-Georg Gadamer, Walter Bröcker, Eugen Fink, Ernst Tugendhat, Wolfgang Wieland, Wener Marx 等对亚氏和希腊思想的理解与解释中，但对英美的亚氏学者则甚少影响。

③ 这一构建海德格尔思想与亚氏的实践哲学之间关联性的努力可以溯源至伽达默尔 (Hans-Georg Gadamer)，在这方面作出比较引人注目的努力的当代学者有诸如 Franco Volpi, John van Buren，以及 Jacques Taminiaux, John Caputu 等，虽然后两者都比较注意基督教（尤其是路德）思想对海德格尔思想形成的影响，以及这一影响与来自亚氏的实践哲学的影响之间可能的冲突。总体而言，这一派对海德格尔思想的阅读所着重的是海德格尔思想的实践意义，或者说海德格尔思想对建构一种非（后）形而上学的，以人类社会生活为主体的实践哲学可能的启迪。由此目的出发，这些评论家们均认为：虽然海德格尔拒绝了亚氏的形而上学或存在（实体）论，但却在相当程度上接纳了亚氏的实践

（Franco Volpi）在其《作为行动之此在》一文中甚至将海德格尔《存在与时间》中关于此在的生存论分析视为他对亚氏之伦理行动概念存在论化（ontologization）的结果。当然，另一方面，也不乏反对海德格尔德的亚氏式读解的声音，除了指出海德格尔的此在分析另有源泉，尤其是其对路德与奥古斯丁的基督教思想之追随之外，这些评论家也往往试图显明海德格尔与亚氏思想（包括亚氏的实践哲学）之间根本的差异乃至异质性。在此，我们并不打算过多过早地涉入这一争论，就我们相对有限的目标，即我们在此所关注的行动的存在论意义来说，我们将主要聚焦于海德格尔在1924年讲课稿（全集第19卷）中对《尼各马可伦理学》第六卷的解释。这当然并不否认海德格尔在其他场合，尤其在1924年马堡讲课（全集第18卷）中对亚氏实践哲学的一些重要概念所作的解释。① 即使在论及亚氏思想的其他主题，甚至在论及其他哲学家时，海德格尔间或也会对亚氏的实践哲学予以关注。我们下面的分析之所以主要以《柏拉图的〈智者〉》为蓝本，除了这一文本与《存在与时间》之间显见的亲缘性，以及它对亚氏之明智概念所作的较为系统的解释之外，还有至少以下两个考虑：其一，海德格尔通过对亚氏之伦理行动及明智的解释所表达出的他自己的存在论的伦理向度，无论这一伦理向度是否最终落实为一种亚氏式的伦理学。其二，在这一讲课稿中，海德格尔明确地表达出了他对自身与亚氏思想之间深层差异的意识。

哲学。为这一读解所忽视的是，正如 Ted Sadler 指出，存在问题（Seinsfrage）在海德格尔思想中的核心地位，即海德格尔力图建构的存在论（形而上学），这一存在论虽然迥异于亚氏的存在论，却不能被还原为实践哲学，后者在海德格尔看来，只是人类学，而非真正意义上的哲学。所以，即使海德格尔思想中确实包含了对（时间性的）行动的强调，那么，我们也只有在其存在问题之开展中去理解这一行动的意义。参见 Ted Sadler, *Heidegger and Aristotle: The question of Being*. The Atholone Press, 1996, pp.13-17, 142-158。

① 在这一讲座中，海德格尔对 agathon, telos, hexis, arete, hedone, lype 以及 proairesis 等亚氏伦理学的核心概念作了详细的解释，这一对亚氏伦理学的核心概念的解释在某种意义上可以被视为海德格尔的《柏拉图的〈智者〉》的预备。

　　《柏拉图的〈智者〉》收录了海德格尔 1924—1925 年冬季学期在马堡大学讲课的内容，这一讲课所关涉的主要是柏拉图的后期对话《智者》，尤其是在这一对话中得以开展的存在问题。但是，其中近三分之一篇幅则聚焦于对亚氏思想，尤其是《尼各马可伦理学》第六卷的读解，按照海德格尔自己的解释，这为后续对柏拉图的读解提供了必要的导引乃至于解释的框架。因为我们所关注的主要是海德格尔对亚氏之阐释，我们在此将不讨论这是否理解柏拉图思想的合适途径。

　　值得注目的是海德格尔的这一阐释显明的存在论导向。按照海德格尔在《我的现象学道路》中的回忆，其哲学之路始于对存在范畴之多义性的关注。引发这一关注的是布伦塔诺的一篇关于亚氏形而上学的论文。在这篇论文中，布伦塔诺考察了存在的四种主要意义，即（1）存在之为范畴（to on kata ta schemata ton kategorion）（2）存在之为真理（to on hos alethes）（3）存在之为行动（潜能与现实）（to on dyna-mei e energeiai）（4）存在之为自在与偶在（to on kath' hauto kai kata symbebekos）。① 当然，布伦塔诺的论文并不局限于罗列出存在的多种意义，而是试图将存在之多种意义把握为一种类比统一性。循亚里士多德—托马斯传统，布伦塔诺尤为强调存在之范畴义，并将实体确立为最为根本的存在范畴，这样亚氏的存在论就被阐释为实体说。与布伦塔诺不同，海德格尔虽然也试图找到存在意义之统一性，他所注重的更多的是存在之真理义，即（2），这可明显地见于他 1922 年关于亚氏之本体论与逻辑的讲稿中。② 在《柏拉图的〈智者〉》中海德格尔则进一步寻求

---

　　① 参见 Franco Volpi, "Dasein as praxis: the Heideggerian assimilation and the radicali-zation of the practical philosophy of Aristotle" in *Reading Heidegger from the Start: Essays in his Earliest Thought*. Theodore Kisiel and John van Buren（eds）, Albany: SUNY Press, 1994, pp.91-128, p.93.

　　② 参见 Martin Heidegger, *Logik: Die Frage nache der Wahrheit*（GA 21）, Frankfurt am Main: Vittorio Klostermann, 1976，第 11—14 节。

在（2）与（3）的关联中界说存在意义的统一性。

所以，并不奇怪的是，海德格尔的阐释从《尼各马可伦理学》第六卷第三部分，即亚氏谈到的灵魂以肯定或否定方式命中真理的五种能力入手，这五种能力分别为技艺（techne），认知（episteme），明智（phronesis），智慧（Sophia）与努斯（nous）。对于海德格尔来说，亚氏对真理多重意义的界说明显地有别于将真理等同于命题之真确性（correctness）的西方传统的真理观，因为按照亚氏在这里的说法，不仅理论认识具有自身的真理，广义上的行动，包括伦理与创制性行动也拥有自身的真理。这就为海德格尔寻求一种更为源初（primordial）的真理提供了契机，海德格尔以希腊之"去蔽"（aletheia）来称呼这一更为源初的真理。正如他在《柏拉图的〈智者〉》的导引中表明，"去蔽"一词表现了希腊人关于真理的具有根本意义的洞见：之所以有真理，是因为有遮蔽(lethe)，是因为对人而言，存在与世界至少是部分遮蔽的。① 所以，真理并不是对现成之物之拥有，而是不断地去除遮蔽之努力，也即是说，真理就其最为源始的意义来说乃是"去蔽"（aletheuein），是此在（人）的行动。当然，这一行动既非此在的认知活动（theoria），也不是有别于认知的实践活动（praxis），而是此在对其存在之作为，即其与自身存在相关联的原行动，是此在源始的"在此"。正是通过这一原初的行动，存在之意义获得规定。所以，存在不外是在去蔽的原行动中被揭示并获得其规定的真理。与此相应，我们也只有在这一将存在与真理相关联的去蔽（行动）中才可能找到存在意义最终的统一性。由此，海德格尔在此对亚氏的解释之关键就在于确立一种命中真理（去蔽）的最为原初的方式，即规定了存在意义的原行动。

---

① 值得注意的是，在此，正如在《存在与时间》中，海德格尔仍然在此在与存在的关联中谈论存在的遮蔽，而不是如他后期的文本中那样直接谈论一种与此在的（主要是本真与非本真的）生存方式无关的存在的自我遮蔽。

按照这一真理之去蔽说，海德格尔将亚氏所说的灵魂的五种能力界说为此在揭示存在（包括自身与世界）的五种方式，与这五种揭示真理的方式相对应的是存在的五种意义，因为真理（去蔽）所描述的"并非事物之自在，而是物向此在显现的方式"（AS 24），也即是说，是物与此在相遇中所获得的意义，故真理或者说存在（的意义）最终被归结为此在与自身存在相关联的方式。在这五种方式中，除了努斯之外，其他四种方式都是循逻各斯（meta logou）揭示存在的方式。按照海德格尔这里的解释，逻各斯之本意并非后世所认为的那样是理性或尺度，而是言说（legein），包括自我表述以及人们之间经由语言的交谈，故也被用以指称所说之物。虽然逻各斯有效地保存与传承了此在的去蔽行动中所获得的真理，但却并不等同于去蔽本身，即对真理的原初获得，因为人们可能只是单纯地转述所说之物，在这种情况下，即使对所用的语词的意义有所理解，却并未与存在（者）处于直接的关联之中。所以，逻各斯在保存真理之同时可能，甚至在海德格尔看来必然地会导致对真理之歪曲，而逻各斯本身也相应地兑变为单纯的所说之物（legomenon）。①因为命题是承载所说之物最为典范的方式，真理也由此被规定为命题与事物（件）之间的相符性，仿佛两者都是现成在手的存在物。但人们也因此不再能够解释命题与事实这两种完全异质的存在物之间何以可能相符，这在海德格尔看来恰恰表明了人们对原初去蔽（行动）的遗忘，表明了此在之"沉沦于世"，并且这一沉沦"并非偶然，而是在此在本身

---

① 值得注意的是，虽然也论及逻各斯之兑变成纯粹 legomenon 的可能性，在《存在与时间》中，海德格尔更多的将逻各斯视同为现象的自我显现，或者说原初的去蔽行动，这当然并不必然表明海德格尔对逻各斯的论述缺乏一致性，毋宁说，海德格尔在此处论及的主要是希腊的逻各斯，虽然在相当程度上保留了海德格尔认可的逻各斯的原初意义，却在某种意义上已经步上了"堕落"之途，这与海德格尔对希腊的存在观的看法一致。当然这儿所言的"堕落"并不意味着任何过错，而是，按照海德格尔，具有基于此在之"沉沦"的生存方式的必然性。

有其根源，是因为此在总已经活动于日常知识的范域之中"（AS 27），并且其所注目的首先是被揭示的存在物，而非存在本身，或者恰切地说，存在之真理（去蔽）。

按照这一在逻各斯与去蔽之原行动（真理）之间的区分，我们或许可以推导出只有努斯才是唯一真正的去蔽，因为它是不依赖于逻各斯的直观。然而，海德格尔并没有马上作此结论，而是含糊又仿佛意味深长地写道："努斯已经出现于希腊哲学具有决定意义之开端，即在巴曼尼德的'思与被思者之同一'之中，这就决定了希腊乃至整个西方哲学的命运"（AS 22）。①

但是，虽然被视为最终把握真理能力的努斯可能已然被错解，以至于我们不再能够正确地领悟其所把握者，而存在的意义也因此变得晦暗不明，但这并不妨碍我们继续将真理界说为把握始因（arche）的努力。"始因"在希腊文中的字面意义是开端或始点：既可以指理论知识与推理认知所要求的第一（基本）原则，也可以指行动之始点，即行动之原因或者动机。由此，是否以及在何种意义上把握始因事实上构成了海德格尔在上述五种揭示真理的行动中确立一种最为原初的去

① 显然，与他在30年代之后对巴曼尼德的重新解释不同，海德格尔在此提及巴曼尼德的"思与被思者的同一性"（一般译为"思想与存在同一"）具有明显的批判意味，显然，海德格尔在此仍然认可巴曼尼德与柏拉图—亚里士多德代表的古典希腊存在论之间的相继性。一般而言，巴曼尼德都被视为西方理性主义的存在论传统的开启者，在《论自然》中，他明确表明存在存在，非存在不存在。凡生灭变化者均是非存在，而存在则超越生灭变化，故是无始无终的，既无过去，也无将来，而整个的是现在。借助于女神之口，巴曼尼德指示了两条泾渭分明的道路，真理与意见之路，生灭变化者均属于与真理无涉的意见之域，不变的存在则是思想（逻各斯或理性）的对象，由此"思想与存在是同一的"。与此相应，作为理性最高形态的努斯当然以永恒的存在，而不是生灭变化者为其对象，并因此可以被解为理性直观，而区分于概念推理的能力。这一对努斯的理解显然阻碍了海德格尔在此将努斯视为时间性（感性）"直觉"，从而将存在与时间相关联的努力，也正因此，海德格尔认为努斯在巴曼尼德那儿已经被误解。

蔽方式的标准。

按照亚氏在《尼各马可伦理学》中的分类，前四种有逻各斯的方式又分别被归入灵魂秉有理性的部分的两种能力，即认识（epistemonikon）与推算（logistikon）的能力，科学认知（episteme）与智慧（Sophia）归入前一类，技艺（techne）与明智（phronesis）则归入后一类。在亚氏那儿，这一区分是基于对象的区分，认识的对象是因其本因（arche）不可变的存在者，推算的对象则是可变的存在者。按照亚氏的说法，这一区分的根据是"灵魂不同的部分中的认知能力与不同的对象具有某种类似性与亲缘性"（N1139a6）。① 但是，在海德格尔看来，这一区分却并非源自哲学的考量，而是基于自然的此在，即此在的自然生活，海德格尔此处所谓的自然生活，即是此在之日常生活方式，在这一日常生活中，"此在忙于自己所生产之物及其日常关切的东西"（AS 29）。在《存在与时间》中，这一方式被直截了当地判为非本真的方式，在这一非本真的方式中，此在总已经处于对存在之遗忘之中。所以，既然这一区分是基于此在非本真的生存方式，当然也就缺乏哲学考量了。显然，通过将日常生活归为非本真的生活，海德格尔事实上贬弃了亚氏从对象角度在理论与实践之间所作的区分。

海德格尔接下来按照《尼各马可伦理学》第六章中的顺序首先考察了认知与技艺，② 这一考察基本上依循对象（noema）与行为（noesis）两条线索而展开，故可被视为海德格尔对亚氏所言的灵魂能力的现象学解释。这一解释始于对理论认知，即一般科学论证能力的现象学分

---

① 显而易见的是，亚氏此处的区分所依循的正是巴曼尼德的"思想与存在同一"的原则。对于亚氏而言，思之恒在性基于对象之不变性，而非相反。

② 按照《存在与时间》的说法，这也是此在最为切近的生存方式。值得注意的是，海德格尔在《存在与时间》第一篇中展开的此在的生存论分析——这一分析由此在与物的交道进到对此在之在此（存在）的分析——与亚氏第六章中对五种灵魂能力的描述顺序之间或许是并非偶然的契合性。

析。按照这一分析，理论认知是"对已经被去蔽者之保存"（AS 32），①
这就决定了其对象之当下在手性，因为知识之为知识乃在于其对象之不
变性，也即是说，即使在没有当下显现的情况下，知识的对象也必须具
有某种自身同一性，否则我们就不可能在知识与谬误之间作出任何区分
了。所以，认知的对象必须是永恒不变的存在者。可变之物，比如历史
性的存在、行动都不能成为认知恰切的对象。

这当然不是说存在着永恒的东西，毋宁说永恒，或者用海德格尔的
说法，绝对的现成性（Vorhandenheit），如同海德格尔在此希望显明的
那样，只是源于此在理论认知方式的一种特殊的时间样态。但是，理论
的认知却并非此在原初的存在方式，作为一种在其自身已经受到"欲望
（oresis）驱动的行动"（praxis），认知在大部分情况下"仅仅服务于创
制性活动"（AS38）。当然，海德格尔也承认，认知并不必定以产生某
种结果为其目的，而可能"只是单纯地为了把握真理的行动"（AS 38），
并在此意义上具有某种独立性。即便如此，由于认知只是对去蔽之所得
的保存与传承，其始因当然不在认知之中。或者用亚氏的话说，认知并
不包括对第一原则的把握，故为一种有缺陷的，或者说从属性的命中真
理（去蔽）的方式。

与科学认知不同，技艺的对象是可变的存在者，即通过创制性行动
（poiesis）而获得其存在（被生产）的产品，故技艺从属于创制性活动，
可以被视为创制性行动所依赖的"知识"（theoria），这一"知识"指导
行动以达成其目的。为了达到其目的，创制者在行动之前必须已经具
有产品的蓝图，故技艺之始因是创制者灵魂中已存的"视像"，即理念
（eidos）。就此而言，创制活动之始因已经在创制者那儿。但是，另一

---

　　①　亚氏的认知能力显然不能等同为单纯的保存，而更多的是论证的能力，论证虽
然需要借助于已有的原理或原则，但并非对这些原理之纯粹保存，而是对知识之发展，
当然，就其所依赖的最高的原理而言，认知确实可以被视为保存最高原理的方式。

方面，这一始因又不在产品，或者说创制性活动的结果（ergon）之中，其结果是产品，即活动之目的（telos）与活动（包括创制者）互相分离，这使得创制活动不可避免地受到机运的影响，故亚氏也认为，在某种意义上，"技艺与碰运气是一回事"（N1140a18）。同样，由于这一始因与目的之间的分离，创制性活动在某种意义上不可避免地沦为手段。所以，就创制性活动之始因在创制者那儿来说，这一行动是优于科学认知的去蔽行动；但就其目的对行动的外在性而言，或者说，就其始因与目的的分离而言，技艺与认知一样是有缺陷的去蔽行动。

值得注意的是，海德格尔在此所着眼的不只是对亚氏的认知与技艺能力的分析，而已经包含了对亚氏以实体（ousia）为核心的形而上学，以及柏拉图理念论的拒斥。诚如海德格尔在对技艺的分析时试图显明的那样，就其本意而言，理念（eidos）不过是技艺所预设的知（Sicht），即"制作者预先持有的关于产品的图像"（Bild）（AS41）。正如技艺之知主要被用来服务于生产活动，理念（eidos）也与在日常生活中占主导地位的创制性活动相关。就此而言，柏拉图之启用"eidos"一词在海德格尔看来并非偶然，而恰恰表明了其理念论事实上已经基于由对应手之物的操心（Besorgen）所主导的非本真的日常生活。在《人类自由的本质》中，海德格尔也如法炮制地将亚氏之"ousia"溯源到其前哲学，或者说日常的意义，按照海德格尔，"ousia"在日常希腊文中主要指我们拥有的家业（Haus und Hof），这表明亚氏在启用"ousia"指谓存在时已经将我们所持久拥有的东西，即应手之物（vohandene Seindes）视为最为典范的存在者，[①] 所以，其实体说（ousiaology）事实上已经为我们日常对物的操心与占有所主导。[②] 由于我们的日常生活被海德格尔视

---

① 参见 Martin Heidegger, *Vom Wesen der Menschlichen Freiheit: Einleitung in Die Philosophie*, Frankfurt am Main: Vittorio Klostermann, 1982, pp.55-56。

② 这类或许可以被称为"术语谱系学"（如果模仿尼采的"道德谱系学"）的方法

为非本真的沉沦的生存方式，在这种方式中，此在总已经处于对存在的遗忘之中，故无论是亚氏的实体说还是柏拉图的理念论与其说对"存在之为存在"（Being qua Being）作出了恰切地界说，不如说开启了一个遗忘存在（Seinsvergessenheit）的传统。这一对亚氏（希腊）存在论的拒斥，正如萨德勒指出，构成了海德格尔解释亚氏的伦理学，包括其伦理行动以及指导这一行动的明智的不可忽视的背景与必要预设。事实上，也正因为一开始就拒绝了无论是亚氏的"ousia"还是柏拉图的"eidos"所指谓的永恒的存在，海德格尔才得以在解释展开之初就取消了可变与不变的存在者之间的区分，并将在亚氏那儿以不变者为对象的认知视为一种受到欲望支配的行动，从属于创制性行动，即是"为了技艺的认知"。① 与此相应，作为这一认知行动对象的不变的存在者也就丧失了它在亚氏或者说希腊哲学中的存在论意义上的优先性，这与海德格尔在《存在与时间》中将当下应手性（Zuhandensein）解释为比现成在手性（Vorhandensein）更为源初的对非此在的存在者的揭示（去蔽）是一致的。而两者之所以都在不同的意义上被视为有缺陷的方式，最终是因为他们都是对非此在的存在者，而非存在（或者说此在）本身的去蔽。

是海德格尔经常使用的策略，但其有效性则显然成问题。事实上，如果我们反其道治之，那么，鉴于海德格尔在《存在与时间》中关于此在的本真生存分析中使用了大量明显具有基督教源头的术语，诸如罪责、良知等，我们更可以将海德格尔的存在论责为基督教的存在论了，毕竟在哲学构建将日常语汇转化为哲学术语要无辜得多。

　① 同样，海德格尔也可以将创制性活动要求的能力，即 techne 直接解释为一种 theoria，从而建构起 episteme 与 techne 之间的连续性，这为他后续将 sophia 与 techne，即对世内存在物的操心相关联做了准备。

二、明智之为原行动

既然认知与技艺都不是原初的去蔽方式，我们只能在后两种方式，即明智与智慧中寻找去蔽（命中真理）的最为原初的方式。鉴于海德格尔关于明智的解释的复杂性，我们或许可以先看一下亚氏在《尼各马可伦理学》第六章中关于明智的界说。在此，虽然明智被视为灵魂理性部分的一种德性，即有别于伦理德性的理智德性，亚氏仍然主要在与伦理行动，尤其是德性的关联中阐释明智，故而明智被界说为"在涉及对于人或好或坏的事情上的一种与正当的尺度相联系的行动的品质"（N 1140b5）。

就其与德性的关联而言，明智被视为达到德性（目的）的手段，但是，与机巧（cleverness）不同，明智又不只是对达到无论何种（甚至可能与德性相背的）目的的手段，而是在与德性的关联中对合适的手段的考虑，就此而言，明智在其自身已经是一种朝向善的判断力，乃至于亚氏可以说，在明智缺乏的情况下，不可能有德性。[1] 为了显明明智对于德性具有一种内在的必要性，亚氏在自然德性与真正意义上的德性之间做了区分。[2] 前者是出于自然禀赋的德性，比如纯粹出于天性的慷慨，后者才是真正意义上的伦理德性。明智对后者不可或缺，因为如果停留于自然德性，那么，一个人当然可能出于天性而慷慨，但不仅这一慷慨可能在某些情况下不明智地兑变成无度的挥霍，即与慷慨相对的无德

---

[1] 参见 Aristotle, *Nicomachean Ethics*, 1144b20。
[2] 参见 Aristotle, *Nicomachean Ethics*, 11444b-1144b15。

(vice)，而且，这个天性慷慨的人也可能因为生性胆小而不能勇敢地行动。但明智则能帮助人们摆脱自然禀赋的约束，比如这个天性慷慨的人虽然并不生来勇敢，但如果兼具明智，那么，他不仅知道在何种场合和时机应当，以及如何适度地慷慨，而且也知道勇敢与慷慨都是作为一个城邦公民应该具备的德性，同时，具备这些德性也使人更加容易过上幸福美满的生活，并因此去努力克服自身天性的弱点。由此，明智不仅能够指导我们在行动中达致德性要求的中道，而且也是德性之统一性所在。

但是，另一方面，明智并不仅因其与伦理德性的内在关联是好的，而且作为灵魂理性部分的德性，"就其自身就是可欲的"（N 1144a），即使不与伦理德性（行动）直接相关。这似乎表明，在亚氏那儿理智德性具有相对于伦理德性的某种独立性。事实上，正如我们在第三章（伦理行动：康德与亚里士多德）已经指出，亚氏的伦理学具有比我们现在所认可的伦理学或道德哲学更广的范域，虽然伦理德性构成了亚氏伦理学的一个重要部分，但是，亚氏的伦理学所致力于的不只是伦理德性的培养，而更多的是对完美的生活的认识。理智德性，包括并不直接与伦理德性相关的智慧（Sophia），就其对善（最终目的）的认知，同时也就其作为人最为本质的理性功能的实现而言，是具有自身价值的德性。当然，另一方面，我们也无需夸大这一独立性，对于亚氏来说，伦理德性对完善的生活显然是不可或缺的，以至于我们很难想象一个具有完备的理智德性的人不兼具伦理德性，即使表面上与伦理行动无关的智慧，就其与明智相关联而言，或许也不能与伦理德性完全分离。

尽管如此，正如我们下面将要表明的那样，海德格尔对亚氏的明智的存在论读解在某种意义上依赖于理智德性在亚氏那儿相对于伦理德性的或许是相当有限的独立性。当然，至少从表面上看，为亚视所强调的明智与伦理行动的内在关联仍然构成了海德格尔解释明智的出发点。按照海德格尔，正如技艺是创制性行动所要求的"知识"，明智也服务于行动，故与技艺一样，其对象也是可变的存在者。但是，与技艺不同，"好的行动本身就是一个目标"（N 1140b5），而明智的对象正是行动本身的善，故与明智关联的并非创制性行动，而是目的在其自身的行动，即亚氏所言的伦理行动。由于伦理行动的目的（善）并不外在于行动，明智可以被视为行动的"构成性要素"（AS147）。并且，如果行动之目的等同为善的话，那么在明智缺失的情况下，行动不可能成为一种目的（善）在自身的行动。就此而言，正是明智将与其相关的行动规定为目的（善）在其自身的，有别于其他一切行动的伦理行动。所以，与其说明智是行动命中目的（善）的手段，不如说明智乃是行动之中的善。也即是说，明智就其自身已经是一种在伦理行动之中规定这一行动之善的行动，作为伦理行动之可能性条件，明智乃是更为本原意义上的，以自身（善）为目的的行动，故可被称为伦理之明察。

并且，明智所明察者不只是某个具体行动的善，而是行动者整体之善，即善的生活，[①] 也正因此，亚氏认为明智乃是德性统一性的根据。明智者不仅拥有这种或那种德性，而是同时拥有一切德性，并因此已经是有德之人，"因为一个人只要具有了一种明智德性，同时就将具有所有的德性"（N1145a2-3）。由于善的生活是人或者说此在之所欲者，即是此在存在之"为……之故"（um…willen/hou eneka），所以，明智所明察者乃是此在之存在，即此在在此的"适切（rechte）的方式"（AS 49）。因为此在首先是我的此在，或者用海德格尔的语言来说，具有向来我属性，明智也相应地就具有一种自我指向性（self-referentiality），其所指向（明察）者总已经是行动者（明智之思虑者）本身（的生活），即其"为自身之故"。在此，正如亚氏也注意到，与以理论认知，比如数学中包含的判断力不同，人们对行动的判断会"被快乐和痛苦的体验

---

① 亚氏也认为明智"对好的生活整体有益"（N 1140a27）。

所破坏和搅乱"，并因此不再明察行为的始因是什么，不再明白因它自身之故所选择的和应该做的是什么（N1140b13-20），故而，人们需要"明智之救助"（AS51）。对于海德格尔来说，这表明亚氏已经意识到，由于快乐与痛苦的情感属于人的基本规定，所以，人总已经不断地暴露于被遮蔽的危险面前，并且被遮蔽的最终是人的存在，即此在之"为何之故"，故明智"必须在与这一居于此在中心的遮蔽不断斗争"（AS 37-8）中才能启达对此在之存在，即其"为自身之故"的去蔽，就此而言，明智突出地例示了去蔽（a-letheuein），即真理的真正含义。

因为"明智"的对象不只是单个的行动的善，而已经是此在的存在，所以，就其存在论意义而言，明智可以被视为使此在之存在（即其为自身之故）变得澄明的行动。由于此在，按照海德格尔，乃是"为它的存在本身而存在"（SZ 12）的在者，"为自身之故"就不只是此在存在的目的（telos），同时也是此在存在的始因（arche），所以，明智是同时把握此在之始因与目的的行动，是始因与目的最终的统一性所在。因为逻各斯总已经是经由分析的综合，而始因是不可分割者，故对始因之把握表明明智是"超越于逻各斯的去蔽行动"（AS144）。某种意义上，海德格尔指出，亚氏在《尼各马可伦理学》中也肯定了这一点：虽然努斯主要被定义为对科学论证所依赖的不变的基本的原则的直接把握或直观。但是，实践智慧也与明智相关：

> 领悟行为的最高原理如同把握行为的最终实际（ultimate particulars）一样，两者都是努斯能力范围内的事，而不是逻各斯这个推理能力的事。努斯一方面把握的是在科学证明框架内的不变的和最高的"原则"；另一方面，把握的是在行动的领域内自身展开的，行动的最终实际，可变的东西和小前提。（N1143b）

由于对行动的判断是从具体的东西出发达到普遍的东西，而只有努斯"既是始点也是终点"（N1143b10），也即是说，既是对行动具体情景的直觉，也是对最初和最高行动原则的洞知，故就其能够将始因与目的相关联而言，明智最终是一种凭借努斯，而不仅是逻各斯的能力。并且，由于明智的"推论是从行动的最终实际和具体的东西出发，并要契合这种具体情况"，所以，对明智而言，更为重要的不是不变的原理，而是对具体东西的直觉，也正因此，亚里士多德甚至将对这个具体东西（ultimate particular）的直觉直接称为努斯。由此，如果将明智视为明智之决断，那么明智不仅包含努斯，而且可以说是努斯本身。当然努斯在此，也就不是最高的理性能力，而毋宁说是对特殊与个体之物的直觉（aisthesis）。

综上所言，明智是一种在伦理行动中命中行动之善（目的）的明察，这一明察不仅以自身为目的，而且从自身出发，即同时是自身的始因，故是更为原初意义上的行动。并且，作为明智对象的也不复是单个行动之善，而是此在本身，即此在的"为何之故"，故明智可以被视为此在对自身的解蔽，这一解蔽揭示了属于此在自身的存在，即此在本真存在之可能性，因为唯有在本真存在中，此在才能够真正领悟存在的意义。就此而言，从存在论的角度来看，明智对于海德格尔而言界说了去蔽（真理）的最为原初的形式，并因此是此在与自身存在关联的原行动。

当然，海德格尔也承认，智慧也是一种超越于逻各斯的去蔽行为。正如亚氏指出，虽然同属于理论行动，并都以不变的存在者为其对象，但是，与科学认知不同，智慧不只是保留真理，而且首先是发现真理的行为，"有智慧的人不应该只知道从原理中推导出来的知识，而且也应该鉴于原理本身来认识真理"（N1141a 17-18），也即是说，智慧是对事物根据的认识，并因此是最完善的科学。就其对象来说，智慧"以努斯来把握哪些就其本性而言最为高贵的存在者，即神圣的事物"

（N1141b3）。故在亚氏看来，与只以人的行动为对象的明智相比，智慧才是最高的德性，因为"人不是宇宙中存在的最高存在者"（1141a20）。

此外，就两者与幸福（eudamonia）这一最终的目的之间的关系而言，如果说明智可以被比作恢复健康的医术的话，那么智慧则是健康（幸福）本身，因为"仅仅拥有智慧并通过智慧的活动就使人幸福"（N1144a5），也正因此，亚氏认为并非伦理行动，而是对不变的存在之沉思构成了最高意义上的幸福。

然而，在海德格尔看来，由于智慧与科学认知能力一样都是以不变者为其对象，而人就其存在而言是变化与有生灭者，是行动的在者，故智慧"与人的存在无关"，并因此不可能是最为本原的去蔽形式（AS167）。诚然，亚氏自己也表明，某种意义上，有智慧者可能"并不懂得洞察能给自己带来益处的事情，相反，他们只对超乎寻常的东西、难以理解的东西和神圣的东西有意识，而这些东西对生活是无实际用处的……"（1141b7-9）。然而，如果我们由此而推出智慧与人类存在无关，或者说对人类存在无益，那么，我们就很难理解亚氏何以认为即使不带来任何结果，智慧与明智本身"必然值得追求了"（N1144a2）。显然，对于亚氏来说，虽然人是有生灭者，并因此不是最高的存在者，但人同时却又能够凭借其理性超越生灭，观照不变的在者。而如果说明智是在流变（行动）中对不变者的把握，那么智慧则是直接是对不变者的把握，故智慧不仅不与人无关，相反地是人能达到的最高的德性。

当然，海德格尔并不过多地仰赖于这一智慧无益说，而更多的是通过对智慧与认知以及技艺内在关联性的分析来显明明智而非智慧是最高的去蔽形式。诚如前面关于技艺的分析所及，在海德格尔看来，技艺已经是一种"知"，并且技艺之"知"已经越出了我们在日常经验中直接获得的指引关联（referential connection）。所以，与这一指引关联所具有的时间结构"一旦……就"不同，技艺已经具有一种类因果的"如果……就"的结构。就此而言，技艺所着眼的不仅是单个的（创制性）行动及其结果，而是已经转向对事物之认知。就两者同为"知"而言，技艺与认知，乃至于作为认知完善形式的智慧之间具有某种明显的连续性：因为如果技艺之"知"源于日常的"指引关联"，那么认知与智慧不过是对这一关联及其时间性进一步的改溯。① 所以，与技艺一样，认知与智慧也同样可以被归入广义的行动，而行动，按照亚氏，总是受到的欲望指引的行动，故不仅认知，甚至智慧，即理论理性都是有欲望的行动，并且其所欲求者不过是世内之物。也即是说，智慧事实上只是科学认知与技艺之完善，是对世内存在者之揭示。与智慧不同，明智则与技艺有着质的不同，正如亚氏自己所言，如果说技艺总是通过反复试验（trial and error）而臻于完善的话，那么，道德行动则是非此即彼的事，更为重要的是，明智所明察者并非世内存在者，而是此在本身，即此在的为何之故。

但是，即便我们认可智慧、认知与技艺之间的连续性，认可智慧不过是对世界更为完善的认识，而明智的对象是人事本身，我们所能得出的结论至多是两者可以依据对象而互相区分，而非孰优孰劣，除非我们已经接受海德格尔式的存在论。因为正是按照海德格尔在《存在与时间》中的规定，对世界之去蔽最终被归结为此在之存在，即此在对自身为何之故的领悟。如此，即使智慧（如同认知以及技艺）也以某种方式于人类有益，以此在之存在为其对象的明智当然比智慧更能够被看作最高的德性，或者说更为原本的去蔽行动。也即是说，与智慧相比，明智及其对象更具有存在论上的优先性。

尽管如此，我们很难相信亚氏会同意海德格尔的这一裁断，在论及

① 参见 Martin Heidegger, *Platon: Sophistes*, Frankfurt am Main: Vittorio Klostermann, 1992, 53-54。

明智与智慧何者为更高的德性时，亚氏已经明确表明，如果我们在此所谈的是存在与真理，而不只是人的存在与人的真理，那么与人的善的关系并不能被视为真理的标准，除非人是存在意义（真理）的构造者，也即是说除非"人是宇宙的形成者"，但是，"断言人是在所有存在者中是最高的存在者的说法并没有分量"（N1141a35）。当然，海德格尔并不试图说服亚氏及其追随者，相反，他明确地将自己的裁断归因于自己与亚氏（希腊）对于存在理解的不同。在分析认知的对象时，海德格尔就已经指出，对于希腊人来说，对存在者的规定最终被溯至永恒的存在。也即是说，真正的存在是永恒之临在，并且这一永恒首先描述了世界之永恒性：在希腊的观念中，"世界既不产生（被创生）也不会朽灭"（AS34）。在解释亚氏何以最终赋予智慧而非明智以优先性时，海德格尔更为明确地指出这是基于"希腊此在自身的存在"之存在论决断："智慧之所以在与存在者自身的关系中具有优先性，是因为其所关及的[不变的]存在对于希腊而言具有存在论的优先性"（AS 136）。也正是在此意义上，对于永恒之物之认识，即使其并不关及，或者至少不直接关及有生灭变化的人类此在，即使远离此在之行动，却最终被认为"构成了此在之真正存在"。

三、从存在到时间

　　显然，正如海德格尔自己所挑明，在明智与智慧何者为最为原本的去蔽，或者最高的德性的问题上，他与亚氏之见解的不同所体现的乃是本体论承诺（ontological commitment）——借用奎因（W. V. Quine）的语言——上的根本性差异：如果说希腊对存在的理解使他们将人类此在之时间性归入世界的，同时也是神之永恒性的话，那么海德格尔的解释之意旨，正如他自己表明，是反其道而行之，是"将希腊的 [永恒的] 存在导向 [存在或者说此在之] 时间"（AS 78）。这事实上构成了海德格尔解释亚氏灵魂命中真理之五种方式的指导原则。循此原则，海德格尔首先将存在等同为真理，再将真理等同为此在去蔽的行动，由于行动总是时间性的行动，存在也被顺理成章地解释为时间了。我们或许可以从海德格尔的解释的具体展开来看一下这一基本原则之贯彻。

诚如前面已经提及，海德格尔在展开对五种方式的分析之初就打破了不变之物（永恒）与可变之物（时间）之间的区分，这也显明于他对两种有缺陷的去蔽方式，即理论认知与技艺的解释。与亚氏对对象的决定性作用的强调不同，海德格尔所强调的是行动本身，并借此将对象及其时间性归诸于行动。所以，与其说认知行动是对不变的对象之认识，不如说对象之不变性是导源于作为此在一种存在方式的认知行动之特殊结构，并因此是本身可变的，时间性的认知行动的结果，故没有独立于认知行动的意义。借此方式，海德格尔不仅得以将永恒的存在消解于变化的行动之中，而且更进一步将存在（真理）完全归结为行动特有的时间性。①

---

① 从现象学的角度来说，海德格尔在此强调的是相对于对象（noema）的活动（noesis）的绝对优先性，以至于noema完全被视为活动的构成物。由此，希腊的"永恒存在"可以被视为某种特定的（比如认知）活动的结果，并因此在此活动之外毫无根据。循此方式，我们当然也可以将海德格尔的"存在"视为此在（人）的某种特定的活动（或主导性的生存方式）的构造物，而所谓的存在之原初的时间性，也不过是人的时间性，或者更为恰切地说，在这一特定的方式中对时间的体验，其结果是海德格尔对存在的界说并不比他所拒绝的希腊的存在（时间）观更加正确或者说原初，两者不过是基于被各自赋予优先性的不同的生存方式而对存在所作的不同理解，并且我们也不可能在存在论层面上去证明何种生存方式更为原本，因为存在不过是某一优先的生存方式（活动）中被构造的存在（意义）。这事实上是海德格尔《存在与时间》难以逾越的困难，无论他如何暗示存在对于此在的原初性，存在不过是此在（noesis）所构造的对象（noema），海

就前者而言，正如海德格尔一再表明，从现象学的角度而言，希腊所谓的"永恒"所表述的不过是认知对象之现时性，即其现成在手性，而这一现成在手性事实上导源于物（用具）的应手性，后者则可被归源为此在与用具打交道的行动，也正因此，海德格尔坚持认知是从属于，并因此低于技艺的行动。当然，作为有缺陷的去蔽方式，无论认知还是技艺都不能揭示存在的真理或者说意义。换一句话说，对于海德格尔来说，我们不可能在所谓的永恒不变的存在（者）那儿，而只能通过对行动，并且是最为原本的行动，即明智的分析来达到存在之真理，即存在的时间性。

所以，在将亚氏之明智解释为去蔽的原行动之后，海德格尔就着手通过对于明智的更为激进的解释来描述这一原构造（行动）之时间性，以便最终完成将存在导向时间的任务，因为存在最终只是原行动之构造物，故原行动之时间性即是存在之时间性，或者说是时间性 [化] 之存在本身。在《柏拉图的〈智者〉》中海德格尔从明智与筹谋（Boule）的关系入手展开这一解释。海德格尔首先将明智解释为好的筹谋（euboulia），而后再将 Euboulia 视同为（正确的）选择（proairesis）。于是，正如选择总是瞬间性的行动，明智也被视为一种瞬间性的决断。当然，海德格尔在此所言的决断并非亚氏之伦理选择，而已经是生存论意义上的决断（Erschlossenheit），是每一此在对自身的为何之故的明察，这一明察与其说是实践理性的结果，不如是先于实践与理论理性之区分，甚至先于理性与感性之区分的直觉，即努斯本身。而其所明察者也不仅是行动之始点，而同时是行动之目的，更为恰切地说，是此在自身之为何之

德格尔因此只能依赖于意志主义的决断。值得注意的是，胡塞尔早期也比较强调意向性的活动面，但是，意识到这一对活动的过于强调可能导致心理主义与相对主义，从《观念 I》开始，胡塞尔转而强调了 noema 在意义构造中的作用，当然，仍然是在与活动（noesis）的关联之中。

故。这当然不是说，决断是对此在之"为何之故"的认识，仿佛"为何之故"是某种可能现成在手的东西，毋宁说此在之"为何之故"（目的）是在瞬间性的决断中被"意愿"（will）的东西。也正是在此意义上，海德格尔认为行动，准确地说原行动，既是起点又是终点（eschaton），是在决断之瞬间将起点（始因）包含于其自身的终点（目的）。由此，正是通过决断，此在得以将自身的过去与未来汇聚一体，从而达到对自身存在的整体性把握，也即是说，按照海德格尔，以本真方式存在，并因此而得以真正领悟存在的意义。作为如此被领悟到的意义，存在无非是使此在之存在领悟得以可能的时间域，也即是说，无非是此在在其本真的存在方式中所体验到的时间。当然，时间在此绝非亚氏（希腊）之永恒，而毋宁说是决断特有之瞬间性（Augenblick）。并且，这一瞬间性与其说是当下性之现时（给予性），不如说是现时性之绝对缺失，是此在之被抛性所表征的不可能被知晓的过去，是此在之死亡所表征的没有实现之未来。所以，在决断，或者说明智之决断中被去蔽的此在是，并且只能是绝对的可能性，用海德格尔的术语来说，是此在之本真的能在（Seinkönnen）。

显而易见，通过对明智之时间性的界说，海德格尔最终完成了他将希腊的存在导向时间，或者毋宁说将一种（希腊的）时间（永恒）导向另一种，在海德格尔看来更为本源的时间的使命。① 但是，如果存在，

_____

① 正如许多评论者所见，海德格尔所阐释的事实上是基督教的契机性的时间观（kairological temporality），并以此来抵抗在亚氏的那儿具有主导性的顺序性的时间观（chronological temporality）。参见 Ted Sadler, *Heidegger and Aristotle*, pp.15-16. 考虑到海德格尔 1920/1921 年间讲课中对保罗神学的解释，这一解释所聚焦的正是海德格尔认为构成保罗神学，对于海德格尔来说，同时也构成了他所寻求的"原初的基督徒生存经验"核心的契机性的时间观，这当然是有理由的。但是，另一方面，karios 在基督教中所指的是上帝行动的时间，是永恒切入（人类）时间与历史之瞬间，并因此被赋予绝对的意义与充实性。在上帝（永恒）缺如的情况下，海德格尔的瞬间与其说是充实（fulfilled）的瞬间，不如说是由死亡表征的充实性的绝对缺如，当然，也正是这一（意义）绝对的

按照海德格尔，最终由其时间性而获得界说，那么，这一对存在的时间性的重新界说当然也就意味着一种截然不同存在观。所以，并不奇怪的是，正是在关于明智的时间性问题上，海德格尔的存在论解释与亚氏明智说的相异之处变得昭然若揭。虽然作为命中行动之善的品质，明智与筹谋以及作为行动始点的选择相关，但明智并不等同于无论是筹谋还是选择，后两者在亚氏那儿涉关的更多是达到目的的手段，而明智则不仅与手段，而且也与目的（善）相关。当然，亚氏也认为明智体现于好的筹谋（euboulia），并且好的筹谋所筹谋者也不只是达到单个行动的善（目的）的手段，而且已经在对单个行动的筹谋中纳入对整体生活的善的考虑。但是，好的筹谋在亚氏那儿恰恰不是瞬间性的，亚氏为此在筹谋与瞬间性的当机立断，以及灵光一现之间作了明确的区分："当机立断不假思索，迅速完成"，好的筹谋却不仅要就目的，而且得就正确的方式，适当的时机作出反复考虑，并因此需要"耗费许多时间"，"得慢慢来"（N1142b）。诚然，选择（决断）具有瞬间性的特点，但选择在亚氏那儿不但不能被用来取代或等同于"慢慢来"的筹谋，更不用说明智了，而是作为筹谋的结果，从属于筹谋与明智。正是在此意义上，亚氏表明，选择虽然是行动的始源，但不是行动之目的。

更为重要的是，亚氏对选择的界说所强调的既非其瞬间性，也非其非（超）理性的意愿性（voluntariness），就前者而言，亚氏指出："瞬间性的迅速行为我们虽然也称之为自愿的，但不能说它是基于选择的"（N1111b8-11）。就后者来说，亚氏则表明：虽然非理性的存在者也可以出于意愿而行动，选择则只能出于有理性的存在者，并因此与出于激情（passion）和欲求（appetite）的行动完全两回事。显而易见的是，为亚

缺失使得一种绝对的决断，一种在自身之外无所凭依的自由与创造性成为可能。就此而言，海德格尔的存在的时间性只在形式上类似于基督教的 kairological temporality。

氏所强调的乃是选择与理性的关系，选择总是"伴随着理智与理性而作出的"（N1112a17），也正因此，选择被认为是理性筹谋与深思熟虑的结果。当然，选择所包含的理性乃是实践理性，即明智，故而选择总是在好与坏之间所作的伦理选择。这并不是说亚氏完全排除了选择所包含的决断与意志性要素，选择当然涉及我们的意愿，并且由于选择与筹谋所涉及的是可变的事务，我们常常必须在缺乏对行动结果等的完全的知识的情况下决定以这种而不是那种方式行动。

但是，另一方面，通过对理性推理在实践中的地位的强调，亚氏事实上在最大限度上排除了伦理行动的非理性的要素。由于对选择与筹谋的界说一般都被认为隶属于亚氏对行动者（主体）（agency）的描述，伦理的主体在亚氏那儿因此首先是以理性指导自己的行动，以理性规约自身的激情与欲望以达到完善的德性的主体。事实上，也正因此，在亚氏的伦理学中，理智德性具有自身的、某种意义上甚至超出伦理德性的价值，不仅明智，而且还有智慧。而努斯也只有在与无论是明智还是智慧的关联中才被认为是人的理性的最高能力。

在此，值得注意的是，虽然努斯被界说为对最高原理的直接把握，以至于只有在努斯介入的情况下，智慧才成其为智慧，并因此有别于认知，但是，亚氏却将智慧而非努斯界说为人的最高德性。何以如此？因为亚氏在此所谈论的是人而非神的德性（完美）。只有神能够直观第一原理，而有限的人只有通过求证（就不变的事物而言）与筹谋（就可变的事物而言），也即是说，只有通过逻各斯（meta logou）与努斯的合作才可能认识永恒的存在本身。就此而言，在人那儿，努斯与逻各斯不可分离。我们之所以要特别指出这一点，因为正是这一努斯与（无论实践还是理论）理性（逻各斯）的分离事实上构成了海德格尔对明智以及与之相关的筹谋和选择的存在论解读的一个必要预设。正如我们上面已经表明，借助于亚氏论及的明智与努斯的关系，海德格尔事实上将明智直接等同为努斯，即"不依赖于逻各斯的去蔽（aletheuein）"，① 唯其如此，明智才可能被截然区分于其他所有有赖于逻各斯的去蔽行动，从而被进一步界说为对（此在）存在的瞬间性的，不依赖于逻各斯的直接感知（aisthesis）。这当然意味着其他命中真理的行动，不仅技艺、认知、智慧，而且还包括在亚氏那儿仍然依赖于逻各斯的（伦理）明智，都在揭示存在之同时不可避免地构成了对存在的遮蔽，② 就此而言，与这一被海德格尔存在论化或云去逻各斯化的明智所关联的不再是亚氏的伦理行动，而是此在原初的去蔽行动。所以，"此在即行动"所说的并非此在是伦理或广义的实践活动的主体，而是说此在即是在去蔽的原行动中，在瞬间的决断中意愿和感知自身真正存在的存在者，即此在是领悟着存在的在者。这一领悟的对象也不再是可变的人事，而是存在本身。这当然不是说有独立于此在之存在，毋宁说存在不外是此在之原行动的对象，故正如海德格尔在《存在与时间》中表明，没有领悟着存在之此在，也就无所谓存在。就此而言，作为原行动的明智乃是存在的意义在其中

---

① Walter A. Brogan, *Heidegger and Aristotle: The Twofoldness of Being*, State University of New York Press, Albany, 2005, p.175. 唯其如此，明智，正如海德格尔表明，"不可能在自身中有所遮蔽（lethe）"，并且被进一步视同为海德格尔自己的"良知"概念，"虽然良知所宣告者可能被歪曲和被遮蔽"，良知则总是宣告自身。（AS56）

② 也正因此，一些评论家，比如 Francisco J. Gonzalez，认为海德格尔对亚氏"明智"的解读最终事实上将 sophia 置于 phronesis 之上，并因此表现出其唯知主义（intellectualism）的一面。但是，在我看来，海德格尔所推崇的并非 sophia，而是努斯，并且努斯在海德格尔那儿不再是最高的（神性）理性，而是超出理性与感性区分的神秘直觉。就此而言，与其说海德格尔是唯知主义的，不如说他是唯灵主义的。在这一点上，正如萨德勒所见，海德格尔对亚氏的批判表现出了他与新柏拉图主义的接近，而正是新柏拉图主义强烈地影响了各种版本的（尤其是基督教）的灵知论（Gnosticism）。参见 Ted Sadler, *Heidegger and Aristotle*, p.31. Gonzalez 的有关论证参见他的 On the Way to Sophia: "Heidegger on Plato's Dialectic, Ethics, and Sophist", in *Research in Phenomenology* 27 (1997): pp.26–35。另参见 Jacques Taminiaux, "The Interpretation of Aristotle's Notion of Aretê in Heidegger's First Courses," in *Heidegger and Practical Philosophy*, François Raffoul and David Pettigrew（eds.），Albany: State University of New York Press, 2002, pp.23–27。

得以构造的行动，并因此不仅有别于所有无论是以可变或不可变的存在者为其对象的人类活动，而且必然地"先于"一切，用海德格尔的术语来说，存在者状态上（ontical）的行动，因为后者已经预设了，并因此必然地受限于在原行动中被构造（去蔽）的存在。与之相反，原行动则是不受任何限制的行动，因为任何限制都只能是其自我限制，任何目的都只能是其自我设定的目的，任何意义以及作为意义的存在都只能是其所构造的意义。

所以，正如沃尔皮所见，由于行动被从其在亚氏那儿所属的伦理或广义的实践领域中分离出来，进一步而言，由于原行动先于任何只能通过它而被构造的存在区域，"在传统中起作用的任何实体性支撑只能被视为是从属性或者有缺陷的"，其结果是，原行动只能是此在"自我—构造的行动"，是"原初的存在论规定，自足，以自身为目的，即只为自身之故之意志（worumwillen）"，① 并因此是自我规定的自由。与此相应，此在是自我规定的在者，作为自我规定之在者，此在就其存在而言即是自由的。

至此，我们或许可以看到海德格尔对行动的存在论阐释与亚氏的伦理行动说之间的差别：对于亚氏来说，虽然人有生灭，存在却是永恒的，因为世界与神是永恒的，以有生灭之人来度量存在之永恒是不可思议的，所以，也就不可能有存在之意义在其中得以构造的原行动，不可能有构造存在意义的自由。毋宁说人的一切行动（自由）已经受限于存在，即使是目的在其自身的伦理行动也不例外，它同时是为了完美之存在的行动。而人生之完美性最终实现于对永恒之观照，是对永恒存在所构成的限制的认可，而不是构造存在与自我构造，事实上，即使没有生灭的不朽之神也没有构造存在之力量与自由，正如萨德勒在他的《海德

---

① Franco Volpi, Dasein as Praxis, p.113.

格尔与亚里士多德》中道明：

> 亚氏之神与犹太基督教之神的重要的区别在于：前者没有
> 从无中创造有（creation ex nihilo）的力量，这一无中生有的观
> 念对于希腊是完全陌生的，对这一观念最为深刻的哲学拒绝可
> 见于巴曼尼德的原则：因为无不存在，没有存在之物能从无中
> 产生。①

　　但是，另一方面，也正如萨德勒指出，"神与世界同为永恒，前者
之不变（恒在性）支撑了后者之不停顿的变化与运动。"② 所以，在亚氏
那儿构成对行动（自由）最终限制的永恒（存在）同时又为总是在世界
之中，在与他人的关系中展开的行动提供了安置的处所，故行动是实现
自身目的（telos）之行动，而从来不是纯粹的可能性。与此相应，伦理
行动在亚氏，在希腊首先以幸福，即完美的人生之实现为目的，而不只
是为了行动（自由）的行动。伦理学也不只是对行动之伦理评判与自我
判断，不是无限止的抉择，及与之相伴随的不可避免的焦虑，以至于或
许只有一个上帝才能够将我们从这种焦虑中解救出来；而是最终导向超
越人生焦虑的满足。正是在此意义上，亚氏可以谈论沉思生活之自足。
与沉思相伴的是纯粹的愉悦，而非海德格尔之畏（Angst）的情感。

　　与此不同，对于海德格尔的原行动，或者说对于在其中被构造，或
者确切地说自我构造的此在来说，世界与其说是家园，不如说是陌生之
地。这当然不是说此在并非世界中的存在，毋宁说，正如海德格尔一再
强调，此在就其存在而言就是在世之在者，世界是此在展开自身，是此

---

①　Ted Sadler: *Heidegger and Aristotle*, p.171.

②　Ted Sadler: *Heidegger and Aristotle*, p.171.

在一切行动之可能性条件。但是，另一方面，世界，乃至存在又是此在去蔽的对象，是此在的构造物（意义）。所以，正如此在可能不在此，世界也可能不复为此在的世界，甚至存在也可能不存在，因为存在与世界并非永恒，而是必须一再被从无中创造出来，故原行动最终必须是存在在其中被从无中创生的行动，并因此将不可避免地面对无——不仅是无物存在之威胁，而且在更深的意义上是此在自身之无，即此在不在此的威胁。也正因此，与这一极端的自由行动相伴的恰恰是对自身有限性的意识，这并不是说，自由对于人来说总是有限的，即受到限制的自由，毋宁说，自由即是有限性。唯其如此，存在论意义上的自由在畏的情感中被直接地经验为有限性，而畏的情感也因此被视为此在之根本情态。诚如海德格尔在《存在与时间》中所显明，在畏的情态中，世界不再有任何意蕴，其结果是为日常此在所熟知的，此在与其他此在共同安居、共同劳作其中的世界显身为一种全然陌生的怪异性。

但是，正如萨德勒指出，"亚氏的神（及其所支持的世界）并不显得怪异，而更多的是秩序、安全、稳定的保障，令人惊异（wondrous），却绝不是威胁性的"。① 所以，"无论是亚氏之'智慧'还是其'明智'都没有容纳诸如畏这样的在海德格尔那儿具有存在论意义的情感的空间"。事实上，海德格尔自己也并不否认与畏全然不同的惊异，以及与完美人生相伴的纯粹愉悦感在亚氏那儿的关键意义。

只是，如果说某些情感确实如海德格尔所言的那样具有存在论的意义，那么这一基本情感之迥异应当足以显明亚氏（希腊）与海德格尔之存在论决断之间很可能是难以逾越的鸿沟。就此而言，与其将海德格尔的存在论视为他对亚氏之明智与行动解释的结果，不如将后者视为已然受到一种与亚氏之存在论迥异的存在观导引的解释。当然，沃尔皮并没

---

① Ted Sadler: *Heidegger and Aristotle*, p.180.

有完全否认我们在此所言的本体论承诺意义上的差别，尽管为了强调海德格尔的哲学与亚氏实践哲学之间的一致性，或者说就其试图从海德格尔之存在论中导出亚氏式的实践哲学的解释意向而言，他多少选择对这一差别的忽略，同时被忽略的问题是：是否一种与亚氏迥异的存在论能够容纳亚氏式的伦理行动，及其以德性为核心的伦理学？

四、另一种伦理学

当然，我们并不因此完全否认亚氏的行动与明智说对海德格尔的启迪，正如沃尔皮所见，"此在的整个 [生存论] 结构都具有实践的特性"，[1] 在伦理行动的结构与此在的结构之间我们几乎可以找到完整的对应：正如行动总已经是为了某个目的的行动，此在也总已经是"为……之故"的存在者；正如行动以自身为目的，此在也是为自身存在之故的存在者，而此在之时间性也与行动特有的未来朝向的时间性相合。更为重要的是，在海德格尔那儿，明智被直接视同为此在对自身存在之本真领悟，即此在本真的存在方式，并因此在某种意义上可被比拟于在其生存论分析中具有举足轻重的地位的此在之良知。

但是，尽管有这些或者更多的相似和对应，我们却没有理由漠视海德格尔对明智及其所隶属的行动的解释与亚氏之伦理行动说之间同样突出的差异。最为显明的一点是：伦理行动，无论其如何重要，在亚氏那儿只是人类生活的一种方式，而不是人的存在本身。与此相应，明智在亚氏那儿也只是涉及对人或好或坏的事情上的一种与正当的尺度相联系

---

① 　Franco Volpi, Dasein as praxis, p.105.

的行动的品质或德性，其所关涉的只是行动的真理，或者说衡量行动正当与否的尺度，而不是对真理之完整的把握，更不等同于存在本身。但是，海德格尔的原行动则必须是存在之意义或真理在其中被最终构造或揭示的行动，故不可能被等同为任何（特殊种类）的行动，因为这些特殊的行动至多构成了对存在不完全的揭示。也即是说，从行动一面而言，原行动不仅不能被等同为任何具体的行动，而且必须涵盖一切行动，或者更广义上的人类活动，必须是一切行动之基础或者说可能性条件。从行动的对象而言，原行动之对象不能是限于某一区域性存在，比如区别于理论认识之实践领域，而必须是存在本身。

所以，为了将明智解释为揭示存在之原行动，海德格尔就必须将明智以及与其相联的伦理行动从亚氏将其置于的伦理—政治框架中抽离出来，不仅与其他行动（比如创制性行动），而且——或许更重要的是，与亚氏的伦理行动（Praxis）相区分。某种意义上，海德格尔从行动与内容两方面以一种极端形式化的方式完成了这一对亚氏之明智的改塑。就其内容而言，行动在亚氏那儿主要是一种齐家治国的活动，其所关涉的，正如亚氏表明——不仅是个体行动者本身的善，而且还有共同体的善，并且后者更为重要，这也是亚氏将政治学置于（狭义的）伦理学之上的原因。与此相应，明智也不仅是对个体本身的善，而且更多的是对共同体的善以及达到这一善的方式的正确判断，故在某种意义上被亚氏视同为一种政治智慧或者说治国之术。就行动本身而言，行动在亚氏那儿主要是一种致力于自身与共同体的善的社会—政治性实践。这一实践界说了伦理评判的范域，而明智则是凭借理性对实践的目的与善的正确判断，由此，明智已经是规范性的（normative）伦理概念，这一规范（实践）理性与创制性活动所依赖的工具理性之区分事实上是亚氏在伦理与创制性行动之间作出区分的根据。

但是，在海德格尔对明智的解释中，被保留下来的只有伦理行动之时间结构与自我目的（指向）性，与此相应，被解释为原行动的明智也不再是亚氏那儿对区别于错误行动的正确的行动之明察，甚至不是对整体生活之善(目的）的明察，而是每一此在对自身存在，即对自身之"为何之故"的领悟。这一领悟显然已经不是亚氏的具有伦理意义的，或者更为恰切地说具有规范意义之伦理行动，也不是作为行为规范性之源泉的实践理性，而是每一此在对自身的"为何之故"的一种直接的把握，或称"感知"（aisthesis）。正如我们上面已经谈到，对于海德格尔来说，只有不借助于努斯的逻各斯才是真正原初的去蔽活动，而明智之所以可以被视为原初的去蔽方式是因为它是超越逻各斯的去蔽方式。当然，海德格尔之努斯不再是理论活动中对不变的原理与原则的智性直观，而是对可变的行动的之始因与目的的直接把握，就其与可变的对象的关系而言，努斯（明智）仍然是一种行动（praxis），并且具有行动特有的时间结构。但这不等于说，它是在时间中发生的行动，因为没有先于原行动之时间，所以，原行动作为此在之自我构造的行动必须同时是时间之原构成。就此而言，不仅存在，而且时间（生灭）都不能构成对这一原行动的限制。作为时间，也即是存在的意义或真理的原构成，原行动乃是绝对的，不受任何外在于自身之物的限制的自由，正是这一自由界说了此在之为自身之故的存在。而为自身自故也并不意味着为了某个属于自身的目的或善，如果有一个先在的目的，则此在就不是绝对自由的原行动，故而，原行动乃是原意欲（Ur-wille）。

所以，与其说海德格尔的存在论是亚氏伦理学的存在论化，不如说是对伦理行动与明智，从而也是亚氏伦理学的暴力性（violent）解构，或者说去伦理化的结果。为这一存在论解释所解构者不仅有沃尔皮所注意到的伦理行动的社会与政治意蕴，而且还有与此相关的伦理（行动）的目的性与规范性，及其所基于的实践理性，即亚氏的明智的伦理（规范性）意义。

当然，正如刚萨雷茨（Francisco J. Gonzalez）所见，这一对亚氏伦理学的解构已经部分地完成于海德格尔在同一年对亚氏伦理学的基本概念的解读之中。与《柏拉图的〈智者〉》之聚焦于亚氏的理智德性不同，海德格尔在《亚里士多德哲学的基本概念》（全集 18 卷）中关注的更多的是亚氏的伦理德性。当然，与前者相似，海德格尔在解读之初就明确表明他所要提供的是对亚氏伦理学严格意义上的存在论解释。

海德格尔从《尼各马可伦理学》中的第一句话入手开始了他的解释，按照亚氏：每一技艺（techne）和探索（methodos），以及（homoios de）每种行动（praxis）和选择（proairesis），都显得是追求某种善（agathon），所以，人们有理由把善理解为万事万物追求的目的（telos）。在对此作出解释之时，海德格尔令人注目地将亚氏那儿被区分于创制性活动的伦理行动（praxis）译成对应手之物的操心（Besorgen），与之相关的（伦理）选择则被译成了"入手照料与完成某物"（das Sichvornehmen von etwas als zuerledigendes, als zu besorgen, zu Ende zu bringen）（GAP 67）。借此，海德格尔显然故意模糊了亚氏在 techne 与 praxis 之间所作的区分，从而得以在进一步的解读中将后者归属于前者，即归结为创制性活动。由于为对应手之物的操心所主导的生存方式在海德格尔那儿被界说为此在非本真的在此（Sein-da），通过将亚氏的伦理行动（以及选择）归属于创制性活动，海德格尔显然试图表明亚氏的伦理学从根本上而言是非本真的伦理学，这当然不是说亚氏的伦理学是非伦理的，而是说其所基于的与其说是存在的真理（去蔽），不如说是对存在真理之遮蔽或遗忘，甚至可以说，亚氏伦理学本身就构成了对存在真理的遮蔽。事实上，也正是这一对亚氏伦理学的存在论批判构成了海德格尔后面对其所作的激进的解构性解释的根据。

按照这一解释，亚氏的"目的"被说成是死亡所标示的终结（eschaton），即"最终的界限"（GAP 85，89-90）。由于死亡，按照海德格尔，不给此在任何可实现的东西，亚氏那儿以德性与完美人生为旨归的伦理行动也自然地被转化为面对死亡的自由（行动）；由于死亡不提供任何尺度，亚氏在有德与无德，在好与坏之间的伦理区分也就失去了根据；由于对死亡的畏揭示了世界与他人的无意蕴性，亚氏伦理学运作其中的（非本真的）"世界"也就失去了意义。所以，并不奇怪的是，德性最终被解释为在自身最极端的可能性（死亡）面前的决断及其所要求的"严肃性"，而德性所要求的"中道"则被用来佐证决断之瞬间性特质。于是，德性或德行（也即是说决断）就其存在论意义而言意味着对这一瞬间的把握，或者为这一瞬间所把握（Gefasst）。与此相应，有德与非德之间的区分则被视为本真与非本真的日常生活之间的区分。① 在此，正如刚萨雷茨指出，在将亚氏的德性解释为"在一瞬间决断性地把握自身存在"之后，不复有"任何空间可以安置亚氏所讨论的具体的德性"，尤其是那些只有在与他人的社会性关联中才有意义的德性，诸如"慷慨，正义，友谊，更不用说机敏了。"② 只是，在这些对于亚氏来说至关重要的伦理德性缺如的情况下，亚氏的伦理学如果没有变成完全空洞的东西，也已经是幽灵般的存在了。这对于试图在海德格尔与亚氏的伦理学中寻找某种具有实质意义的关联的人们当然是令人沮丧的，但是，海德格尔却不必为此感到困扰，因为正是通过对亚氏的伦理德性的解构，海德格尔，正如他在讲稿最后表明的那样，为对亚氏的"明智"的存在论解释，尤

---

① 参见 Martin Heidegger, *Grundbegriffe der aristotelischen Philosophie (Gesamtausgabe 18)*, Frankfurt am Main: Vittorio Klostermann, 2002, pp.100-101, pp.176-186. 当然，问题是海德格尔对这一系列概念的显然是非同寻常的解释是否符合亚氏的本意？关于这一问题，Francisco J. Gonzalez 在他的 "Beyond or Beneath Good and Evil? Heidegger's Purification of Aristotle's Ethics" 一文中对照亚氏有关概念的一般理解详细地剖析了海德格尔的有关解释。参阅 Drew A. Hyland and John Panteleimon Manoussakis（eds.），*Heidegger and the Greeks: Interpretive Essays*, Bloomington and Indianapolis: Indiana university press, 2006, pp.127-156。

② Francisco J. Gonzalez, *Beyond or Beneath Good and Evil?* pp.137-138.

129

其是为将明智视为不同于任何有赖于逻各斯的行动——包括亚氏的伦理行动——的原行动做了必要的准备。

尽管如此，这并不就必然意味着，如同刚萨雷茨所主张的那样，海德格尔基于这一解构的存在论就必定是非伦理的，如果我们不预设亚氏的伦理学是伦理学唯一可能的形态的话。① 某种意义上，海德格尔对亚氏伦理学的存在论解释恰恰是出于他对行动，因而也是此在之伦理面的关注。正如我们上面指出，不仅伦理行动之时间性，及其对在手性的形而上学可能的挑战，而且还有伦理行动之自我目的性事实上构成了海德格尔之存在论解释的聚焦点：对于海德格尔来说，如果伦理行动确实如亚氏所言的那样是目的在自身的行动，也即是说，如果伦理行动以自身为目的，并因此具有内在的价值，那么，它必定在自身中指向了这样一种行动者，这一行动者不仅是时间性的，从而是行动的存在者，而且是作为自在的目的（end-in-itself）的存在者。换一句话说，对于海德格尔来说，伦理行动之所以可能是为自身之故的行动，是因为此在（人）乃是为自身之故的存在者。就此而言，海德格尔的存在论，即其关于此在的生存论分析旨在提供的恰恰是以自身为目的的伦理行动的存在论条

---

① 在他的 *Beyond or Beneath Good and Evil?* 中，Gonzalez 写道："海德格尔对亚氏的误读产生了某种奇怪的东西：一种对真诚 (truthfulness)，勇敢，决断，与本真性作出严格命令，却同时缺乏任何特定的，能够借此在德与无德（vice），善与恶之间作出区分的内容的伦理学。还有比这一伦理学，或者一种类似的政治更为危险的东西么？"（*Beyond or Beneath Good and Evil*, p.138）我们在此并非不同情这一结论，如果说伦理学，无论其形态如何不同，仍然共享某种东西，那么，从海德格尔对亚氏的伦理学的解构中，我们或许已经能够如 Gonzalez 一样预感到某种危险。尽管如此，因此而认为海德格尔的存在论及其（按照海德格尔）所蕴含的"原伦理学"是非伦理的仍然过于匆忙。进一步而言，即使这在某种意义上是正确的，那么，我们也必须显明何以如此：首先，什么是海德格尔的存在论？什么是其所言的存在？如果它确实指向某种"伦理（学）"，什么是这一海德格尔谓之的"伦理"？我们希望在本书的最后能够回答这些问题，但现在我们仍然位于考察的起点。

件，并在此意义上，可以被视为关于伦理行动以及行动主体的存在论表述。

　　某种意义上，也正是从这一伦理的，或者说关于伦理行动的存在论出发，海德格尔拒绝了亚氏之现时性的形而上学：由于将非（超）时间性（永恒）的对象视为伦理的旨归，即视为规定了人之存在的最高的善（目的），亚里士多德，在海德格尔看来，不仅没能解释，而是相反地消解了其所言的伦理行动之内在目的性，即其伦理性，因为如果伦理行动最终必须以超越（外在）于行动的永恒存在为自身的目的，那么其目的就不再在行动本身，而是在行动之外，在此意义上，伦理行动恰恰被重新归同于以外在于行动的目的为其目的的创制性活动。与此相应，伦理学也被视为从属性的科学，并且因为严格意义上的科学是理论性的科学，伦理学是否可以被称为科学也变得十分可疑。在最终解答明智与智慧何者才是最高的去蔽模式之前，海德格尔就明确地表达了此一忧虑：

　　　　如果严格意义上的科学所关及的只是恒在之在者，那么由于伦理学涉关的是习俗（ethos），即可变的人之存在，我们在何种意义上可以说存在着伦理学这样一门科学？（AS 131）

　　事实上，至少部分地是出于其存在论内蕴的伦理动机，海德格尔将传统的现时性的形而上学视为其批判或者说解构的对象。按照海德格尔在《柏拉图的〈智者〉》中的分析，希腊之所以赋予智慧（以及理论活动）以相形于明智之优先性是基于日常存在之存在论决断，因为日常此在总已经是沉湎于与物的交道的此在，并因此首先从世界，尤其是世内之物来理解（自身）存在，与此相应，以物为其对象的理论活动，尤其是作为其最精致化形态的智慧也被视为人类最高的活动。就此而言，希腊之存在论决断将不可避免地导向此在的自我目的性，即此在区别于物的存在的遮蔽，并因此无法真正容纳一种以自身为目的的伦理行动，因为这一行动之可能性已经预设了为自身之故的，并因此是自由的存在者。同样，在《存在与时间》中，海德格尔也力图显明最终被形而上学化之现成在手（现时）性事实上导源于工具之应手性，并因此已经是物的非本原的存在方式，更不能被用来规定（此在的）存在。在此，我们姑且不论被视为希腊真正存在之永恒是否可以被还原为世内之物的现成在手性，[①] 或者说亚氏的智慧是否只是制作性活动要求的最高形态的"知识"。不可否认的是海德格尔的忧虑所具有的现代性，在我们这个时代已经很少有人能够理解（更不用说接受）亚氏将沉思的生活视为完美的生活的观点，甚至不能将沉思视为一种具有伦理意义的行动，对于以伦理实践为其哲学导向的人们更是如此，以至于认为亚氏之德性说与其对完善的生活的规定之间存在着不一致性的观点已经成为大家的共识。[②] 在这种情况下，很少有人会进一步追问我们是否是在以我们的，至少在康德之后被广泛接受的伦理行动说以及作为自在目的人的观念来理解或曲解亚氏的伦理学，也很少有人去追问亚氏在何种意义上将伦理行动视为目的在自身的行动。

事实上，尽管亚氏确实将伦理行动视为目的在自身的行动，并以此将其与目的在自身之外的创制性行动相区分，但这并不意味着亚氏就因

---

① 有一点或许是清楚的，这一归结只有在海德格尔自己的存在论框架中才有意义。因为除非在某种意义上将存在视为此在之存在领悟的意向对象，甚至此在之构造物，谈论存在者之现成在手性（Vorhandensein）毫无意义——现成在手性只是存在者，恰切地说，物对此在的显现方式。而在希腊景观中，并无"先于"存在之此在（或存在领悟），即使我们不将此在等同为人所是的那个存在者，更不用说你他所是的个体了。

② 比如麦金太尔就认为亚氏"将美德的拥有与实践最终从属于形而上学沉思的观点显得怪异"，体现了"人本质上是政治的观点和人本质上是形而上学的观点之间的某种紧张"。参见 Alasdair MacIntyre, *After Virtue*, p.158。J.L. Ackrill 在他的"亚里士多德论行动"中也表达了相似的看法，参见 J.L. Ackrill, "Aristotle on Action" in *Mind*, New Series, Vol. 87, No.348 (Oct., 1978), pp.595-601, p.595。

此将伦理行动之目的视为人生最高的目的，以至于我们不可能在行动之外谈论更高的目的。事实上，在论及明智与智慧的关系时，亚氏已经用医疗与健康的比喻表明了这一点，如果说明智可以被比作有效的治疗的话，那么智慧则是健康本身，我们之所以需要治疗，是因为缺乏健康，就此而言，明智不仅与健康相连，而且与健康的匮乏相连，并因此不可能被视为完美的状态。进一步而言，如果我们从来没有对健康的洞知（知识），那么明智之治疗也就不复可能。以人生比喻来说，如果智慧意味着生活的完善本身，明智则只是导向生活完善的途径，即使不可或缺，却仍然不是完善本身。当然，这并不就意味着亚氏看不到人生充满了缺憾的现实，但是如果人性中不具有某种对完美的认识，不具有某种超越缺憾人生之神性要素，那么我们能否看到自身的缺憾也就成了问题。或者即使我们能够经验到这种缺憾，我们也只能够等待一个我们之外的神灵的救助，因为如果没有智慧，明智将无能为力。

虽然不同意亚氏将智慧视为最高的德性，海德格尔却深知亚氏之伦理学与其形而上学（存在论）之间的内在关联，并在他对亚氏之明智之解释完成之际指出：我们不能将希腊伦理学强行纳入现代伦理学的思考模式，无论是意向还是后果的伦理学，因为希腊对人类生存的思考是基于其对存在意义，即什么是真正的存在的决断，即使伦理（ethos）在希腊所指的也是"真正的存在方式"，并因此与希腊关于人的存在的概念相契合。所以，"对希腊心灵来说，重要的既非［行动的］意向，也非［行动］的实践后果"（AS178-9），甚至不是行动本身，而是在何种意义上，人能够臻于永恒与完善。换一句话说，就希腊特殊的存在概念而言，亚氏的伦理学并没有自相矛盾，如果我们在其中感受到某种不一致性，那是因为我们没有真正理解，或者无法接受希腊之存在观念。

当然，一个自然的推论是，如果海德格尔所代表的是一种不同于希腊的存在决断，或对存在的理解，那么这一理解必定会导向另一种，或许是"我们的伦理学",或者至少构成了对我们不同于希腊(亚氏)的伦理学的存在论基础的反思。于是,有意义的问题并非海德格尔的解释是否忠实于亚氏之伦理学,而是他在何种意义上对"我们的伦理学"作出了反思,或者在更深的意义上,这一反思是否能够导向一种新的、更为本原的伦理学。

第五章

此在即意志：康德之路

在上一章中我们分析了海德格尔在《柏拉图的〈智者〉》中对亚氏的伦理行动与明智的解释，正如我们试图表明，在此，关键的问题并不在于海德格尔的解释是否忠实于亚氏的本意，海德格尔并无意于单纯的亚氏学术研究，他对解释的态度与其说是我注六经，不如说是非常激进的意义上的六经注我。所以，重要的是在诸多或隐或显的相似与不似中确定海德格尔通过对亚氏的解释表达出的他自己的思想。我们由"此在即是行动"这一命题出发来构建海德格尔与亚氏的实践哲学之间的关系，这一命题所言的是此在，就其与存在的关系而言，乃是行动。但是，正如我们已经表明，存在在海德格尔那儿不再是希腊（亚氏）之最终超越于伦理行动的存在，是作为一切行动之旨归，却并非时间性行动的存在（神），而是与此在之行动（领悟）相关联的存在。而行动也不再是亚氏的齐家治国的伦理行动，而是存在的意义在其中被构造的原行动。这一原行动既非一般所言的理论活动，也非有别于理论活动之实践活动，而是类似于亚氏的努斯之直觉，或者说感知（aiethesis），是此在在瞬间对自身存在之洞观。

这当然不是说此在是观视的对象，类似于现成在手之物；甚至不是说此在已经是在时间中洞观着存在的在者。在原行动之外，既无存在，亦无时间——唯有通过原行动，存在才存在，并且以与时间互属的方式存在。故原行动乃是此在构造存在与自我构造的行动，是甚至不受存在限制的自由的决断。唯其如此，海德格尔可以说："自由是存在者之存在得以彰显的可能性条件，是此在之在此，并因此是存在与时间之根据"（WF 133）。

但是，另一方面，原行动不仅仍然是时间性的，以未来为导向的行动，而且仍然是伦理的，也即是说，按照亚氏的规定，目的在其自身的行动。如此，这一行动在自身已经指示了作为自在目的之行动者，即为自身之故的存在。就此而言，通过对伦理行动之存在论解释，海德格尔所要彰显的恰恰是伦理与存在之间可能的原初契合（convergence），故其存在论在其自身已经是一种伦理之存在论。这一存在论，如同海德格尔自己表明，从根本上异于希腊的存在论，或者说代表着一种与希腊此在迥异的存在决断。但是，如果说希腊伦理学是完全受到其特殊存在概念导引的，因而是与其存在论不可分割的伦理学，那么，这当然意味着海德格尔之不同于希腊的存在决断将导向另一种不同形态的伦理学，一种以自由行动而非希腊式的存在为其核心的伦理学。

所以，并不奇怪的是，海德格尔对亚氏之实践的解释恰恰准备了他与康德实践哲学的相遇。某种意义上，也正是在这一相遇中，自由的原行动及其伦理性将获得更为明确的规定。这一自由，如同海德格尔在《人类自由的本质》中表明，乃是纯粹自我规定的意志，是选择与决断的行动，准确地说，是使存在状态上（ontisch）的（包括伦理）选择与决断可能的原选择，是以神圣意志为原型的有限的意志。在此，我们或许可以更为清晰地看到海德格尔的存在论与亚氏（希腊）存在论之根本性差异，正如海德格尔自己表明："虽然主导的问题是存在的问题，哲学的根本问题却是自由的问题。"也即是说，某种意义上，或许并非柏拉图和亚氏这样的思想巨人为之殚精竭虑的存在问题，而是自由（意志）的问题才是海德格尔所谓的存在论的真正聚焦点。

就此而言，并非亚氏，而是康德才代表了海德格尔所言的"我们的伦理学"，因为正如我们在上面已经指出，自由恰恰构成了康德伦理学的基石，伦理行动也相应地被规定为出于自由的行动。当然，康德所言的自由并非任意性，而已经是道德的自由，是按照道德法则行动的善良意志。由于道德法则是纯粹理性，因而也是源自理性自我的命令，道德自由乃是按照道德法则自我限制的自由，即自我责任。所以，康德实践哲学的核心问题最终是：自由如何可能限制自身，或者说对自身负责。① 某种意义上，正如我们将要显示，海德格尔在存在论层面上重述了这一康德伦理学的核心问题，也即是说，通过对康德的实践哲学的解释，海德格尔试图阐明伦理性自我限制（自我责任）的存在论条件。这一存在论条件即是海德格尔所言的存在论意义上的自我责任，即本真意义的自我。

一、康德自由观的问题

就海德格尔思想的发展而言，康德的影响显而易见。与许多当时的哲学家相似，海德格尔是在对他那个时代占有主导地位的新康德主义的

---

① 或者说，我们如何可能是自律的，即按照纯粹理性法则规约自身行动，并在此意义上是自由的存在者。

批判性回应中逐渐形成其最初的思想的。对新康德主义的不满自然而然地促使海德格尔去寻找对康德思想的更为合适与深刻的理解。但是，只有在 20 年代之后，尤其在《存在与时间》写作前后，对康德著作的读解才真正构成海德格尔思想的一个重要组成部分。事实上，按照海德格尔的原初规划，对康德的图式说及时间概念的分析解释将构成《存在与时间》第二篇，即"对传统存在论之解构"的具有引导性意义的第一部分，当然这一部分并未出现在 1927 年出版的《存在与时间》中。但是，按照海德格尔自己的解释，1929 年出版的《康德书》可以被视为对这一原初计划的至少是部分实施。

在《康德书》中，海德格尔试图证明康德对理性的批判必然会导向，或者说在其自身已经要求一种"此在的形而上学"，从而表明他自己对此在的生存论分析乃是对康德思想之发展与深化。与此同时，在方法论意义上，康德哲学对海德格尔这一时期的思想也有明显的影响，以至于我们可以说海德格尔关于此在的分析具有一种准先验的结构。当然，即使在始于 30 年代中期著名的"转向"，在多少放弃了《存在与时间》中所采纳的准先验哲学的方法之后，海德格尔仍然一再回到康德哲学，直到 60 年代写下关于康德的最后一篇论文为止。当然，与此前对康德的解释相比，海德格尔更多地倾向于一种批判性态度，但康德显然继续被海德格尔视为一位重要的对话者。

从表面上看，海德格尔的读解主要聚焦于康德的理论哲学，对《纯粹理性批判》，尤其是其先验分析论部分的解读不仅构成了他生前出版的为数不多的作品之一的《康德书》的主要对象，而且也是他 1927—1928 年马堡讲座（全集 25 卷）的主题。这当然与海德格尔试图将康德对于理性的批判解释为关于此在的形而上学之预备的意图相关。但另一方面，即使以《纯粹理性批判》为主要对象的《康德书》仍然纳入了海德格尔对康德实践理性的解释，以最终显明理性在形而上学层面的统一性。所以，虽然海德格尔只有在《现象学的基本问题》与《自由的本质》中才较多地论及康德的伦理学，我们却不能因此低估海德格尔对康德实践哲学解释的重要意义，因为在此关涉的不只是理性的统一性问题，而且在更深的意义上恰恰是我们一再强调的自由问题。某种意义上，就对康德的解释而言，海德格尔的规划是将康德的理性批判（作为一个整体）阐释为一种关于自由（意志）的形而上学，并进一步释明这一可以被恰切地称为形而上的自由的生存论意义。由于自由只有在康德的实践哲学中才获得肯定性的规定，海德格尔对康德哲学阐释的最终落点恰恰是康德的实践哲学，以至于我们在某种意义上可以将海德格尔对康德的理论理性的解释视为他最终入手康德实践哲学的必要准备。

但是，另一方面，也正是康德的自由概念，尤其是康德在实践哲学中对之的规定构成了海德格尔对自由之存在论解释的阻碍。我们或许可以从海德格尔与卡西尔在达沃斯的对话中见到这一点。① 虽然新康德主义巨擘卡西尔（Ernst Cassier）对海德格尔关于《纯粹理性批判》的解释，主要是他对先验想象力的建构性功能的强调抱有同情的态度，他却断然拒绝了海德格尔关于康德实践理性之有限性的论题，并明确地指出，正是在自由的问题上，康德哲学"引人注目地"转向了"智性世界"，因为"伦理已经越出了现象的世界"。也即是说，在伦理学中，康德不再局限于"认知的存在者之有限性"，毋宁说

　　　　在此康德恰恰纳入了一种不能做历史性阐释之绝对。人们

---

① 按照 Hans-George Gadamer："正是在他与卡西尔的达沃斯会面之后，海德格尔转而将康德的哲学归入遗忘存在的历史，正如其后期关于康德的作品所显明"。转引自 Jacob Rogozinski, "Hier ist kein warum: Heidegger and Kant's Practical Philosophy" in *Heidegger and Practical Philosophy*, Francois Raffoul & David Pettigrew (eds.), NY: State University of New York Press, p.45. 这或许有些夸张，但是仍然可见这一对话之重要性，我们因此选择从此开始。

当然可以质疑康德的这一转折，但是不能否认自由问题在康德那儿是以这种突破其原本领域的方式被提出的事实。①

对于卡西尔的这一质疑，海德格尔在达沃斯对话中反诘道：康德之道德法则之所以以命令式出现，恰恰表明了其所关联的存在者之有限性。

对此，卡西尔事实上已经预先做了回答：康德从未否认作为理性存在者之一的人的有限性。但是，如果仅停留于有限性，那么就无所谓绝对命令之绝对性了，因为"有限的存在者不可能拥有永恒的真理"。②而海德格尔对康德实践哲学解读的问题，按照卡西尔的看法，就在于他过分地强调了时间图式在康德哲学中的意义，但康德本人却明确地否定将时间图式运用于实践理性之可行性。

比较明显的是，卡西尔在此代表了一种对康德伦理学的被广为接受的正统理解。正如我们在第三章（伦理行动：康德与亚里士多德）中已经显明，正是在先验自由的问题上，康德在《实践理性批判》中已经决定性地排除了时间性。就此而言，仅仅依据道德法则之命令式所指示的人的有限性显然不足以有效地质疑这一理解。当然，这在海德格尔那儿也至多是一个辅助性的论证而已。为了证明自己的观点，海德格尔在《康德书》和其他作品中重新解释了康德的实践自由及其与有限性或者说时间性的关系，并且这一解释，与他对亚氏的解释相似，已经受到他自己的存在论的导引。所以，在深入了解海德格尔独特的阐释之前，在

---

① "Davoser Disputation zwischen Ernst Cassirer und Martin Heidegger" (Anhang IV) Martin Heidegger, *Kant und das Problem der Metaphysics*, Frankfurt am Main: Vittorio Klostermann, 1991, p.276.

② "Davoser Disputation zwischen Ernst Cassirer und Martin Heidegger" (Anhang IV) Martin Heidegger, *Kant und das Problem der Metaphysics*, Frankfurt am Main: Vittorio Klostermann, 1991, p.277.

卡西尔与海德格尔对康德的自由概念以及实践哲学不同的解读之间作出裁决显然有失于贸然，并且这也不是我们的意图所在。我们在此毋宁说是试图表明，面对卡西尔或许是恰如其分地强调的康德的自由概念之超（非）时间性，海德格尔对康德实践哲学之解释不得不采取迂回的途径，即从以自然存在物为对象的理论理性入手。由于在康德那儿，对自然对象的认识有赖于作为感性先天形式的时间，海德格尔可以比较容易地将理论理性视为感性的，或者说有限的理性，并进一步将此有限性命题拓展到实践理性。这事实上构成了海德格尔之《康德书》的一条主线索。就此而言，海德格尔以理论理性为其阐释之主要对象并不表明实践理性不具有同样的，甚至是更多的重要性。

但是，更为关键的是，我们希望借达沃斯的对话显明，某种意义上，正是在自由这一无论对康德还是对海德格尔都具有核心意义的问题上的明显的差异，迫使海德格尔对康德实践哲学的解释采取一种可以与他对亚氏之行动以及明智概念的解释相类的强力性解构（violent deconstruction）。借助这一最终涵盖了康德的整个哲学的解构，海德格尔试图将康德之超时间的先验自由导向一种时间性的，有限的自由，或者更为恰切地说，以有限性为其条件的自由。所以，虽然康德被海德格尔视为"将自由问题与形而上学根本性问题相关联的第一人"，并因此"在自由的问题史上占有突出的位置"（WF15），在海德格尔看来，康德在自由这一根本问题上至少存在着两大缺陷：

（1）由于坚持自然与自由之间的二分，康德没有能够达到一个根本性的自由观念，更没有能够对自由的存在论意义作出阐释。

（2）与此相联，康德没有能够显明自由（或纯粹理性）与有限性之间的不可分割的关系，没有能够看到自由植根于有限性之中。也即是说，有限性并不必然地构成自由的否定性限制，而相反的是自由的可能性条件。其结果是康德未能够真正回答其伦理学的核心问题，即自由如何可能限制自身。

我们下面将主要通过对海德格尔在《人类自由的本质》中的有关论述阐明第一点。在此基础上，我们将在本书第三部分通过《康德书》与《存在与时间》的有关论述阐明自由与有限性的关系。

按照康德在《纯粹理性批判》中的界说，自由是一个先验概念，也即是说我们不可能通过经验而认知自由。这一先验的自由被进一步界说为（1）作为世界（现象整体）绝对开端或者无条件的条件（根据）的原因性。（2）绝对自发（spontaneous）与自我源生（self-origination）的行动。（3）本身不在自然（时间）之中，因而也不受在先的事件（原因）的限制或影响。是一种不同于自然原因性的原因性。（4）就其为原因性而言，自由虽然不在时间之中，即不是自然事件之一，却能够以因果性的方式作用于自然，也即是说它所引发的结果却可能是一个（系列）自然事件；同时，自由之原因性虽然是不受任何在先事件限制的绝对开端，却并非无法可循（lawless）的任意性，因为原因性概念（causality），按照康德给出的定义，总已经"包含了与规定了杂多的存在者彼此之间的法则的关系"（KPV93），也即是说，原因性所规定的已经是事件之间的合法则性的关系。就此而言，原因性或许可以被视为法则性的一个特殊范畴，而康德之启用原因性这一概念的一个目的，也是为了强调自由之合法则性。

这一先验自由又被视为行动可以被归责（imputability）的，故是实践自由的根据和必要预设。按照康德在《实践理性批判》中的定义，实践自由在否定意义上是我们的意志独立于感性冲动，因而也是独立于自然的原因性的能力；在肯定意义上，则意味着我们的意志完全为理性的法则所规定，即纯粹理性在其自身是实践的。这一实践自由基于先验自由，以至于如果没有先验自由，即没有自然原因性之外的另一种原因性，也就无所谓实践自由，故实践自由不过是先验自由在实践或者说人类行动领域的体现。

尽管如此，海德格尔在《人类自由的本质》中指出，事实上在康德那儿有两个不同的自由概念，或者更为恰切地说，阐释自由的两条途径。第一条途径所指的是主要在《纯粹理性批判》的辩证论部分，即关于世界之始因的思辨中所阐释的先验（纯粹）自由，自由在那儿被规定为作为世界的根据与始因的绝对的自我源生性，即自因。第二条途径所指的主要是康德实践哲学中所阐释的自由，作为道德之根据，这一自由最终被规定为自律，即意志之自我立法。按照海德格尔的分析，作为自我源生行动的自由与作为自我规定的自律是不同的，前者与意志以及意志的法则无关，而后者所关涉的则完全是作为有意志的行动者这样一种特殊的存在者（WF 25），所以，前者可以被视为宇宙论意义上的自由概念，后者才是与伦理行动直接关联的自由，即实践自由。

当然，海德格尔并不因此否认康德通过两条途径并在两者的关联中阐释自由概念的意图，他试图质疑的毋宁说是康德关联两者的方式，在海德格尔看来，康德试图以一个"普遍的原因性概念（allgemeinen Begriff von Kausalität）"（WF191）连接两者，这一概念虽然首先为自然事件之间的关系所例释，在康德那儿却同时被用来描述实践自由，因为，对于康德来说，至少就自由之合规则性而言，自然与自由之原因性不无相似或者可类比之处。但是，这在海德格尔看来不但没有使得先验与实践自由的关系变得更为清晰，而是相反地模糊了两者关系，所以，虽然自由不只是康德的实践哲学，而且也是作为一个整体的康德思想之核心，但其意义却晦暗不明。因为——

　　　　"原因性的含义究竟为何，以至于它有时属于自然，有时属于自由？"（WF 190）

当然，一个更为深层的问题或许是：是否康德最终启用了一个由自然之必然性导出的普遍的原因性概念？如果是这样的话，什么是他如此作为的理由，如果没有任何理由，那么康德为什么这样做？①

二、自由之为原因性

由于康德的自由概念的含糊性在某种意义上可以归结到原因性这一概念本身的含糊性。所以，为了理解自由在康德那儿的真正含义，我们就有必要先看一下原因性这一概念。按照海德格尔的解释，原因性概念总是与运动变化相关，而运动变化则总是某种存在者的运动变化，而不同的存在者则具有不同的运动变化的形态，比如物体的机械运动不同于生物之生长朽灭，后者又不同于人的行动，故运动变化的问题从根本上与存在者特殊的存在方式相关，并因此已经蕴含了存在的问题。就此而言，对运动的原因性的探讨已经是对存在意义的探讨。与此相应，原因性的问题也应当被视为一个存在论问题。

在海德格尔看来，亚氏是第一个并且或许也是最后一个将运动把握为存在论问题的哲学家。在他的《物理学》的第三、第五和第八卷中，

---

① 虽然海德格尔看到了实践自由与被界说为始因的先验自由的差别，但两者之间的差别或许不仅在于是否与意志相关，仿佛我们只要把世界的始因设定为有意志的存在（者），两种自由就可以二而为一了，这事实上正是海德格尔，追随德国唯心主义，所提供的解决方式，循此方式，人的伦理所要求的自由就可能最终将消融于创世的自由（意志）之中。事实上，从伦理责任的观点来看，谈论第一推动者（始因）之责任问题毫无意义，我们完全能够设想世界有一个绝对的开端，但却没有作为责任可归责性根据的自由，因为人没有被赋予责任必须预设的自由；同样我们似乎也能够设想世界没有一个绝对的开端，即没有一个第一推动者，但仍然可能有作为责任可归责性根据的自由。

亚氏深入地探讨了运动的本质或者说，运动之始因（arche）。在亚氏看来，事物运动的本质在于变化（metaboche），即从一种状态（或位置）转化（移动）到另一种状态（位置），这一变化包括事物的某些属性的消失与生成，故运动之本质或者，用海德格尔之术语来说，其存在（ousia），即使运动成为运动者在于在场(parousia) 与缺席(不在场)(apousia) 之双重性。但是，对于亚氏来说，更为根本的乃是在场，也即是说，虽然变化意味着某些东西的消失与另一些东西之产生，但这些产生与消失都只能相形于不变的存在（者）而言，所以运动之可能性或者说其本质最终在于某种超越于构成运动之在场与缺席的更为原初的在场，缺席只是这一原初的在场的褫夺形态。就此而言，海德格尔认为亚氏对运动的界说表明了存在（ousia）在希腊总已经由持存的时间性，或者说现成在手性所规定。而无论是否有意识，亚氏对运动变化的分析已经受到他（或者说希腊典范）的存在观的导引。所以，并不奇怪的是，对于亚氏来说，首要的问题是：什么是运动变化中的持存者？因为对于希腊心灵来说，绝对的无（非存在）是不可思议的，正如巴曼尼德所表明，无不能生有，故存在之为存在，或者说存在本身（ousia）必定越出所有的生灭变化，并因此是越出时间之永恒，所有的变化与发生皆须以此持存之存在为其基底以及最终目的。

由此，我们可以理解亚氏用来描述运动变化的一组重要概念，即潜能与现实（或实现），所谓之现实，海德格尔指出，与近代盛行的力的概念无关，其所描述的毋宁说是变化必须预设的不变者，即持续显现之物或者说存在。正如产品（ergon）是创制性活动之目的，这一不变的存在（者）也是运动变化之旨归，即潜能最终的实现。由此，构成变化的原因（arche）最终被归结为目的（因），而运动变化也因此被无差别地消解于存在之永恒性中。就此而言，亚氏与其说揭示，不如说在某种意义上遮蔽了运动（变化）以及原因性的本质，以至于对这一问题的哲学阐释不复可能。

当然，另一方面，海德格尔也指出，亚氏之实现（energeia）源于作品（ergon），并因此指示了创制性活动，即将某物带入存在的行动，就此而言，希腊的存在仍然隐含了"在存在的畏惧（Furchtbarkeit）中从存在中将物与形式抢夺出来"（WF 72）的含义，其对存在的态度因此决非如后世所肤浅地描绘的那种单纯的快乐。① 所以，在希腊，尤其在亚氏那儿，持存或者说现成在手性仍然在其自身中指示了用具的应手性，与此相应，自然也没有被表述为绝对的在手之物，对自然的研究所关涉的仍然是作为希腊哲学核心的存在问题，正如亚氏之《物理论》不能被肤浅地视为原始的物理学（自然科学），而是关于自然之存在（physei onta）问题的哲学。

相形而言，康德的思想则主要展开于笛卡尔所开启的近代形而上学的框架之中，这一形而上学以主客之分为其特征，主体被界说为精神性的实体，具有绝对的自明性，即对自身绝对确定的知识，与主体相对峙的客体，即自然物则被视为具有广延性的，可以被绝对度量的上手之物。在此，虽然客体，或者说外在于主体之世界（自然）被视为主体之客体，或者说认知对象，在主客之间却存在着某种存在论鸿沟，以至于在笛卡尔那儿，外在于主体的世界如何可能都成为一个问题。某种意义上，康德的"哥白尼革命"即意在克服这一主客对立。通过对主体认知能力的批判性反思，康德试图澄清客体，对康德来说，即是作为现象的世界，在主体中的构成性条件，并在此意义上显明主体与客体之间内在的关联性。但是，另一方面，自然对康德来说仍然是笛卡尔意义上的绝对的在手之物，为自身特有的必然性法则所统摄，这些法则虽然源于主

---

① 值得注意的是，海德格尔在此却又表明：他的这一（对希腊存在概念的）解释"超出了希腊人自己所明确表述者"（WF 51）。

体，却并非主体本身的法则，即并非自由的法则，其结果是主客之分在
康德那儿被转化为自由（精神）与自然之间的鸿沟。某种意义上，部分
地是为了弥合这一鸿沟，自由才被规定为可与自然的原因性相类比的
（自由的）原因性。

　　尽管如此，与亚氏将运动变化归为永恒存在不同，至少从表面上
看，也正是在因果性问题上，康德明锐地注意到了时间的关键意义。在
"第一批判"的第二类比部分，康德将因果性概念（causality）① 与时间
之前后相继相关联。按照康德的解释，他在类比部分所要阐释并证明的
是现象中事件互相关联，从而构成一个整体的必然的，也即是先天的原
则。这些原则确立了对变化的经验（或者说经验性知识）的可能性条件，
故康德将他们称为动态性原则，以区别于静态，或者说数学的原则。因
为凡变化者皆为时间中的变化，故对变化的经验是对事件之时间性关
系，即对时间之诸形相的经验。

　　按照康德，时间之形相有三，延续、相继以及同存。第二类比所处
理的是时间之第二形相。在第一批判之 A 版中，康德表述这一原则为：
"所发生的一切事物——即开始存在的一切事物——皆以其所按照规则
继之而起的先在的事物为前提"（KRV A189）。在 B 版中康德以更为概
括的方式表述了这一原则："一切变化皆依据因果连接之法则而发生"。
在此，因果法则显然被视为我们经验现象中事物在时间中前后相继的可
能性条件或者说原则。这当然既不是说，一切前后相继的事物都被认为
处于因果联系之中，也不是说因果法则可以被等同，或者说还原为一种
时间性相继关系。这一原则在康德那儿所说的毋宁说是：如果没有知性
本身独立于经验而具有的因果法则，我们将不可能将现象把握为按规则

---

　　① 我们按习惯将在自然知识的语境中的"causality"译作"因果性"，其他情况下
则多译作"原因性"。

发生的前后相继的统一体。

但问题是，一个休谟主义者会毫不犹豫地指出，所谓的因果联系原本就只是出自我们的某种心理习惯，我们并不能在现象（经验）中发现必然的因果法则，相反，我们所能够观察到的只是某一事件 E2 经常随另一事件 E1 发生，这并不能排除这样一种可能性：在未来某一刻，E1 之发生并不导向 E2 的发生。这在经验意义上当然是正确的，它所表明的只是 E2 不是 E1（原因）的必然结果，即 E1 与 E2 并不处于一种因果联系之中。但是，休谟式的批判所指向的并非某个具体的因果联系，而是旨在否认因果律本身。也即是说，对于休谟主义者来说，存在着没有任何原因的事件是可能的，换一句话说，事件之间并没有任何必然的联系，故是彼此分离的。而康德对休谟的批判的策略即在于指出：如果没有因果法则，那么我们甚至不可能在事件与事物之间作出区分，由此，我们也无法去谈论事件之间有无必然的联系的问题。

在第二类比中，康德在我们对事物与事件的经验之间作了区分，以一个事物，比如一座房子，以及一个事件（比如船只顺流而下）为例，我们为什么把后者而不是前者描述为一个事件？按照康德之解释，这是因为对后者（或者任何事件）的知觉中包含了"时间序列的不可逆性"：观看一只船顺流而下，再想象与你知觉到的东西相反的顺序，我们就会知道我们是在想象一个完全不同的事件，即船的逆流而上。但如果我们按从地基到房顶的顺序来感知一座房子，并想象与这一感知顺序相反（从屋顶到地基的顺序来感知）的东西，那么我们在想象中感知到的是同一所房子。就此而言，时间之不可逆性是我们区分事件与事物的基础，而原因性范畴所描述的正是这种时间之不可逆的前后相继性，故不仅是我们经验事件之间必然联系，而且是我们将对事件的经验区别于对事物的经验的可能性条件。就此而言，休谟事实上否认了他谈论事件之互相分离性必须预设的原则之必然性，并因此是自我挫败的。①

但是，康德的这一巧妙的论证虽然可以在某种意义上击败休谟式的质疑，却同时也暴露了被他视为经验变化之可能性条件的因果法则本身的问题：如果因果法则在某种意义上有赖于时间之不可逆的前后相继性，那么它又在何种意义上（或者如何可能）是非时间的知性法则？康德对此的回答是：对时间不可逆的前后相继的经验只是对现象中的事件之时间关系的经验，这一经验已经预设了知性的因果范畴。换一句话说，前后相继所述谓的并非不能被知觉的时间本身的变化，而是时间中的事件的变化，"如果我们将其视为时间本身的变化，那么我们就必须设想另一个时间，在这另一时间中［事件之］前后相继可能"（KRV A183）。所以，变化与描述了变化的时间性关系唯有相对于不变者才有可能。而这变化之中的不变者即是时间本身，当然，时间本身不能为我们所知觉，我们能够知觉到的只有其在现象中的图式，即在现象的一切变化中不变的实体。

显然，对时间关系的描述已经在自身中指示了某种更为原初的时间性，事件之时间关系（包括因果性）只有相对于这一更为源初的时间才有可能。所以，正如海德格尔指出，第二（以及第三）类比从根本上有赖于第一类比确立的实体之恒在的原则。康德表述此一原则为：在现象之一切变异中，实体乃为恒在不变者，其在自然中之量，绝无增减（KRV A182）。按照康德，这一原则乃是现象之统一性的根据。因为虽然对现象杂多的感知（apprehension）总是相互继起，唯有相对不变的实体，变化才有可能。故实体永存，所变者仅其属性而已。显而易见的是，在运动变化的问题上，康德与亚氏以来的传统可谓殊途同归。康德

_____

① 参见［美］杰弗里·墨菲的《康德：权利哲学》，吴彦译，中国法制出版社2010年版，第23—25页。

也不否认其对传统的承继性，在关于第一原则的证明中他就表明："以我所见，一切时代中，不仅哲学家，连常识也皆承认恒在为现象所有变化之基底，且以此为不容置疑者"。因为，正如古人所见，"无决不能生有，有决不能成无（Gigni de nihil, in nihilum nil posse reverti）"（KRV B229 A186）。所以，与亚氏相似，对于康德来说，关于运动变化之核心问题仍然是寻求变化之不变的基底，即实体或基底（substratum）。与此相应，存在也相应地被规定为实体性的存在（者）①。

就此而言，康德对原因性概念的界说，在海德格尔看来，仍然运行于传统的现成性的形而上学（metaphysics of presence）之框架中，并受到其特有的存在论之导引。也即是说，存在仍然被理解为物之现成在手性。与此相应，原初（存在）的时间性则被界说为现成在手之物之恒存性。所以，究其实质，康德的原因性概念所描述的不过是自然事件之间的（必然）联系，而"自然在康德那儿则意味着现成在手之物（无论是物理还是心理物）之在手性"（WF 191）。

但问题是，正如海德格尔尖锐地指出：

> 如果自由被归为一种原因性，那么什么是其所基于的恒在性？什么是行动的人的恒在性？我们能否将这种恒在性理解为当下上手之物（自然）之时间持存？如果不能，断言行动的人不在时间之中是否就足够了？是否人之人格性，即人之为人的

---

① 但是，另一方面，康德之实体说仍然有区别于传统实体说的一面，因为实体（及其恒存的时间形态）在康德那儿所描述的并非独立于主体之存在（者），而只是主体经验对象及其变化之可能性条件。也即是说，与因果性概念一样，实体概念只是一个知性范畴。作为知性范畴，实体概念在自身中已经指示了借助实体范畴及与其相应的时间样态来将自然把握为现成在手对象的存在者。在此意义上，海德格尔或许可以说康德对经验（知识）之可能性条件的探讨，或者说他为形而上学奠基的努力在某种意义上恰恰导向了关于此在的形而上学或者说关于此在之存在论。

存在具有自身的时间性与自身特有的恒存性？（WF173-4）

在此，海德格尔对康德之原因性范畴的分析——这一分析将康德的原因性概念与亚氏的运动变化说相关联——显然在某种意义上重复了他对亚氏的伦理行动说的质疑，这一质疑所指向的不仅是亚氏，同时也是康德对运动变化及其法则性的阐释，而且，在更深的意义上，指向了他们两者共同预设的存在论框架。在海德格尔看来，一旦存在被界说为物的现成在手性——无论是亚氏之永恒或者康德之实体的恒存性，伦理行动及其预设的自由已经从根本上被排除，因为伦理行动之行动者并非现成在手之物，而相反的是现成在手之物之显现必须预设的存在者，即领悟存在之此在。与此相应，伦理行动之时间性也非物的时间性（现成在手性），而是此在特有的时间性。

也正因此，虽然强调伦理行动目的的内在性，亚氏最终仍然将对不变对象的沉思观照活动确立为优越于伦理行动的活动，而康德则只能将伦理行动所预设的自由界说为不在时间中的，或者说非时间性的自由。但是，这显然是成问题的，因为如果自由是非时间性的，那么时间中的人，或者更为恰切地说，时间性的存在者又在何种意义上是自由的，并因此是能够伦理地行动的存在者？就此而言，康德的第一条路径所界说的自由概念，就其将自由最终归属于自然之因果性而言，在海德格尔看来，不仅未能提供实践自由之先验基础，反而消解了伦理行动的可能性。

三、自由与自然

事实上，如果将自由置于时间（同时也是自然）之外，那么自由将不可避免地受到并非源于或者说异于自身的自然之限制，并因此已经不是自律意义上的自我限制的自由。其结果是本该连接理论与实践理性——毕竟两者是同一个理性之不同运用——的自由相反地阻断了两者关联的可能性。从伦理的角度而言，由于伦理行动总是在时间中的行动，被规定为非时间之原因性的自由如何作用于现象界，也即是说伦理行动如何可能也始终是个问题。

当然，康德并没有完全无视上面所言的困难，并且早在《纯粹理性批判》的先验辩证论，尤其是其中关于理性的第三个二律悖反的部分，已经着手解决这些问题。诚然，这一二律悖反关涉的主要是现象世界的起源以及根据的问题，但是，通过对这一悖论的解决，康德不仅初步界说了先验的自由及其与实践自由的关系，而且也试图证明自由与自然的原因性和谐共存的可能性，从而间接地证明了（非时间的）自由之原因性作用于自然或者说现象域，也即是说伦理行动的可能性。

与先验分析论之聚焦于关于自然对象的认知，即科学知识的可能性问题不同，康德的先验辩证论的主题则是理性本身的理念，即知性范畴被运用于超经验，或者说不能在经验直观中被给予的对象所获得的知识。这一知识即传统所言的形而上学的主题，其所涉关的主要有世界、灵魂以及作为两者统一性根据的上帝问题。康德的第三个二律悖反所涉关的即是被康德定义为世界的无条件的根据或原因的先验自由。

按照康德的解释，在追寻作为整体的现象，即世界或者说自然之无条件的根据之时，理性不可避免地会遭遇一系列二律悖反。其中第三个二律悖反所涉及的是世界，就其作为一个动态的过程，或者因果关联的事件系列来看，有无绝对开端的问题。这一二律悖反主要表现为如下的正反题：(KRV A445 B473)

正题：自然法则并非是世界现象唯一的原因性。为了解释世界现象，我们必须设定存在着另一类原因性，即自由。

反题：不存在自由。世界上一切事件均按照自然法则而发生。

康德接着分别给出了正反题的证明。就正题来说，康德指出，如果只有自然法则（原因性），世界现象就会呈示为一个可以在每一个点都可以无穷回溯的事件系列，其中每一个事件既是它之后的事件的原因，又是它之前的事件的结果，所以，我们也就无法去设想一个非相对（绝对）的开端，并因此也不可能把握现象（世界）之整体性。进一步而言，如果我们将现象本身视为一个整体，那么，虽然其中每一事件的发生都有其原因，但世界（现象）从整体而言却没有任何原因或者说根据，因为我们不可能在世界现象之中发现作为一个整体的现象之原因，这在康德看来，违背了原因性概念，所以，否认自由的原因性是自相矛盾的。

就反题来说，如果有一种先验的自由，那么当然就有一个绝对的开端，并且先验的自由也构成了现象整体（世界）的无条件的条件或者说根据，因为这一自由的原因性自身不再具有任何先在的原因，也即是说其发生不再按照自然法则而获得规定。但是，另一方面，这也意味着自由是无法可循的（lawless），这样的自由显然构成了"因果律的反面"，并因为其事实上肯定了一个没有原因的事件，而必然会威胁到经验本身的因果统一性。就此而言，虽然"对于自然法则的自由使我们免于被强制，但也消除了所有法则的指导"（KRVA447，B475），并且我们在经验并中不能发现这样一种自由，故先验的自由只是一种空洞的思想物。

值得注意的是，康德在此对于反题的证明事实上强于他对正题的证明，① 我们甚至可以说他对正题的证明是有缺陷的，因为按照康德自己的规定，原因性范畴原本只适用于时间性的现象，故否认现象界之外的（自由的）原因性并不会陷入自相矛盾，② 反倒是康德将原因性范畴用于现象之外的自由在事实上违背了使用这一范畴的限制性条件。

相形而言，反题的证明则不仅符合康德自己对原因性概念的规定，③ 而且更为重要的是，这一证明揭示了先验自由可能兑变成一种绝对的任意性的危险。所以，为了最终捍卫其正题所设定的先验自由，康

---

① 当然，康德倾向于认为两个证明具有同样的力量，海德格尔也持有相同的看法，并进一步试图以此来证明理性的有限性。但我认为在纳入诉求于理性兴趣的论证之前，反题的证明明显地强于正题。更为重要的是反题的证明考虑到了（绝对）自由的非法则性（lawless）的危险，虽然康德通过对思辨理性的限制而部分地遏制了这一危险，但一旦突破这一限制，绝对的自由就可能消解任何法则的限制，而成为绝对的任意性，其所威胁到的也不再只是自然的统一性，而且还有伦理的可能性。

② 我们是否因为否认现象界之外的（自由的）原因性而陷入自相矛盾？许多学者，比如 Allison 等试图为康德的这一论证作出辩护？（参见 Henry E. Allison, *Transendental Idealism* pp.377-381）。依循康德，这些学者一般都认为否认现象（世界）具有一个 [自己的] 原因违背了原因性法则，因为我们事实上肯定了某一事件之发生——在此，世界的发生——不具有原因性，但这一论证在我看来是成问题的，首先，为什么世界必须被视同为一个发生的事件，而不是比如希腊认为的恒在？事实上，如果没有等同世界与事件——这一等同至少需要证明，那么，我们显然可以否认世界（作为整体）具有自身的原因性而并不否认世界中的任何事件具有原因性，因为假定有 n 个事件 E1，E2，E3……En，那么 E1 是 E2 的原因，E2 是 E3 的原因，En 是 E1 的原因并不矛盾，换一句话说，世界中的事件可能互为原因，并构成一个因果循环（链），由此我们不可能找到（绝对意义上的）第一原因或作为世界开端的原因。此外，也正如叔本华指出，要求每一事件必须具有一个充足的理由（sufficient cause）与要求因果系列的完整性并非一回事（参见 Auther Schopehauer, *The World as Will and Representation*, Translated by E. F. Payne, New York: Dover, 1969. pp.497-498.）当然，这样我们或许就无法——至少由因果性概念——将世界把握为一个整体，但为什么我们必须并且能够将世界把握为一个（因果意义上的）整体？康德的回答是将世界把握为这样一个整体乃出于我们理性的兴趣，但这也表明，如果没有求助于理性兴趣，那么，否认世界（现象）作为一个整体具有自己的原因并不自相矛盾，更没有违背因果法则。

③ 参见 P.F. Strawson, *The bounds of Sense: an Essay on Kant's Critique of Pure Reason*. London, Methuen, 1966. pp.208-209.

德又进一步诉求于另外两个论证，我们或许可以将它们分别称为基于思辨兴趣的论证，以及基于实践兴趣的论证，并且，正如我们将要显明，前一论证最终依赖于后一论证。当然，就它们在辩证论的展开来说，康德并没有在两者之间作出明确的区分。尽管如此，为了清晰起见，我们仍然可以对两者分而论之。

就前者来说，关键是证明自由的原因性不会兑变为一种不依循任何法则之任意性，也不会消解自然的原因性，并因此威胁到自然自身的统一性，而是可以与后者和谐共存。如果这一点得到证明，那么由于正题设定的自由之原因性提供了关于世界现象之无条件的根据，并因此能够满足我们的思辨或者说（自然）形而上学兴趣，而明显地具有相较于反题之优越性。

为了显明这一点，康德首先区分了现象（经验对象）与物自体（先验对象）。对于康德来说，如果没有现象之外的，可能作为现象之根据的物自体，那么当然也就没有自由之原因性可言，因为按照先验分析论所建立的原则，"在感性（现象）世界中，所有的事件都一无例外地按照不变的自然法则而互相关联"（KRV A536，B564）。但是，另一方面，这也否定了现象本身的原因或者说根据，而现象之为现象，或者说现象本身之可理解性必然地有赖于现象之外的根据。所以，我们就必须设定一个作为现象根据的先验对象，即被康德称为本体界的物自体领域。按照这一设定，如果说现象界是自然法则运作的范域，那么本体界则以自由为其法则。与此相应，我们事实上就有了两种意义上的原因性，即智性的（intelligible）与感性（经验）的原因性。所谓的智性，至少就其作用而言，并不完全与感性相分离，故康德将智性定义为"感性对象中不可归于现象之要素"（KRV A538，B566）。也即是说，现象世界中的事件至少可能同时受到两类原因性的作用，但这并不如反题的支持者所设想的那样会威胁到现象基于自然法则之统一性，因为与自然的原因性不同，尽管就其结果而言，自由能够作用于自然（现象），但就其作用（即行动）本身，或者说就其智性的本性而言，自由的原因性并不在时间之中，即并非时间中的行动，所以也就不会与自然的原因性互相冲突。就此而言，自由与自然的原因性之间和谐共存是可能的。而反题的支持者的问题就在于没有在现象与本体界之间作出必要的区分，并因此没能区分两类不同的原因性，其结果是对他们来说，要么自由是无法则的任意性，要么自由是合法则性，并因此只是一种自然的原因性。

比较明显的是，康德在此对自由的证明完全依赖于在本体界与现象界之间所作的区分。当然，这一区分并不如一些评论者所设想的那样必定会导向关于两个世界的形而上学思辨，因为在康德那儿，本体界并不是现象世界之外的另一个世界，毋宁说它是现象界之根据，或者说可知性条件。作为现象的可知性条件，本体界只是一个限制性或者用康德的术语来说，调解性（regulative）概念，故这一设定并不扩展我们的知识范围。借此，康德从一开始就阻止了对于本体界之存在者的无益的，甚至是危险的思辨。与此相应，我们也不具有关于自由的思辨的或者说理论的知识，但这并不阻碍我们将自由设定为现象世界的原因性根据，而康德所要证明的是这一被设定的自由与自然之间和谐共存之可能性。其目的是调解自然与自由，而不是如古典唯心主义那样去寻求两者之同一性或者说辩证统一性。①

但问题是，如果说自由是非（超）时间的原因性，那么它又如何可能作用于现象界？所以，为了解释自由对现象世界的作用，我们需要一种能够联系本体与现象，智性与感性的存在者（即第三者）。在康德看来，人即是这样一种存在者，因为人既是现象界的，又是本体界的，

---

① 康德的问题——至少在《纯粹理性批判》中是："自由是否可能？如果可能，是否能够与普遍的自然因果律共存"？（KRV A536 B564）而不是是否有一种将自然包容于自身的自由。

既是感性又是智性（intelligible）的存在者。就其为感性的存在者而言，人的行动当然与其他自然事件一样受制于自然的因果性法则，但就其为智性的存在者而言，人的行动最终为其自身的意志所决定，并在此意义上是自由的。换一句话说，尽管人类意志具有感性的一面，并因此必然的受到感性与自然的影响，但自然法则"不能规定意志本身，而只能规定其在现象中的结果与效应（KRV A546，B574）"。也正因此，我们可以在实践意义上谈论"应当"，而在时间性的现象域中，只有对应于时间之三个维度的已然发生，正在发生，与将要发生的事件。所以，如果只有自然法则（原因性）的话，那么，任何关于"应当"的谈论就完全失去了意义。但事实上，我们的生活却始终受到"应当"之导引，这也是我们追究行动者责任的根据。

以造成了某种社会后果的恶意的谎言这样一个自愿的行动为例，如果我们去考察其经验的原因，那么我们可以将其归因为撒谎者所受的有缺陷的教育，其性格本身的问题等，但这并不妨碍我们去追究撒谎者的责任，并予以适度的惩罚，因为我们事实上同时将撒谎者看成智性的，因而是自由的行动者。在此，自由不仅在否定的意义上意味着行动者独立于一切感性影响之可能性，而且意味着，在积极的意义上，行动者具有完全由其自身开启一个新的事件，并因此导向一系列后果的能力。唯其如此，行动者方能够被视为行动之作者，并被合理地要求为自己的行动及其后果承担责任。显然，自由是可归责性的根据。如果我们否认自由之原因性，那么基于"应当"之道德也就失去了任何根据。就此而言，自由之设定明显地符合理性之实践兴趣，甚至可以说，具有一种实践意义上的必然性。

但是，另一方面，设定某一行为具有独立于自然之原因性的自由之原因性，并不必然地会威胁到自然本身的秩序，就上面的例子来说，追究撒谎者的责任并不意味着我们因此而否定这一行动之经验性原因，也不会阻止我们去对这一行动的经验原因作出考察，这样的考察不仅具有理论的，而且也具有实践的意义，比如可以促使我们努力改善大多数人的生存与教育条件等，就此而言，自由之原因性（设定）并不与自然之原因性相冲突。

显而易见的是，与康德之诉求于（应当被限制的）理性的思辨兴趣相比较，其诉求于实践兴趣的论证具有更大的信服力，这一论证不仅显明了自由（设定）之可能性，而且证明了其必要性。更为重要的是，后一论证（或者说实践兴趣）本身构成了对前一论证（或者说思辨兴趣）的限制，因为过分仰重于思辨兴趣的要求可能导向一种威胁性的后果，一种向独断的形而上学（宗教）返归的可能性，这不仅是康德不愿看到的，也是其所要着力阻止的。这也是康德在捍卫自由设定时更加强调其实践旨趣的原因。当然，康德并没有在我们所言的两个论证之间作出区分，或者更加倾向于将它们看成同一论证（理性之兴趣）的两个不可分离的方面，因为在康德看来，理性思辨的兴趣，如果加以适当的限制，不仅不会与实践的兴趣相左，而且可以说是相辅相成的，毕竟两者所述谓的是同一个理性。进一步而言，如同我们上面已经指出，在康德看来，实践自由须以先验自由为其前设，以至于如果否认了先验自由，也即是说否认了我们具有绝对自发的行动的可能性，我们也消除了实践意义上的自由。也正因此，在证明第三悖论之正题时，康德就直接将先验自由（行动之绝对的自发性）规定为行动之可归责性的根据。

在海德格尔看来，康德的第三悖论某种意义上可以被视为他阐释自由的第一条途径，即以自然原因性来规定先验自由的必然结果，就此而言，这一悖论与其说是理性本身所不可避免者，不如说是源生于对根据与有根据者，即被视为现象根据的自由与以此为根据的自然之间的存在论差异的忽略，也正因此，康德解决这一悖论，即证明正题之优越于反题的关键在于区分物自体（或者说本体界）与现象（自然），也即是在事实上已经诉求于两者之间的存在论差异（ontological difference）。但是，由于这一区分的存在论意义未得以被阐明，而是相反地被康德所启用的原因性概念所掩盖，康德是否已经如期所言的那样捍卫了其正题也就很可疑了。或许正如我们上面指出，如果原因性所描述的首先是自然事物之间的时间性关系，那么反题就能够获得更强的辩护。

当然，这在海德格尔看来与康德提出问题的意向相关，对于康德来说，自由与自然的统一性问题事实上已经被表述为：尽管自然有其自身的法则性，自由是否仍然可能？就此而言，无论康德如何强调自由之原因性，自然的原因性在康德那儿仍然具有相应于自由的优先性（WF 164），以至于作为实践自由根据的先验自由只能被描述为一种事实上以自然之原因性为范式（paradigm）的原因性。所以，虽然康德在解决这一悖论时引入了人的道德行动，但是，这在海德格尔看来，并不表明"人的行动可以被视为其［对正题证明］的根据"（WF 166），毋宁说它仅仅例示了康德所寻求的两种原因性之间的"普遍的宇宙论意义上的统一性"。借此，康德事实上将人的问题，或者更为恰切地说，道德行动可能性归结为"普遍的宇宙论"，也即是说现时性的形而上学问题，这也体现于康德对行动的规定之中，行动就其存在论意义而言，被归结为与自然之原因性相类的原因性，而行动的主体也相应地被界说为即使是有其特殊性的现成在手之物，或者说一种世界存在者：就此而言，

> 经由原因性概念，人的存在论结构中可能并非自然者被定义为一种自然性。当然，原因性概念也由此被修正，但这一修正并不改变原因性概念根本的存在论性质。由于没有以根本性的方式提出存在的问题，康德的批判没有，也不可能具有一种彻底性。所以，自由的问题，无论在康德那儿具有怎样的核心意义，也不可能在康德的形而上学中占有关键位置。（WF246）

尽管如此，海德格尔也承认，康德的第三悖论仍然在积极的意义上表明，"只有在与一种特殊的存在者，即人作为伦理地行动着的人格之关联中才可能谈论自然与自由的统一性"（WF 243）。而海德格尔对康德之第一途径，即以原因性概念来阐释自由的局限性的批判也意在显明，我们只有循着康德的第二途径，即实践的自由，而非第一途径，即被他称为宇宙论意义上的自由，才可能真正趋近自由的本质。

四、从纯粹理性到纯粹意志

在康德那儿，实践自由的问题在某种意义上被归结为纯粹理性如何可能就其自身已经是实践的问题，与此相应，海德格尔也将康德的第二途径界说为通过纯粹理性之实践法则来证明自由之现实性的道路。所以，康德的《实践理性批判》中关于纯粹实践理性法则的先验演绎也构成了海德格尔对康德的第二途径的存在论解释的一个聚焦点。

按照康德的解释，如果纯粹理性不能够单独地构成意志的规定根据，也即是说如果意志必须借助于理性之外的欲求及其对象来规定自身，那么就不可能有具有普遍约束力的道德法则，因为欲求总是因人而异，甚至对于同一个人来说也可能因地因时因境而异。所以，如果说道德法则是一个理性的事实，那么就证明了纯粹理性能够在独立于任何经验性条件的情况下由其自身来规定意志，并因此在其自身已经是实践的。同时，这也意味着意志能够完全由理性（道德）法则而获得规定，并因此是自律与自由的意志。所以，道德法则只有在与一个自由意志的关联中才有可能，自由是道德法则之可能性条件，作为道德法则之必要前设，自由具有现实性，甚至可以说必然性。

　　但这并不等于说我们具有关于自由的思辨知识，或者说某种神秘的直观，毋宁说自由仅仅为道德法则之可能性所显明。也正因此，所谓的先验演绎，并不是从不可知的自由，或者说通过对自由的思辨去证明道德法则之事实性，而是首先阐明道德法则，从而显明自由作为道德法则的必要预设之现实性。① 这当然不是说先验演绎因此更多的是对自由的演绎，毋宁说，如同康德在某种意义上意识到的那样，它是在道德法则与自由的交互关系中对两者所作的先验阐释。

　　这样一种阐释之所以是可能的，是因为自由与道德法则在康德那儿事实上是"互相蕴含"（KPV 29），互相规定的概念。② 一方面，只有对于自由的，即不完全受制于自然必然性制约的存在者，道德法则及其所规定的义务才是可能的；另一方面，自由乃是合法则的自由，正如我们在上面已经指出，原因性概念（无论应用于自然还是自由）在自身已经包含了合法则性。所以，对于康德来说，只有在（自由的）法则被确立的情况下，我们才可能谈论自由（意志），也才可能将其区分于任意性。

---

　　①　正如康德在《实践理性批判》中明确指出：我们对无条件的实践法则的认知……不能从自由开始，我们也没有对它［自由］的直接意识，因为我们的自由概念首先是否定性的……所以，是我们在建构意志准则之时所意识到的道德法则……直接导向自由的概念。（KPV 29）

　　②　但这是否必然如此呢？我们当然可以设想一种道德法则，比如每个人都必须遵从完全外在（超越）于自身的上帝的命令，这一法则并不违背康德之普遍性条件，因为它并不诉求于任何个体（经验）的特殊性（利益），但是，这显然与康德之自律的自由观不相符合。不过，如果我们在神学的景观中将被造之物对其创造者的服从界说为被造物本质的实现，即其最终的自我实现，那么这一自我实现也可以，并且事实上经常被界说为更高的，并且是完全积极意义上的自由。由此，正如这样一个法则可以被视为高于一切人类之道德法则的（超）道德法则，它也仍然可以与自由（即自我实现）互相含蕴。所以，如果将自由视为一种纯粹积极意义上的自我实现，并对自我实现作出相应的规定，那么康德式的自由的伦理学就可能被隐秘地转化为"自由"的神学或者说形而上学。这或许正是在康德之后自由概念所经历的一种变迁。当然，这并不适用于康德。虽然康德在某种意义上也将自由，或者说将自由的行动者视为自在的目的，但是，上述法则，就其纳入了质料性的考虑而言，显然不符合康德关于道德法则之纯形式性要求。

但是，对于海德格尔来说，首要的问题却并非是去建构理性的法则，而是去追问纯粹（即实践）理性的本质，也即是说去追问在何种意义上纯粹理性由其本质而是实践的。① 按照康德的规定，所谓的实践所指的并非任何意义上的行动，而是自由的，或者说伦理的行动。这种行动之特质乃在于它是出于意志的行动。而意志在康德那儿是按照概念，或者更为清晰地说，按照对（理性）原则之表象行动的能力。就此而言，意志在海德格尔看来已经在其自身中蕴含了理性能力，故理性之所以可能是是实践的，是因为就其本质来说，"理性乃是（行动的）意志，反之亦然"（WF 275）。

但是，意志所表象的原则仍然可能是经验的，而不是不依赖于经验的"先天"原则，在此意义上，意志所蕴含的就不是纯粹理性，并因此也不是纯粹的意志。所以，要达到纯粹的意志（理性），我们也就必须排除意志之表象中的任何经验的要素，或者说与经验相关的原则，如此，便只剩下意志之意欲自身，② 由于意志总是对某一对象之实存的意欲，所以，纯粹意志之对象只能是意志之意欲自身，并因此是自我意欲的意志。

但是，海德格尔随即指出，虽然纯粹意志所意欲者是自己本身，这并不就使其成为利己主义的，非伦理之意欲，因为任何特殊的自我（自我的经验面）已经被排除，故纯粹意志所意欲的并非个我的特殊利益，

---

① 事实上，海德格尔自己也承认：从康德的"自由之客观性只能通过纯粹理性的法则得以证明"到他（海德格尔）的"何为实践的纯粹理性之本质？"意味着问题设置的转换（WF 273）。

② 在康德那儿，排除或抽象掉（经验性）质料的结果是被表述为道德法则第一公式的纯形式的理性法则，或者康德所言的立法形式（legislative form），而不是意志之自我意欲性；或者说如果意志是意欲实存（包括自身）的意志，那么，纯粹意志之所以是善的是因为其已经受到纯形式的法则的制约或规定，而不是因为意志之意欲本身就是善的。

而是其自身的，也即是"意志的本质"（Willenswesen）（WF 278）。就此而言，纯粹意志在其自身已经是伦理的，即善良意志。① 正如康德在《道德形而上学奠基》开端所言，纯粹意志是唯一无条件之善：不是因为其对象或者（行动之）后果是善的，而是因其自其，即其"对自身的意欲"来说就是善的（WF 277）。

显然，对于海德格尔来说，纯粹意志之善并非，如康德所说的那样，是因为由其发生的行动的根据与理性之纯形式法则相符合，即并不仅因为意志对原则之表象，即意志之准则（maxim）与具有普遍约束力的，无差别并且无例外地适用于每一个理性存在者的道德法则之间相符合，而是因为其纯粹性，或者说其纯粹的自我意欲性。由于在纯粹意志之中，意欲者即为所欲者，换一句话说，由于其所意欲者并不外在于自身，纯粹意志就其本质而言，或者说因其纯粹性而言就是自由的意志。与此相应，在纯粹意志中被意欲的自我乃是自由的，并因此已经是伦理的存在者。

在此，值得注意的是，在海德格尔那儿，自我并不因为是伦理的，故而是自由的，或者用康德的话来说，自由只存在于伦理的行动之中，只有在完全为理性的法则所规定时，意志才是自由与纯粹的，也即是理

---

① 什么是意志的本质？为什么意欲自己的本质就是善的，如果意欲自身的本质所言的无非是意欲自身，那么，纯粹意志是否是空洞的意志？海德格尔似乎预见到这一可能的质疑，并因此表明："但是，仅仅意愿意志的本质——是否只是空洞的意志？纯粹意欲自身的意志是怎样的意志？这一意志无条件地规定自身的意欲，只能与自身，即其纯粹本质相和谐，也即是说，它只能是善的。这一完美的善良意志，即康德所言的神圣意志"。显而易见，在海德格尔那儿，纯粹意志即是神圣意志，并且正是这一神圣的意志界说了自由的本质。而纯粹的自我意欲的意志之所以是善的意志，并非如康德所言的那样因其与理性（法则）的绝对相合性，而是因为善无非是（神圣）意志所意欲者。就此而言，海德格尔对康德的自由概念的解释明显地表现了唯意志主义神学的影响。事实上，也正是通过暗中等同康德的善良意志与神圣意志，海德格尔才能够最终将善良意志（自由）与作为世界开端的自由重新相接。

性的意志。相反，对于海德格尔来说，自我之所以是伦理的，是因为其
是自由的，是因为自我就其本质而言无非是自由（纯粹）意志，也即是
说，是自我意欲的意志，故意志（自我）之自由性必须并且能够先于任
何确定的道德法则而被证成。正是在此意义上，在对康德的第二途径的
解释一开始，海德格尔就强调了自由在其自身的可直观性，① 对自由的
直观验证并不依赖于道德法则的建构，毋宁说后者，即道德之"应当"
依赖于前者，即对自由（意志）的直观或者说意识。

　　与此相应，康德绝对命令之第二公式，即通常谓之的人性法则，在
海德格尔看来，是从人存在的本性之"能是"出发对人之"应是"的规
定：② 正因为人是自由，是就其本质而言自我意欲的，也即是说以自身
为目的的存在者，所以，我们才"应当"将我自身中的人性，同时也将
他人中的人性视为自在的目的，而非仅仅手段。在此，道德之"应当"
并不基于理性法则之形式的普遍性，而是基于对自由的意识或者说自我
意识。当然，自由在此已经是从根本上有别于任意性的自由，因为自我

───────────

　　①　海德格尔在此引证了康德在《判断力批判》中所言的"自由是事实"来证明在
康德那儿，自由可以被直观，尽管这一直观并非经验直观。（WF 184—187）这一证明显
然是有问题的，事实上，海德格尔在他自己的《谢林论人类自由的本质》中否定了这一
论证，因为正如海德格尔在那儿指出，对理智直观的肯定区分了古典唯心主义与康德。
当然，这类"暴力"的解释在海德格尔那儿比比皆是，也正因此，我们在讨论这些解释
时不得不首先对其所解释的文本作出尽可能公正，至少不是故意扭曲的陈述。当然，我
们在此关注的并非一般意义上的海德格尔解释之暴力性，而是海德格尔为什么要在这
里如此艰难而勉为其难地证明自由的可直观性，尽管康德对此一再否认？事实上，也正
是通过纳入对自由（以及绝对）的直观，海德格尔才可能，追随唯心主义，将康德基于
自由的伦理学转化为一种不再受到道德法则制约的自由的形而上学，或者说自由的神
学。由此可见，康德对自由的可直观性的否定恰恰表达了他试图限制这一思辨的形而上
学的努力。

　　②　关于海德格尔对康德第二公式的解释，见 WF291-2。参见 Martin Heidegger, *Die
Grundprobleme der Phänomenologie*, Frankfurt am Main: Vittorio Klostermann, 1958, pp.196-
197。

意欲（即纯粹）的意志所意欲者已经是自我之"应是"，或者说本真之
我。就此而言，意志在其自身已经是立法的（而不只是服从理性法则
的），即基于其存在而对自身之"应是"作出规定的意志。并且由于其
纯粹性，意志所立之法具有越出个体（经验特殊性）的普遍约束力。而
纯粹意志之法则之所以以"应当"（命令）的形式出现，是因为与神圣
意志不同——对这一完美的意志而言，其"所是"即是其"应是"——
对有限的，属人的意志而言，必定会存在着"所是"与"应是"不相符
合的可能性，故对其"应是"之意欲就必定会构成对其"所是"之限制。

　　但是，这一限制并非来源于意志之外的存在者，而是意志在其纯粹
性中所意欲者。换句话说，因为对其"应是"之意欲仍然是意志的意欲，
并且这一意欲构成了意志之纯粹性本质，故正是作为自由意志，纯粹意
志乃是自律的，也即是说自我立法的意志，并且其所立之法所关涉的不
只是狭义的伦理行动，而是我们存在之"应是"。就此而言，我们可以
将意志之法则概括为"按照你自己的本质而存在"（WF 293）或者说"实
现你自己的本质"。

　　这当然不是说我们能够通过对意志之观察与分析而获得任何确定的
法则，毋宁说我们只有在行动中，在实际的意欲中才可能遭遇"应当"，
并且这一应当所规定的与其说是我的行动，不如说是我存在之"应是"，
即我的本质。由于我们总已经在特殊的境遇中存在与行动，存在之"应
是"从根本上不可能被归结为某种确定的指令或公式，而只能凭借每一
个体的当下决断（Erschlossenheit）。在这样的决断中，每一个体所意欲
的乃是自身的本质，即自身本真的存在，故本真存在乃是对自身本质或
者说真正存在（proper being）之领悟，以及基于此一领悟的自我责任。
这一领悟并不能被归结为任何关于人或自我的本质的知识，因为并没有
在决断之前被给予的（现成的）自我，所以，我们也就不可能在个别
化的此在的决断之前达成关于人的本质之共识；毋宁说如果有这样的共

识，或相互的理解，那么其根源也只在于"个体实际意欲之神秘性"（WF 294）之中。

显而易见的是，就海德格尔对康德实践自由的解释而言，关键的一步在于理性（首先是实践理性）的意志化，并在此基础上对意志所作的存在论解释。按照海德格尔的解释，理性之所以是实践的，是因为就其实践本质而言，理性无非是意志。与此相应，纯粹理性被解释成为纯粹的意志，也即是说自我意欲的意志，并且其所意欲者乃是自我之本质，或者说真正（本真）的自我。所以，自我意欲的意志就不只是一种特殊形式的自我意识，即康德所言的道德意识，而是构成了自我意识的本质。也即是说，自我意识就其本质来说并非"我思"，而是"我行"，即"我意愿"，故与其说"我思故我在"，不如说"我意欲故我在"——自我唯存在于我之意欲之中（Ich bin in dissem Ich Wille）（WM 172–254）。所谓的自我乃是纯粹意志意欲的对象，从而也是纯粹理性或者说绝对知识的对象。这当然不是说自我乃是在我的意志之意欲中被遭遇之物，因为"纯粹的认知与其说是与对已然存在的对象的认识"，不如说是这样一种认知，"这一认知创生了自己的对象"。在此意义上，自我乃是纯粹意志（从而也是纯粹理性）的构造物，我们也因此可以说"在某种意义上，我们自己创造了自身的行动与事实的存在"。因为尽管

> 我不知道我之如何，但我能够绝对地，在我之"在此"中知道我之存在，因为在所有的思和规定（的行为）中，我总是已经"形成"了作为我思之"我—是"。只有在这一规定的行为中，我才被绝对的给予我自身，在此之前我从未作为规定者而被给予自身。（WF256）

由于意欲与所欲者在纯粹意志中的同一性，在纯粹意志中被给予，

或者说被意欲的自我，或者说我的此在，无非是纯粹的意志本身，故此在（自我）并非恒存于我的行动（变化）之中之不变的实体或者说基底（substratum），而是<u>自我意欲的，并因此是自由的行动</u>。当然，自由在此所指谓的并非只是与感性相区别的理性，而是已经将理性包含于自身的纯粹意志，所以，其所述谓的并非自我的一种特殊的能力以及与之相应的行动，而是作为整体之我的存在，是此在之存在本身，即此在之为自身之故，就此而言，我们可以说"此在即是意志"，当然，这必须被理解为一个存在论命题，其所描述的是此在与存在的关系，也即是此在之存在领悟。与此相应，意志所关及的也就不只是伦理行动或实践，而且还有我们对自然对象的认识："自然物之所以可能显现为可被我们认知的对象，是因为我们的存在领悟具有'让……站在对面'，即让物以约束或者说被规定的方式被给予的能力［自由］"（WM 303）。在海德格尔看来，康德在某种意义上已经意识到这一点，并且早在《纯粹理性批判》的辩证论部分已经表明：

> 虽然人只有通过感觉（官）去认识自身之外的其他自然的存在者，却同时通过**纯粹的统觉**来认识自身，并且是在他**不能被归为感官印象的行动与内在的规定中**如是认识自身。所以，对于他自身来说，人一方面是现象，另一方面，就其不能被归为感性之接受性的行动所属的官能而言，又是纯粹的智性对象。我们将这些官能称之为悟性与理性，并以一种特殊的方式将后者［理性］区别于任何具有经验根据的力量。（KRV A546，B574）

在《纯粹理性批判》中，先验统觉（apperception）被界说为纯粹的自我意识，即"我思"。按照康德的解释，先验统觉（或者说"我思")既非直观，亦非范畴之对象，而是直观与范畴相结合（综合）的可能性条件，因此也是关于自然对象知识之可能性条件。正是在此意义上，康德认为"我思"必然地伴随我的每一表象，是表象之为我的表象的条件。但这对于海德格尔来说并不意味着，如许多康德研究者认为的那样，"我思"要么是康德自己在"谬误推理"（paragerism）部分中所拒绝的传统形而上学的实体性自我的孑遗，要么只是综合原则，即一个纯形式的概念。虽然康德自己也将"我思"称为逻辑主体，并借此拒绝对此主体（思我）进一步的思辨知识，但是，另一方面，海德格尔注意到，在关于第三悖论的解释中，康德事实上界说了"我思"的积极意义。① 诚如上面的引文表明，对于康德来说，先验统觉（我思）同时应当被理解为这样一种纯粹的自我意识，在其中自我被意识为纯粹理性的存在者，并且这一理性，正如康德随后表明，所指的已经是实践的理性，故纯粹统觉即是纯粹的（自由）意志。作为自由意志，纯粹统觉当然不仅是认识自然的，而且也是伦理行动的可能性条件。就此而言，康德在海德格尔看来，事实上已经指示了一种超越于理论与实践理性界分的自由意志，并因而也是一种超越了理论与实践活动的行动，或称原行动（Ursprungliche Handlung）（WF 253）。正是在这一原行动，也即是在康德的"不能被归为感官印象的行动与内在的规定"之中，自我（此在）被"构造"成为自由的，因而也是伦理的存在者。

但是，尽管伦理行动提供了对自由的最为显明的体验，自由却并不能因此被归同为伦理（实践）自由，正如"应当"不能只被视为伦理之

---

① 对"我思"或者说康德的先验统觉的积极意义的阐释，或者说"积极的理解"可以溯至费希特，并且导引了此后整个德国唯心主义对康德的理解，这一解释将先验统觉建构为超越了感性与理性之区分（与综合）的自我意识，并由此勾连了理论与实践理性。海德格尔基本上沿循这一思路。有关分析与批判参见 Karl Ameriks, *Kant and the Fate of Autonomy*, Cambridge: Cambridge University Press, 2000, pp.234–264。

"应当"，而必须——在与纯粹统觉之关联中——被视为存在之"应当"，因为纯粹统觉最终所意味的是"此在之自我给予性"，并因此是自我形成的意志(行动)。事实上，海德格尔指出，正是"这一关于意志的知识，即关于我存在于我的意志之意欲之中的知识，促使康德在此谈到现象之外的自我经由统觉之形成"(WM254)。

作为此在之存在其中被构成的行动，纯粹意志乃是超越于一切人类之实践与理论活动的行动。这一行动之为自由的行动，是因为没有任何先在，或者外在于它的存在（者）能够构成对其的限制。相反，一切存在者都只能是其构造物，即在其意欲中并且通过其意欲被构造的对象，故自由的行动乃是存在之意义在其中被构造的原行动。作为原行动，自由在其自身已经是时间性的，故而是有限的。这当然不是说，原行动乃是发生在时间中的行动，诚如康德指出，凡发生于时间中的行动总是已经受到在先的行动的规定，并因此不是自我源生的，即自由的行动。所以，原行动之时间性只能被理解为一种时间性的构造与自我构造，并通过这一构造将时间与存在相关联，唯其如此，自由才可能被视作是"此在之存在领悟，即此在之在此，同时也是存在与时间互相关属的可能性条件"。这一自由，正如康德在论及先验自由时所言，是排除了一切接受性的绝对的自发性，并因此是排除了一切被动性的理性，或者更为恰切地说绝对的认知。所以，自由意味着绝对的自我源生，自由意志乃是绝对创造的意志，是一切存在皆源生于其中的行动，是"无中生有"(creation ex nihilo) 的神圣意志。对于这一绝对自由的体验，就作为被造物的人而言，同时也是，并且只能是对自身有限性的体验，也正因此，海德格尔指出，"自由并非人所拥有之物，毋宁说人为自由所拥有"(WF 135)。

显然，自由在海德格尔那儿最终被表述为一个存在论的或者说形而上学的概念，因为其所指谓的不只是此在之存在领悟，而是，正如海德格尔明确指出，"此在之存在领悟的可能性条件"（WF 303）。在此，"可能性条件"一词当然表明了海德格尔的形而上学与康德的先验哲学隐秘的联系，因为在康德那儿，形而上学与其说是关于存在之科学，不如说是关于主体认识存在能力的科学。尽管如此，海德格尔之形而上学既非康德的道德也非其自然形而上学，而是先于或者说超越于两者的意志（自由）的形而上学，是海德格尔自己谓之的此在的形而上学。因为自由乃是使存在者之存在显现于此在，也即是说是让存在者存在的意志，故自由先于（高于）存在。对于这一自由（意志）而言，一切存在者，就其存在而言，不过是自由的原行动的构造物。正是在此意义上，对于海德格尔来说，自由（而不是存在）构成了形而上学（存在论）最为核心的概念，或者，更为恰切地说，在海德格尔那儿存在即是绝对自由（神圣意志），而海德格尔所谓的存在论乃是自由（意志）的形而上学。

五、形而上与伦理之间

诚如上文表明，通过对康德之实践自由的解释，海德格尔事实上已经将康德自由的伦理学转化为一种自由的形而上学，自由概念也因此获得了其最终的肯定意义。正如海德格尔在《人类自由的本质》一开始就表明，虽然经常以否定的形式出现，否定性的自由（即"独立于……的自由"）总是已经预设了肯定性的自由。对于海德格尔来说，就其肯定意义而言，自由意味着此在之自我实现，当然并非只是康德所言的人的理性本质的实现：作为自我意欲的，并因此是感性的；同时又是纯粹的，并因此是理性的意志，自由已然超越感性与理性，从而也是自然与自由之间有限的区分。就此而言，自由不只是区别于自然之原因性的另一种原因性，而是理论与实践理性，从而也是自然与自由最终统一性的根据。

正是在此意义上，海德格尔表明，康德讨论自由的两条途径交汇于自由这一形而上学的核心概念。当然，自由在此不复是实践自由，而毋宁说是康德的实践自由所基于的绝对自我源生的意志（行动），是形而上学的自由。就此而言，海德格尔对康德的实践自由，即他所言的康德论自由的第二条途径的解释所归向的恰恰是康德之第一途径所确立的纯粹自由。这当然并不意味着一种简单的回归，正是通过对实践自由的解释，或者说通过对康德的实践理性的意志化，海德格尔将在康德那儿与意志无关的"宇宙论意义上的自由"重新与意志联接。当然，与世界绝对开端的行动相关的自由不可能只是人的有限的意志，而只能是完美的（神圣）意志。由此，在康德那儿只作为理性之设定（postulates）的神圣意志，在海德格尔那儿构成了意志之（神圣）本质，也正是在这一完美的意志之中，康德自由的两种意义被重新连接，或者说同时被超越。当然，这并不否认伦理自由在自身中已经指示了作为其根据的形而上的自由，但如果说奠基者总是高于（先于）被奠基者的话，那么，自由在海德格尔那儿不复为伦理的概念，而毋宁说是超伦理的自由。

所以，并不奇怪的是，与他对亚氏之伦理学解释相似，海德格尔对康德之实践自由的解释同样包含了某种意义上的去伦理化。为这一解释所解构的首先是康德在意志与理性之间建立的关系。但是，与海德格尔所施行的理性之意志化相反，在康德那儿得以贯彻始终的实际上是意志之理性化。对于康德来说，善良意志之所以是绝对善良的，并不是因为意志（之意欲或者说自我意欲）在其自身就是善的，而是因为意志完全以理性法则为其决定性根据。而这之所以是可能的，恰恰是因为意志并不内在地包含自身行动的根据，后者要么源于感性欲望，要么源于理性。在前一种情况下，意志的行动与自然事件一样完全受制于必然的自然律，并因此不是自由的。但是，作为有限的理性存在者，人的意志尽管会受到感性欲望的影响，却并不必然地为其所规定，故在此意义上是自由的，即具有区别于动物之意欲（arbitrium brutum）的自由。但这一意义上的自由，即康德所言的任意性（选择）的自由，只是伦理行动之为可能的必要却非充分的条件。只有当完全服从理性规定时，意志才在伦理的或者说真正的意义上是自由的，也即是说，才是善良的意志。也正因为善良意志是完全为理性规定的意志，康德可以说善良意志与纯粹理性是一回事。

但是，这丝毫也不意味着，如同海德格尔所要表明的那样，理性是（或就其本质来说是）意志，或者相反，意志（或就其自我意欲性而言）是理性，即使两者所述谓的是同一个行动的，并且可能伦理的行动的主体。如果意志与理性不是可以区分的概念，康德的"纯粹理性何以可能是实践的"也就成了毫无意义的问题，因为康德自己也不否认意志与行动之相关性。我们姑且在此不论康德是否对这一问题作出令人满意的回答，但有一点是清楚的，是理性，或者说是理性的法则，而非意志自身，或者其自我意欲性构成了伦理性的源泉与标准，甚至康德偶尔指谓的完美意志，即神圣意志也不外是完全合乎理性的意志，[①] 而不是某种超乎理性的，神秘的，就其自身就是完美的意志或者意志之存在者。

当然，康德所言的理性并非工具理性，而是以自身为目的的，并因此在实践意义上以善良意志，即以对意志之完全规定为其目的的理性，正是在此意义上，康德将具有理性的存在者，更为恰切地说，将这样的存在者身上的理性（道德性）视为自在的目的。与此相应，道德最终被视为理性存在者之自我实现，即对其自身理性本质的实现，而道德的自

---

① 按照康德，属神的意志"仅仅指的是一个道德存在者的理念，其意志对所有人而言都是法则"。[德] 康德：《道德形而上学》，见《康德著作全集》第 6 卷，李秋零译，中国人民大学出版社 2007 年版，第 235 页。

由也因此而具有了积极的意义。但是，如果将此自我实现视为康德伦理学的生存论蕴含，那么，这一生存论意义上的自我实现一开始就受到伦理的制约，简单而言，并非任何意义上的自我实现（自我欲求）都是善的，正如并非任何选择都在真正意义上是自由的。① 相反，只有合符道德（理性）法则的自我实现才是伦理的，才是真正意义上的自我实现，与真正（积极意义上的）自由。

海德格尔对在康德伦理学中占据核心位置的理性及其法则的解构也清楚地体现于他对康德绝对命令第一公式所采取的批判乃至否弃的态度。与许多康德之批评者不同，海德格尔所责难的并非其形式性——与海德格尔自己的"按照你自己的本质存在"相比，康德的第一法则至少构成了对某些行动明显的限制。正如罗尔斯所注意到，普遍性法则在相当程度上排除了道德利己主义，② 因为即使纯粹从形式而言，利己主义之动机（准则）也不可能通过普遍性法则之检测，这是因为，以一种纯形式的方式，普遍立法的法则事实上已经在其自身中蕴含了一个主体际性或者说交互性维度，即这一法则事实上要求我越出自身（无论是我的物质性的欲望，还是精神性追求），纳入对他人——并且是作为与我平等的人（无论我们是否有不同的意欲）——的考虑。也正因此，康德可以说，连同第二公式，这一法则自然地导向一个富有成果的概念，即目的王国的概念。所以，虽然也试图强调纯粹意志，即自我意欲的意志之普遍性，在解构了康德之（实践）理性概念之后，海德格尔在某种意义上同时也解构了这一概念及其法则中内蕴的——即使是以一种过于形式

---

① 康德甚至排除了由任意性来规定道德（真正）自由的可能性，因为"尽管人作为感官存在者，按照经验来看，表现出一种不仅遵循法则，而且也违背法则作出选择的能力，但毕竟不能由此来界定他作为理知存在者的自由。"见《康德著作全集》第 6 卷，李秋零译，中国人民大学出版社 2007 年版，第 234 页。

② 参见罗尔斯关于正当观念形式限制的讨论。[美] 罗尔斯：《正义论》，何怀宏等译，中国社会科学出版社 2005 年版，第 129—134 页。

化方式所蕴含的——主体际性或者说社会性维度，故其不得不诉求于个体意志之神秘性也就不足为奇了。

尽管如此，海德格尔对康德伦理学之解构并不就意味着作为这一解构结果的海德格尔之存在论或者说意志的形而上学就是非伦理的，甚至或许并不意味着对康德伦理学的全盘否弃。就第一点而言，除非我们将康德的理性主义的义务论的伦理学视为伦理学唯一可能的形态，否则即使海德格尔对理性的意志化有违康德对理性以及理性规定的义务在伦理学中的核心意义的强调，也不能证明海德格尔之解构性解释就是非伦理的，如果是这样的话，我们也可以将任何与康德的伦理学不同形态的伦理学，比如休谟的情感主义的伦理学视为非伦理的。

但第二点就比较复杂，因为虽然海德格尔并不宣称，自己对无论是康德或亚氏之思想的解读具有任何学院式的忠实，甚至在某种意义上鄙弃这类"基要主义式"的忠实。但是，另一方面，他却认为，在一种更深的意义上，自己的解释所把握的乃是对象内在的、活的精神，这种把握不仅重新激活了被解释的思想中不幸常常被本人或后继者所掩盖的核心问题，而且赋予这些问题以新的导向，并因此而超越了被解释的思想。就海德格尔对康德的解释而言，海德格尔所寻求的是从构成康德之实践哲学的核心问题出发对康德思想的把握乃至于超越。对于海德格尔来说，如果伦理的行动乃是康德所言的出自自由的行动，那么，人，或者说此在必须被揭示为这样一种存在者，这一存在者必定是自由的，并且其自由［意志］必定已经在其自身（而不是偶然地）已经是伦理的。就此而言，正是伦理行动与自由之关联性这一康德实践哲学之核心问题构成了海德格尔的存在论解释的出发点。

按照康德，伦理行动乃是遵守道德法则规定的义务的行动，而我们对道德法则的遵从，也即是说我们让自己的意志完全由理性的法则规定的可能性已经证明我们是自由的存在者。但是，另一方面，对有限的理性存在者而言，道德法则必然会显示为强制性的命令，要使这一法则的强制性与自由不相冲突，法则就必须被表象为出自我们自身理性的法则。所以，伦理行动，就其严格的意义来说，不仅是遵从法则的行动，而且是在这一遵从中对法则乃是我们自身理性立法结果的意识。正是在此意义上，康德可以说道德意识与自由意识乃是一回事。也正因此，康德将自律规定为道德之最高原则。某种意义上，实践自由在康德那儿即意味着自律，为自身立法。

所以，如果说伦理行动是自由的行动，那么伦理行动之最后落点则是对自身作为自由的立法者的意识。也即是说，伦理行动在康德那儿已经依赖于一种更为原初的行动，即立法的行动或者说自由。这一立法的自由不可能受限于任何在先的（无论是理性还是自然）的法则，否则它就不是自由的立法，而我们因此必须去设定一个更高的立法者（与法则），以至于陷入无穷的回溯。由此可见，这一立法的意志必须被阐释为绝对自由的意志，或者说自我源生的行动。这一意志不仅必须将理性法则包含于自身，并且其自由立法所关涉的不能只是我们的行动，还必须以不同的方式涵盖了自然的存在物。否则，与自由的原因性不同的自然之原因性将构成我们自由的最终限制，而我们也因此不可避免地会陷入康德谓之的自由的悖论。但是，虽然由于将自然的法则视为独立于自由之自在的必然性，理性在自由问题上被迫陷入了自我矛盾，另一方面，也正是在与理性的悖论的遭遇中，康德某种意义上已经意识到自由与自然之和谐共存乃是自由，故而也是伦理行动之可能性条件，并进一步将先验统觉界说为自然与自由统一的根据，因为正是通过先验统觉，即我思，自我，作为感性的，从而也是自然之存在者，同时被意识或者说构造为智性的，从而也是自由的存在者。而先验统觉（我思）也被最终界说为我的存在在其中被构成的自由的意志与行动，即"我意欲"。

就此而言，康德的自由伦理学，在海德格尔看来，已经在自身指向了形而上学的自由，即自由的原行动，从而也是自由（此在）的形而上学。当然这一形而上学并没有在康德那儿获得展开，这在海德格尔看来要归因于康德所承继的传统的形而上学框架，在这一形而上学，即传统存在论中，存在依循当下上手之物而被规定，与此相应，时间被界说为现成在手性，这就从根本上排除了自由行动的可能性。所以，康德也就被迫一面按照其自然主义导向将自由规定为一种与自然的原因性相类的原因性，也即是说，由自然的原因性来界说自由，一面则力图在自由与自然的原因性之间作出界分。由于将现成在手性视为时间本身，康德不得不将自由之原因性置于时间之外，其结果是伦理行动，也即是自由的行动如何可能就成了问题，与此相连，被康德视为其伦理学的核心问题，即纯粹理性如何是实践的，即其如何与时间性的行动相关联，也始终未能得到解决。

事实上，一旦将自由视为一种即使是与自然原因性不同的原因性，康德已经使自由屈从于自然，因为自由已经受到外在于自身的必然性法则之限制，并因此不再是自我限制和自律的自由。相形之下，康德对实践自由（自律）的界说显然更为切近自我限制的自由这一理念。尽管如此，由于康德始终没能真正显明自然与自由之最终的统一性，更未能在形而上学的层面上，即就此在之特殊的存在显明这一自由（自律）之可能性——这在海德格尔看来已经要求一个不仅为人类行动立法，并且也为整个自然立法的意志，即要求一个同时统摄自然与人事的意志，并在存在论层面上阐明此在与这一意志的关系。显然，这样的意志只能是存在（包括此在之存在）在其中被构造的原行动。所以，自由最终必须被表述为原行动，即绝对创造的神圣意志。

在此，就海德格尔对自由与自然之统一性的强调，同样，就理性在海德格尔那儿的意志化来看，海德格尔对康德的解释显然非常接近于德国古典唯心主义的路径。① 海德格尔之时间性与历史性的"存在—原行动"也不无黑格尔之绝对精神的影子。当然，在海德格尔那儿，存在不能被归结为任何意义上的逻辑（包括黑格尔的辩证逻辑），或者说逻各斯，而是与逻各斯相对的——当然对海德格尔来说，是超越逻各斯或者比逻各斯更为源初的——直觉，是构成个别化的此在之本真存在所要求的瞬间的决断，是其在阐释亚氏之明智中达到的（感性的）努斯。所以，并不奇怪的是，与黑格尔之诉求绝对精神与伦理共同体（国家）不同，海德格尔转求于一种绝对的有限性。因为对于海德格尔与康德类同的伦理关怀而言，关键的问题是自由如何可能在是自我限制的，并因此是伦理的自由，任何外在的限制，包括来自于他人——其他此在——的限制，都只能是非伦理的。所以，如果说有一种伦理的共同体的话，那么这一共同体也必须基于个体自律的可能性。② 当然，与康德那儿的情形不同，由于将自由表述为一种存在之意义在其中被构造的原行动，即绝对创生的意志，海德格尔所面临的问题就不仅是自由如何限制自身，而是自由为何限制自身，并因此是具有伦理意义的自由。海德格尔对此的回答是：因为对自由的意识同时是，乃至于已经植根于对我们自身有限性的意识。

---

① Rogozinski 也指出，海德格尔在《人类自由的本质》中对康德的分析依赖于黑格尔所开启的传统，在这一传统中，"康德的自律的意志被解读为意欲（自我）意志的意志（the will that wills itself）"。参见 Jacob Rogozinski, "Hier ist kein warum: Heidegger and Kant's Practical Philosophy", p.55。

② 在他的《逻辑的形而上基础》中，海德格尔指出："唯因为此在以为自身之故的方式存在于其自我性中，才可能有人类共同体"（MFL190）。

第三部分　有限性与自由

在上面两章中，我们分析了海德格尔对亚氏的明智以及康德的（实践）自由概念的解释。这一分析，我们希望，已经足以表明，在海德格尔那儿，存在所指的是存在者的存在在其中被构造的原行动，这一原行动乃是自我意欲，或者用海德格尔的语汇，为自身之故的意志。由于意欲与所欲者之同一性，原行动乃是绝对自由的、以神圣意志为摹本的意志。就此而言，海德格尔的存在论可以被视为自由的形而上学，而海德格尔的自由也因而首先是形而上学的，或者说存在论的而非伦理的自由。

尽管如此，正如海德格尔在解释康德的实践自由时力图表明的那样，这一形而上的自由乃是伦理自由，因此也是道德的必要预设，就此而言，海德格尔的存在论在某种意义上已经是伦理的存在论，或者用海德格尔自己的说法，道德形而上学，其所试图显明的是伦理学的生存论条件。对于海德格尔来说，如果伦理的行动是康德所言的出自自由的行动，那么，人，或者说此在必须被揭示为这样一种存在者，这一存在者必定是自由的，并且其自由[意志]必定已经在其自身已经是伦理的。但是，由于自由在海德格尔那儿最终被表述为不受任何外在限制的原行动，即绝对创生的意志，海德格尔所面临的问题就不仅是康德的"自由如何限制自身"，而是自由为何限制自身，并因此是具有伦理意义的自由。海德格尔对此的回答是，因为自由，对于人而言，不仅是有限的自由，而且是基于有限性的自由，也即是说，只有作为有限的存在者，自由对于人才是可能的。所以，并不奇怪的是，同样通过对康德的解释，一种自由的形而上学被转化，甚至可以说直接地被显示为关于有限性的形而上学。

与此相应，我们在下一章（认知的有限性）将首先通过对海德格尔的《康德书》的解读来澄清有限性在海德格尔那儿的独特含义。事实上，即使在以自由为其主题的文本中，比如在我们上面已经论及的《人类自由的本质》中，自由已经同时被表述为有限的自由，这一自由的有限性同样体现于海德格尔在《存在与时间》中用以描述本真性的"向死而在的自由"（Freiheit zur Tode）。所以，在第七章（生存的有限性）中，我们将返回《存在与时间》，以最终澄清有限性的生存论含义。

必须表明的是，我们在此始终是在与上文中已经得到充分阐明的自由概念的关联中阐释海德格尔的有限性概念的。正如我们将要显明的那样，有限性在海德格尔那儿并不构成自由的对立面，并在此意义上限制了自由，毋宁说，有限性是作为原行动的自由的条件，正如"无"或者"无物存在"是神圣意志之创造（世）的必要条件。由于伦理问题在海德格尔那儿，以一种至少表面与康德类似的方式被表述为：自由如何可能限制自身，并因此是负责的，或者恰当地说自我负责的意志，我们对有限性与自由的关系的分析最终将归结到对此在的生存的责任（罪责）的分析，以最终揭示海德格尔之存在论的伦理蕴含，这将是第八章（责任与自由）的主要任务。通过对生存的罪责的分析，我们将显明，虽然海德格尔的存在论，作为意志的形而上学，与伦理具有某种内在的共生性，也即是说，不仅包含了某种显而易见的伦理意向，而且不得不是一种伦理的存在论，但是，生存的责任却最终呈示为责任的悖论，不仅不能如海德格尔许诺的那样，提供道德责任和道德善恶区分的存在论基础，而且相反地表明了善恶区分，从而也是道德的无根据性。

第六章

认知的有限性

如果说自由并非人所拥有之物，那么有限性在海德格尔那儿同样不是人的属性，而是"比人更为原初者"，显然，与自由一样，海德格尔谓之的有限性同样是存在论意义上的有限性，即是此在之存在领悟的有限性。尽管如此，正如海德格尔在《自由的本质》指出，我们必须"通过并且在知识本质中规定人本性之有限性"（WF235），也即是说，我们必须首先显明人类认知的有限性，而为我们提供深入这一认知的有限性的最为重要的线索的仍然是康德，因为康德的《纯粹理性批判》，尤其是其先验分析论部分的使命，在海德格尔看来，恰在于"对知识就其本质的有限性的描述"（WF235）。与此相应，我们将在本章中通过对海德格尔的《康德书》的解释来澄清这一认知的有限性的意义及其与自由的关系。为了不至于迷失于海德格尔的解释所运用的存在论语言之中而完全丧失辨析能力，我们将首先在与海德格尔的解释的关联中，对康德的《纯粹理性批判》做一纲要性的——但希望并不因此而失于浮面的介绍，一如我们在读解海德格尔其他注释性文本曾经做的那样。依循海德格尔

182

自己的解释顺序，我们将依此显明海德格尔如何一步步将康德的先验想象力（及其所构造的时间图式）解释为作为先验统觉（我思）之可能性条件的原（存在论）综合，并进一步将这一原综合阐释为原直观，即此在构造时间与存在的原行动，并最终将康德的先验分析论解释为一种关于有限性的形而上学。

当然，有限性在此不再只是认知的有限性，而是存在的，即属于此在之存在领悟的有限性，并因此可以被视为自由的根源。但是，也正如我们将要显明的那样，这一有限性只能在与无限性，或者确切地说，与海德格尔的解释所依赖的能够由自身而创造出存在者的神性直观（intuitius orignarius）的对照中才能被理解。事实上，这也是我们在第二部分首先阐释海德格尔的自由概念的理由——如果没有这一阐释，我们将不可能真正理解海德格尔的有限性概念。当然，另一方面，有限性在海德格尔那儿并非是在自由之外构成自由之限制之物，而毋宁说是自由的根源，以至于如果我们没有理解有限性在海德格尔那儿特殊的含义，我们也不可能真正领悟海德格尔的自由及其可能的伦理蕴含。

但是，在转向海德格尔的康德解释之前，我们将首先简单地介绍一下有限性，以及通常与其相对而被规定的无限性概念在历史上的演变，这或许能够使我们大致看到海德格尔之有限性概念的复杂的历史承继性，及其所指示的问题所在。

一、有限与无限——一个偏离（an excursion）

在西文中，有限性可溯至拉丁文的"finire"，其文意为"有限止或界限的"，"为……所约束的"。这一限制可以是时间性限制，有限性相应地描述了一个具有开端与终结的确定的时间过程；也可以是空间上的界限，有限性相应地描述了一个在三维空间中被环绕它的其他空间物所限制的确定的空间（物）；也可以是数量上的限制，有限性相应地描述了一个可以被计数与衡度的存在物等等。显而易见的是，在受到限制的同时，有限的存在物也由这些限制而获得规定，故有限性也意味着一种确定的形式。据此，有限的存在物可以被定义为在时空与／或形式上受到限制与规定的存在物，有限性则被视为有限的存在物的本质属性。由于这种限制常常被视为来自于有限物自身之外的无限者，故对有限性的意识往往与一系列具有否定意味的属性，以及生存体验相连，比如与永恒相对的变化，与不朽相对的消亡，与理性相对的感性，与精神相对的物质。而前者，即永恒、不朽、理性和精神等则述谓了与有限的存在者相对的无限的存在者。与无限的存在者特有的存在与价值意义上的完美性相比，有限的存在者则是有缺陷的，不完美的存在者。

但是，在西方历史上，无限并不从来就具有我们现在已经习以为常的肯定性意义。在古希腊，有限（peras），就其所指谓的确定的形式而言，更多地描述了具有肯定性意义的存在。与有限相对的无限（to apeiron），即没有限制（peras）则与无形式的物质，非存在以及混沌（chaos）相连。我们甚至可以说希腊对无限具有一种深刻的恐惧与厌恶，这明显地表现在影响深远的毕达哥拉斯学派的学说之中：他们将无限与有限视为宇宙的两大基本原则，一切善皆归于有限，一切恶则尽归于无限，故善之战胜恶即意味着有限对无限之克服。在常常被视为西方存在论的开启者巴曼尼德那里，有限更是被用来描述永恒不变的存在所特有的完美性。与此相继，柏拉图也认为存在（善）即是将限制（形式）加于无限制（无形式）之物质的结果。

尽管如此，在古希腊也有例外，最为著名的是作为米利都学派的代表之一的阿那克希曼德（Anaximander of Miletus），他认为无限的存在物是宇宙的本源，是一切存在者的源泉，并将其与所有肯定的属性相联。赫拉克利特则由于将存在归于永恒的变化，而在某种意义上触及了变化之无限性。即使以有限为善的毕达哥拉斯学派也在对数的研究中一再遭遇到为他们所抗拒的数学上的无限（穷）性。芝诺则以其著名的二分法悖论进一步揭示了有限与无限之间的悖论，按照芝诺，任何有限的，也即是具有数目上确定量的存在物同时又是无限可分的，故同一存在物可能既是有限又是无限的，而这是自相矛盾的。当然，芝诺之运用包括这一悖论在内的一系列悖论的目的是为了拒绝将存在理解为数量上可分割的多或者无限变化的存在物的观点，以捍卫巴曼尼德关于存在恒存不变，不可分，与自身绝对同一的学说。

意识到无限的概念对我们描述现实及其变化之不可或缺性，亚里士多德在他的《物理学》中区分了实际的无限（actual infinite）与潜在的无限（potential infinite）。所谓实际的无限即是在某一时间点实存的，或被给予的无限，即无限的存在物。而潜在的无限则是存在于时间变动中的无限，其所描述的是一个没有终止的（时间性）过程，例如芝诺之跑道的无限可分性，计数之无穷性，时间本身的无限流逝等。在亚氏看来，潜在的无限性确实描述了现实的一个根本的特征，但实存的无限性却是我们错误地理解潜在的无限性的结果。比如芝诺的跑道的无限可分性是在时间之延展中的无限性，但由于将想象中发生于未来的无限可分性误为当下实存的无限性，我们也就相应地将潜在的无限混同为实存的无限（物），并因此陷入芝诺式的悖论。显然，通过区分潜在与实存的无限性，在保留无限性概念的同时，亚氏有效地拒斥了实存的无限性及由之而来的无限的存在者的概念，并因此捍卫了希腊的有限性思想。对于希腊心灵来说，存在即是形式，是有限性，无限性至多只是时间中的存在物或者说事件的一个属性，其所描述的只是没有终止的时间过程，而不是超乎时间流变的存在本身。存在之永恒性不能被归结为过程（流变）之无限（穷）性，而是对流变完全的超越。

事实上，真正将无限视为存在的肯定性属性当始于古典时期末的新柏拉图主义者普罗提诺斯（Plotinus），并且很快被继起的基督教思想所继承与发展。在基督教那儿，上帝被视为无限的，并因此是完美的存在者，而人作为上帝之造物，则被界说为有限的存在者。除了与新柏拉图主义思想密切的关系之外，这一对与无限（从而也是有限）的截然不同于希腊的界说更多地源于基督教将自身区分于古典思想的内在需要。首先，按照基督教的教义，上帝乃是万物的创造者，并且是从无中创造了存在，故上帝不仅不能被界说为存在者，包括最高的存在者，而且也不能被界说为存在者之存在，即与无相区别之存在（有）本身。毋宁说上帝是使存在之为存在的原因或者说（神圣）意志，因此，也就需要一个有别于希腊之有限的存在的概念，无限就其内涵的对有限（存在）的否定凸显了上帝对于存在的超越性。其次，在基督教中，上帝的创造并不是一个已然完成的事件，毋宁说是一种历史或者说准历史（quasi-historical）的展开，无限性就其与时间和变化的关联而言，较为恰当地凸显了上帝（创造）之特殊的时间和历史性。

伴随着无限概念的这一变化，有限也相应地被用来描述与上帝相对的，因其被造性而必然地是不完美的存在物。由于在基督教中，上帝被视为人格或者说超人格的存在者，无限与有限不再只被视为宇宙论意义上的非人格性原则，而更多地被赋予生存论含义。相应于被用来述谓具有人格性的上帝之无限，有限性也更多地被用来指称作为上帝造物的人所是的存在者，即我们对自身有限性的意识。这一意识在自身中已经指向了无限的存在者，或者按照笛卡尔，无限者置于有限的存在者之中的无限性观念，因为唯有相对于完美的无限性，我们才是有限的。就此而言，有限与无限不再是彼此对立、互相排除的原则，而是在彼此的关联乃至依赖中的区分。当然，这一依赖首先被宗教地表述为有限的存在

者，即作为被造物的人对作为其创造者的上帝的依赖，因为如果说上帝
有赖于人，那么我们就将其视为有待的，并因而缺乏完美性的存在者。

　　由于无限性被视同为上帝存在之完美性，有限性开始与一系列具有
否定含义的属性，尤其是生存体验相连，比如与上帝之永恒相对的时间
性的生灭变迁，与上帝之不朽相对之有死性，与上帝之全知相对的人类
认知之可错性，与上帝之全能相对的人类意志之脆弱性，与上帝之至善
相对的人类的有罪性。由于基督教内涵的伦理性，对人类有罪性的强调
尤为突出，因为只有将人类视为有罪的存在，上帝才能被最终界说为救
赎的上帝，即将人类从其有罪状态中解救出来的上帝。如此，上帝之创
世行动方得以延续于其救赎的行动之中，这一救赎历史的展开则是上帝
与人共有的历史，它构成了无限与有限之间绵绵不绝的关联。故创世的
上帝并非亚氏漠然的第一推动者，而是与人休戚与共的上帝。就此而
言，正如有限不能独立于无限，无限也不能独存于有限，而有限的存在
者因着这一关系可以被视为上帝之（尽管不完美的）形象（image），并
因此从根本上有别于其他一切存在者：除了人之外的万物不过是上帝交
托给人的工具。

　　但是，创世与救赎之关联更为重要的一点或许是，如果说前者显示
了上帝（或者说神圣意志）的全能性（omnipotence）的话，那么后者
则体现了上帝之完美的正义与仁慈。换一句话说，如果说上帝的创世乃
是绝对自由的行动——因为没有任何在先的存在(者)可以构成其限制，
那么上帝之救赎所体现的完美的伦理性则决定性地将这一绝对的自由与
绝对的(非伦理的)任意性相区别。某种意义上，笛卡尔对此深有领悟，
在他的"恶的天才"（evil genius）的假设使世界上一切存在者归于虚幻
之后，他转而以上帝之仁慈否定了这一假设，并在此基础上重新确立了
世界的现实性。但这也表明，如果说上帝不是仁慈的，或者说其仁慈的
正义不再被信仰，那么，无中生有的创世，及其所蕴含的不受任何约束

的自由将构成对存在与善的绝对的威胁。

我们或许能够因此而理解何以尼采认为"上帝死了，一切都是被允许的"，因为善与正义之尺度不可能在由其被造性而必然地不完美的人那儿，所以，一旦上帝死了，或者说我们意识到（认为）上帝死了，也即是说，一旦上帝不再能够提供善恶区分的尺度，那么，不仅善与恶，而且存在与非存在（无）之间都不复有任何界限，剩下的或许只有列维纳斯生动地描述的纯粹的存在——"il y a"，仿佛失眠之夜不绝的可怖的轰鸣声。① 在此，威胁并不来自于与存在相对之无，而恰恰来自存在本身，因为存在与非存在之间将如创世之际那样不再有明确的界分。如果存在，或者更为恰切地说，存在在其中被创造的意志（自由）不伴有善意的话，那么创世就可能是——正如笛卡尔的恶的天才之假设所暗示——一个恶意的闹剧。

事实上，正是这一涵盖一切存在的怀疑，这一从未曾为古希腊怀疑主义所设想到的怀疑，② 仿佛达特摩斯之剑般悬临于近代哲学之入口处。虽然笛卡尔仍然选择相信无限者的善意。但在他所开启的时代中，人们或许必须在无限性与有限性之间作出抉择：要么如经验主义那样坚守有限的经验和习俗，坚守我们作为有限的存在者所可能具有的不完美的知识、正义和善意，即坚持我们的有限性，但如此有限性也不复是有限性，而只是纯粹的，其根源不再能被理解的事实性；要么如理性主义者那样选择无限的完美性，但无限性不是如尼采富有洞见地看到的那样，兑变为失去生命力的理念，乃至于空洞的概念，就是以其通过黑格尔式

---

① E. Levinas, *Existence and Existents*, translated by Alphonso Lingis, The Hague: Nijhoff, 1978, p.20.

② 虽然在古希腊与罗马的怀疑主义学说中，我们可以看到笛卡尔的从感性的可错性到梦幻论证的所有怀疑主义论证，但却未见到恶的天才的论证，这在我看来，不仅因为怀疑在笛卡尔那儿只有方法论意义——我们通常将其方法论怀疑，而是因为这一论证不可能在主张存在之永恒性的希腊出现。

辩证重新获得的丰富性与生命力最终吞噬有限性——当绝对精神抵达创世的辉煌之后，剩下的仿佛只有无的深渊。

与克尔凯郭尔，或者还有康德一样，海德格尔选择了在自身的此在中愈合无限与有限的鸿沟。但是，与克尔恺郭儿不同，海德格尔拒绝了向不可知的上帝的盲目一跃，也即是拒绝向无限的完美性屈服，因为如此绝望的信仰只能在其身后留下一个荒凉的，伦理为宗教所取代的世界，而是更多地追随尼采去肯定有限性。不过，至少在海德格尔著名的转向之前，为其所推崇的并非尼采式超善恶的"强力意志"，而更多的是康德的伦理意志，即自我限制的自由。同样，与尼采相似，海德格尔也选择了向希腊的回归，不过，与尼采以及转向之后的海德格尔不同，并非前苏格拉底哲学，而是柏拉图以及亚里士多德才代表了希腊的伟大以及只有如此的伟大才有的缺陷。

所以，并不奇怪的是，在有限与无限的问题上，海德格尔一方面试图回到古希腊的有限性传统，重新建构起有限与存在之间无需中介的联系，乃至于将有限性表述为一种自在自为和完全自足的原则。有限于是不再是无限的一个函项，毋宁说无限是有限的沉沦（Verfall）。但是，另一方面，与延续到近代的基督教传统相连，有限性在海德格尔那儿始终与一系列否定性的生存体验相连，不仅如此，海德格尔在死亡与时间的勾连中进一步将有限性的思想推至极点。但问题是：什么力量可能中介被如此绝对化的有限性以及很可能同时被绝对化的无限性，就我们所关切伦理问题而言，有限与无限之间的鸿沟能否，以及在何种意义上可能容纳伦理实践之展开？

带着这一问题，我们将耐心跟随海德格尔从康德所揭示的认知之有限性，深入到存在（此在）本身的有限性，以便能够最终理解海德格尔的有限性及其与自由的关系。

二、从认知到存在

在《康德书》中海德格尔开篇明义：

> 下面研究的任务是将康德的《纯粹理性批判》阐释成为形
> 而上学之奠基（Grundlegung），这样我们就可以将形而上学的
> 问题表述为基础存在论的问题。(K1)

而基础存在论，海德格尔接着解释道，"指的是关于人的有限性本质的存在论分析，这一分析应当为'属于人的本性'的形而上学准备基础"。所以，"如果一般形而上学是可能的，那么就必须有基础存在论，或者说关于此在的形而上学"（K1）。也即是说，只有通过对人的有限性本质的存在论分析，我们才能显明形而上学之可能性。

从海德格尔上述声明中，我们可以看到：其一：人的有限性本质在此构成了海德格尔对康德《纯粹理性批判》解释的核心主题。其次：海德格尔在此对康德的解释已经受到他自己关于此在之存在论分析的导引。这当然不是说，海德格尔的解释就必然有违康德的《纯粹理性批判》的意旨，如果海德格尔能够证明为形而上学奠基确实构成了康德写作《纯粹理性批判》的内在动机的话。所以，我们也就有必要先看一下什么是海德格尔谓之的形而上学。沿循康德的思路，海德格尔将形而上学分为一般形而上学（metaphysica genralis）与特殊的形而上学（metaphysica specialis）。一般形而上学的研究主题是存在本身，特殊的形而上学则主要是对最高的存在者的探究，其传统主题主要有灵魂、世

界及作为两者源泉与统一性根据的上帝。在《康德书》中，海德格尔从西方存在论的发展简单地解释了两者之历史渊源。前者之来源主要是希腊的存在论。在希腊，存在论，即关于存在者之存在的学说一直被视为第一哲学。由于在综合了希腊与希伯来文化的基督教传统中，上帝被视为最高的存在者，并且同时被定义为一切存在者之源泉，关于最高存在者之存在与本性的问题也相应地成了存在论最为核心的问题，以至于在某种意义上，存在论，即关于存在的哲学研究完全为关于最高存在者的学说，即严格意义上的形而上学（或者说神学）所统摄。直到康德所处的时代，形而上学也只有在作为关于最高存在者的学说的情况下，才可以被适切的视为关于存在的学说。也即是说，一般形而上学至多是为特殊形而上学之研究所作的准备。

但是，在康德那儿，对纯粹理性的批判却被视为最终的法庭，这一法庭将"依据理性自身所有的永恒不变的法则"，来裁定"形而上学之可能与否，并规定其源流，范围以及界限"（KRV A xii）显然，如果康德关于纯粹理性的批判能够被显示为一种一般的形而上学，或者说存在论，那么我们当然可以说，存在论（即一般形而上学）在康德那儿重新获得了其在希腊哲学中的重要性，因为即使最高存在者，就其存在而言，也被归入一般存在论的研究领域。当然，这不是说，康德只是简单地回归了古希腊的存在论传统。事实上，至少在海德格尔看来，虽然存在的问题首先酝酿于古希腊哲学，但这并不等于说，这一问题已经在古希腊哲学中获得恰切地表述，相反，在海德格尔看来，在古希腊传统中，存在从一开始就被归同为存在者，也正因此，在继后的历史中，存在才可能被等同为最高的存在者。所以，并非亚氏之存在论，而是康德的理性批判，应当被视为形而上学，即关于存在的学说的奠基之作。其次，这也并不表明康德因此就完全摒弃了特殊的形而上学，对于康德来说，关于最高存在者的问题，诸如世界（自由）、灵魂和上帝等仍然构成了形而上学的核心问题。但是，另一方面，如果形而上学作为一门科学，即如果一种理性的形而上学是可能的，那么在康德看来，我们就首先必须澄清我们的理性的能力与限度，故对理性的批判是为形而上学建构所作的必要准备，并因此可以被视为形而上学之奠基。

显而易见，奠基在这儿并不意味着为已有的形而上学理论系统确立或构建基础，毋宁说是去澄清"形而上学的内在的可能性"，也即是去显明，何种意义上，我们的理性可能导向一种形而上学及其限度。在这一必要的澄清之前，我们甚至不知道是否可能有一种作为系统知识的形而上学。正是在此意义上，为形而上学的奠基，也即是对理性的批判，所关及的恰恰是"形而上学之源初的本原"（die Ursprünglichkeit des Ursprungs der Metaphysik）（K2）。

但是，如果形而上追问，如同康德所言，乃源于人本性中的"自然性向"（KRV B21），那么为形而上学的奠基，也即是对纯粹理性的批判所关涉的将不只是狭义的理性，即在康德那儿与感性及意志相区分的理性，而必定是作为整体的人的存在，并且是就人的存在的本质而言，即就人与存在之关联性而言，因为正是与存在之关联性，即人所具有的存在领悟（Seinverständnis）规定了人的本质，即人的此在，并决定性地将人区分于一切非此在之在者。所以，在海德格尔看来，对纯粹理性的批判，如果可以被视作为形而上学的奠基，那么在其自身已经是，或者说至少应当是关于此在的形而上学。

毋庸置疑的是，在《纯粹理性批判》中康德确实表达了明确的形而上意向。在《纯粹理性批判》A 版的前言中，康德并非偶然地谈及形而上学所陷入的危机状况。虽然形而上学植根于人类的自然本性，虽然诸如上帝、灵魂不朽以及自由之类问题是理性所不可避免者，形而上学也因此自古以来一直被誉为科学之首，但是，在康德所处的时代，其科学性却受到了主要来自于经验主义哲学的质疑与挑战。而唯理主义对传统独断论的思辨形而上学的维护，不仅没有能够回应这一挑战，反而加深了形而上学的危机，并因此导向了对形而上学问题的普遍冷漠。这一形而上学的困境，在康德看来，所影响到的将不仅是形而上学本身，而且还有方兴未艾的自然科学的发展，休谟式的怀疑主义即为其典例。所以，通过对纯粹理性的批判性考察，康德不仅希望显明形而上学——不仅作为一种自然倾向（natural disposition），而且作为一门科学——是可能的，而且也试图同时显明具有普遍有效性的科学知识之可能性条件。

据此，在《纯粹理性批判》第一部分的前半部分，即先验分析论部分，主导性的问题是数学与自然科学之可能性的问题，这一部分也构成了康德对休谟式经验论的怀疑主义，尤其是休谟对因果性概念的毁灭性攻击的回应。与传统的认识论不同，康德不再在对象（客体），而是在认识主体之中确立普遍有效的知识的可能性条件，这些条件乃是一系列使关于对象的知识可能的知性范畴。由于知识最为典范的表达形式乃是判断（命题），康德从判断的逻辑形式推导出十二个范畴，并按其逻辑功能划分为量、质、关系和模态四组范畴。因果范畴即是其中之一。所以，虽然我们确实如休谟所言的那样，无法在对象之间观察到一种必然的因果联系，却不能因此而认为关于对象的因果性知识只是或然性的，可怀疑的知识，因为因果范畴原本只是我们心灵具有的认知能力的体现。

经验主义者的问题就在于他们看不到理性具有的自发（spontaneous）的构造能力，我们的心灵并非只是一块白板，被动地等待外物烙印其上。但是，另一方面，与唯理主义不同，对于康德来说，在没有直观所予物的情况下，我们心灵具有的范畴也不能单独地构成关于对象的知识，并且直观对有限的人来说只能是感性直观，故知识只能是感性与知性范畴结合的结果，而普遍有效的知识之可能性则在于这种结合之先天性。这一先天的结合或综合所关涉的不是感性的质料，而是其先天的时空形式；不是经验性概念，而是纯粹知性范畴。自然知识之可能性问题因此等同为先天综合命题的可能性问题。构成了先验分析论部分核心的先验演绎即旨在证明知性范畴是我们经验直观所予的对象的必要条件，也即是说，证明范畴与感性的先天形式之间的契合性或者说可综合性。为此，康德首先着手确立先天综合（行为）的统一性根据。对于康德来说，一切关于对象之表象都必然地为"我思"所伴随，否则"表象就不可能，或者至少对我来说等于无"（KRV B131），由此，"我思"或者说自我意识乃是我们关于对象的知识之可能性条件。

康德将此"我思"称为先验统觉（transcendental apperception），以区别于经验统觉或者说经验的自我意识。经验的自我意识总已经是对某个特殊的自我的意识，这种意识已经预设了将内知觉所予的杂多性统一的能力，也即是已经预设了知性范畴与先验统觉。与此相反，先验统觉，作为一切表象（包括对作为经验自我的表象）的可能性条件，是最为原初的自我意识。这一自我意识没有自身的内容，以将自身与其他主体相区别，并在此意义上具有对于一切特殊（经验）的自我意识的同一性。① 事实上，先验统觉所指的无非是主体对基于自身之综合行为的意识，这一自我意识构成了诸综合行为及其对象在主体中的统一性根据，即康德所言的统觉的先验统一性。② 由于先天综合总是依循范畴之综合，

---

　　① 　参见 Jill Vance Buroker, *Kant's Critique of Pure Reason*, Cambridge University Press, 2006, p.119-120。

　　② 　先验统觉在康德那儿是一个非常具有歧义性的概念，并因此导向完全不同的解释，关于先验统觉是否仍然是一种综合至少存在着两种几乎是针锋相对的解释，一种观点认为作为先天综合根据的先验统觉仍然是一种尽管是更高意义上的综合，所以康德事实上只能达到一种弱意义上的先验演绎，或者用康德的术语来说，正当性证明（justification）。另一主要在德国唯心主义那儿占主导地位的观点则认为先验统觉本身不复是一种综合，而是作为一切综合之源的"我思"或自我意识，由此也就有了强意义上的先验演绎，而先验统觉也就能够如其在海德格尔那儿一样最终被解释为一种超越知性（乃至于理性）与感性区分的直观。就我对康德的《纯粹理性批判》之读解来说，前一种观点更

故先验统觉的内容无非是知性的范畴,① 或者更为恰切地说，为"我思"所思（意识）者乃是范畴与直观的先天形式之间必然的结合。

所以，在确立了综合行为的统一性根据之后，即在完成了先验演绎后，康德就可以转而阐释不同知性范畴的运用，即它们与感性的先天形式结合所得出的先天原则，并证明这些原则是科学知识的必要条件。这构成了"原则之分析论"的主要内容。但是，由于知性范畴与感性所予之间的异质性，康德必须首先显明纯粹概念被运用于直观对象之可能性，这是紧随先验演绎的先验图式论的主要内容。简单而言，先验图式论就是要确立一个既是感性，又是知性的中间项，以便连接概念与直观。在这一章中，康德举了一个并不十分恰当，却很能说明问题的例子，即圆盘之圆的图像对几何学纯粹的圆概念的图示作用，以便表明纯粹概念在直观中的可展示性，从而也是其运用于经验对象之可能性。但是，事实上，即使几何学之"圆形"也不可能被恰切地展示于任何特定的经验图像，比如某个圆盘。换一句话说，能够展示概念的最终不可能是某个特定的经验物，而必须是为想象力所构造的"感性中的普遍"，正是通过这一感性化的普遍，范畴能够被运用于直观对象。

与经验以及数学，尤其是几何学概念不同，我们不可能找到与知性概念，诸如因果性和实体等对应的图像。但是，我们仍然可以通过有别于经验想象之先验想象力构造出这些范畴得以用之于对象的感性（时间）图式，由此，知性范畴的图式最终被展示为一系列先验的时间规定（transcendental time determination）。比如，因果性范畴可以为时间不可

为符合康德的分析论所确立的知性与感性不可互换的原则，但我也承认康德不时越出这一自己设定的界限，比如在对知性和感性同一根源的思辨之中，从而为后一种解释留下了余地。参见 Howard Caygill, *A Kant Dictionary*, Blackwell 2000, pp.81-83 页。

① 按照康德，"知性唯有通过范畴，并且只能是这些个范畴，才可能产生统觉的先天统一性"（KRV B145）。

逆的前后相继所展示，这当然不是说因果性范畴可以被还原为时间之前后相继性，即被视为时间本身的一个特质。康德之先验时间规定（即先验图式）并非是对时间本身的描述，而是对主体通过自身具有的范畴认知对象之时间性的规定。在直观对象完全缺失（未给予的）情况下，就无所谓先验的时间规定，因为除了其为感性的先天形式之外，我们并没有对时间本身的知识。同样，在知性范畴缺失的情况下，也没有先验的时间图式，正如我们并不能在杂多的感性所予中找到因果联系。显然，先验图式论再次表明，范畴只有在通过想象力被感性化的情况下才能运用于经验的对象，故直观所予性是通过范畴获得关于对象的知识之必要条件。

但是，另一方面，范畴之感性化并未使得范畴因此变成感性(经验)概念，而失却其先验性，相反，先验图式论同时也展示了感性经由范畴被普遍化的可能性，故康德一再强调先验时间规定是想象力"依据知性概念"构造的图式（KRVA145/B184）。① 事实上，先验图式之所以能够连结感性与知性，是因为它同时是被个别化（感性化）的普遍（范畴）与普遍化（知性化）的个别（感性）。显然，如果感性之先天形式不能被普遍化，那么，也就无所谓先验的图式。故正如 Allison 所见："先验图式论通过将时间秩序表述为一个具有主体间有效性的事件序列而客观化时间"。② 也即是说，在康德看来，虽然每个人都有自己的时间，与自己体验时间的方式，但是，我们具有同一个客观的、可以衡度的时间之可能性却是我们具有同一个世界，并能够获得关于这个世界（包括我

---

① Gibbons 认为我们可以将这些图式视为概念得以应用于直观的程序（procedure）。参 见 Sarah Gibbons, *Kant's Theory of Imagination*, Oxford: Oxford University Press, 1994, p.74。

② Henry Allison, *Kant's Transcendental Idealism*, New Haven: Yale University Press, 1983, rev. ed. 2004, p.77.

自身）的知识的条件。所以，虽然康德承认知识依赖于直观，而感性直观的对象具有时空之个别与特殊性，但是，通过知性范畴与感性的结合，我们仍然能够获得关于对象的普遍有效的知识。这样康德就完成了捍卫科学知识之普遍有效性的使命，而可以在其辩证论部分转向讨论一种科学的形而上学的可能性的问题。

在这一讨论中，康德虽然一开始就将理性规定为我们超越狭隘的经验的倾向，并试图展示这一"超越"可能的积极（肯定）意义。但是，另一方面，他也明确表明，这一理性范畴之非（超）经验的运用导向的乃是"辩证的幻象"——它给我们一种扩展知识的幻觉，事实上却没有给我们提供任何关于对象的知识，因为正如我们前面一再强调，直观所予性构成了范畴得以应用于对象的，从而也是知识的可能性条件。在此，值得注意的是，康德用来衡量形而上学知识的标准正是他从分析论中得出的意义原则。据此原则，康德在辩证论部分——剖析了传统形而上学的核心概念与命题，比如灵魂（不灭），上帝（存在）等。对于康德来说，这些形而上学概念的意义仅在于它们对我们认识世界所起的引导与规范（regulative）作用，而不具有任何建构性（constitutive）意义，比如上帝概念可以激励我们将存在者把握为一个总体，但我们不可能具有任何关于上帝的理论性知识。当然，康德认为诸如灵魂不灭，上帝存在，自由等作为我们道德实践必要的公设（postulates）仍然是有意义与必需的。

显然，与其分析论中对科学知识的捍卫相比，在辩证论中，康德与其说在肯定的意义上证明了传统形而上学作为科学之可能性，不如说是在否定意义上消解了这种可能性。而分析论则提供了康德对形而上学作出裁定的原则。或许正因此，尽管其显明的形而上学意向，对《纯粹理性批判》的解读所注重的往往是其认识论意义，并在某种意义上将其视为一部关于科学知识可能性条件的元认识论著作。

所以，要将《纯粹理性批判》解读成为形而上学的奠基之作，海德格尔就必须首先拒斥这一在新康德主义那儿就已经盛行的认识论读解。在此，康德对传统形而上学，主要是特殊的形而上学之知识宣称的毁灭性攻击并不会干扰海德格尔特定的解释意向，因为这在海德格尔看来恰恰提供了恢复一般形而上学，即存在论，优先性地位的契机，更何况康德还为道德形而上学之可能性留下了余地。但是，虽然强调此在之实践性，海德格尔在《纯粹理性批判》中所寻找的却既非自然的形而上学，也不是与之相区别的道德形而上学，而是先于两者区分的形而上学，恰切地说，关于存在之为存在的学说。为此，海德格尔就必须将《纯粹理性批判》中包含的认识论动机转化为纯粹的存在论动机。对于海德格尔来说，比判断之真假更为原初的问题是：此在如何可能与非其所是的存在者相关联，从认知的角度而言，是此在如何可能具有关于对象的认知，或者说如何可能把握作为对象的存在者。故《纯粹理性批判》真正的主题，在海德格尔看来，并非关于普遍有效的科学知识之可能性，而是存在者显示自身之可能性，即存在者之存在。康德的先天综合命题说就旨在解决这一原初的存在论问题，而不只限于自然对象的认知问题，因为存在者当然并不仅仅限于科学认识的对象，事实上，正如海德格尔在《存在与时间》中表明，科学研究的对象甚至是存在物更为原初的显现的派生物。

由于存在所言的不外是此在对存在之领悟，故康德对纯粹理性之批判考察所察者，在海德格尔看来，事实上是此在对存在的领悟。所以，如果我们要将康德对理性的批判视为一种原初意义上的认识论的话，那么，其所关涉的不是关于存在者的知识，即存在者状态(ontic)的知识，而是存在论的知识（ontological knowledge）。所谓的存在论知识，按照海德格尔的界说，从被认知的对象的角度而言，所关涉的是对象如何被给予此在的问题；从认知行为（主体）的角度而言，关涉的是此在如何可能将非其所是的存在者把握为对象的问题。与此相应，康德的先天综合命题也必须被视为存在论命题，其所描述的已经是此在领悟存在的行动。这一领悟在其自身已经是对存在者（包括作为存在者之一的此在自身）的超越，并且正是这一超越在存在论意义上规定了此在之自由。故康德之纯粹理性所指的无非是此在由其存在而来的自由或超越性。由于基于纯粹理性的先天综合命题有赖于感性的先天形式，即时间，故存在论知识，即此在对存在的领悟从根本上而言是有限的知识，而纯粹理性（无论就其理论与实践应用而言）也因此只是有限（感性）的理性，与此相应，规定了此在之本质的自由也只能是有限的自由。

　　显而易见的是，对于海德格尔来说，通过显明先天综合（存在论）判断对于感性之依赖性，康德在《纯粹理性批判》中事实上已经明确的表明了理性(即自由)的有限性本质。就此而言，正如舍勒夫在他的《海德格尔、康德与时间》一书中指出："从其完整的意义来看，康德的哥白尼革命构成了对传统柏拉图主义的一种令人惊讶的颠覆"，在康德那儿，"知性范畴不复是柏拉图的时间之外的理念，而是时间中的经验综合的规则"。[①] 不仅如此，在海德格尔看来，在限制传统形而上学之同时，康德的理性批判事实上已经指向了一种与柏拉图的形而上学完全不同的形而上学，这一形而上学的主题不再是超感性的存在（者），而是感性的，即时间性的并因此是有限的此在，故可被称为关于此在之有限性本质的形而上学。在此，有限性所指谓的不只是我们关于自然对象的知识之不完善性，或者认知中不可避免的错误，而是在一种肯定的意义上被视为我们关于对象认知之可能性条件，因为在一种更为本原的意义上，有限性事实上构成了存在领悟，因而也是此在之自由或者超越性的可能性条件。也即是说，正因为我们是有限的，也即是说时间性的存在者，我们才可能，并且也必然地将与我们不同的存在者把握为对象性的

---

　　① Charles, M. Sherover, *Heidegger, Kant and Time*, Bloomington: Indiana University Press, 1971, xi.

存在者，才可能具有关于存在者之存在的知识或者说领悟，也才可能是超越或者说自由的存在者。

显然，与康德不同，有限性在海德格尔那儿，不只是关于自然对象认知的构成性要素，而且是此在之超越——关于自然对象的认知只是这一超越的一种方式——的可能性条件。事实上，也正是通过将有限性问题由认识论（自然科学）领域（即康德那儿的认知之有限性）转入存在论领域（即存在之有限性），海德格尔才可能显明有限性并不构成对自由之限制，而相反地是自由的根基。当然，有限性对于海德格尔来说，仍然是个与自由密不可分的问题——如果我们将自由理解为此在之存在的超越性的话，但是，自由却不复是超越了有限性的自由，而是为有限性所规定，甚至可以说源于有限性的自由。

所以，正如我们一开始就指出，有限性在海德格尔那儿与其说是一个认识论的问题，不如说是一个形而上学的问题，甚至可以说是形而上学最为核心的问题。尽管如此，我们仍然将海德格尔在其康德解释的语境中所强调的有限性的称为认知的有限性，当然是在与海德格尔所力图表明的存在论知识相关的意义上而言。这是因为一方面，这一解释主要关涉的仍然是对时空中的对象的认知及其可能性条件，就此而言，正如舍勒夫指出，至少在《康德书》中，海德格尔对康德的批评是其接受并修正康德所强调的认知之有限性的结果，以至于在某种意义上，我们只有将海德格尔视为康德的哪怕是有些异端倾向的门徒，才能够真正理解他对康德的解释。但是，另一方面，我们也试图借此与海德格尔最终寻求阐释的生存的有限性相区别——即使承认对于自然对象的认知之有限性，康德是否允许这一有限性被"无限地"扩展到"生活的每一领域"？①

---

① Charles, M. Sherover, *Heidegger, Kant and Time*, Bloomington: Indiana University Press, 1971, p.5。

换一句话说，即使承认时间是关于自然对象知识的构成性要素，康德是否认可其有越出自然的意义？毕竟在康德那儿，时间与其说与自由相关，不如说与自然相关。所以，我们能否在康德之纯粹理性批判中找到海德格尔所欲的生存的有限性始终是个问题。

三、想象之为原综合

虽然并不宣称字面上（相对于精神上）的忠实，海德格尔的《康德书》在某种意义上并不缺乏对有关文本细致入微的解释。在陈明了其解释的存在论导向之后，海德格尔就力图显明知识就其本质而言的有限性。按照康德在先验感性论开篇处的规定："无论知识以何种方式与对象相关，其所由以直接与对象相关者，即一切思想由以获得其质料者，乃是直观"（KRV A19, B33）。（我们或许可称此为关于知识之"定义一"）据此，海德格尔随即引出结论："认知在原初意义上即是直观（Anschauen）"（K 21），思想（Denken）仅仅并且是并非偶然地"服务于直观"（K 22），故"知识乃是思的直观"（K 23）。因为"唯有当对象被给予我们，也即是说，唯有当我们的心灵受到影响时，直观才能发生"，所以，直观，即使就其先天形式而言，总已经是接受性地依赖于对象之被给予性，并因此——就其本身的接受性及其对对象之依赖性而言——是有限的直观。由此，知识，即使先天的，即海德格尔所言的存在论知识，也必然地是有限的。

但是，任何对康德的《纯粹理性批判》稍有了解的人多少会对海德格尔这一至少显得过于匆忙的结论感到不安，难道康德不是同样明确地指出："我们的知识发自我们心灵两个根本源流"，一为接受性的感性直观能力，一为主动性的知性概念，即思想能力，并且两者缺一不可，因为"若无感性（直观）则对象不能被给予我们，若无知性，则对象不能被思考"。所以，我们不能"在两者中区分优劣"，更不能把概念归结为直观，或者将直观归结为概念，因为这"两种能力并不能互换功能"（KRV A51，B75），所以"唯有两者结合，方有知识发生"。也即是说，对于康德来说，至少关于自然对象的知识既非纯然直观性的，也不是纯然概念性的，而是，并且只能是综合性的知识。

当然，海德格尔并未无视康德上面对知识的界说（我们可称其为关于知识的"定义二"），而是坚持认为："虽然直观与思想处于交互的关系之中"，只有"直观才界说了知识的真正本质"（K 29）即知识就其本质的有限性。但问题是，即使有限性，如海德格尔自己所表明的那样，构成了海德格尔在此对康德解释所预先设定的旨归，并且我们也并不因此对这一海德格尔自己明言的预设怀有偏见，海德格尔如此偏重于"定义一"，乃至于认为"定义二"与"定义一"相矛盾仍然是很难理解的，①因为康德对知识之为两者综合的界说不但没有掩盖，而相反地恰恰凸显了人类知识的有限性。按照这一界说（定义二），由于我们的直观只是被动地接受对象的能力，不仅有赖于触动感官的对象，而且有赖于思想（概念），方可达到关于对象的知识，所以当然是，并且是在上述双重意义上是有限的。而思想尽管具有主动的思考能力，却不能给予自身对象，并因此依赖于感性之所予，故也只能是有限的，而两者之综合当然仍然是有限的，或者说有限性更多地体现于知识之综合的必然性中。就此而言，如果只是为了显明知识之有限性，海德格尔似乎并无需将康德的知识的综合性勉强地解释为知识之直观性，除非后者本身构成了海德

———

① 事实上，出现于感性论中的定义一，就其只涉及知识之感性源起而言，并不是完整的定义。

格尔之康德解释的一个相对独立的主旨，以至于有限性在海德格尔那儿最终只能由知识之直观性被界说。所以，问题仍然是海德格尔如何从康德那儿导出"知识的本质在于直观性"的结论。

比较明显的是，即使我们不引述定义（2），那么，我们能够从定义（1）推论出的也只有（与定义 2 并不冲突的）直观对于知识的必要性，或者说不可或缺性，也即是，正如康德在定义（2）中所言，如果没有直观的话，我们将没有可思者，当然就更没有知识可言了；而不能推出海德格尔的"知识就其本质即是直观"。事实上，如果知识可以被归结为直观——对康德而言，只能是感性直观，那么，也就无所谓康德先验分析论所要证明的普遍的、必真的科学知识了，因为康德自己就明确表明（感性）直观就其自身不能达到普遍必然的知识。

不过，如果我们注意到康德与海德格尔乃是在不同的层面上讨论知识的话，那么，我们或许比较能够同情海德格尔的这一推论了。诚如我们上面已经指出，对于康德来说，问题乃是普遍必然的科·学·知·识·的可能性，也即是我们能否就对象作出必真的判断，而对于海德格尔来说，则是存在论知识的可能性问题，即"非我们所是的存在者如何可能以某种确定的方式被相遇，从而构成我们认知对象的问题"，姑且不论我们能否达到必真的知识。对于后一个问题而言，直观，就其使我们与对象相关联，即就其使对象能够被给予我们而言，当然具有即使是存在论而非认识论意义上的优先性。但是，如果存在论知识被视为存在者层面（ontic）的知识之可能性条件，并因此是高于科学知识的，更为原初的知识的话，那么它就必须同时能提供康德所要证明的普遍必然的知识的可能性（存在论）条件。这当然不是说海德格尔具有康德同样的志向，即试图证明知识之普遍必然性，而是说如果这样的知识从根本上不可能，那么，存在论知识将毫无意义，因为我们将无法排除我们与非我们所是的存在者完全不相遇的可能性。

按照康德，先天综合命题是关于对象普遍必然的知识的可能性条件，因为只有当感性的先天形式与知性概念能够在不依赖于经验（质料性）给予的情况下互相契合，我们才可能认定某些命题是必真的。这在海德格尔看来意味着感性与知性必然先于经验地互属于一个源初的共同体（unity），也即是说，正如康德指出，"直观与概念或许有一个不可知的共同根源"（common root）（KRV A15，B39），否则我们将无法确定两者之间必然地存在着不依赖于经验给予的并非偶然的契合性。由此，我们也只有通过显明这一共同的根源才可能建构起知识之普遍必然性的存在论条件。而如果这一共同的根源恰恰是直观性的，那么，直观就不只具有存在论意义上（ontological）的优先性，而且如其所应当的那样，同时具有存在者状态意义上（ontic）（包括认知）的优先性。这样，海德格尔也就证明了他的"认知即直观"的命题，同时并不有违康德证明先天知识之普遍性的目标，并因此可以将康德的理性批判纳入他的存在论了。

在对海德格尔的基本思路有一个概观之后，我们就可以简单地看一下他的解释的具体展开了。在《康德书》中，海德格尔将他所言的康德的为形而上学之奠基分为五个阶段。就第一阶段（§9—12）言，海德格尔继前面，尤其是（§4—6）对纯粹（存在论）知识之有限性本质的分析之后，进一步阐释了康德的先天知识之两大构成性要素，即感性的先天形式，或者他所言的纯粹直观，（§9—10）以及纯粹知性范畴（思想）（§11—12）。在这一解释中，海德格尔继续强调了直观相对于思想之优先性，以至于我们只有在与直观——当然是直观的先天形式，即时间的关联之中，而不是如康德在形而上学演绎中所做的那样，从判断的逻辑形式中，才能够确立纯粹的知性范畴。如此被确立的知性范畴因此已经是时间性范畴，即先验的时间规定。当然，对于海德格尔来说，先验的时间规定并非范畴运用于感性，或者用康德的话来说，感性归属于范畴的结果，毋宁说，纯粹范畴可以被视为对其更为原初的图式化表达，即先验的时间图式（time schema）之抽象。所以，纯粹知识，也即是说先天综合命题之可能性已经预设了思想与直观在先验时间规定中的更为原初（primordial）统一性，正是基于这一原初的统一性，知性范畴与感性之间才可能"先天地"互为契合，也即是说才可能有康德所寻求的先天综合。

　　先天综合概念因而也自然成为海德格尔所言的第二阶段（§13—15），即"纯粹知识之统一性"的聚焦点。按照康德在 A 版中的阐释：一切经验的可能性条件包含于三大源流，即感官，想象力以及统觉之中，故有三种先天的综合或者说先天综合的三个阶段，即基于感官的对直观之杂多"先天的概观"（Synopsis），基于想象力的对此杂多的综合，以及基于原统觉的对这一综合之统一。① 在康德看来，虽然"一般意义上的综合只是想象力的结果"，但是，这一想象力的综合自身"尚不足以产生知识"，故先天综合只有凭借知性概念方得以达致先天的，也即是说必然的知识（KRV B104）。不过，在海德格尔看来，如果我们就一切综合行为所基于的原初统一性观之，那么，想象力的综合事实上据有中心位置，因为只有通过想象力的综合"先天的概观与纯粹的综合方得以相遇相契"（K64），所以，想象力的综合应当被视为最为原初的综合，或者更为准确地说，纯粹综合之源（Ursprung der reinen Synthesis）。由此，"纯粹综合既非纯粹直观行为，亦非纯思行为。与此相应，我们既不能只限于先天感性论，也不能限于先天逻辑，而应当在康德对先验想象力的阐释中寻找纯粹综合所预设的原初的统一性"（K 66）。但也正因此，海德格尔必须重新阐释先验统觉及其与先验想象之间的关系，因为

---

　　① 值得注意的是，海德格尔对先验演绎的论述完全基于《纯粹理性批判》A 版，虽然康德在 B 版中对 A 版的先验演绎做了彻底的修正。

按照康德，并非先验想象，而是先验统觉才是先天综合的最终落点。与此相应，先验演绎也构成了康德的先验分析论毋庸置疑的核心。

所以，在初步澄清了先天，即存在论综合（ontological synthesis）概念的意义之后，海德格尔在第三阶段（§16—18）主要聚焦于康德A版的先验演绎。诚如我们上面所言，先验演绎一般都被认为是康德的先验分析论的核心，因为其所关涉的正是诸综合行为及其对象的统一性根据，即康德所言的统觉的先验统一性，或者说"我思"。从表面上看，海德格尔也不否认先验演绎的重要性，并指出康德的先验演绎的意义和目的是为了显明先天（存在论）知识本质统一性的原初形成。但是，也正因其与有限的存在论知识的关系，先验演绎的重要意义，在海德格尔看来，只能见于其与先验想象的内在关联之中。也即是说，与通常所见不同，先验统觉所意谓的远非知性概念基于"我思"的统一性，正如"我思"，作为行为，不能被界说为超（非）时间的逻辑主体一样，毋宁说先验统觉已经预设了更为原初的，想象力的综合，事实上，在海德格尔看来，康德在A版所描述的先验演绎的两条途径已经显明了这一点。

第一途径可以被称为自上而下，即自知性到纯直观的途径。在海德格尔看来，依循纯粹概念之综合已经预设了范畴与直观之间更为原初的综合，即康德之先验统觉，或者说我思，故先验统觉可以被视为对这一原初的综合的表象行为，作为行为，先验统觉与其说是"我思"不如说是"我能"，即我的自由行为。但是，作为有限的存在，"我思"或者说"纯思"并不能完全出于其自身的表象能力而将非其所是的存在物把握为对象，而必须有待存在物本身前来被相遇，而这一相遇之可能性则已经基于一种更为原初的综合，就此而言，先验统觉已经在自身中"预设或者说包含了综合"（K80），这一更为原初的综合只能是先验想象力的综合。

就第二途径，即自下而上，自直观到概念的途径来说，按照康德自已的解释，直观或者说感性在自身中并不包含有与知性概念之相合性，故其与概念的连接已经有赖于一种先在的连接或者说综合，也即是已经依赖于先验想象力的综合。就此而言，康德先验演绎的两条途径都将我们引向了想象力的纯粹综合。故只有通过对先验想象力的分析，我们才可能真正深入探明先天综合或者说存在论知识之源泉，即直观与范畴原初的统一性。这当然并不否认先验统觉之重要性，而毋宁说，正是就其在康德纯粹理性批判中的地位和功能而言，也即是就其作为综合行为的统一性根据而言，先验统觉应当被解释为先验想象力，故先验演绎已经是康德对有限的理性之超越性（行为）的描述。就此而言，我们可以将海德格尔的第三阶段对先验统觉的描述与其第四部分（§19—23）对先验图式的解释一同视为海德格尔对作为原综合的先验想象的阐释。

由于先验演绎在海德格尔看来已经描述了有限的存在者之超越性，其核心的问题也相应地被表述为"有限的存在者如何能够与其所不是，亦非其所创造的存在物相关。"对于海德格尔来说，这是因为这些存在物自身能够前来被相遇。当然，这一相遇的可能性并不基于存在物本身，而毋宁说依赖于使存在者显身之存在，也即是说作为有限的存在者的此在之存在领悟。只有在这一有限的存在者能够转向存在物，能够在存在物缺如的情况下预先投射出一个让存在物在其中被把握为对象的自由空间或视域，非其所是的存在物才能够在此视域内被相遇与认知。所以，关于对象的知识已经预设了此在的对象化能力或者说行为，即此在朝向对象的"预先的定向"（vorgängigen Gewendetseins）（K73）。这一先于一切经验性认知的行动，或者说原行动即是康德所言的先验统觉，故先验统觉乃是对知性概念与感性所予之间原初的、先于经验的统一性的意识。就其不受被把握为对象的存在物，或者说经验对象的限制而言，这一对象化的行为是此在自由的行为，而先验统觉则是此在对自身自由的意识。

尽管如此，这一自由行为却已然受到存在之限制，或者说，"存在之抗拒"（K 74），① 就此而言，对象化行为，因而也是对象之对象性，在自身已经带有某种限制，并因而不是任意性的，而毋宁说已经是一种规范性的，即遵循规则的统合。正是在此意义上，康德可以说先天综合命题（知识）是必真的知识，因为先验统觉已经是依循知性（纯粹）概念之综合，就其对感性所予的规整作用而言，知性概念提供了先天综合所依循的一系列规则，并因此使得原综合得以达致一种"规范的统一性"（regelnde Einheit）（K74）。当然，海德格尔随即指出，这并不意味着纯粹概念对于直观具有优先性。相反，至少从存在论的角度而言，依循纯粹概念之综合已经有赖于纯粹直观，因为要使对象被把握为知觉的对象，认知所提供的视域必须具有直观或者说时空意义上的可知觉性（anschauliche Vernehmbarkeit）（K90），也即是说必须是直观性的视域，知性概念之整合只有在这一直观性的领域之中才有可能。这一直观性的视域也即是先验想象力构造的图式，即康德的先验图式。所以，不仅知性概念已经是，并且只能是想象力的构造物，依循知性概念之原综合，即先验统觉也无非是先验想象力的综合。

当然，海德格尔随即依循康德，在经验与先验的想象力，从而也是在经验的图像与先验图式之间作了明确的区分。一般而言，图像可以指谓某个当下现身的实存物。但图像也可以回忆性地指向某个当下不复实存的存在物，甚至可以是对当下尚未存在之物的预期性构想。后两者一般都被视为想象力的功能所在。所以，想象力在康德那儿被视为使普遍的概念感性化（可直观）的能力，这当然不是说，想象力为我们提供了某个具体的意象，其所提供的毋宁说是我们借以将个别的实存之物（比

---

① 在海德格尔前期哲学的语境中，我们只能将诸如"存在之抗拒"或"遮蔽"之类解读为此在之存在领悟本身带有的限制，因为没有离开此在之存在领悟的存在。

如某个房子）归入一个概念（房子），或者说概念得以运用于个别的感性存在物的规则。就此而言，想象力具有超越当下（此时—此地）的能力。尽管如此，经验的想象最终有赖于当下实存之物，比如说，再造性（reproductive）想象已经是对曾经实存之物之意象的重构（回忆），即使在涉及尚未存在的事物，乃至于并不实存的事物的情况下也同样如此，比如希腊神话中的半人半马的怪物（centaur）尽管并不实存于时空之中，却也只是我们在想象中将实存的马的身体与人首构造为一体的结果。

　　与经验的想象不同，先验的想象却是在对实存之物的经验完全缺如的情况下的构造，故其所构造者不可能是有赖于实存之物的图像，而毋宁说是使对实存之物的经验，故而也是基于这一经验的想象（经验意义上的想象）可能的视域。由于存在物总是被经验或者想象为时空中的存在物，所以，为先验想象力所构造的是纯粹的时空图式。这当然不是说，存在着牛顿式的客观的，独立于认知主体的时空，正如康德表明，时空只是我们感性的先天形式，并且时间，作为内知觉的先天形式，乃是我们一切表象（知识）的可能性条件。对于海德格尔来说，这意味着空间，作为感性的先天形式，总是可以被还原为时间，故先验图式最终是时间图式，即康德所言的先验的时间规定。正如不可逆的前后相继性是对因果范畴的时间规定，所谓的实体，就其先验时间规定来说，意谓的只是时间之恒驻性。由此，知性范畴乃是时间性范畴，或者说是时间性谓属，是想象力构造的结果。

　　当然，这一构造在康德那儿已经依循纯粹范畴提供的规则，但是，这并不表明，在海德格尔看来，存在着可以与感性完全分离的，或者更为恰切地说，可以在无赖于感性的情况下被获取的知性范畴，毋宁说知性范畴"总已经基于先验图式"（K 99）。也即是说，先验想象不只是使范畴感性化的能力，而直接是构造范畴的能力，同样，也是感性得以普遍化，并因此能够与知性范畴结合的能力。换一句话说，知性范畴之所以具有与感性形式之间先天（先于经验）的契合性，是因为先验想象力乃是一种将两者互相关联之原综合或者说原构造行为。作为原综合行为，先验想象力并非康德所言的我们灵魂中与感性以及知性相并列的第三官能，而恰是康德所说的感性与知性共同的根源。为先验想象力所构造者乃是对象之对象性，是非此在之存在物得以显现的总视域。由此，先验想象力乃是此在得以把握存在物的可能性条件，即海德格尔所言的此在之超越性的可能性条件。作为此在超越性的可能条件，先验想象当然不只限于理论认识，而是同时包括实践活动。

就其对先验图式的构造而言，先验想象力已经是一种创造性的自由行为，但是，就其为图像性的构造行为而言，也即是说就其所构造的图像总是（即使是在先天的意义上）感性的图像而言，先验想象力又是接受性的，并因此是有限的。故先验想象力不仅是直观与范畴之间原初契合性的源泉，而且也是自由与有限交互作用的场所。在先验想象力中，自由与有限性互属于一个原初的共同体，以至于我们可以说，正因为此在是有限的，故而才可能是自由的存在者；或者正因为此在是自由的，故而才可能是有限的存在者。显然，自由在此已经是有限的自由，但这限制并不来自于自由（即先验想象力）之外的范畴，而毋宁说是自由由其有限性而加于自身的限制，并因此恰恰是康德用来描述伦理自由的自我限制（自律）。也正因此，海德格尔不无激情地写道：

> 通过为一般形而上学奠基，康德第一次获得了对存在论——形而上学知识的"普遍性"的洞见。现在，第一次，他能够开始对"道德哲学"进行批判性的研究。以那些能够保证一种道德形而上学及其基础的本质和原初的存在论分析去取代流行伦理学的含糊的，经验的一般性（Allgemeinheit），从而能够达到一种道德形而上学及其基础。（K168）

四、想象之为直观

正如海德格尔在非常简短的第五阶段（§24—25）开头表明，在前面的四个阶段，我们 [尤其是] 通过对图式论的阐释，已经显明了"存在论综合的内在可能性的根据"（K113）。这一根据即是先验想象力及其构造的时间图式。通过将先验想象力阐释为直观与概念共同的根源，海德格尔，诚如他自己所言，在某种意义上将康德的直观与知性一同"还原成先验的想象力"（K155），或者说归结到两者共同的根源。由此，可以自然推论出的是作为两者源泉的先验想象不可能只是知性，也即是说不可能如其在康德那儿，尤其在《纯粹理性批判》B 版中那样被归结为知性能力；当然，也不可能被相反地归结为感性能力。但后者正是海德格尔所要达到的最后的目标。所以，并非如其所言的那样，我们到此已经无需"追踪更远"（K 113），而恰恰相反：如果说康德不能忍受让作为第三官能的想象力无家可归，那么，海德格尔也不能让想象力成为第三官能，成为自由与有限性共存的场所。只是，海德格尔选择了与康德相反的途径，即将想象力最终"还原"，或者说解释成"直观"。

当然，这一"还原"从一开始就是贯穿海德格尔此书中的康德解释的主导意向，海德格尔对此也毫不讳言，我们"对 [康德] 奠基的诸阶段的解释完全以康德的《纯粹理性批判》的第一版为导向，并始终围绕着人的超越的有限性这一主题"（K 170）。事实上，即使在对所谓的奠基的诸阶段的解释之前，知识，当然是指存在论的知识，在海德格尔那儿，已经被定义为直观的，因而是有限的知识，与此相应，在康德那儿被视为与直观一同构成知识之源的知性范畴在海德格尔谓之的第一阶段也已经被归结为先验图式的抽象，而并不如其在康德处那样源于判断必需的逻辑形式。所以，剩下的任务只是将先验想象力及其图式解释为直观能力，并因此证明先验想象力是感性的，并在此意义上是有限的就可以了。

但问题是，如果先验想象力在自身已经是合规则的，因而是知性的综合——无论这一规则是否包含在先验想象力之中——那么，包含了知性的先验想象力如何可能是纯粹直观（感性）的，同样，包含了知性之主动性——海德格尔并不否认其主动性，乃至创造性——的先验想象力又在何种意义上是绝对有限的？当然，这对海德格尔来说完全不是问题——因为这一问题——海德格尔当然有足够的智慧看到——只能对设定了直观与概念不可互相替换之二元性的康德才会构成不可逾越的阻碍，而这种二元性正是海德格尔在某种意义上要消解之物。所以，海德格尔无疑会断然拒绝我们的还原说，对海德格尔来说，在此并无将想象还原为直观的问题，因为先验想象无非是直观本身，或者说直观就其本质而言即是先验想象力。所以，对想象与直观关系之阐释的要旨毋宁说是去阐明作为原综合行为的先验想象的时间性。而康德对纯粹综合的三种形态的分析在海德格尔看来已经指示了这一原初的时间性。

我们在上面关于海德格尔第二阶段解释时已经简单地提到过这三个综合，在康德那儿，这三个综合分别与心灵的三种官能，即感性，想象与知性相对应。对这三个综合，或者更为恰切地说，先天综合的三个阶段的阐释构成了 A 版先验演绎的主体。按照康德的界说，这三个综合分别被称为"直观中感知的综合"（synthesis of apprehension），"想象力中再生之综合"，以及"概念中认知之综合"。在海德格尔看来，这与其说描述了综合的三种形态或阶段，不如说是原综合之时间性的三个向度：与感知相关的是综合行为（及其所把握的对象）之当下性，与再生性的想象相关的是过去，当然不是纯粹的"不复当下"，故毋宁说是过去与当下的统一（综合），就此而言，想象是一种，以胡塞尔的术语而言，持留（retention）的能力。与概念中的认知相关的则是未来，当然，也不复是单纯的"未曾当下"，而是在对未来预觉（anticipation）中对时间之三维性的整体把握，故康德将其视为综合的最高阶段，或者说综合之完成。就此而言，"关于概念中的纯粹综合的分析，虽然［表面上］与时间无关"，在海德格尔看来，恰恰"揭示了时间最为原初的本质，即时间由未来出发时间化自身"（K189）。所以，被视为原综合的先验想象，就其时间性而言，即是由未来出发，将过去与当下把握为一个时间统一体的行为。这一原综合行为是此在得以把握对象的条件，因为严格来说，并不存在着单个的直观当下现身之物的行为，每一当下同时总已经"正在过去"与"正在到来"，所以，我们唯有同时前看（行）到"正在到来"与后行（观）到"正在过去"才可能直观当下之存在，就此而言，"当下"，正如胡塞尔指出，总已经是"延展的当下"，即是将"正在到来"和"正在过去"包容于自身的当下，而不可能是与其他当下分离的"当下点"。这一将过去，未来与当下包容于自身，从而认知当下之物的可能的行为即是原综合的行为，其所构造的即是对象得以被把握为对象的时间域。

在此，值得注意的是，海德格尔不再将康德的想象中的综合视为最为原初的综合，因为原时间在海德格尔那儿，正如他在《存在与时间》中已经表明，是朝向未来，或者说由未来开始的时间化，故并非通常被认为是过去朝向的再生性想象，而是未来朝向的行动更能够体现了这一原时间性。也正因此，一旦将想象还原或解释为原时间性，或者用海德格尔自己的表述，一旦"先验想象力被转化为更为原初的可能性"，"想象这一名称也变得不再合适"（K140），因为与其说想象构造了原初的时间性，不如说原初的时间性或者说时间化乃是先验想象的可能性条件，并因此是严格意义上的原综合，故原综合乃是直观(时间化)本身。

当然，直观在此不仅不是康德的感性直观，甚至不只是康德的感性分析论中所阐释的（与知性相分离的）感性的先天形式，而是，正如舍勒夫指出，基于想象力之原综合行为的时间，并因此已经在自身中包含了感性（直观）与知性（范畴）之原初统一性。① 或者更为恰切地说，想象力的构造最终被表现为时间之构造或者说自我构造的原行为，即直观之纯行为，或者说纯直观，而不只是一种时间性的（在知性与感性之间的）综合。为这一纯直观所"直观"者已经是想象力的构造物（ens imagniatum），正是在此意义上，海德格尔可以说，"作为纯直观，时间在经验之前提供了 [使经验可能的] 图式"（K103）。而"我思"作为先天综合的最高原则，即是时间的自我构造，所以，自我（我思）并不与时间对立，而总已经是时间性的自我。这当然不是说，自我乃是在时间中的，即康德的经验的自我，而是说自我即是时间（化）本身。故时间规定了主体之主体性，即主体之存在（领悟），而存在，就其为存在领悟之被领悟者而言，也无非是时间本身。

正是由于自我的时间化，由于这一时间化就其本质乃是"绽出之视域"，非自我的对象才可能在自我所构造的时间性视域中被相遇。"我思"因此不仅是对象被认知，被归属于知性范畴，而且是对象被相遇，被感性接受的可能性条件。所以，若无"我思"则不仅没有关于对象的知识，而且没有对象本身，这当然不是说异于自我的存在物乃是我思（之原直观）的创造物，而是说其作为对象性的存在已经依赖于此在之存在领悟，即"我思"。由此，"我思"不仅不受存在者限制，也不受存在之限制，并因此不仅是与感性之被动性相对的主动性，而是与存在之无相对的创造性，是存在之意义在其中被构造的原行动。所以，至少在存在论意义上，这一原行动（直观）是绝对自由的，纯粹创造性的行动。但

---

①   Charles, M. Sherover, *Heidegger, Kant and Time*, p.183.

也正因此，自由最终被显示为基于有限性的自由，而不仅仅是有限的自由，因为就其为时间性的直观而言，原行为不只是有限（受到限制的）的，而是有限性，即时间性本身。这一有限性也是存在物被自由地把握为对象的可能性条件，正如海德格尔指出，对象之所以能够触动我们，乃是因为时间即是自我触动（Selbstaffektion），并由此而"成就了本质上服务于直观的纯粹概念"（K189）。

至此，海德格尔才真正完成了他为自己的解释所预先设定的目标，通过将康德的先天综合（行为而非命题）解释为想象力的原综合，更为恰切地说，使这一原综合可能的纯直观，海德格尔不仅证明了先天（存在论）知识之有限性，而且证明了自由乃是源于有限性的自由。所以，正如海德格尔所宣称，康德的"先验逻辑的观念不再有任何意义"（K243），因为纯粹知性范畴不过是直观的构造物，故真正具有先验，恰切地说，存在论意义之原初性的乃是纯粹感性，或存在论感知（onto-logical aiethesis），而非知性，亦非理性——就后者在康德那儿仍然有赖于知性范畴或先验逻辑而言。①

但问题是，这一并非在认知论意义上的有别于概念之存在论直观又在何种意义上是感性的，进一步而言，这一在自身已经包含了概念之主动性的直观又在何种意义上是有限的？

诚如我们上面指出，康德的感性直观因其被动的接受性，及其对知

---

① 　某种意义上，追随古典唯心主义，海德格尔对康德的读解也倾向于在康德的知性（Verstand）与理性（Vernuft）之间作出截然的区分，但这并不表明海德格尔的存在可以被视作，按照 Pierre Kerzberg，一个"理性的理念"（idea of reason），尤其如果我们在黑格尔的意义上理解这一理念的话，因为最终不仅康德依赖于先验逻辑的理性，而且连同黑格尔依赖于辩证逻辑的理性都是海德格尔批判性解构的对象，就此而言，海德格尔的存在与其说是本源的逻各斯（理性），不如说是超（非）逻各斯（理性）的神秘的意志（欲）之显像（epiphany）。参见 Pierre Kerzberg, "Being as an Idea of Reason: Heidegger's Ontological Reading of Kant" *in Heidegger, German Idealism & Neo-Kantianism*, Tom Rockmore (eds.) Humanity Books, 2000, p.35。

性的依赖是有限的，而知性概念也因其对感性的依赖是有限的，甚至先天综合就其为感性和知性的综合而言（互相限制）仍然是有限的，但海德格尔之纯直观，并不在任何上述的任何意义上是有限的。仅仅将其描述为直观（感性）的，而不是概念（知性）的，并不就表明其是有限的，因为正如海德格尔自己所言，"知性，就其缺乏有限的直观之直接性而言，是更为有限的"，也正因此，神圣的认知，正如康德所见，必须被视为无需思想的直观，因为"思想总是包含了限制"（KRV B71）。同样，仅仅将其描述为时间性的，也不能表明其有限性，因为时间无非是纯直观的构造物，作为构造时间的原行动，"我思"（自我）不再能够被时间所限制。也正因此，基督教的上帝尽管被描述为时间性与历史性的（行动的）上帝，却并不因为其时间性或历史性的开展而变成有限的存在者，因为时间并不在上帝之外，而是上帝创造的时间性，故对于作为时间之构造者的上帝而言，时间即永恒，有限即无限。就此而言，将原综合定义为直观而非知性的并不能就因此就如海德格尔所言的那样达到了真正的有限性，因为感性在此不仅不复受到范畴的制约，而且也不因为其接受性而受到其所接受者的限制，正如海德格尔指出，作为存在物被接受的条件，直观在接受之前，也即是说，在任何存在物现身之前就已经确立了对象的视域，故不可能为存在者触动，而只能是自我触动的。于是，正如我们上面已经指出，正是在存在论意义上，时间（存在）在其中获得构造的原行动，无论其被视为感性，还是理（知）性的，都是绝对自由的行动。

于是，悖论性的是，当在我们追随海德格尔深入到有限性之基底，我们所遭遇的却不复是有限性，而恰恰是无限的，也即是不再被限制的自由。某种意义上，海德格尔自己也意识到这一困难，在将先验想象力解释为存在论知识的可能性条件之后，他写道："如果存在论知识构成了超越 [自由]，而超越构成了有限的本质，是否这一有限性已经被存在论知识的创造性所克服？是否作为有限存在者的人由于这一 [存在论] 的创造性行为而变成无限的存在者？"（K120）

海德格尔对此的答复是，存在论知识并不是在"原直观"（intuitus originarius）的意义上是"创造性的"（K120），也即是说它并不能如原直观那样，由其直观而创造出存在者，故只有存在论意义上的创造性，而不具有存在者状态上（ontic）的创造性，并因此相对原直观而言是有限的。

事实上，早在论及知识之有限性本质时，海德格尔就已经引述了康德在先验感性论中对神圣知识（divine Knowledge），即原直观（intuitius orginarius）的描述（K29），这一描述，按照康德，只是"为了更为形象地说明我们的感性理论，而不能被视为论证的一个部分"，[①] 但在海德格尔那儿却被视为定义知识本质之关键，因为我们只有在与原直观的对照中才可能显明存在论知识（直观）的有限性本质。事实上，正是这一对照规定了海德格尔之存在论知识的核心问题：我们如何可能与并非我们所是，并且非我们创造的存在者相关联。这是否表明在海德格尔那儿，不仅只是存在论知识之有限性，而且其直观性都是依赖于神圣的知识而获得界说的，以至于除非我们引述这一神圣的无限者，我们就不仅不能理解何以存在论（先天的）知识必须是直观性的，而且也不能理解其有限性？换一句话说，并非因为知识之直观（感）性，或者时间性，乃至于接受性，才造就了知识之有限性，而是因为我们是有限的存在者，不可能如上帝一样从无中创生有（存在者），故我们的，即属人的知识只能是有限的。

这或许解释了何以在追踪有限性之基底时，我们恰恰遭遇了有限性

[①] 康德借此来说明人（或者有限的存在者）只有感性直观，而不可能有理智直观。见 KRV B72.

赖以获得规定的无限性。但如果无限的存在者只是我们关于无限性的观念，或者说是康德的理性的构造物或预设，那么就不可能真正构成理性或自由的限制，其结果是，作为具有超越于一切非此在之存在物的存在者，人在存在论意义上就具有无限的自由，而如果存在论知识是存在者状态（ontisch）知识的可能性条件（源泉），那么人就同时，或者至少应当同时具有存在者状态上的绝对自由，即使我们事实上不是非我们所是之存在物的创造者，如此，我们又重新回到了上一章末尾的问题，为何绝对自由要限制自身，而如果这一限制是伦理最为根本的要求，那么，正如海德格尔在他的《形而上学导论》中指出，伦理的应当不仅没有存在论根据，反而可能构成对存在的限制。

反之，如果无限的存在者是异于我们的，并因此不能被我们的理念所真正包容的存在者，是笛卡尔所言的无限者置于我们之中的理念，那么我们当然是有限的，即受到限制的，但却因此而不是自由的，至少不具有伦理意义上的自我限制的自由。或许正因此，对于海德格尔来说，没有比无限性观念更加与其存在论，尤其是其存在论所隐含的伦理意向更为对立的观念了。故在康德书的结尾，海德格尔写道：

> 是否可能在不"预设"无限的条件下，去展示此在之中的有限性，即使只是作为一个问题？（K246）

对于海德格尔而言，这一展示，如果可能，那么正如他在《自由的本质》中所言，必须越出"仅仅是认知意义上的有限性"（WF 238）。

第七章

生存的有限性

我们在上一章中已经显明，通过其存在论导向的解释，海德格尔在某种意义上已经将康德的认知的有限性转换为生存的有限性，所以，为康德所强调的认知的有限性不仅不再构成对形而上思辨之限制，反而可以被视为形而上学必要的奠基。当然，形而上学在海德格尔那儿所关涉的不再是传统的超感性的存在（者），而是感性的、有限的存在者，恰切地说是这一存在者（即此在）之有限性本质。就此而言，海德格尔对康德的先验分析论的存在论解释已经指向了存在，恰切而言，此在之存在领悟的有限性。与认知的有限性不同，生存的有限性所描述的不再只是此在（人）与世界之间即使是广义的认知性关系，而是使这一关联可能的此在的存在论领悟，因此，我们也只能通过显明此在生存论结构内蕴的有限性才可能真正理解有限性在海德格尔那儿的特殊含义。

为此，我们将重新回返到海德格尔的《存在与时间》，如果说通过对海德格尔关于亚氏与康德的实践哲学的解释的分析，我们此前所聚焦的主要的是海德格尔的向死而在的自由之自由面，那么我们下面着重展示的则是这一自由的有限性，因此，海德格尔关于死亡的生存论分析，以及对这一分析所彰显的生存论意义的生存状态上可能的印证，即海德格尔关于良知与罪责的分析将成为我们的聚焦点。

但是，在此以前，我们将首先继续上一章的努力，以最终确定什么是海德格尔谓之的认知的有限性，以及在何种意义上这一认知的有限性在其自身已经指示了生存的有限性。所谓的认知的有限性，正如我们下面试图表明的那样，在海德格尔，乃是原意向完全不被充实的可能性，也即是说，"我思"与所思之物（世界）无关系或关系中断的可能性。由于思我与世界的关联性不仅为康德的先验分析论，甚至也为休谟式的怀疑主义所预设，海德格尔所复活的事实上是笛卡尔以"恶的天才"所表述的激进的怀疑。但是，与笛卡尔之借助上帝的仁慈重建我思与世界的关系不同，海德格尔所能凭借的只有确信的意志，或者更为恰切地说，死亡的确定性，事实上，也正是死亡作为此在之不在此（世）的确定无疑的可能性在生存论层面上解释了"原意向完全不被充实"的可能性，所以，对于海德格尔来说，认知的有限性乃基于此在生存的有限性。但是，另一方面，也正是作为有限的，也即是说必死的在者，此在才是自由的，能够以本真的方式存在的存在者，就此而言，与其说"我思故我在"（Cogito Sum），不如说"我死故我在"（Moribundus Sum）。①当然，"我在"之"在"并非我之当下在手性，而是我的自由，是世界，或者更为恰切地说，存在的意义在其中被构造的原意志。就笛卡尔的自我仍然只是与广延的实体相并置的思维实体而言，海德格尔关于死亡的分析确实解构了笛卡尔式的"思我"，但这并不意味着，如同许多评论家试图显明的那样，一种向他者（无论是神圣他者还是他人）的激进的

---

① 正如海德格尔自己表明"这样一种确定性，即我是我将死中的存在"（I myself am in that I will die）是此在自身最为根本的确定性……必死性首先给予我在（Sum）以意义。Martin Heidegger, *History of the Concept of Time*, pp.316-317。

开放性，而是意味着更为原初的自我回归。

一、笛卡尔的境遇

在上一章中，我们事实上留下了一个悬而未决问题，即海德格尔的纯直观在何种意义上是有限的，而不是相反地意味着无限的自由，[①]以至于并非海德格尔而是康德，就其对知识（包括先天知识）之综合性的坚持而言，恰恰命中了认知之有限性本质？在此，必须指出的是，康德对知性概念在综合中的主导作用的强调并没有消解知识之有限性，不仅因为知性概念之运作依赖于感性所予，而且因为知性概念本身就已经构成了对认知的一种约束，也正因此，知性之主动性不是任意性，而已经是遵循规则的自由，知性概念也因此被界说为认知所必须遵循的规则。但是，在将先天综合还原为纯直观——并且这一纯直观并非康德的有限的感性直观，而是先于一切存在者显现（存在）之视域，即海德格尔所言的存在论知识，海德格尔在某种意义上不仅解除了知性概念的约束，而且也消解了康德之感性的有限性，故海德格尔之纯直观事实上阐释了神性知识，即原直观之存在论意义。

当然，如同"想象"，"直观"一词，就其所带有的对在场者的知觉义而言，也在此变得不再适用，正如海德格尔在解释"原直观"时所强调，"原"意味着"源生"，即"让什么……产生（涌现）"（K141）。所以，"原直观"与其说是当下性的"直观"（认知），不如说是未来导向的行动，

[①]　Martin Weatherston 也在对海德格尔的康德解释的分析中表达了相似的疑问，参阅 Martin Weatherston, *Heidegger's interpretation of Kant: Categories, Imagination and Temporality*, Plagrave Macmillan 2002, pp.175-176。

即我们所言的存在者之存在在其中获得构造的原行动，或者说让……涌现的意志（欲）。这一原行动，正如我们上一章指出，至少在存在论意义上是绝对自由的行动，并且这一自由意志不再是康德的相对于感性接受性的知性之自发性，而是与无相对的创造性，并因此而不复受到存在者（有）的限制。就此而言，通过将知识定义为直观的知识，海德格尔达到的恰恰是康德之知性，甚至理性未能达到的激进的自由。所以，问题是：在何种意义上，这一自由意志是有限的，或者恰切地说是有限性本身？进一步而言，海德格尔之有限性究竟意味着什么？

在《康德书》中，海德格尔借助与原（神性）直观的比照，界说了被视为原行动的先验想象力之有限性。按照海德格尔的界说，想象力只有在存在论（ontological），而不是在存在者状态上（ontic）是绝对自由的，因为尽管想象力能够在存在物现身之前投射一个使存在物之现身（作为对象的存在）可能的视域，但却不能由其自身（意欲）而创生存在者，甚至并不"在自身中与存在者直接地与主题性（thematisch）地相关联"（K120）。也正因此，从认知的角度而言，总是存在着意义意向可能不被充实，甚至被否证的可能性，这从现象学角度解释了认知错误，即我们的意义意向与对象（之现身）不相契合的原因，包括空意指。比如，"北京的金山"当然是有意义的，但却显然不能被充实。但是，海德格尔在此所着眼的并非认知层面的错误，或者说我们认知的不完美性或有限性，而是这一有限性的存在论根源，因为先验想象力与其说是一种意义意向，不如说是意义构造的可能性条件，并因此可以被称为原初的意义意向。由于这一原初的意义意向不能由其自身而完成意义充实，那么，我们就不能排除其完全不被充实之可能性。也即是说，我们不能排除这样一种可能性，尽管有作为原意向的"我思"，却无物存在。这当然不是说，"我思"之外的一切存在物都可能归于灭绝，而是说世界（作为"我思"之外的存在物总体）对于"我思"不复有任何意义，并因此不复存在，即我与世界无关系或关系中断的可能性。就此而言，原意向完全不被充实的可能性所指示的已经是无物存在之可能性。而正是这一"完全不能被充实"之可能性构成了作为原行动的想象力本质的有限性。显然，所谓的有限性在海德格尔那儿所指的即是——从认知的角度而言——"原意向完全不能被充实"的可能性，而不只是我们认知条件（无论是感性还是知性，或者两者之结合）所构成的限制。所以，我们也就不可能通过，比如，完善认知条件来克服这一限制，因为这一认知之有限性所基于的已经是这样一种存在论意义上的无，即无物存在之可能性。

但是，另一方面，也正因为想象力的构造是基于存在之无的构造，我们才可能在一切存在物现身之前，故而是在不受存在物限制的情况下，预先投射出一个自由的空间，由此，想象力才可能是从无中创造有的原行动，即是在存在论意义上（ontologisch）绝对自由的行动。

在此，显而易见的是，自由与有限性在海德格尔那儿是互相蕴含的概念：只有在假设一种至少是存在论意义上绝对的，不受存在物限制的自由，即假设一种从无中创生有（世界）的原行动可能的情况下，我们才可能达到海德格尔所言的有限性（无物存在）。同样，如果我们否认这一意义上的有限性，我们也就否认了无中创生有的自由。正是在此意义上，与自由类同，有限性在海德格尔那儿首先是形而上学（存在论）概念：不仅因为我们不可能从认知的不完美性推导出海德格尔的有限性概念，即意向与对象完全不契合的可能性，而且因为认知总已经预设了对象，在对象完全缺失的情况下，将没有知识可言。显然，认知之可能性已经在自身排除了绝对空意指的可能性，也即是已经排除了海德格尔的有限性概念。

就这一认知或者说知识之可能性构成了康德之先验分析论的起点与必要的预设而言，康德当然没有能够达到——并且也无需海德格尔式激进的自由概念，同样，他也未能达到海德格尔的与这一自由内在相联的有限性，而是，如海德格尔指出的那样，在先验想象力所展示的"存在之无的深渊面前退却了"（K168）。其结果是，康德谓之的有限性仍然是原则上可以被超越的认知条件，首先是感性的有限性。事实上，这一在有限性概念上的差异已经体现于主导了康德的《纯粹理性批判》的先验论部分以及海德格尔对其解释之不同的问题取向。

对于康德来说，问题是：关于自然物的普遍必真的知识如何可能？通过解决这一问题，正如康德自己一再表明，他所要拒斥的是休谟式的怀疑主义。在休谟看来，知识（命题）所描述的只是我们心灵的习惯性联想，并因此仅仅具有或然性，而不具有必然（真）性，但康德却认为有些命题，即先天综合命题是必真的，并且构成了我们关于经验的知识的可能性条件，并且这些命题不是单纯的逻辑（分析）命题。比如：事物之发生必然地遵循因果法则，或者说，没有无先在原因之事件的发生。这即是关于因果法则的先天综合命题。仅仅依据这一命题，我们显然不能肯定任何特定的述谓了因果关系的经验命题之真确性，但它却足以排除任何描述因果关系的经验命题都不具有真确性之可能性，也即是说，它足以排除休谟式的怀疑主义，也正因此，对先天综合命题的演绎或证明构成了康德的先天分析论，乃至于整部《纯粹理性批判》的核心。

在解释康德的先验分析论时，海德格尔对这一问题作了存在论置换，通过这一置换，《纯粹理性批判》的核心问题在海德格尔那儿就演变成了：我们如何可能与非我们所是，也非我们创造的存在物相关联？（K39）从表面看来，这一问题似乎只是康德偏重认知的问题的存在论表述或者说存在论拓展，但仔细推敲，我们就会发现两者之间巨大的差异。对于康德，甚至对于休谟来说，问题并不是我们与自然物之间的关联是否可能，而是这一关联能否具有科学知识要求的普遍性与必真性。换一句话说，康德，甚至休谟，并不怀疑我们与自然物的关联性，毋宁说这一关联，或者说自然物的给予性构成了我们无论是肯定还是质疑必真的知识，并因此也构成了康德的先天综合命题之必要的预设。

以因果性的先天命题为例，正如海德格尔所见，康德阐释因果性原则的第二类比已经预设了其第一类比确立的实体恒在的原则，这一原则，正如我们前面的分析所表明，肯定了一切变化所必须预设的不变者，即恒存的实体，因为如果我们否认这一实体，正如康德言明，那么我们就必须假设无中生有的可能性，也即是假设一切存在物不存在，或者说被从无中创造出来的可能性，而这是不可能的，因为"无决不能生有，有决不能成无"（Gigni de nihil, in nihilum nil posse reverti）。所以，也正如海德格尔所见，康德在这一点上完全继承了古希腊以来的存在论传统，对于这一传统而言，存在与世界是永恒的，并且无论人对于其他存在物具有怎样的优越性，也不过是世界中的存在者，并因此与其他存在物，最终与世界相关联。换一句话说，无论我们能否在认识论层面上获得关于存在物的必真的知识，我们在存在论层面上与存在物的关联却毋庸置疑，因为存在物总是以某种方式临在或者说被给予。也正因此，时间在与存在（恒存）的关联中被界说为当下在场性，无论这一当下被描述为具有机械论色彩的当下点，还是胡塞尔的向未来与过去延伸的扩展的当下性。

但是，通过对康德问题的存在论置换，海德格尔所质疑的正是这一在康德，甚至休谟那儿毋庸置疑的人与世界的关联性。某种意义上，这一质疑恰恰复活了笛卡尔的界说了近代哲学开端的怀疑。也即是说，与康德不同，海德格尔所回应的并非休谟的怀疑，而是笛卡尔的怀疑。与古典怀疑主义相继，休谟的怀疑主义所基于的仍然是感性条件的有限性，即感性知识之可错性，并因此只是认识论意义上的怀疑主义，其所关涉也只是必真的知识之可能性，而不是我们通过感性与世界的联系。也正因此，康德可以通过显明知性主动的构造能力来拒斥休谟式的怀疑主义。与休谟不同，笛卡尔的怀疑虽然也始于对感性知识可错性的强调，但却以其梦幻论证，尤其是"恶的天才"的假设而完全突破了休谟式怀疑主义所运作的认识论领域。

对于笛卡尔来说，即使我们能够克服感性的有限性，能够通过理性来纠正感性的可错性，我们所获得的知识仍然可能只是我们梦中的幻觉。进一步而言，即使我们能够，比如通过观念之清晰明白与否，来区分梦幻与清醒的世界，那么我们仍然不能否认这样一种可能性，即我们认为必真的知识，我们视为清晰明白的观念不过是我们受到恶的天才愚弄欺骗的结果。由此，我们所谓的知识，乃至于逻辑的真理都只不过是幻觉而已。

当然，毋庸置疑的是我仍然在思（怀疑），但是，"我思"却不复能够达到其对象——恶的天才的假设已经从根本上切断了思我与世界的关系，所以。尽管有"我思"，作为"我思"对象的世界却不复存在，"我思"遂成为海德格尔所暗示的"可能完全不被充实的空意向"。对于这一"我思"而言，不复有认识论意义上之真假之分，因为所有的意向都同等地可能不被充实，故仅仅针对知识的怀疑也就失去了意义。由此，我们的怀疑也不再能被限制于认知领域，因为问题不再是我们能否获得关于世界的正确的知识，而是我们能否与世界相联系，甚至我们是否能够与自身相联系：因为我们甚至不可能如笛卡尔所做的那样由"我思"推导出"我在"，不仅因为我不再是在世界中的存在者，而是因为事实上并非"我思"，而是"他（恶的天才）思"，是"他在"。"我思"（即"他思"）因而不仅不能如康德的先验统觉那样使一切表象成为我之表象，而相反地指示了作为先验统觉的"我思"之不可能性。

显而易见的是，恶的天才的假设所质疑的不再只是我的认知，而是"质疑之我"的存在。事实上，正是通过这一极端的假设，笛卡尔事实上已经将对知识的怀疑(认识论的怀疑主义) 直接转化为对存在的怀疑，这一怀疑不可能在认识论范域内被克服，不可能诉求于无论是笛卡尔自己的观念的清晰明白性，还是康德的先天综合命题，因为后者已经假设了作为思的对象之存在，而恶的天才所挑战的正是思与世界的联系，并因此挑战了作为知识基础之"我思"。

所以，为了证明知识之可能性，笛卡尔就必须首先——也只有通过——消除恶的天才的假设，才可能如其所希望的那样建构起不可怀疑的知识的基础，这即是常常被低估的第三沉思的任务。在这一沉思中，笛卡尔借助于上帝之完美性重新建立了作为知识可能性的存在论基础，即我与世界之间的联系。按照笛卡尔，由于上帝是全能并且仁慈的，不可能有欺骗与恶意，或者容忍恶的天才欺骗我们，所以，恶的天才的假设就失去了其有效性。[①]

在此，值得注意的是，只有凭借"他（上帝）在"，[②] 笛卡尔才可能建构起被他视为不可怀疑的真理之基石的"我思故我在"。[③] 并且笛卡尔诉求的不只是上帝之全能，而且是全能的上帝之仁慈，即上帝的伦理性。因为只有当上帝是仁慈的，是意欲存在而不是无的意志，即是伦理

[①]　参见笛卡尔：《第一哲学沉思录》，庞景仁译，商务印书馆1985年版，第36—54、56页。

[②]　在第三沉思中，笛卡尔明确表示，"首先有的是上帝的概念，而不是我的概念"。笛卡尔：《第一哲学沉思录》，庞景仁译，商务印书馆1985年版，第46页。

[③]　在此，正如列维纳斯所见："在'第三沉思'的结尾，我们发现笛卡尔的我思乃是为神圣存在的确定性支持的我思，正是通过与神圣存在的关系，我思的有限性，或者说'我疑'才得以设定，才变得可以理解"。E. Levinas, *Totality and Infinity,* translated by Alphonso Lingis, Pittsburge: Daquesne University Press, 1969, p.210. 也即是说，对神圣存在者的信仰（确信）不仅消解了恶的天才的威胁，而且事实上是笛卡尔之怀疑，尤其是表述于恶的天才的激进的怀疑的可能性条件。但是，也正因此，其所确信者并非列为纳斯所强调的（否弃自我的）他者性，而恰恰是对"我思"的神圣保障，并在此意义上可以被视为列为纳斯所言的"自我（主体性）的条件"，所以，并不奇怪，沿着笛卡尔的这一途径，向他者性的开放在列维纳斯那儿也最终被表现为向更为原初的自我的开放。参见孙小玲：《从绝对自我到绝对他者》，上海人民出版社2009年版，第260—265页。

而不是恶的意志，① 我们才可能是在世界中的，并且与世界处于真切的关联之中的在者，我们也才可能获得关于世界的真实的知识，即使我们对世界的认知仍然受到我们自身（比如说感性条件的）限制。所以，在笛卡尔那儿，构成不可怀疑的知识标准的最终并非认识论意义上的观念之清晰明白性，而是对上帝仁慈的完美性的确信（certainty），或者说确信上帝仁慈的意志。就此而言，与基于存在和世界之永恒性的古希腊理性主义不同，笛卡尔的理性主义就其根底而言是意志主义的，故而"我思"，正如海德格尔所见，最终意味的是"我意欲"，而笛卡尔的"我思故我在"也并不是由"我思"去推导出"我在"，而是以我之意欲去重新构建我与世界的关系，即我在世界中的存在。当然，在笛卡尔那儿，构成其理性主义根基的"我意欲"最终是对上帝仁慈的确信。

但是，这一确信却不再能够为理性所证明，并因此是非理性或者超理性的意志，因为就理性而言，我们不能排除上帝不是善的可能性，即恶的天才的可能性；也不能排除上帝不存在，或者不复存在，即尼采宣告的"上帝已然死亡"之可能性。所以，如果我们严肃地对待尼采的宣告——至少海德格尔如此，那么，我们也就不可能回到笛卡尔所构建的理性的大厦，因为其所基于的对上帝仁慈的确信已然动摇。由此，为了显明知识之可能性条件，我们就必须重新面对笛卡尔的"恶的天才"的可能性。无论如何，在上帝死亡（隐身）之后，我们所能依赖的仅仅是确信的意志，这一意志不再受到上帝仁慈的保障，而必须在海德格尔式的畏的情绪中面对无的威胁，因为或许不是上帝仁慈地意欲之有（存在），而是作为上帝意欲（创造）之可能性条件的"无"更为本原。

---

① 恶的天才之所以是恶的，当然并非因为其无能，而是因为其所意欲者并非存在，而是无。故而，恶的天才乃是不受任何制约的无化一切的力量，并因此不仅消解了认知之可能性，而且摧毁了存在的基础。

所以，并不奇怪的是，在海德格尔那儿，形而上学并非是关于存在（有），而是关于无，恰切地说关于无中创造有的意志的"哲学"。当然，作为形而上学主题的意志不再是神圣意志，而是人的有限的意志，尽管如此，作为神圣意志的不完美的摹本，这一有限的意志仍然——至少在存在论意义上——是无中创生有的自由意志，并因此必须是伦理的，即将笛卡尔之上帝的伦理性纳入自身的意志。由此我们或许可以看到在海德格尔那儿伦理与存在之共生性（symbiosis）的深层原因。对于海德格尔而言，存在（论）必须是伦理的，否则一切都将陷入虚无的深源，其结果是我们不仅不可能认识世界，甚至不能与世界，与自身相关联。但另一方面，伦理必须是存在论的，必须首先是意欲存在的意志，因为在建构起一切（无论是自然还是自由的）法则之前，我们必须首先（如笛卡尔所作的那样）建构起与世界，乃至于与自身的关联性。①

与笛卡尔不同，某种意义上，正是通过重新返回古典理性主义及其预设的存在论，康德才得以至少部分地克服作为笛卡尔哲学基底的唯意志主义。所以，如果说康德并没有提出海德格尔的存在论问题，那么，并不是因为他不够深刻，或者说缺乏原初性，而是因为他一开始就拒绝了"无中生有的可能性"，也即是说，拒绝了从无中创造有，并因此不受一切存在（者）约束的意志。而这一神圣意志则是笛卡尔之怀疑与海德格尔之有限性所必需的预设。所以，我们也就不可能在康德那儿——至少在先验分析论部分——找到海德格尔的面对存在之无的有限性。事实上，康德对先天综合命题之证明，就其排除了所有命题为错的可能性而言，已经排除了这一有限性——即意义意向完全不能被充实的可能性，由此也排除了认知之有限性被转渡为存在之有限性的可能性，所

①　或者，用海德格尔在《关于人道主义的通信》的话来说，"比一切制定规则的工作都更重要的，是人找到逗留入存在之真理的处所"（WM274）。在此，我们或许能够理解何以存在之思在其自身已经是——甚至不得不是原伦理了。

以，尽管康德在阐释其先验知识时强调了时间或者说有限性的要素，我们却不能就此如舍勒夫那样得出康德与海德格尔在有限性问题上相一致的结论。因为时间在康德那儿最终是在场性，是对知识之保障，而在海德格尔那儿，时间则指示了绝对不在场，故而是最为原初的无（nihil originarium）（MFL252）。由此，海德格尔之存在论转换并非如他所言的那样，揭示了康德的先验分析论的存在论预设，而是从根本上改变了康德的存在论设定。

但这是否表明海德格尔因此完全有悖于康德的精神呢？并非必然如此，如果我们不将目光限于康德的认识论及其预设的形而上学或存在论，而是转向他的实践哲学，尤其是其自由概念的话。在上一章关于《自由的本质》的分析中，我们已经表明，虽然从表面看来，海德格尔更为注重的是康德的实践自由，但是，与其说他是以实践自由解释先验（纯粹）自由，还不如说是将实践自由归结为先验自由——当然，是在解构了康德的先验自由概念隐在的存在论设定的情况之下。作为这一解构结果的先验自由不再是康德所言的与自然之原因性相类比的自由的原因性——作为原因性，先验自由仍然是合法则的，即受到法则约束的自由，而是更为激进意义上的自由，即是存在之意义在其中被构成的原行动，是从无中创生有，并因此不仅不受存在者，而且不受存在限制的自由意志。与此相应，实践自由也不仅是遵循法则的自由，而是创造（产生）法则，并因此超越了一切——无论是为自然还是自由之原因性所表述的——法则的自由。

简而言之，海德格尔对康德的自由的解释可以被概括如下命题：（1）如果先验自由是康德所言的世界之绝对开端的自由，那么自由必须是"从（世界之）无中创生有（世界）"的自由，如果存在被表述为"有"，那么自由必须先于并且超越于存在，这一自由显然已经构成了对康德之先验分析论暗中诉求的传统（希腊）存在论之否定。（2）如果实践自由如康德那样所言的那样基于先验的自由，那么就必定与先验自由那样，首先是面对世界之无（意义）的自由。就此而言，自由首先是一个形而上（存在论），而不是狭义的伦理学概念。

这当然不等于说，海德格尔就必定消解了自由概念之伦理性，某种意义上，海德格尔正是从康德以自由与责任为核心的伦理学出发去证明先验自由是康德的实践自由的必要预设。正如我们第三章（伦理行动：康德与亚里士多德）介绍康德时已经提到，自由之所以在康德那儿被视为道德的必要预设，是因为其与构成了康德伦理学核心的道德责任（或者说可归责性）的内在相联。对康德来说，如果一种绝对意义上的，不依赖于经验的道德归责是可能的话，我们就必须假设人——当然在康德那儿是作为本体界存在者的人——是绝对自由的，能够不受任何经验条件的限制而开启一个行动，并因此可以被视为这一行动的绝对作者。所以，正如海德格尔所见，道德在康德那儿已经假设了这一不受任何经验限制的自由，故实践自由与先验自由事实上是一回事。在此，正如我们在第五章（此在即意志：康德之路）开始时已经指出，尽管海德格尔对康德的解释所聚焦的是康德的第一批判，其真正落点却是康德的伦理学，或者更为恰切地说，海德格尔对康德伦理学的理解，所以，关键的问题是海德格尔之解释是否与康德的伦理学相合。

考虑到康德伦理学，尤其是其自由概念的复杂性与含糊性，我们很难对这一问题作出肯定或否定的回答。如同许多评论者已经注意到的那样，康德的自由概念混合了两种不同的，即法律(政治)与宗教的渊源，并在此基础上糅合了理性主义与唯意志论的要素，就前者而言，自由首先是外在的自由，是按普遍性法则平等共存的任意性自由（Willkür），道德的自由因此被表述为合法则性。所以，道德（理性）法则，而不是自由（Willkür）构成了康德伦理学的核心，以至于康德可以说，只有合法则的任意（自由）才是真正意义上的伦理的自由。就后者而言，自由是以神圣意志为摹本的绝对开端的意志（行动），① 作为绝对的开端，与其说自由受到法则的限制，不如说法则只能是自由的法则，故法则不再仅被表述为我们应当遵循的法则，而是我们（理性存在者）自由立法的结果。尽管如此，在康德那儿，法则仍然不能被视为我的（即使是我的纯粹意志）意欲的对象，毋宁说法则已经蕴含在理性特有的普遍性之中，而这种普遍性所指的最终是理性存在者之间的交互性，即人作为理性存在者共存的可能性。也正因此，康德在论及伦理义务时明确地指出，如果伦理义务可以被表述为"自由的自我制约"的话，那么这一制约也已经是按照法则的制约。② 也即是说，自由的自我制约（立法）并不是意欲之我的内在对话，而是已经将理想的交互性包含于自身的自我制约。所以，我的，也即是理性的立法已经纳入了对他人平等的自由的责任，而不是仅仅以我的高级的（比如精神性）欲望制约低级（比如物质性）欲望，后者至多是不与法则冲突的准则。也正因此，即使先验自由在康德那儿仍然是合法则性的自由，换一句话说，虽然自由被视为道德责任之预设，但在道德之外并无先在的自由。就此而言，在康德那儿，理性明显地具有对于意志（欲）之优越性，以至于在某种意义上被设定为法则源泉的神圣意志也不过是理性之构造物。

尽管如此，在康德那儿同样存在着将意志绝对化的倾向，这明显地表现在康德对作为世界绝对开端的先验自由及其与实践自由的关系的界说之中。某种意义上，正是康德的实践哲学，尤其是其尽管受到伦理制

---

① 在他的"康德的先验唯心主义，自由与神圣理智"中，Insole 由康德的自由概念的演变显明了其宗教维度，正如 Insole 表明，如果说在 1755 年前后，人的自由仍然被界说为我们对自身欲求的意识，即反思性，而"只有上帝拥有 [完全独立于自然原因性的] 先验自由"，那么，在 1770 年之后，康德渐渐将人置于上帝的位置，由此，自由被最终阐发为先验的自由。参阅 Christopher J. Insole, "Kant's transcendental Idealism, Freedom and the Devine Mind" in *Modern Theology* 27:4 October 2011, pp.608-637。

② [德] 康德：《道德形而上学》，第 396 页。

约的对自由的形而上学思辨中包含的意志论要素构成了海德格尔解释康德之出发点。对于海德格尔来说，如果实践自由如康德所言的那样基于先验自由，那么我们也就有理由将康德所强调的法则（理性）置于绝对的（从无中创生世界的）意志之下，因为如果意志是绝对自由的，那么法则只能是意志意欲的对象，而不能是对绝对意志之制约。所以，法则最终被归结为绝对意志之自我限制或"自我责任"，当然，不再是康德的按照法则的自我限制，因为在自我（意志）之外，再无法则，法则不过是绝对意志之构造物。

然而，问题是为什么作为绝对开端行动的自由是合法则的，而不相反地是绝对的任意性；是伦理（善良）的，或者说可以成为伦理的基础的，而不是尼采的超善恶的意志；是对存在的意欲，而不是摧毁一切存在，回归于无的意志？①

海德格尔对这一问题的回答与其说是康德式的，不如说是笛卡尔式的，绝对意志之所以是伦理的，是因为意志在其本身，而不是因其合法则性，已经是伦理的，也即是说是意欲（世界）存在的仁慈的意志。所以，与其说自由基于法则，不如说法则基于自由之伦理性。这当然不等于说，海德格尔必定倾向于一种无法则的自由，或者说海德格尔因此取消了康德之法则的普遍性蕴含，不如说对于海德格尔而言，比构建法则更为重要的是去重新建构我们与世界（他人）的关系。只是海德格尔不复能够如笛卡尔那样直接地诉求于上帝之伦理性，并因此必须重新面对被笛卡尔掩盖的无的深渊，也即是说，必须深入有限性的本质。不过这

---

① 或许，正如 Rogozinski 所见，在将康德的自律的意志解读为意欲（自我）意志的意志之后，海德格尔所达到的只能是"不受约束的意志，无目的，无法则，因为它不知自身之外的任何目的与法则"。Jacob Rogozinski, "Hier ist kein warum: Heidegger and Kant's Practical Philosophy" in *Heidegger and Practical Philosophy*. Francois Raffoul & David Pettigrew (eds.), NY: State University of New York Press, p.50。

一有限性不再是认知的有限性，而是存在之有限性，并因此是，或者说必须是具有伦理意义的，即可以成为道德基础之有限性。

二、被抛与死亡

诚如我们上面已然显明，如果我们追随海德格尔将康德的先天知识解读为存在论知识，那么认知的有限性在其自身已经指示了此在存在的有限性，即对于此在而言无物存在，或者说世界无意蕴之可能性，故而存在论知识所关及的首先是"无"，但"无"却恰恰不能成为一般意义上认知的对象，因为认知所描述的总已经是认知者与对象的关系，这一关系已经预设了对象之存在(有)。由此之故，正如海德格尔在《康德书》第四部分表明，有限性非我们可认识之物，而毋宁说是我们前认知与前意志的情绪所展露者（K233）。

所以，与有限性相关的首先是我们的情绪，即海德格尔在《存在与时间》中所言的现身状态（Befindlichkeit），当然，首先是被海德格尔视为面对无的基本情绪的畏。在《存在与时间》中，畏最终被表述为揭示了此在不可逃避的死亡，即自身不在此的可能性的情绪，但这并不是说畏只是此在面对自身的尽管是确定的未来的畏，毋宁说为畏的情绪所揭示的还有此在不可知的过去以及世界当下无意蕴的可能性，即此在之被抛性及其沉沦。也正因此，海德格尔表明此在对存在之领悟始终是带有情绪的，为情绪所限定的领悟，同时，也正因其同时涉及此在之过去、当下与未来，畏才可能被视作揭示了此在之存在，即此在之时间性开展的具有典范性的情绪。

按照《存在与时间》中对情绪的存在论分析，为情绪所揭示的首先是此在被抛的事实性，与此相应，我们对情绪所展露的有限性的分析也将首先着眼于此在之被抛性。按照海德格尔，被抛性描述了此在对自身之过去，或者说自身之"何所来"的感受。就其"何所来"而言，此在发现自身是被抛于世界中的在者，并因此就其存在（生存）状态而言（ontisch-existenziell）总已经处身于某个特定的历史社会关联体之中。

按照拉弗尔（François Raffoul）的解释，与海德格尔对死亡的存在论描述相对应，被抛性事实上描述了存在论意义上的出生。[①] 由其出生，此在被卷入一个特定的关系与境遇，但此在之生于斯世，连同其由此而进入的特定境遇却并非此在自身意愿与选择的结果，就此而言，对于每一此在而言，其出生就仿佛被抛入到世界之中。但是，虽然与出生之比拟确实有助于我们理解被抛性这一困难的概念，同时却也可能掩盖了其存在论意蕴，尤其是为这一概念所凸显的存在论差异。因为虽然出生并非出自我们自身的意愿，但另一方面，正是通过出生，通过与父母的血缘关系，此在被卷入了与世界密不可分的关联之中。世界对此在而言从来就不是纯粹的陌生之地，而首先是其父母和祖先所栖居劳作的世界；而此在也并非世界中踽踽独行的陌生者，而是通过其与父母的关联，从一开始就获得了包含着父母亲友祝福的名字，并因此在父母所置身的共同体与世界中占有一席之地。由此，出生更多地标志着此在与世界，以及世界中的他人关系的开端，每一生于世界的此在由其出生而不可能是无世界的，无关系的在者。而出生本身也是一个时空上可以确定的，并因此可以被年复一年追忆和庆祝的节日。

与此不同，被抛性所强调的与其说是此在由其出生而获得的特定的世界关联性，不如说是此在仿佛被某种强力抛入世界这样一个"事件"

---

① François Raffoul, "Heidegger and the Origin of Responsibility," in *Heidegger and Practical Philosophy*. by François Raffoul & David Pettigvew (eds), Albany: State University of New York Press, 2002, 205-218. p210.

之突兀性。显然，如果此在已经是与世界以及他人相关联中的存在者，那么"抛入"这一说法显然是不恰当的，所以，被抛性所凸显的与其说是此在之世界关联性，不如说是这一关联性之缺失，是世界对于此在之陌生性。这当然不是说，此在是作为无世界的存在者而被抛入世界之中的，或者说此在在被抛入世界之前是非世界的存在者。按照海德格尔的规定，此在就其存在而言，就是在世界中的与他人共在的在者，也正因此，这一抛入的"事件"对于就其存在而言总已经是在世之在的此在而言，完全无可理喻，也不能如其出生那样被确定于某个时间—空间点。换一句话说，不仅被抛之前的存在（或非存在），连被抛这一"事件"本身都非此在所能理解之物。所以，如果说被抛性描述了此在的过去的话，那么其所意味的乃是比一切（可以确定的）过去更为过去之过去，类似于列维纳斯（E. Levinas）所言的不可回忆的过去：为被抛性所凸显的是不可追溯到任何主动性的绝对的被动性，是不可追溯到任何给予性的绝对的接受性。这一过去因为完全无法为此在所把握而更近于无，正是在此意义上，被抛性揭示了此在存在的有限性：就此在之"何所来"而言，被抛性乃是此在对自身之"无所来"的感受，是对自身与世界可能的无关系性之畏。

事实上，也正因为是被抛入世的存在者，此在就其存在而言总已经是沉沦的存在者。就其存在论意义而言，沉沦意味着此在总已经生存于（被抛于）异于此在的，即海德格尔所言的世内存在者之中，并且或多或少地感受到这一差异性，也正因此，虽然此在就其存在而言总已经是在世的在者，但世界对被抛的此在而言却并非可以栖居的家园，而毋宁说是全然陌生之地，正是在此一意义上，与被抛性一样，沉沦所描述的乃是此在生存论意义上的实事性，并且这一实事性已经是此在被抛性的自然结果。另一方面，沉沦又被视为此在对于自身被抛—沉沦之实事性的一种生存状态层面上（existenziell）的执态，也即是说，就其生存状态的含义而言，所谓的沉沦所指的是，此在以这样一种生存方式生存，仿佛自己不是被抛的存在者，而是与世内其他存在者一样的存在者，故而能够将世界视为自己的家园。也正因此，沉沦着的此在总是倾向于从世界方面来理解自身与其他此在，即将自身理解为当下应手与在手的存在者总体中的（即使是具有某种优越性的）在者。显而易见的是，这一意义上的沉沦乃是此在对自身被抛—沉沦之事实性遮蔽的结果。但是，虽然忙碌于当下的活动与交道，沉沦着的此在却并不在真正意义上拥有与其存在相适合的现时，其所执著的当下性不过是对其被抛的过去，恰切地说，对为其被抛性所揭示的此在与世内之物的存在论差异的遗忘。

作为被抛掷于世的在者，此在由其被抛性而与非此在的存在者迥然相异，故被抛性恰恰从此在之"何所来"方面凸显出了海德格尔一再强调的存在论差异，或者说此在在存在论意义上的优越性（Vorzug）。与非此在之存在物不同，此在，并且唯独此在是对其存在有所领悟的在者，并因此而具有对于非此在之存在者，乃至于作为存在者的自身的超越性，正是这一超越性规定了此在存在论意义上的自由。而自由，正如我们上面已经表明，则意味着唯有通过此在之存在领悟，更为清晰地说，唯有为这一领悟所预先投射的（世界）视域中，非此在之存在者及其所构成的"世界"方获得其存在。故此在虽然因其存在而是在世的在者，世界却并非绝对的给予性，毋宁说是此在（在其自由中）所构建的世界（意义）。① 就此而言，被抛性已经在自身中指示了一种激进的自由，正是在这一自由之中，并且借着这一自由，被抛的，仿佛并不属于这一世界的此在得以建构起自身的世界关联性。世界也因此同时是——对于被抛的此在而言——陌生之地，又是——对于构建世界的此在而

---

① 正如海德格尔在《根据的本质》中表明："此在在其存在的本质中形成着世界（Weltbildend）"，故而"世界应当归属于此在"（WM 123）。

言——此在的世界。而自由在此，正如康德所言，意味着绝对的开端，意味着属于此在的世界之开启，这一自由，作为开启世界的行动，尽管是时间性的，却又在时间之外，因为，也正如康德所见，凡时间中的行动总已经受制于时间，因为在每一时间点上我至少必须服从我自身过去的制约。但被抛性虽然是此在最为原初意义上的过去，却并非可以被确定的过去，并因此不可能在存在论意义上构成我的自由的制约。不仅如此，对于这一原初的过去而言，此在一切可以被确定的过去仅具有相对的意义，并因此不复可能在绝对意义上构成对此在之限制。所以，也正因为是被抛的存在者，此在才可能在存在论意义上是自由的，即使在存在状态层面上（ontisch），此在之行动总是已经被其过去与世界所限定的行动。

当然，另一方面，此在的这一激进的自由总已经是被抛的自由，正如此在不可能不是被抛的存在者，此在也不可能（在存在论意义上）不是自由的存在，故此在由其被抛性而来的自由乃是存在托付给此在的自由，是此在由其存在必须承担的责任。也正因此，被抛性又被视为一种托付（Überantwortung）。舍此被抛性，我们也将无法理解沉沦，因为沉沦着的此在乃是逃避这一委托的责任的此在。忘却自身存在之委托，沉沦着的此在既无过去，亦无当下。

显而易见的是，为被抛性所揭示的不仅是此在存在之有限性，而且同时是此在的自由，恰切地说，是自由与有限性之存在论勾连。就其与自由的关联而言，被抛性在描述了此在之过去之同时，已经指向了此在之未来，因为自由乃是朝向未来之筹划，但此在的自由筹划总已经笼罩于死亡的阴影之中，故被抛于世即是被抛入死亡中去，而我们也唯有通过对死亡的领悟，才可能最终理解此在之存在的有限性及其与自由的关系。

在《存在与时间》中，海德格尔关于死亡的分析被置于第二部分"此在与时间性"之首；在这一部分中，海德格尔由第一部分对此在在世之烦，包括烦忙与烦神的预备性分析，转向了对这一烦的时间性的规定。由于烦在海德格尔那儿乃是对此在之存在的规定，故对烦的时间性的分析所着眼的乃是此在之存在领悟的时间性。由此可见，海德格尔对死亡的分析所着眼的并非作为存在状态层面事件的死亡，而是其存在论意义，也正因此，死亡对此在而言并非只是发生于某个未来时间的事件，而是从此在出生起就构成其生活的一个部分。换一句话说，死亡从一开始就被视为此在生存的构成性要素，所以，海德格尔关于死亡的分析也应当被视为关于此在的生存论分析的一个部分。事实上，仅就其所占的篇幅，与其所据有的位置来看，死亡分析在《存在与时间》中都明显地具有举足轻重的地位，按照海德格尔自己的提示，其意义至少有三：

其一，通过对死亡的生存论分析，海德格尔所着眼的是对此在存在的整体性把握，这一把握对于海德格尔来说当然不可能通过设定一个此在之外的视角，或者说设定一个不受死亡影响的无限（unendlich）存在者来实现，故其所意味的只能是必死的此在通过对自身死亡的领悟而达致的自我整合，即从整体上把握自身。由此而把握自身的此在总已经将自身把握为有限的、必死的存在者。就此而言，海德格尔对死亡的分析在某种意义上兑现了他在《康德书》中所言的不通过无限性来把握有限性的承诺。

其二，海德格尔所言的此在对自身的整体性把握同样不能被理解为一种自我观视，仿佛在被观视的必死的自我之外另有一个观视的不死的自我，毋宁说自我整合在此即意味着以这样一种方式生存，在这种方式中，此在通过先行到死亡之中而将自己从沉沦着的，逃避自身死亡的非本真状态中解放出来。显然，对死亡的领悟构成了此在之本真与非本真生存状态区分的重要标准，所以，也只有通过对死亡的生存论分析中，海德格尔关于此在之本真（与非本真）生存状态的规定才获得其前所未有的明晰性。某种意义上，此在之本真存在可以被视为对死亡之生存论意义之践行，或者用海德格尔的语言，见证（Bezeugung）。

其三，由于在对死亡的本真领悟中，此在所领悟到的总已经是作为有限的，也即是必死的存在者的自身，死亡构成了此在对自身有限性的最终领悟。而海德格尔在《存在与时间》中对死亡的存在论分析也无疑构成了他对此在之存在的有限性，从而也是对与此有限性相联的自由的最为充分的界说。

死亡一般都被视为人的有限性的最为显明的标志。但是，尽管柏拉图已经表明哲学乃是实践死亡，死亡却更多地为宗教与神学，而非哲学所瞩目，因为至少在西方传统存在论中，存在而非流变消亡才是哲学的真正主题，即使后者在某种意义上构成了这一存在论隐在的背景。所以，海德格尔给予死亡如此突出的地位当然是引人注目的，也自然而然地引发了很多争议。对于一些评论者来说，海德格尔关于死亡与畏的分析与其说是其存在论重要的构成性要素，还不如说是对其存在论主题令人失望的偏离，这一偏离体现了海德格尔对具有明显宗教倾向的存在哲学之前驱，尤其是克尔凯郭尔的承继，并因此自然地影响了存在哲学继后的发展，所以，如果海德格尔确实有理由拒绝被归入存在主义哲学，我们也就必须尽量避免强调这一描述之重要性。

即使在认可死亡分析构成了海德格尔存在论不可或缺的部分的评论家那儿，对这一分析的读解也往往大相径庭。对于有些评论者来说，就其强调死亡，或者说此在通过死亡之个别化而观之，通过对死亡的生存论分析，海德格尔事实上在存在论层面上重新表述了笛卡尔式自足与自律的主体，并且这一主体从根本上而言是封闭于自身的无世界的主体。

与此相反，对于另一些评论者来说，由于死亡是此在不能真正拥有的可能性，死亡不仅构成了此在存在最终的界限，而且进一步指示了不能为此在领悟之他者（性）。由此，正是通过关于死亡的分析，海德格尔最终在存在论层面上显明了笛卡尔式自由和自足的主体之不可能性，海德格尔关于死亡的分析也因此凸显了此在对他者，并因此也是对世界激进的开放性。

我们在此并无意在两种泾渭分明的读解之间作出裁断，这既涉及到对海德格尔死亡分析的理解，也涉及对笛卡尔所建构的主体性的理解。[①] 显而易见的一点是，就第一种读解而言，如果死亡分析所寻求的是对烦更为深入的规定，而烦乃是在世界之中的此在生存论规定性，并体现于此在之烦忙与烦神，那么，海德格尔之退回一个无世界的主体显然是自我挫败的。而第二种读解则通过引入——或许是列维纳斯式的——他者（或无限性）概念而从根本上否定了此在不依赖于异于此在之存在者而自我整合的可能性。但按照海德格尔自己的解释，凭借对死亡的分析，他试图把握的恰恰是此在之整体性。事实上，如果说前者的问题在于过于强调作为个体的此在的自由，那么后者则过于强调其相对于他者的有限性，为两种读解同样忽视的正是我们一再强调的自由与有限性在海德格尔那儿的内在关联性。所以，也唯有在自由与有限性的关联中，我们才可能理解海德格尔的死亡分析的意义。

在第一部分（此在与否定性），我们已经就自由问题论及海德格尔关于死亡的分析，在《存在与时间》中，自由最终被界说为向死而在的自由。按照我们的分析，这一自由包含了三重含义：首先意味着对于常人之统治的自由，其次意味着对于总已经是沉沦着的此在自身，即常人—自我的自由，这两者最终都基于此在对自身死亡的自由，即此在在无意义中把握意义的自由（能力）。对于海德格尔而言，向死而在的自由之可能性在于此在之存在的先行性，正因为能够先行到自身的死亡中

---

① 需要提出的问题或许是：笛卡尔是否能够不依赖（对上帝的）信仰证成自足与自律的主体？

去，此在才可能本真地领悟自身的死亡，并因此而可能是自由的在者。在第二部分的上半部分，我们则试图通过一种迂回的方式，对这一自由，尤其是其存在论意义上的激进含义作出进一步规定。但此在不仅是先行于自身的在者，同时也是被抛的，并在此意义上是总已经落后于自身，故而是有限的在者。所以，再次回到海德格尔关于死亡的分析，我们的着重点将是海德格尔的有限性，更为恰切地说，是使自由可能的有限性，因为按照海德格尔，自由乃是源于有限性并且为有限性所规定的自由。借此，我们试图显明有限性如何，并且在何种意义上使自由可能，从而为在第八章（责任与自由）中最终阐明这一为有限性所规定的自由之伦理含义做一准备。

按照海德格尔的界说，死亡乃是此在不可能在此之可能性，由于此在之在此即是在世，死亡显然意味着此在不复在世的可能性，故而解除了此在与世界以及其他此在的关系，而此在也因此能够通过对自身死亡之先行性领悟而得以个别化，海德格尔因此将死亡描述为此在之无所关联的，最为本己的可能性。这一关于死亡之无关系性（Unbezüglichkeit）的论断一向是海德格尔死亡分析中最受诟病的一点。对于许多评论家而言，海德格尔对死亡之个别化的强调令人沮丧地忽略了死亡，从而也是必死的此在之社会性。正如 Robert Soloman 指出，死亡之所以被视为一个具有特殊意义（prominent）的事件，不仅在于其直接剥夺了死者的生命，而且在于其所造成的围绕着死者的社会关系网络的裂痕。而人们对自身死亡之忧虑总已经包含了对至少是那些受到此在死亡直接影响的亲友的关注，故而不能被还原为纯粹的自我关注或对自身消茫的畏惧。① 由其存在者状态的意义而言，这一论断当然基于对死亡准确的观

① Robert Solomon, "Death Fetishism, Morbid Solipsism" in *Death and Philosophy*, J. Malpas &. R. Solomon (eds), London: Routledge, 1998, pp.175-176.

察。但海德格尔也没有否认死亡之社会性，每一此在当然是作为在世界之中的与他人共在的在者而经历死亡。不过，仅就其社会性而言，每一此在之死亡所造成的裂痕至少可以被部分修复，正如每一此在之社会功能多少能为其他此在所代替。不可替代的乃是这一社会性或者说在世性所基于的此—在。对于海德格尔来说，此在之所以是社会性的，当然并非因为其恰巧被置于某个特殊的社会关联体之中，而是因为此在就其存在而言就是在世的，也即是说与他人共在的在者。所以，真正的问题并不在于此在之社会性，而在于作为这一社会性之可能性条件的此在之在此（Da-Sein）本身，即此在与自身存在之关联性。

在此，正如我们上面的分析所表明，对于海德格尔来说，虽然此在是在世的和与他人共在之在者，但世界却并非纯粹的给予性，而毋宁说是此在在其在此中所构建的意义。也正因此，此在之不在此当然意味着世界与他人之全无意蕴，即使世界与他人之实存丝毫不受影响。所以，对于海德格尔来说，死亡所威胁到的远不止此在生存状态层面上的社会性，而是此在之在此（世）性，最终是构建着世界意义的此在本身。与此相应，死亡分析在海德格尔那儿关涉的也远不只是此在的社会性，而是使此在之社会性可能的存在论条件，即此在构建自身世界之可能性（自由）。正是在此意义上海德格尔表明畏之所畏者乃是此在之在世，即世界构造的此在之能在。所以，也正是在先行到死亡中，此在领悟到："在事涉最本己的能在之时，一切寓于所烦忙的东西的存在与每一共他人同在都是无能为力的"，并因此"唯有从他本身去承受这种能在，别无他途"。并且，死亡并不是无差别地属于本己的此在就完了，而是"把此在作为个别的东西来要求此在"（SZ 263）。

就死亡对此在之个别化而言，霍夫曼（Piotr Hoffman）将海德格尔之死亡分析比拟为笛卡尔式通过怀疑而导向"我思"或者说主体性的"还原"显然是有意义的，这当然不等于说，还原的结果就必定是我们惯常认为的笛卡尔式的自足与自由的主体。① 正如我们上一节的分析已经显明，笛卡尔的主体及其与世界关系之构建已经有赖于对上帝之仁慈的信仰，在后者缺如的情况下，我们所面临的毋宁说是笛卡尔式境遇——不仅世界与我思的关系，而且思我自身与自身的关系也成为问题。而海德格尔之死亡分析将我们带入的即是这样一种境遇，并且这种境遇不复是笛卡尔那儿佯谬的认识论境遇，仿佛只要我们不陷身于笛卡尔的过度夸张的（hyperbolic）的怀疑，我们也就不会遭遇这一可能吞噬一切的无底深渊，而毋宁说是此在由其存在而不可超逾之境遇，正如死亡对此在而言确定无疑和不可超逾一样。只要存在，此在就总已经是朝向死亡的，因而也是可能不在此的在者。正是在此意义上，海德格尔将死亡描述为此在生存之无度的不可能性。因为任何尺度都必须预设某种关系，但死亡却不仅消解了此在与世界，从而也是此在与他人之间的关系，并且还有此在与自身的关系。

所以，如果将先行到死亡中去比作还原的话，那么作为还原结果的并非笛卡尔式自足与自由的个体，而是作为纯粹的可能性之"在此"——先于一切关系——包括与自身关系。甚至此在之个别化也不是向自身或者说自我关系的还原，而是被个别化，是此在的存在使然。所以，先行到死亡中与其说是此在主动的行为（还原），不如说是在畏的情绪展露自身的先于一切主动性的被动性。由于"作为可能性，死亡不给此在任何可实现的东西，"先行到死亡中去的此在正是在此先行中（被）返归到了自身被抛的事实性，此在因此同时是被抛性所揭示之"无所来"，是死亡所揭示的"无所往"，而如果说被抛性意味着不可追忆的过去，那么死亡则指示了没有实现之未来——"死亡是对任何事情都不可能有

① Piotr Hoffman, "Death, Time, History: Division II of Being and Time", in *The Cambridge Companion to Heidegger*, Charles B. Guignon (eds), Cambridge: Cambridge University Press, 1993, pp.197-198.

所作为的可能性，是每一种存在都不可能的可能性，"并且

> 在先行到这种可能性中去之际，这种可能性"越来越大"
> ……根本不知有度，不知更多也不知更少，而是意味着无度地
> 不可能生存的可能性。(SZ 262)

由于不复有任何尺度能够界分可能性与不可能性，作为纯粹的可能性，此在同时是纯粹的不可能性（无），故与其说此在是面对无的此在，不如说是在先行到死亡中将无纳入自身的此在。换一句话说，此在并非因为可能死亡而是有限的，而是因为有限而是有死的，并且能够领悟自身死亡之在者。故此在乃是有限性本身，是无之无化。

但是，另一方面，此在之不复在此却仍然被领悟为此在之可能性，个别化的无关系的此在也仍然被领悟为在世的与他人共在的在者。唯其如此，海德格尔可以说，此在"被抛到死亡中因而有世界"：唯有作为被抛到死亡中的，与世界无关系的存在者，此在才可能拥有世界，才可能在本真的意义上成为自身，即成为自身世界之建构者。正是在此意义上，海德格尔写道："先行……将此在带到……确知它自己又畏着的向死亡的自由当中"(SZ 266)。为无度的死亡所揭示的乃是无度的自由，不复受到任何关系的制约，甚至不复受到（作为在者的）自身的制约。纯粹的"在此"乃是先于一切关系（包括与自身的关系）之自由，是先于可能性与现实性区分的"能够"(Vermogen)，是在畏的而不是在笛卡尔对仁慈的上帝的确信中的"我思"—即"我能"，故而是先于自我的自我。①

---

① 如果说笛卡尔借助完美的上帝重新赢回了世界，那么，海德格尔借助的则是死亡。

所以，虽然死亡并非此在之可支配者，却并没有如许多评论者认为的那样，将此在带向他者，而毋宁说是将此在带到自身的存在中，也即是带入其纯粹的在此。但存在，至少在《存在与时间》中，不外是此在所领悟的意义，也正因此，在先行到死亡中去，此在得以最终回归自身的被抛性，并因此将自身把握为一个时间性整体。这当然不是说，此在因此而封闭于自身的内在性中，正如海德格尔一再强调，此在即是绽出的生存于世。尽管如此，其回归自身并非向异于自身的他者——无论是绝对他者还是他人——的超越，而是向自身的超越，恰切地说，是使自己成为超越本身，并在此本质上无限的超越运动中，在这一自由中将死亡指示的无纳入自身，作为超越（自由）的条件，而非可以限制自由的他者。而本真的在此即是去承担这一"自己存在的可能性"（SZ 266），去在自己的生存中印证这一自由。

但问题是，我们是否可能在如此激进的有限性与同样激进的自由之间找到中介？因为，正如海德格尔自己承认，即使其对死亡的存在论分析所依循的是此在自身的生存论结构，但是

> 从生存状态而言，这一存在论意义上"可能的"向死而在在生存状态上仍然只是想入非非的奢望。只要此在不能在自身之中表明一种存在状态之相应的可能性，那么此在之本真的整体能在在存在论可能性就毫无意义。（SZ 266）

所以，只有通过显明"此在究竟在多大程度上并以何种方式从他的最本己的能在方面来为他的生存之一种可能的本真状态作证，而且是这样作证：此在不仅表明这种本真状态在生存状态上是可能的，而且是'由它自己要求的'"（SZ 267），海德格尔才可能真正实现他关于死亡分析的存在论意图。故而，正如丹姆斯克指出，海德格尔关于死亡的分析

实质上包括两个部分，即对死亡之生存论意义的彰显，与对这一被彰显的意义之印证。①

三、良知与罪责

如果我们将海德格尔关于此在对其本真能在之作证视为海德格尔关于死亡现象的存在论分析的一个组成部分，那么，海德格尔在此引入通常描述了道德现象的良知和负罪概念显然是令人惊讶的，因为海德格尔不仅一再坚持其存在论对于道德价值的中立性，而且也断然拒绝了在本真性与伦理性之间的等同。当然，海德格尔也预想到这一质疑，并表明他在此全然无意转向一种道德哲学，他要尝试的毋宁说是某种意义上对通常被视为道德罪责概念的去道德化的存在论解释，但就海德格尔最终承认这一存在论解释之道德意义而言，我们不妨首先看一下这两个概念之道德含义：

在伦理学中，良知一般都被视为一种道德感，即个体对自身广义的行动之道德对错的判断能力，这一道德感有时被视为个体与生俱来的理智或情感，或者产生于两者之综合的能力；有时则又被视为外在于个体（包括源于上帝）的道德法则之内在化。无论如何界说其源起，良知现象一般都具有以下特质：（1）个体性：良知之判断所表达的是个体最为基本的道德信念，并因此承载了个体道德人格之整体性与尊严。（2）内在性：良知之判断所直接诉求的乃是个体内在的道德资源，而非外在的

---

① James M. Demske, *Being, Man & Death: A Key to Heidegger*, The University Press of Kentucky, 1970, p.38.

规范，故服从自身的良知可能与服从外在法则相悖。另一方面，即使在未受到外在规范之谴责的情况下，个体仍然可能受责于自身的良知。所以，良知一般都被称为内在的呼声。(3) 具体性，良知之判断总是涉及具体的行为，而不只是一般的道德原则，即使在对良知作出唯知主义解释的理论中，良知所关及的也是普遍原则之具体应用。(4) 道德强制性，良知的声音通常体现为个体对自身道德过错的谴责，故良知经验包含了对罪过的意识，并因此在某种意义上与惩戒相连。唯其如此，康德将作为道德感的良知称为内在的法庭。

值得注意的是，虽然同样强调道德之内在性，我们在希腊古典伦理学中并没有发现严格意义上的良知或其对等概念，① 事实上，就其与罪—惩戒相连而言，良知概念所表达的主要是犹太—基督教传统中法律化道德概念（jural conception of morality）之内在性的一面。这一内在性当然可能，并经常在事实上构成了对法律化之道德的外在化倾向的抵制。某种意义上，对内在性的强调从一开始就界说了基督教与犹太教（尤其是法利塞教派）之分野，而新教改革则重新复活了这一对内在性的强调，以抵抗外在化与世俗化的罗马教廷的统治。但另一方面，这一抵制与其说消解了，不如说是在法律化道德框架中对这一道德的纠正或补充。除了道德律和良知之外，构成这一法律化的道德理论的核心概念还有与可归罪性（imputability）相连的责任概念（responsibility）。因为惩罚之正义性要求罪行被适切地归入某一主体，并且这一主体至少必须在可以不如此作为的意义上是自由的，所以，自由意志也就成为法律化的道德必要的预设。② 与可归责性不同，责任不只是被动的被归责，而

① 虽然 Volpsi 追随海德格尔，将海德格尔的良知比拟为亚氏 phronesis（明智），但在亚氏那儿，明智是对行动之善的洞察，即良知的对象是肯定性的行动的善，而非否定性的罪或过错。

② 在他的《道德原则研究》中休谟指出，自由意志，或者说自愿（与非自愿的）

是主动地承担责任，并在这一主动的承担中意识到（肯定）作为自由的主体的自身。故有良知或者听从良知的召唤也即是原意承担起责任。

我们在此特别指出良知、负罪以及责任概念与某一特定的道德形态相关这一点，并不就是去断言海德格尔之启用这组概念就一定表明他必然地倾向于一种法律化的道德观，至少有这一可能，他对这组概念之生存论解释恰恰质疑了这一道德观。但是，另一方面，无可否认的是，至少在某个特定伦理文化中被强调的道德（良知）经验确实构成了海德格尔的生存论解释的现象学资源。对于海德格尔来说，良知经验与负罪相连，以至于好的良知在海德格尔看来只是法利塞式的虚伪。

当然，海德格尔随即对良知的召唤做了生存论解释。按照海德格尔的解释，良知可被归入言谈之范畴，而言谈在海德格尔那儿是与现身形态以及领悟同样源始的此在之展开(在世) 状态。言谈虽然与语言相关，但不一定表现在使用语言的交往之中，毋宁说其最为原初的形态，对于海德格尔来说，乃是听与沉默。有所听，才能有所领会，但听不只是听命而属于他人，而首先是听命于自己的存在，故"听构成了此在对它最本己的能在的首要和本真的敞开"（SZ163）。而沉默，作为言谈的另一种本质可能性，也不是寡言，毋宁说它是本真领悟之条件，因为唯有沉默者才能摒除不着边际之"闲谈"而去倾听，并由此向存在敞开自身。

考虑之所以成为伦理学说的基础，是因为"站在类似于有惩罚的制裁力所卫护的民法的立场上看待道德"的结果，休谟将此道德的法律化归之于（基督教）神学的影响，并认为这一特色决定性地区分了古代与近代的道德。通过西季维克（Henry Sidwick）等，休谟这一对道德的法律化的批判在当代伦理学界（尤其德性论伦理学）仍然具有深远的影响。虽然缺乏精确性，休谟的这一区分在我看来确实有助于我们从形态区分方面理解西方伦理学。诚然，亚里士多德已经论及自愿问题，但这并不构成其伦理学的核心。当然，我并不认为某种程度上的法律化必定构成了伦理学的缺点，并且这是否完全源于基督教，还是可以追溯到罗马斯多亚也是个问题。参阅大卫·休谟《道德原则研究》，商务印书馆 2000 年版，第 173 页，另参阅《人性论》，商务印书馆 2010 年版，第 445—451 页关于自由意志的讨论。

　　依循这一解释，良知被视为一种来自于此在自身存在的召唤，或者恰切地说对这一召唤之倾听。因为正如海德格尔表明，"召唤非有我们本身计划的或准备的或有意作出的，一声召唤，不期而来，甚至违乎意愿"（SZ 275）。与此相应，良知之有无也并非我们自由选择的结果，我们所能选择的只是倾听还是回避良知之呼声。由于此在总已经是沉沦着的，因而必然地回避着良知召唤的此在，良知之召唤所召唤者也相应地是沉沦于世的、丧失了其真正自我的此在（即常人—自我），并将它唤入自身最为本己之能在，即此在在先行到自身死亡中所领悟到的自身存在的可能性。一如死亡并不提供任何可以实现的东西，或者任何理想的目的（能在），良知之呼声也无所述说——"良知向召唤所及者呼唤了什么？严格说来——无。呼声什么也没有说出，没有给出任何关于世间事务的信息，没有任何东西可以讲述"（SZ 273）。

　　但是，尽管无所述说，无所规定以至于各别的此在对呼唤会有不同的解释，呼唤的指向却无可疑问，因为正是以其沉默的言谈样态，以其对常人的世界无所言说，无所关顾的方式，良知展示了常人世界根底的无意义性，并"将那热衷于声誉的常人驱入无意义之境"，常人由此而"崩塌"。听从良知的此在因此而体验到为常人所遮蔽的被抛的事实性。作为被抛（入死亡）的在者，此在从一开始就是在这一（常人的）世界无家可归，无所关联的存在。正如其在先行到死亡中所领悟的那样，不仅其所烦忙的世内之物，而且与其共在的他人都不复有意义，此在因此被个别化到自身。

　　显而易见的是，此在之被抛性与死亡在良知的召唤中得以勾连。所谓的被抛性即是被抛入到死亡中去，"只要此在生存着，它就托付给了它的死亡也因此属于在世"（SZ301）。而此在在先行于死亡中领悟到的最终也是其被抛于世的事实性，即此在总已经被抛入那种本己的无所关联的与超不过的可能性。如果说被抛性规定了此在的过去，而死亡则指示了此在之未来的话，良知之勾连两者正好印证了此在之烦的生存论结构，因为按照海德格尔的规定，就其时间性而言，"烦的规定是：先行于自身的，已经在……之中的，作为寓于……的存在"。当然，另一方面，良知之可能性也基于此在之烦的生存论结构。所以，良知乃是此在之自我召唤，不仅被召唤者与召唤所及者，而且召唤者都是此在本身。但谁是那个召唤者呢？海德格尔的回答是：被抛的此在——

> 如果那在其无家可归的根基处现身的此在就是良知呼声的呼唤者？它是源始的不在家的被抛在世的存在，是在世界之物中的赤身裸体的"它存在"（SZ276）。

对于在世界中沉沦着的，忘却了自身被抛性的此在而言，这一良知的声音自然会被视为陌生的声音，而人们也以此为据而认为良知乃是来自于异于此在之上帝的召唤，或者是与此在共在于世的他人的要求。但良知之陌生性恰恰从现象上表明呼唤者乃是那个被抛的此在。

但问题是，为什么呼唤者不是先行到死亡中的此在，难道不正是通过先行到死亡之中，此在才得以返归其被抛性？难道不正是此在先行到死亡所领悟到的意义构成了对其最为本己的能在的界说，以至于我们可以说如果没有这一界说，那么被抛性只具有纯然形式的规定，即只能被规定为此在"不得不是它所是的与所能是的那样存在"？并且，将召唤归于先行到死亡中的此在，也更符合海德格尔一向对此在之先行性，即其未来时向之优越性的强调。在此，呼声之陌生性当然不足以否认这一可能性，因为对于沉沦着逃避死亡的此在来说，来自于最本己的能在之呼声同样会被经验为陌生的声音。某种意义上，海德格尔自己也意识到了这一问题，并因此而写道："充任呼唤者的，该是最本己的本身能在吧？"（SZ 276）

所以，海德格尔将良知之源归于被抛性并非出于疏忽，而显然是有意识地强调了被抛状态之重要性，乃至于某种意义上我们可以说，在良知现象分析中，海德格尔事实上已经暗中将解释的重心转到了此在之被抛性（过去）。借此，海德格尔得以将有限性解释为自由的基础或根源，因为如果说对死亡之先行性领悟最终被释为将此在从常人的世界中解放出来的向死而在的自由，那么，为被抛性所凸显的则始终是此在之有限性，是此在"源始的不在家状态"，是畏的情绪所指示的"世界之无"，故源出此在之被抛性的呼声总已经将此在唤向被抛的、有限的自由。并且，这一自由，就其已经是被抛的自由而言，在其自身已经是一种责任。在此意义上，海德格尔可以说"正如良知经验所示：良知的声音这样那样，无非在说罪责"。也即是说良知总已经是对自身罪责的经验。

当然，海德格尔随即指出，他并不是在（日常）道德的意义上使用罪责一词，罪责在此毋宁说描述了一种生存论意义上的责任，这一责任被海德格尔界说为"不的根据"。对于海德格尔来说，此在之所以是"不的根据"，也即是说是"由'不'规定的存在之根据性存在"（SZ 283）是因为一方面，作为自由的存在者，此在"生存着就是它能在的根据"，但是，另一方面，作为被抛的存在者，此在却不曾，或者说不可能"自己设置这根据"（SZ284）。

显然，如果说良知作为一种自我召唤，从形式上勾连了有限性（被抛）与（朝向死亡的）自由，那么，罪责则在内容上勾连了两者。就此而言，正是通过将此在宣告为有罪责的在者，良知最终勾连了自由与有限性。如果说自由意味着此在之生存(Existenz)，即其朝向未来的筹划，而有限性则与被抛性，即此在的过去相联，那么，对罪责的承担，即海德格尔所言的决断，则使本真的而非沉沦着的当下成为可能，所以，正是在对其罪责的承担中，此在得以将自身把握为一个时间性整体，也即是说以本真的方式存在。

这一本真性当然不等于伦理性，但也并非与伦理无关，正如海德格尔指出：

> 唯有这种［生存论意义上的］罪责才提供了使此在实际生存着能够成为有罪责的生存论上的条件。这种本质性的罪责存在也同样源始地是"道德上的"善恶之所以可能的生存论条件，者就是说，是一般道德及其实际上可能形成的诸形式之所以可能的生存论条件。源始的有罪责存在不可能由道德规定，因为道德已经为自身把它设为前提。(SZ 286)

至此，一切似乎已经完备，剩下的只有探讨这一罪责所可能包含，或者至少指示的伦理可能性。

第八章

责任与自由

在上面的章节中，我们已经表明，至少就其存在论意义而言，自由乃是存在的意义在其中被构造的原行动，或者说原意志。对于这一自由而言，伦理的问题可以被归结为自由如何可能是自我限制的，也即是说，是负责论的自由。这一问题事实上构成了我们探讨海德格尔有限性概念的导引。但是，也正如我们在第七章（生存的有限性）中所显明：有限性与自由在海德格尔那儿是互相蕴含的概念，只有在假设一种至少是存在论意义上绝对的，不受（存在物）限制的自由，即假设一种从无中创生世界（有）的原行动可能的情况下，我们才可能达到海德格尔所言的有限性，即此在与世界无关系，最终是此在自身不在此的可能性。所以，有限性在海德格尔那儿与其说是对自由的限制，不如是自由的可能性条件。但也正因此，自由就其在有限性中的根源而言已经是有限的，并因此是负责任的自由。

事实上，也正是这一责任一开始就界说了此在之本真性，以至于我们可以说对这一责任的逃避表征了（真正的）自我之丧失，这当然不是

254

说，沉沦着的此在就因此是非自我的，不再具有向来我属性，而是说非本真的常人—自我不是从自身出发，而是完全按照公众的意见来筹划自身，故而是为无名的常人所规定的，而非自我规定的、自由的存在者。所以，如果本真性意味着活出真正的自我，那么，真正的自我对于海德格尔来说是自由的存在者，而这又意味着以对自身负责的方式存在，即意味着对自身的责任。当然，这并不是说存在着我们应当对之负责的真正的自我，毋宁说，真正的自我唯存在于责任之中——正是责任才使本真意义上的自我成为可能。

所以，如果说自由与有限性在海德格尔那儿并非人的属性，而是比人更为原初者，那么，自由与有限性在其中被勾连的责任也应当被相应地理解为原初的，即生存论意义上的责任，对这一责任，即海德格尔所言的罪责的承担构成了此在本真的能在，同时也是此在在其本真状态对存在的意义的界说。所以，在本章中我们将试图通过这一本真的罪责的意义的阐释以最终界说海德格尔之存在论的伦理性。

一、责任与归责

正如拉尔夫（François Raffoul）所见，在《存在与时间》中，责任（Verantwortlichkeit）从一开始就界说了此在之本质（Wesen），以至于我们可以说在此（Sein-da）即意味着对自身的责任。这一责任不仅界说了"人与存在的关系"，而且构成了此在之自我性。正如海德格尔在《现象学的基本问题》中所言，自我唯有在责任中显明自身。当然，拉尔夫也随即指出，这一界说了此在之在此（存在）的责任必须被区分于传统意义上的道德责任（accountability）。后者，正如康德在《纯粹理性批判》中所表明，事实上基于法理学的（被）归责（imputation），并因此已经预设了可以被视为行动作者的自由意志，或者说具有自由意志的主体。① 由此，拉尔夫认为在西方传统具有主导性的道德责任观事实上已经是笛卡尔式主体性形而上学的产物。

但是，海德格尔谓之的责任所界说的则是此在之存在关联性。所以，与传统的责任观不同，责任在此并不基于笛卡尔式主体，而应当被理解为人对存在之应答，因为存在并非人所拥有之物，人于责任中所应答者已经是绝对的他者性。这一对他者的应答性在拉尔夫看来，标示了海德格尔之责任的原初性。②

毋庸置疑的是，海德格尔之启用责任（Verantwortlichkeit）一词，确实暗含了在责任与归责之间的区分。③ 海德格尔在关于罪责的日常意义的分析中也明显地批判了基于归责的传统责任观，不仅如此，海德格尔还明确地拒绝将被界说了本真性之罪责等同为道德意义上的责任（罪责），毋宁说，由良知所宣告的罪责乃是道德罪责的生存论根据，并因此先于道德责任。就此而言，正如拉尔夫所言，海德格尔确实是在一种比道德责任更为原初的意义上使用责任一词，其所言的责任首先是生存论意义上的责任。

尽管如此，海德格尔之责任的原初性并不能被简单地归结为应答性，正如我们在后面将显明的那样，应答性从来就是责任的一个构成要

---

① François Raffoul, Heidegger and the Origin of Responsibility, pp.206-207.

② François Raffoul, Heidegger and the Origin of Responsibility, pp.215-217.

③ 海德格尔通常（并不是非常严格地）用 Verantwortlichkeit 来意指存在论意义上的责任，以 Verrechnung 指称一般意义上的（道德）责任，就前者包含有应答（Antwort）的词根，在英语中一般都被翻译为"responsibility"，而后者因为含有"计算"（rechnen）的词根，而更多地对应于英文的"accountability"。此外，正如 Raffoul 所见，"accountability"在传统语境中与更具法律含义的归责（imputation/imputability）可以交换使用。参见 "Heidegger and the Origin of Responsibility", p.206。

素，因为责任总是"对……负责"。至于将责任界说为对他者性的应答则显然已经将存在视为他者，不仅这一点需要证明，而且他者性之于主体性的原初性也需要证明，更何况我们还面临着这样一个问题，何以对他者性的应答意味着一种原初的自我责任，而不是更应当被视为向归责之责任观的倒退？

所以，尽管本真性在海德格尔那儿确实指向某种更为原初意义上的责任，其原初性仍然需要更为明晰的界说，拉尔夫将道德责任笼而统之地还原为归责显然无益于澄清海德格尔之责任观的原初性。为拉尔夫所忽视的是，尽管康德确实肯定了道德责任与法律之归责之间的联系，但另一方面，他也明确地阐明了两者之间的区别：与被归责不同，道德责任在康德那儿乃是对自我，而不是自我之外的权威的责任；是自我限制，即自律，而不是他律。

在此，海恩斯（Nicolas Heines）在他的《责任与归责》一文中对归责与责任现象的细致入微的分析或许可以帮助我们看到两者之间的联系与区分。[①] 海恩斯并未完全否认两者的联系，某种意义上，责任与归责都描述了广义的责任现象。所谓的责任，正如亚氏在《尼可马哥伦理学》中已经论及，总是与广义上的伦理行动相关，并且在自身已经是一个具有规范性意义的概念，其所描述的是行动者由其行动而应当承受的（来自于他人或社会）称赞（approbation）或责备（disapprobation）。由此，我们已经可以见到责任现象的三个不可或缺的构成要素或称条件。

首先是主体条件，虽然责任往往落实到具体的行为，但责任的语言总是预设了行为可以被归属的主体及其自我同一性，因为除非当下之我

---

① 我们将他的 responsibility 翻译为"责任"，将他的 accountability 译为"归责"是因为就整个文本的分析而言，Nicolas Haines 事实上更多地在（法律）归责（imputation）的意义上使用 accountability 一词，虽然在日常英文中，accountability 具有比 imputation 更广的意义，并可以直接被译为责任。

与未来以及过去之我可以被看作同一个行为者，我们将无法将行为归属于行为者。我们在此将不介入关于自我或人格同一性的复杂讨论，而只将其视为行为对行为者之可归属性，从而也是责任的一个必要预设就可以了，无论这一主体是被看成超时间的给予性，还是在时间中被构成或自我构成的主体。

其次，责任总是预设了行为主体所具有的某种即使是非常有限的自由，或者更加恰如其分地说，主体的意愿。我之所以应当为我的行为负责显然不只是因为行为可以在物理意义被归属于我，而是因为我至少有自由不如此行动。或者说行为必须是出自主体的意愿，如果行为完全是强加于主体的，那么主体就无需为此负责。所以，如果对其行为完全没有自由，行为者就不能构成责任主体。我们或许可以称此为责任的自由条件。①

然而，即使行为可以被归属于行为者，并且行为者是自由的，即可以作出或意愿不同的行为，我们仍然不能因此而认为行为者应当为其行为承担责任。因为无论是我被要求为我的行为负责，还是我主动地为自己的行为承担责任都不只等于说：我承认自己自由地作出某些行为并且认可自身为行为的作者。事实上，承认某些行为是我自由的行为与拒绝为这些行为负责之间并不必然地自相矛盾，之所以如此，是因为前者只是对事实的描述，即描述性命题，而后者则是一个规范性命题。所以，无论是归责还是自我责任，作为一个规范性概念，总是预设了某种可以衡度行为道德性的规范。并且，无论我们如何理解这一规范之源起及其与行为者之间的关系，这一规范都必须具有对于行为者之可知性或者可

---

① 必须指出的是，我们此处的自由条件并不特指通常被理解为"可以不如此行为"的自由意志或中立的自由（freedom of indifference），而且也可指亚里士多德首先界说的行动的意愿性，即自发的自由（freedom of spontaneity）。也即是说我们是在非常广泛的意义上使用"自由"一词，以避开关于自由意志问题的繁琐的争论。

理解性（intelligibility）。由此，要求某人承担责任远不只是要求某人认可自己为行为之作者，而是进一步要求他（她）接受这一内蕴于责任概念的尺度或者说规范（norms），并以此衡度自身的行为。尺度或规范因而是责任不可或缺的构成性要素，以至于在没有可被认知的规范或者说在尺度完全不能获得确立的情况，谈论责任将毫无意义，我们甚至不能在负责与不负责的行为之间作出任何区分。

同时，这一规范也是行为者对之负责之物，或者说是行为的归责者。就此而言，责任总是"对……有资格制定规范的归责者之应答"，无论我们如何看待行为者与归责者之间的关系。正是在此意义上，责任可以被视为"对……的应答"。所以，并非偶然，在大部分西文语言中，责任一词都包含了"回答"或"回应"的词根。

但是，虽然上述三个条件是归责与责任所共有的，许多学者也因此倾向于在责任与归责之间不加区分，海恩斯却认为责任事实上表达出了某些完全不能为传统的归责所表达的意义。在《责任与归责》一文中，海纳斯首先从归责的意义分析入手辨析其与责任用法之相异性。按照海纳斯的分析，归责之重点在于行为本身，被归责的首先是行为，而非行为者。与此不同，责任所指向的首先是行为者，是能够负责的人，即使就其所具有的可归罪的意义而言也同样如此，被归罪的是行为者，行为只构成被归罪的内容或者说理由。其次，归责总是已经预设了一个被归责人应当向其负责的确定的归责者（accountant），所以，归责不仅是社会性的，而且是政治机制性的（institutional），或者更为明确地说，具有显明的法律机制性，因为充当归责者的通常是法官和陪审团，或者在比较模糊的意义上，是国家或者法律本身。[1] 当然，在一个法律化的神

---

① Nicolas Haines. "Responsibility and Accountability" in *Philosophy*, Vol. 30, No. 113 (Apr., 1955), pp. 141-163, p.144.

学框架中，被视为法律最终颁布者的上帝与其尘世的代表也充当了归责者的角色。也正因此，归责的观念总是与诸如法庭（tribunal）、法官和惩罚这样一些观念具有密不可分的联系。显然，归责所界说的首先是行为者与归责者之间的法律性关系，这在某种意义上决定了归责的外在性与有限性特质。

就前者而言，无论归责者是宗教意义上的上帝或者说国家（的法律机构），行为者与规定了行为规范的归责者都处于完全外在的关系之中。这当然不是说行为者对归责者及其归责义务一无所知，毋宁说行为者并不将此规范视为出自自身的规定性。所以，在归责主导的理论框架中谈论行为者对责任的主动承担——也即海纳斯主张的真正意义上的责任——并没有太多意义。与责任特有的主动性不同，归责就其实质乃是被归责。也即是说，就其与归责者的关系而言，行为者始终处于被动的位置。在此，情形正类似于法律意义上的罪与罚：如果法律全然不为人所知，惩罚也就失去了其正当性；但是，对法律的了解甚至服从并不要求被惩罚的个体出自内心认可惩罚及其依据的法律之正当性，也即是说这种了解并不因此就建立起行为者与法律（或者说归责者）之间内在的相关性。与此不同，严格意义上的责任则基于行为与法律（或归责者）之间的内在性关系，行为者不再将法律视为外在于自身的归责者，而是通过主动承担责任而将法律视为自我规定的产物，所以，如果仍然要用归责的语言，那么责任与其说是归责，不如说是自我归责（self-imputation）。

与此归责的外在性特质相关，归责只在一种非常有限的意义上指向作为行为者的人，因为只有在行为者—归责者（agent-accountant）之间确定的法律关系中，即在法律所规定的罪与罚的框架中，我们才能有意义地谈论归责与被归责者。由此，归责首先是归罪。但是，除非我的行为违背了法律的规定，我才是可被归罪的，而一旦我履行了法律（归责者）所明确规定的义务，法庭就与我无关，正如只要我还清了我所欠的债务，我就与债权人结清了。所以，并非偶然，归责一词又具有账务及债务结清之含义。但是，与归责不同，责任却无须预设一个确定的归责者以及其所规定的确定的归罪义务（determined liabilities），这是其与归责之间微妙却极为重要的相异之处。[1] 即使在其落点是行为者的情形下，归责考量的重点却仍然是可以被明确度衡的行为，而不是行为者本身。由于对行为之衡度最终取决于无论是法理还是伦理意义上的归责者，归责者也就从根本上规定了归责——无论是就行为还是行为者而言——的意义与限度，所以，归责一般都具有确定性与有限性的特质。与归责相比，责任则具有不确定性与开放性的特质，由于缺乏获得明确规定的归责者与归责义务，责任的意义在相当程度上取决于承担责任之行为者本身。所以，虽然归罪确实也构成了责任的一种意义，但责任却与归责，包括归责所特有的归罪义不同，正如海纳斯指出，归罪甚至不能被视为责任最为重要的意义，更不能被等同于责任了。

在初步区分了责任和归责概念之后，海纳斯进一步从责任的日常用法入手去显明了责任一词所具有的独特意蕴。在此，我们有必要问自己的是：如果在日常生活中我们称赞某人具有责任感，我们到底说了什么？比如，如果我们称赞中学老师哈利很有责任感（sense of respon-sibility），我们显然不只是说哈利能够履行他作为老师应尽的义务，或者说他做了他的雇佣者（在此可以被视为他的归责者）可以合理期待他做的一切——在此可以被视为他对其雇佣者应尽的职责，即确定的归责（罪）义务，因为违背这些职责，哈利就应当受到惩罚。如果是那样的话，我们至多会说哈利是个合格的中学老师。所以，当我们称赞哈利

---

[1]　Nicolas Haines. "Responsibility and Accountability" in *Philosophy*, Vol. 30, No. 113 (Apr., 1955), p.149.

具有责任感时，我们想表明的是哈利做了比合理地期待他应做的事务更多的事情，即哈利是个好老师，而不仅是一个合格的老师。比如哈利对教学工作主动热诚，具有使命感，将自己完全投身于工作，而不仅满足于履行义务，单纯地听命于其归责者。显然，责任在此不能被简单地归结为归责，也不复与惩罚直接相关，否则，哈利就只需履行为归责者所规定的确定的义务就可以了，但如果是那样的话，哈利就不能被恰如其分地称为具有责任感的老师。就此而言，责任恰恰意味着对归责之超越。由于哈利不仅完美地履行，而且在肯定意义上越出了（positively transcends）归责者之合理要求，归责者也就不再能够扮演责任意义之规定者的角色，因此，责任从根本上突破了为"归责者—行为者"所规定的(归责的）意义框架，也即是突破了罪与罚之间相称性的法律关系。与此相应，哈利也不再是可以被完全界说为被归责之行为者，而是超越了归责的责任的承担者，也即是说，哈利不再是被从外面，即从外在于哈利的归责者所规定的行为者，而是被他从自身内部规定的，即被其自我承诺（self-commitment）所规定的行为者。所以，责任不复是被归责，而是责任主体的自我规定，是自我负责或者说为我的责任。故而，海纳斯认为责任（感）所指的是作为个体的负责者所具有的一种内在的精神与态度。具有责任感的人不再将自己仅仅视为既定的法律，归责或习俗的遵从者，而是将自己视为自身的规定者，即视为自律的主体，并因此保留了质疑既定的法律和习俗的自由与权利。①

显而易见的是，虽然从日常语言的使用入手，海纳斯在此的目的并不只限于在归责与责任这两个仍然不时被混用的语词之间作出辨析，而更多地是为了能够把握责任一词所指示的独特的现象与观念。与归责不

① Nicolas Haines. "Responsibility and Accountability" in *Philosophy*, Vol. 30, No. 113 (Apr., 1955), p.155.

同，责任不复依赖于外在于行为者的归责者，而是行为者自我规定的结果，也即是说责任已经预设了能够自我规定的，并在此意义上是自由的行为者，正是在此意义上，责任将负责的个体规定为自由与自律的主体。这一责任的观念，在海纳斯看来，承载了近代的人格理想，并因此渐渐成为我们这个时代伦理话语的核心概念，而法律意义上的归责在传统伦理学中则始终是个边缘性概念。当然，这一转变也标志了近代伦理学与传统伦理学之间根本的区别，而康德则可被视为近代伦理学真正的构建者。所以，并非偶然，正是康德第一次明确地表述了作为其伦理学的责任概念与传统的归责之间的区别。

二、原初的责任

诚如我们在第三章（伦理行动：康德与亚里士多德）中已经指出，责任构成了康德伦理学的核心概念。对于康德来说，责任是对道德法则的责任，但是，道德法则却并不源于外在于行为者的无论是世俗还是神圣的立法者，而是行为者自我立法的结果。故对道德法则的责任即是对作为立法者的自我的责任，是自我限制或自律。这一自律的责任明显地区分于他律性的归责，以及基于归责的传统责任观。在此，自律既是一种道德责任——就其为按照法则的自我限制而言，又是比道德责任，即对法则的责任更为原初的责任，是道德责任之基础，正是在此意义上康德一再表明，道德基于自由（律）。在其对于道德的形而上学基础的讨论中，康德进一步将人，恰切地说，作为自身目的，因而是自由的存在者视为其自律的道德观必要的形而上学预设，而人对法则的遵从，就其所遵从者乃是自身所立的法则而言，已经是对自身作为自由的存在者的肯定。这当然不是说自由是先于道德责任的被给予性，因而是可以被认知的对象；毋宁说自由即是自律，是责任。也即是说，作为自由存在者的人，或者说人的道德人格乃是在对自身所确立的法则的遵从中被构成之物。就此而言，道德责任就其为自律的责任而言同时是自由的自我证成。在此，我们或许可以在三个层面上把握康德之道德责任的意义。

在最为基本的层面上，（1）道德责任乃是对法则的遵从，是去履行法则——无论其源起为何——规定的道德义务。这一责任已经预设了作为行为者的人拥有的尽管是有限的自由。按照康德的说法，道德责任之所以可能，是因为人具有区分于动物的任意性（arbitrum brutum）的自由的任意性（arbitrum liberati），也即是说，与动物不同，虽然人的行为必然地受到感性冲动的影响，却并不完全为后者所决定。

但是，对于康德而言，这一责任及其道德性乃基于一种更为原初意义上的责任，即（2）以法则来自我限制（自律）的责任。在此，责任被视为对作为立法者的自身的责任，正如康德指出，"意志并不简单地服从法则，他之所以服从，是由于他自身也是个立法者，正由于这法则是他自己指定的，所以他才必须服从"。① 显然，如果前一种责任仍然与归责有相似之处，那么后一种责任则已经截然区分于本质上是他律的归责之责任观。不仅如此，这一自律的责任进一步被视为人对自身存在之自我规定，责任因此可以被视为被规定为责任主体或者说人的道德人格之构成，或者说自我构成的行动。所以，正如康德在《理性限度内的宗教》中表明，并非人的动物性，抑或单纯的理性，而是人的道德性规定了严格意义上（in engeren Sinn）的人格，也即是说，对于康德来说，正是人的道德性界说了人之为人的真正本质。由此，我们可以看到，在

---

① Immanuel Kant, *Foundations of the Metaphysics of Morals*, translated by Lewis White Beck, Indianspolis: Bobbs-Merill Educational Publishing, 1976, p 49.

更为本源的意义上，责任已经界说了人的本质，或者，用海德格尔的语汇，人之存在性。

显而易见，康德不仅已经揭示了作为一般意义上道德责任的基础的更为原初的责任，即自律，而且，正如海德格尔所见，已经将这一原初的责任与人的存在或者说本质相连，而海德格尔在《现象学的基本问题》对康德之敬重说的分析即可被视为他对康德之原初的责任，及其虽然已被指示却又在某种意义上被遮蔽的存在论意义的进一步阐发。

虽然在《道德形而上学奠基》中康德已经在对道德义务的界说中引入敬重的情感，但是只有在《实践理性批判》中康德才对敬重感作了比较详尽的阐释。就这一阐释被归于"纯粹实践理性之动机"名下而言，康德在此引入敬重说的一个主要目的是就其对我们心灵的作用来解释道德法则"如何能独自地直接就是意志的规定根据"（KPV76），或者"纯粹理性如何可能在其自身是实践"的问题。按照康德的规定，尽管敬重具有一般情感的感性特质，却又从根本上有别于诸如快乐、痛苦和恐惧这类病理性（pathological）情感，因为其根源只在纯粹（实践）理性本身。作为道德法则在我们感性所激发或制造出的效果，敬重是先天的(a priori）道德情感。就其能够在感性层面上抵制乃至于消除其他（非道德的）情感对理性命令可能的干扰与影响而言，敬重则可以被视为道德行为的主观动机，其存在则表明纯粹理性在其自身(通过产生敬重情感)就已经是实践的，故而能够直接规定我们的行为。但问题是康德始终未能说明法则如何能够作用于与其完全异质的感性？或者说，不包含任何感性要素的理性如何能够产生一种与自身异质的情感？事实上，如果坚持康德的感性与理性之二元性，那么敬重甚至无法证成自身，更不用说被用来解决纯粹理性之实践性问题了，与此相应，敬重与法则之间的关系也不可能真正得以澄清。

尽管如此，海德格尔仍然将康德的敬重说誉为"我们能从康德那儿见到的关于道德的最为辉煌的现象学分析"（GP 189）。对于海德格尔来说，我们上述的敬重在康德伦理学中必然遭遇的困难恰恰表明了康德在理性与感性之间截然区分之不合理性，甚至进一步表明了，正如海德格尔在《康德书》中指出的那样，实践理性不仅不是康德所言的纯粹的，即消除了一切感性要素之理性，而是——就其表现为对法则的敬重而言——感性的理性。与《康德书》对敬重的简单论述相比，海德格尔在《现象学的基本问题》中对康德之敬重说作了更为详尽深入地阐释。①简略起见，我们可以将海德格尔对康德之敬重的解释概括为以下几点：

（1）虽然就其起源而论，敬重作为实践理性的产物而被界说为有别于其他情感的特殊的（道德）情感，但是，作为情感（感性），敬重在康德那儿却仍然不同于实践理性。与康德不同，在海德格尔那儿，敬重不再被区分于实践理性，毋宁说，正是作为情感，敬重已经是道德意识（实践理性）本身，并在此意义上界说了人的道德责任。

（2）敬重不只是道德法则加于我们感性的效应，并因此后于（理性）法则，而是法则自我显示，是道德法则能够达于我，即达于总是置身于具体的处境中的特殊之我的唯一方式。②唯有在敬重之情中，法则才获得了其可理解性，也就是说，唯有在敬重中法则才显示自身为行为的决定性根据，即显示出自身的实践性。故而，敬重并非法则的产物，恰恰相反，法则唯有在敬重中才成其为法则。惟其如此，法则（作为实践理性的表达）才可能如康德所言的那样，在自身中已经蕴含了实践性，也才能够成为我们行为的决定性根据。显然，对于海德格尔来说，敬重与

---

① 在《康德书》第三部分结尾处（30节），海德格尔为了显示康德之理论理性与实践理性在先验想象力中的同源性，已经简略地论及了康德的敬重概念。虽然我们在此将主要聚焦于海德格尔在《现象学基本问题》中对康德的敬重说的解释，我们在具体的分析中也同时将前者置于解释视阈中。

② 参见 Martin Heidegger, *Die Grundprobleme der Phänomenologie*, Frankfurt am Main: Vittorio Klostermann, 1958, pp.190-191。

其说是对法则的责任，仿佛法则以某种方式先在于敬重，并因此赋予敬重以道德性，不如说是敬重成就了法则，法则只有通过并在敬重（的道德意识）之中才成其为道德法则。就此而言，敬重已经是对自身所立的法则的敬重，并因此必须被理解为一种比一般所言的道德责任（即对法则的责任）更为原初的责任，即康德所言的自律，或自我立法。正是在这一原初的责任中，法则被构成，或者说获得其法则性。

（3）由于敬重是对自身所立法则，因而也是对作为立法者的自身的敬重。作为道德（责任）意识，敬重同时是一种自我意识，这当然不是说敬重是对被给予的或者说恒存的自我（对象）的意识，毋宁说"自我唯显见于责任之中"（GP194）也即是说，唯有在敬重中自我才得以被构成。故而，在最为原初的意义上，敬重乃是自我在其中得以构成的行动，并且，在敬重中显示自身，或者说被构造的不是"一般意义上的自我"，而是我每时每刻所是的那个存在者，即是"个别化的实存之我"（GP193）。正是在此意义上，海德格尔指出：敬重界说了我自己与自己相关联的方式（Bei-sich-selbst-sein）：即"对自身与为自身的责任"（Verantwortlichsein）（GP192）。就此而言，敬重作为责任主体得以构成的（原）责任已经界说了此在对自身存在的本真领悟，即此在本真的存在方式。

从海德格尔对康德的敬重的诠释——无论这一阐释是否以及在何种意义上忠实于康德的本意——我们或许可以初步地界说海德格尔自己的责任概念的激进的原初性。首先，原初的责任所涉关的并不是一般所言的道德责任，即对法则的遵从，而是责任主体之原构成。也即是说在最为原初的意义上，责任乃是作为责任主体的自我在其中被构成的原行动。故而，自我并不先在于责任。事实上，如果自我先在于责任，那么，是否为其行为、进而为其自身负责必然地取决于这一先在的自我的意愿或者自由。也即是说必然存在着不能被完全被界说为，并因此在某种意义上可能威胁到道德责任的自由，这显然与康德所言的自由唯有通过道德责任才具有实践的现实性的断言相左。

当然，海德格尔并不否认康德的伦理学确实在某种程度上预设了笛卡尔式恒存的主体，也正因此，尽管康德已经看到道德责任之所以可能，是因为人是自我立法的，也即是自律的存在者，故而责任在更为原初的意义上乃是自律的责任，但是，他却未能够在存在论层面上将人规定为自律的，并在这一自律的责任中构成的存在者。就此而言，虽然康德对于道德的形而上学根据的思考在海德格尔看来已经在事实上展示了他对于人的存在论结构的洞悉，并因此决定性地超越了他所承继的笛卡尔哲学传统，他却仍然未能"真正揭示出自我 [因而也是原责任] 的存在性"，甚至未能明确地提出关于人的存在论规定性的问题（GP201）。所以，通过将自我，恰切地说，将人与存在之关系界说为原初的责任，即责任主体自我构成的行为，海德格尔显然试图消解康德伦理学多少预设的笛卡尔式的恒存的，或者用海德格尔的语汇，现成在手的主体性。

其次，对于海德格尔而言，原初意义上的责任，即主体之原构成同时也是对法则的原构成，唯其如此，被构成的主体才可能是对法则负责的主体。借此，海德进一步消解康德之法则残存的外在性，从而切断了责任与归责之间续存的联系。事实上，只要自我被设定为笛卡尔式恒存的主体，法则也就相应地具有一种对责任的先在与外在性，所以，无论康德如何强调法则之为自我立法的结果，责任在康德那儿仍然留存有归责之外在性，并在某种意义上可以被视为纳入更多主动性的自我归责。但这并不就意味着海德格尔就因此而转向一种激进的内在性，即将法则视为内在于自我之物。正如没有先于责任的法则，也没有先于责任的自我。毋宁说法则与自我同样是在原初的责任中，也即是在此在与自身存在的关系中被构成之物。所以，在对康德的道德形而上学的分析中，海德格尔进一步指出，法则之为法则并能够规定和约束我们的行为并非因为其普遍性的形式，而是因为在我们存在中有其根据。也即是说，法则所规定的"应当"所基于的是"由此在生存的本质而获得规定"的"应是"（GP 195）。也正因此，对法则之敬重（责任）乃是对（此在）存在的敬重，这一敬重界说了此在本真的存在方式。由此，敬重在最为原初的意义上乃是此在对自身存在的责任，是存在之意义在其中得以构造的原行动。正是在此意义上，自由无非是责任，反之亦如此。

显而易见，海德格尔对康德之敬重的阐释具有明显的存在论的导向。以至于我们可以说对道德责任的分析只构成了这一存在论分析的起点。对于海德格尔来说，敬重情感之重要性不仅在于其道德意义，而更多地在于其存在论蕴含。作为道德情感，敬重在海德格尔看来例示了此在的一种本真的生存方式，在这种方式中，我意识到我所遵从的法则乃是自我立法的结果，也即是说，是在我的存在中有其根据的法则，并因此将自己看成自由的，自我规定的存在者。这当然不是说本真性可以被归结为道德性，海德格尔自己就对两者做了明确的区分。我们显然也可以设想这样一个有德性的人，完美地履行了所有道德责任，但却仍然不能被认为是以本真的方式存在，因为他（她）并没有意识到规定了责任的法则乃以某种方式源于自身的存在，从而将自身对法则的遵从视为真正的自我实现，即使他（她）并非因为某种外在的强制力而履行责任，而更多地出于比如对他人的同情等作出道德的行为。就此而言，并非责任之通常认可的道德性，而是其本真性，即其对此在之存在的揭示才构成了海德格尔阐释康德之敬重说的主旨，正如海德格尔在这一阐释展开之前就表明：他关于敬重情感的阐释所要解答的问题乃是：当我们在敬重的情感中"将自身领悟为道德的，也即是行动的存在者时，我们究竟对自身的存在作出了怎样的领悟？"（GP186）

但这并不必然地意味着海德格尔完全忽视了敬重的道德含义，相反，对于海德格尔来说，康德对敬重的分析恰恰指示了一条经由对自我之道德性的领悟而领悟自身存在性的道路，其不言自明的前提是：如果道德意识印证了我们的一种特殊的生存方式，那么这种生存方式必定能在我们的存在性中找到其根据。反之，我们对自身存在的把握也必定能够显明道德之本质或者说其存在论根据。正是在此意义上，海德格尔在《存在与时间》中断言，规定了本真性的罪责乃是道德罪责的可能性条件，并且是道德善恶区分的可能性条件。显然，海德格尔对康德敬重说的存在论阐释恰恰构成了他自己关于此在的生存论分析与伦理学，尤其是康德伦理学之间引人注目的切近点，并因此明确地表达出他的存在论之伦理意向和动机。

这当然不是说海德格尔因此就必然地倾向于康德式的以责任（或义务）为核心的伦理学。但是，另一方面，海德格尔将本真性界说为自我责任，即用责任的语言述谓此在与存在的（本真）关联却明显地带有康德的印记。当然，海德格尔之本真性（自我责任）不再是康德意义上的道德责任，甚至不再是康德之自律和自我限制的责任，而是更为激进意义上的自我构成的原责任，其所界说的是此在之存在领悟，即此在在其本真状态中领悟到的存在。与此相应，敬重在海德格尔那儿也不只是对道德法则的敬重，而毋宁说是对自身存在的敬重。

三、敬重与良知

在对敬重的生存论意义作出初步阐释之后，海德格尔在《现象学的基本问题》中写道："如果在存在者状态上，作为道德情感的敬重揭示了［本真的］自我的话，那么我们面临的问题是如何对这一自我作出存在论界说"（GP194）。所以，如果敬重被规定为一种自我（同时也是法则）在其中被构成的原初意义上的责任，那么，我们就必须在存在论层面上显明这一原责任，也即是此在本真存在之可能性条件。某种意义上，海德格尔在《存在与时间》中展开的对此在之存在论分析，尤其是关于本真存在之阐释即担当了这一使命。诚如我们前面（生存的有限性）已经提到，虽然海德格尔在展开其关于此在的生存论分析之初就已经界分了本真与非本真性，但是，只有在第二编（"此在与时间性"）中，本真性方获得直接的规定，这是因为，按照海德格尔自己的解释，"之前此在分析所源出的诠释处境不够适切"（SZ 235），也即是说，诠释所预设的先有（Vorhabe）之中"一直有的只是此在的非本真存在与作为不完整此在的存在"（SZ 233），所以，如果要获得对存在的本真领悟，就"首先必须把此在作为整体置于先有之中"，而这"唯有通过获得一种存在论上足够充分的死亡概念"才有可能（SZ 234）。由此可见，海德格尔关于死亡的分析的意义首先在于它提供了一个适切的诠释处境。作为一种具有普遍性的人类体验，死亡赋予本真性以一种海德格尔在《存在与时间》之前关于本真生存探讨所不具有的普遍意义，本真性因而不再是与某种特殊的生活方式或体验（比如宗教体验）相联的生存形式，而是——如果对死亡的本真领悟可能的话——在此在之存在结构中有其根据的生存形式，是对于无论处于怎样的历史文化境遇中的人的一种生存的可能性。

不仅如此，海德格尔关于死亡的分析直接可以被视为对本真性的存在论界说，这事实上已经蕴含在海德格尔对此在整体存在的强调中。正如我们在第七章（生存的有限性）已经指出，海德格尔的整体性所指的是此在的自我整合或云自我构造，所以，如果将本真性界说为一种自我（责任主体）在其中被构建的原初的责任（行动）的话，那么，关于死亡的分析所要展示的恰恰是这一自我构建的责任之可能性（生存论）条件，也即是说，死亡在存在论层面上的自我构建功能。为此，海德格尔

必须显明：(1) 死亡使自我可能作为区分于其他此在的在者而存在。(2)
死亡使自我关系可能，并且这一在对死亡中先行中得以构建的自我关系
可以被界说为原初意义上的责任，即对自我的责任。就 (1) 而言，由于
此在首先总已经是沉沦于常人中，并因此已经是丧失自我的存在者，所
以，海德格尔首先显明了正是通过对自身死亡的领悟，此在得以将自身
振拔出常人状态。在关于死亡的分析中，海德格尔通过对照对死亡之非
本真与本真领悟更加充分表明了这一点：如果说常人——此在总是倾向于
逃避死亡，而常人也通过对死亡的不断掩盖而巩固自身统治的话，那么，
正是通过直面自身的死亡，此在方始洞见到常人构建的意义世界之无根
基性，并因此而不复从常人出发，而是由自身出发去筹划自身的能在。

在此，对死亡的领悟之所以能够将此在从常人状态中解救出来乃基
于其个别化功能，也即是说，用海德格尔的话，是由于死亡解除了此在
与他人的关系，从而"将此在作为个别地东西来要求此在"。但问题是，
在解除了此在与他人关系的同时，死亡是否同时解除了此在与自身（存
在）的关系，也即是说，死亡不仅没有达成个体（别）化，而是相反地
了无差别地消解了个体性：在死亡面前，每一个人都被还原成对于死亡
而言无差别的个体，以至于说我的死亡 (I die my death) 已经是个悖论，
这或许解释了死亡对于个体而言的不可理解性 (unintelligibility)。其次，
虽然死亡揭示了常人世界之无根基性，却并不提供任何可以替代的根基
（意义），相反，作为"无度地不可能生存的可能性"，死亡恰恰消解了
任何意义，任何可能的关系，包括自我关系。由此，死亡并未使自我责
任（关系）可能。①

---

① 从另一个角度说，如果剥离所有内容，那么，我的死亡与他人的死亡之区别只
在于是"我"而非"他人"的死亡，而这一区别已经设定了在先的（与他人相区别的）自我，
由此，自我并不通过死亡而获得构建，毋宁说死亡只有通过已经与他人相区分的自我而
成为我的死亡。

海德格尔当然没有完全回避这一疑虑，事实上，他在对死亡的分析之初就考虑到这一点，并因此写道：

> 只要此在作为存在者存在着，它就从不曾达到它的"整全"。但若它赢获了这种整全，那种盈利就成了在世的全然损失，那它作为存在者就不再能被经历。(SZ 236)

但是，这并不对海德格尔寻求的存在论层面上的自我整合构成问题，因为整个死亡分析在海德格尔那儿已经预设了在畏的现身状态显示自身的此在之烦的结构。换一句话说，如果此在就其存在结构而言是烦的、先行于自身的存在者，并且能够在这一先行中勾连自身的过去与当下，那么，虽然"不能作为存在者状态上的整体从存在者状态上被经历"(SZ 236)，在存在论层面上，此在却能够先行到自身的死亡中去，从而将自身领悟成作为整体的存在者。

尽管如此，正如畏的情态不可能在与对死亡的本真领悟相分离的情况下获得其存在论规定，在关于畏的现象——其意义最终由对死亡之畏所界说——分析中得以初步提出的此在存在的先行性同样需要通过对死亡的分析得以确立。也即是说，一方面，对死亡的本真领悟，也即是说对此在在存在论层面上的自我整合的可能性之证明已经依赖于此在生存的先行性；另一方面，这一先行性，如果不只是关于此在生存（时间性）的纯粹的先验假定，却又只能通过此在先行到自身死亡之可能性而获得印证。显而易见的是，在此我们所遭遇的是某种形式的循环，即使我们不能就此断言这一循环具有逻辑意义上的不可逾越性，它至少要求海德格尔为死亡对个体的构成性作用提供更多的证明。

这或许解释了为什么在表明死亡分析已经将整体的生存着的此在带入生存论的先行具有之后，海德格尔却重新发问："但此在也能本真地整体生存吗?"(SZ 234)当然,海德格尔也随即指出,对这一问题的回答只能依赖于此在"在自身的存在中提供出来的证据",即此在之自我印证,而良知现象,就其能够"提供了某种本真能在的证明",就构成了这样的印证。在此,良知之内在性及其与(罪)责任的关联显然提供了海德格尔之生存论解释的现象基础。通常而言,良知都被视为我对自身的道德告诫或评判,并因此具有明显的道德含义,但是,在海德格尔看来,构成这一现象更为本源的现象性的并非其道德性,而是其自我召唤性,良知所可能具有的道德意义也只能基于这一更为原初的现象。这当然不是说良知应当被解为柏拉图式的灵魂的自我对话:在良知之前并无现成的,或被给予的自我,毋宁说自我是在良知中并且通过良知被构成之物,因为正是通过听从良知之召唤,此在才可能由其处身的常人状态被唤入自身最本己的能在,即唤入自身向死而在之存在。由此,良知恰恰印证了此在通过对自身死亡的本真领悟自我构成(整合)的可能性。事实上,良知现象本身所展示的正是这一此在自我构成的原行动。在关于良知的分析中,这一原行动被界说为此在对良知之召唤的倾听,即愿有良知。愿有良知,按照海德格尔的解释,乃是一种"对自身存在的选择的选择"(Wahlen der Wahl einers Selbstseins)(SZ 270),或称决断(Entschlessenheit)。这一选择所选择者当然不是良知本身,正如死亡并非此在之可选择项,良知之有无也与此在之意愿和自由无关。就此而言,两者毋宁说构成了对选择的自由的最终的限制,并因此规定了选择,也即是此在之自我构建的有限性。但也正因此,选择选择,作为对良知的倾听,已经是对于良知之召唤的回应,即对于良知的责任,由于良知无非是此在自身对自身的召唤,故而,这一责任从根本上而言乃是自我责任。由此,此在在良知中的自我构成已经是对自我,也即是对自身存在的责任。显然,借助于对良知的分析,海德格尔进一步显明了此在自我构建,从而也是此在本真存在的可能性;不仅如此,这一自我构建也最终被表述为此在对自身存在的责任，或者，用海德格尔的术语，由良知所宣告的此在的罪责。

在此，与海德格尔关于死亡的分析相似，良知之自我构建同样预设了此在之存在的先行性，因为，正如海德格尔表明"良知的呼声，即良知本身，在存在论上之所以可能，就在于此在在其存在的根基处是烦"（SZ 277-8）。但我们将不再纠缠于这是否仍然包含某种循环论证的问题，重要的是由良知所宣告的罪责，如果这一罪责确实能被显明为一种自我构建的原的责任，那么，此在之存在之先行性，连同此在对自身死亡之本真领悟都将由此而获得最终证成。进一步而言，如果这一生存论意义上的罪责能够被显明为伦理罪责基础，那么海德格尔的生存论分析确实是在比康德更为原初的意义上，建构了一种道德形而上学，甚至可以说，诚如海德格尔在《人道主义》所言，对存在之思本身已经是原初意义上的伦理。

四、责任的悖论

与对良知的分析相似，海德格尔对罪责现象的分析所着眼的也是其生存论，而非其道德含义。尽管如此，海德格尔之启用罪责一词仍然是耐人寻味的。罪责通常所指的是行动者对自身过错的意识，这一意识同时也是对自身责任之确认，故而罪责，正如海德格尔指出，包含有责任义。但是，另一方面，正如我们在上面对归责与责任的对照分析中指出，与归责不同，责任，尤其是自我责任决不能被等同为归罪，或者自我归罪。当然，海德格尔并不是在道德过错的意义上用罪责一词，也即是说，对于海德格尔来说，我并不是因为选择错误而对自己或他人负罪。这当然不是说我的选择不会出错，而是说在我作出选择，或者更为恰切地说，选择选择（即本真的决断）之前尚无度衡错对的法则，甚至没有可以归罪或自我归罪之我（主体）。两者都依赖于更为原初意义上的责任，即责任主体在其中被构成的原行动。罪责所指的即是这一原初的责任。

　　另一方面，这一原初意义上的责任却已经在自身中包含了否定性，并在此意义上可以被恰切地以具有道德否定性的罪责来名之。问题是，何以这一原初的责任或选择是否定性的？海德格尔对此的答复非常简洁：因为有限的自由只能是选择的自由，而选择总是选择掉，是对未被选择的可能性的否定。① 只是这一在某种意义上重复了斯宾诺莎著名的"肯定即否定"之辩证法的解释虽则简洁，却不甚明了。诚然，选择做一个医生确实可能意味着（至少对于一个有限的存在者而言）不能同时选择成为一个哲学家，但这并不构成负罪。只要这一选择具有充分理由，即能够同时使自己感到有意义，并能得到他人和社会的肯定，作出选择的人虽然应当为自己的选择负责，却并无需因此负罪，除非他做了违背医德之事。所以，虽然对某些可能性的选择总意味着不选择另一些可能性，但是，如果选择（或选择掉）具有充分的根据或理由，那么这一选择内含的否定性就不会导向罪责（负罪），正如对某一事态的肯定虽然意味着对另一事态的否定，肯定并不因此就与否定是一回事，除非肯定（因而也是其所包含的否定）本身毫无根据。与此类同，除非所有的选择与选择掉都是同等无根据的，选择包含的否定性才会被等同为负罪，而选择本身（从而也是选择的，即有限的自由）也才可能在否定意义上被描述为罪责。换一句话说，选择之所以是有罪责的，是因为其必

---

　　① 但自由仅在于选择一种可能性，这就是说，在于承担未选择其他可能性并且也不能选择它们这回事。(SZ 285)

然是无根据的——不仅选择不能由其自身确立自己的根据，而且也不存在着选择可以依赖的外在于选择的根据。

但如此，罪责也就不能被视为责任，因为我或许有选择（或选择掉）某些可能性的自由，但作为有限的存在者，我不得不是选择的存在，也即是说，我并无不选择的自由，并因此不能因为选择本身而负责（罪）。所以，这一与责任不复相关的罪只能被理解为毫无理由的判罪，仿佛来自不可知的命运的诅咒，其所判罪者也不复是我的行为，而是我存在的有限性，即有限的自由，由于我不可能不是有限的，因而是选择的存在，这一归罪所判决者最终是我的存在。在此意义上，我们或许可以说我在我的一切行为之前是有罪责的，也即是说存在（在此）即罪。只是这一罪责即使成立，也明显地没有伦理意义，因为无论如何选择（与自身以及他人处于何种关系中），也即是说，无论我如何行动，我总已经是有罪的存在者，由此，罪责不仅不能成为道德罪责的根据，而且消解了任何使道德罪责成为罪责的理由（标准），乃至于从根底上消解了过错与否（善恶）得以区分的标准可能存在的空间。

但是，虽然海德格尔确实以罪责一词凸显出了此在之选择的有限性，以及这一有限性所蕴含的否定义，此在却并不因为其选择之否定性（或有限性），而是因为其选择选择，即其对选择（或有限性）之选择而成为有罪责的存在。也即是说，按照海德格尔，此在之所以是负罪的存在者，乃是因为就其存在而言，"此在生存着就是它能在的根据"，或者说"此在不得不生存着接受根据性的存在"，虽然，从生存者状态上而言，"此在不曾设置这根据"，并且"决不能控制这根据"（SZ 284）。

显然，如果此在不（接受）将自身视为自身的根据，那么，此在就无需为自己的选择之有限性（否定性）负责（罪），既然这一有限性并非出自此在自由的选择。当然，此在仍然可能在有限的意义，即与其有限性相适的意义上，为自己选择之过错负罪。作为有限的存在者，我当然不是自身的根据，但如此，我们也没有海德格尔所言的生存的罪责，即为并不出自我的行动（自由）的选择必然内蕴的否定性（即选择掉）负责的责任。

所以，此在之为自身的根据，也即是说作为自身根据的自由，乃是生存的责任，是这种本质上无限（度）的责任之必要预设，其所描述的与其说是作为有限的存在者的此在之所是，不如说其所不是，或者说是其应是。当然，对于海德格尔来说，这一应是如果有意义，就必然会在此在之存在中有其根据。也即是说，此在不仅应当，而且——至少在存在论意义上——是（或者不得不是）作为自身根据的存在者，即使在存在者状态上此在不曾设置自身的根据。换一句话说，虽然此在在存在者状态上是有限的，也即是并非自身根据的存在者，却必须在存在论层面上被显示为自身的根据，即具有成为自身根据的自由。由此，生存论意义上的责任已经在自身中指示了一种激进的自由观，因为除非能够从自身根据处设置自身，此在才能够为自身的存在负责，并因此——作为在世之在——承担起对世界（一切无论是否以此在方式存在之存在者）的责任。

由此，正如我们在第四和五章中致力于显明的那样，海德格尔的生存论分析中隐含了一个以无中创生有的神圣意志为摹本的自由概念。事实上，也正因为在生存论层面上，此在乃是自我创生的自由，并在这一自我创生中构建了一切存在者（包括作为存在者的自身）之存在（意义），故而世界和他人之无意蕴，乃至于此在之可能的不在此（死亡）最终能够被显示为此在之存在，或者更为恰切地说此在之生存论意义上的自由的更为原本（本真）的展开方式。在此，无或者说无蕴性虽然表达了与自我创生的自由相应的有限性，但是，作为自我创生的条件，无不仅没有限制，反而成就了自由。正是在此意义上，无乃是比存在（有）更为本源者，而自由与其说是存在，不如说是无，或者说无之"无化"。同样，时间之所以被视为存在之视域（意义），乃是因为其最为恰切地表述了无之本源性。对于这一无根基的或者说以无为根基的自由而言，没有任何可能构成对其限制之物，因为没有任何自由之前的存在者（存在）。但是，另一方面，这一绝对的，本质上无限（制）的自由乃是不负责任（irresponsible）的自由，因为任何责任都已经是对自由的限制，但任何限制（包括自我限制）都是对无限的自由的否定。就此而言，无限的，在自身中拒绝任何限制的自由只能是最终（高）的任意性，是海德格尔在其《形而上学导论》中展示的存在的暴力（Übergewalt）。这一自由与其说是伦理责任的基础，不如说表明了伦理责任之无根基性，并且其所威胁到的也不仅是伦理责任，而且还有存在本身。对于这一自由来说，海德格尔之形而上的基本问题，即"为什么有物存在，而不是无物存在"所追问的与其说是存在之意义，不如说表达了在无意义与无根基面前无限度的畏。

或许正因此，海德格尔力图在不求助于无限性预设的情况下谈论有限性，正如他在论及康德时一再强调，责任的语言已经预设了有限性。生存的责任，作为责任，也不例外。在此，海德格尔将本真性（即原初的责任）规定为"选择选择"显然是耐人寻味的，虽然对选择（有限性）之选择已经意味着对选择之有限性的超越，但对选择之选择，作为选择，却仍然是有限的，故而"选择选择"乃是——诚如海德格尔在《康德书》中所言——有限的超越（finite transcendence），其所基于的是有限的，或者用海德格尔的语言——被抛的自由。换一句话说，对于海德格尔来说，此在之所以有（罪）责的，是因为，至少在存在者状态上，此在既非自我创生的力量，也不是世界（存在者）的主人，而是被抛入世界中的存在者。作为被抛的存在者，此在总是已经置身于特殊的处境之中，并因此总是已经受到世界之中的其他此在，乃至于非此在的存在物的限制。就此而言，自由对于此在而言总已经是有限的，即受到限制的自由，绝对（无限）的自由只是形而上学幻觉。当然，在限制了其自由的同时，被抛性也向此在开放出了其可选择项，有限的自由因而可能是有所选择的自由，是在向其开放出的可能性中选择一种可能性，并为自身选择负责（包括负罪）的自由。就此而言，此在因其有限性（被限制）方可能是负责任的存在者。

但是，对于海德格尔而言，此在并不是因为在存在者状态上受限于他人与世界而是有限的，并因此是可能负责的存在者。如果只是这样的话，那么责任就只能是一种外在性的归责，而不是此在对自身存在的责任，后者在海德格尔那儿要求要求一种生存论而不只是生存状态意义上的有限性意识，也即是说要求将来自于世界的限制显示为来自于此在自身存在的限制，如此责任方可被完全区别于被归责而成为自我责任。

从生存论层面论，此在之所以受到世界和他人的限制，是因为此在就其存在而言总已经是共他人的在世的存在者，但此在之所以是，并且能够将自身领悟为在世的存在者却并非因为此在之世界性，而是因为此在由其存在而言即是被抛入世界的存在者，并且是因为被抛入死亡而拥有世界。也即是说，此在之为在世的存在者，乃是因为其有死性。所以，此在也就不能，如常人—自我那样，仅从世界方面来理解自身的有限性，而必须经由对死亡的领悟才可能把握自身的有限性，以及基于这一有限性的责任之本质。

但是，正如我们在（生存的有限性）已经显明的那样，对死亡的本真领悟与其说界说了此在之有限性，还不如说指示了无限的，连死亡都不可能限制的自由。唯其如此，对于先行到自身死亡中的此在而言，世界不再有意义，并因此既不能构成对此在的自由，即向死而在的自由的限制，也不能构成其选择，即选择选择的标准。所以，死亡不仅没有支持此在之在世性可能构成的限制，反而表明了这一限制之无意义性。常人信靠的自由也由此而被显示为无根基的（非本真的）自由，基于这一自由的责任，首先是道德责任也相应地成为非本真的责任。这当然不是说，常人因其自由之无根基性而是非本真的，毋宁说常人因其对自由必然的无根基性的遮蔽（逃避）而是非本真的。也即是说，对于海德格尔来说，与常人的自由不同，本真的自由乃是无根基的，或者说是从根基处拒绝一切并非来自自身限制的自由，唯其如此，自由才可能是在绝对意义上自我限制的自由，即原初意义上的责任。

在此，值得注意的是，海德格尔对本真罪责的界说事实上包含了两个自由概念。我们或许可以分称其为生存论的自由与生存状态上的自由。就其存在而言，此在乃是从根据处设置自身的存在者，也即是说，是自我根据的自由，唯其如此，此在才能够将有限性作为自己的选择项，并且为此选择负责（罪）。同时，也正是这一自由使得生存的责任可能。但是，从其生存状态而言，此在则从来不是自身的根据，毋宁说此在的自由总已经是受到无论来自于自身还是自身之外的限制，故而只能是有限的，选择（而并非选择选择）的自由。对于这一自由而言，谈论生存的责任毫无意义。

某种意义上，海德格尔之生存的罪责（任）即意在勾连两者。也正因此，对于海德格尔来说，要证成生存的责任，我们一方面必须显明其在此在存在中的根据，另一方面则必须同时显明其在存在者状态层面的可印证性，也即是说要证明生存的责任不仅具有存在论意义上的可能性，而且在生存状态上是可能的。就此而言，生存的责任之可能性仰赖于海德格尔对此在之存在论及其存在者状态界说之间严格的相契或互属性。但是，正如我们上面的分析所显明，如果说生存论意义上的自由因其无限制性（与一切限制不相容）而无所谓责任，生存状态上的自由则因其有限性而排除了生存的责任。生存的责任遂成为一个悖论，因为作为责任，生存的责任已然设定自由之有限性，但作为对存在的责任，生存的责任却同时必须预设无限的，以自身为根据的自由。其结果是生存的责任与其说在自身中勾连了存在论意义上的自由与存在论状态上的有限性，不如说在自身的悖论性中指示了两者之间不可逾越的鸿沟。唯其如此，生存的责任一开始就被表述为一种否定性的罪责，其所意味的，正如我们上面已然显明，要么是不可能的责任——就此在生存论的自由而言；要么是无根据的判罪——就此在生存论状态的有限的自由而言。

事实上，作为完全由"无"所规定的存在者，也即是说作为绝对意义上有限的存在者，此在不仅不能由自身构建任何根据，而且是无需根据性的存在，所以，不仅生存论上的自由无法获得生存状态的印证，而且生存状态上的本真性已经拒绝了任何越出自身的根据。就此而言，海德格尔关于本真性的界说与其说显示了此在之存在论与其存在者状态之间的契合性，不如说表明了两者之间的不相容性。也正因此，正如海德格尔在一开始界说此在时所言，"此在特有的存在机制对此在始终蔽而不露，……此在在存在者状态上离它自己'最近'，在存在论上离它最远"（SZ 16），而这是因为"此在具有从"世界"方面领会本机存在的倾向"（SZ 15），也即是说因为此在总已经是沉沦着的在者，作为沉沦着的存在者，此在因其存在就必然是有罪的存在者，[①] 罪责因而（如同沉沦一样）具有一种存在论意义上的必然性。

所以，正如许多评论家所见，海德格尔之本真性在某种意义上只是以存在论语言重述了克尔凯廓尔的无限与有限，或者说自由与必然的悖论。当然，罪责作为一种责任，即意在愈合这一悖论。但是，如果说对于克尔凯廓尔来说，这一悖论所指向的是上帝超于正义的，为有罪的人类完全无法理解的仁慈，并且正是这一仁慈支持了对人类有限的理性来说显得荒谬的信仰，那么，海德格尔之先行到死亡的决断虽然在某种意义上类似于克尔凯廓尔之宗教性决断，其所表达的与其说是对上帝

---

① 或者说罪责在海德格尔那儿描述的无非是此在之沉沦。

的仁慈的信仰，不如说是对在畏的情态中显示的无与无根基性的洞观（Erschlossenheit）；与其说是克尔凯廓尔向上帝的"盲目一跃"，不如说是尼采式的对有限性的最终肯定，是肯定一切的强力意志。① 所以，并不奇怪的是，与此尼采式的命运之爱（amor fati）相伴随的最终是快乐，而不是基督教的阴郁的罪意识。

事实上，罪责在先行的决断中已经被转化为完全肯定性的概念：在此，选择选择并非如其字面所示的那样是对有限性的选择——没有无限性，有限性也不再成为选择项，甚至选择也不复为选择。就此而言，罪责既非责任，更非负罪。毋宁说通过先行到自身的死亡中去，通过对自身死亡（有限性）的肯定，本真的此在在自身中，在自身的本真性中成就了尼采式的超人，对于这一作为强力意志之化身的超人（übermensch）而言，责任（罪责）的语言不复适用。因为正如尼采表明，强力意志乃是超于善恶的意志（力）。

只是这并不意味着——如同尼采所设想的那样——对价值的重估，意味着一种新的伦理学的可能性。正如海德格尔在论及尼采时指出，强力意志所表达出毋宁说对存在本真的领悟，就此而言，存在不外是强力意志。作为强力意志，存在就其本质是超善恶的，是不受诸如价值（或者价值创造）制约的绝对意志。② 由此，为先行的决断所揭示的存在与

---

① 参见 Adolf Sternberger. *Der verstandene Tod, Eine Untersuchung zu Martin Heideggers Existenzial-Ontologie*, Leipzig, 1934, pp.113-124。

② 通过对尼采的强力意志的"存在论"解释，海德格尔试图表明：如果强力意志被视为存在本身，那么价值或者价值的重估——就价值仍然在某种意义上蕴含了"应当"之意——事实上已经变得多余了，因为并非"应当"决定存在，而是存在，即强力意志决定"应当"。当然，这也意味着就其仍然在谈论"价值"和"价值重估"而言，尼采尚未能在存在论层面上理解其强力意志，也即是说，没有真正将存在（而不是存在者，即使是作为超人的存在者）真正理解为超善恶的，所以，海德格尔最终将尼采归入传统形而上学也就不足为奇了。参见［德］海德格尔：《尼采》，孙周兴译，商务印书馆 2004 版，第 18—19、33、39 页。

其说展示了道德的基础，不如说展示了道德——不仅道德责任，而且还有善恶区分在存在中的无根基性。与此相应，作为一种意志哲学或者说意志的形而上学，海德格尔的存在论与其说提供了伦理学的基础，不如说从根基上消解了伦理学（包括伦理责任）之可能性。而仿佛与伦理最为切近的本真性，或者说本真的罪责与其说指示了伦理与存在之关联性，不如说是两者之间最终的切分。

当然，这一对无根基性的揭示或者承担仍然可以被视为一种更为本原意义上的责任，正如作为意志，绝对的意志仍然只是本质上有限的欲求。但是，正如萨德勒在谈到尼采的超人时意味深长地写道：

> 在接受了肯定有限性本身这一最高的挑战之时，查拉图斯特拉最终奏响了迪奥尼修斯之狂喜的永恒曲，一旦成为终极的敬拜、感恩与肯定的对象，有限性令人惊讶的变身为永恒，变身为神。①

五、从责任到回应

然而，虽然对海德格尔本真决断的唯意志论读解并非没有理由，并且就本真性在《存在与时间》中举足轻重的地位而言，海德格尔的基础存在论也带有明显的尼采式唯意志主义色彩，但是，另一方面，正如一些评论者所见，并非此在及其本真性，而是存在才是海德格尔之主导性

---

① Ted Sadler, *Heidegger and Aristotle*, pp.197-198.

问题，① 甚至存在之问之所以可能也是因为此在乃是被置于与存在关联中的存在者。就此而言，如果说生存论意义上的责任界说了此在与存在的关联性，那么，这一责任从一开始就被表述为来自存在之托付（Über-antwortung），责任是对这一托付的回应（antworten）。

事实上，这一托付的主题已然出现于海德格尔关于此在之生存论分析展开之初，正如海德格尔表明，存在之所以是此在性命攸关的东西，是因为"此在已经被托付（überantwortet）给它自己的存在了"（SZ 42），连同此在之向来我属性也源于存在之托付。故而，向来我属性并不意味着此在是自足与自律的笛卡尔主体，因为此在并不仅由其自身之故而成为区分于其他此在之存在者，毋宁说此在之所以总已经是我的此在，乃是因为其存在之故，或者更为恰切地说，是基于存在之"要求"，此在因此而有责任按照其最为本己的可能性去筹划自身的能在，即以本真的方式存在。当然，此处所言的存在仍然是属于每一此在之存在，正如此在所界说的总已经是个我的存在或在此。也即是说，存在与此在一开始就处于互属性的关系中。尽管如此，托付的语言至少暗示了两者之间的某种（或许更为源始的）相异和相离性。某种意义上，正是基于这一两者之间的可区分性，我们才可能谈论此在与存在的关系，或者说此在之存在关联性，这一存在关联性，按照海德格尔，界说了此在较之于其他非此在之存在者的存在论暨存在者状态的优越性。

---

① 比如 Demske 就认为我们应当在《存在与时间》中对此在的生存状态的描述，及借此所传达出的存在论之间作出区分，虽然他也承认在《存在与时间》，海德格尔仍然试图——当然，在 Demske 看来并不完全成功地——为其存在论提供一个存在者状态（ontisch）的奠基。参见 James M. Demske, *Being, Man & Death*, The University Press of Kentucky, 1973, pp.31-35. 当然，问题是：如果其存在论并不能获得存在者状态的印证，或者两者能够如 Demske 所设想的那样可以互相分离，那么，什么能够表明——如同海德格尔在《存在与时间》中仍然有所顾虑的那样——他的存在论不是"想入非非的奢望"，甚至"毫无意义"？（SZ 266）

但是，虽然是被托付到其存在中的存在者，此在在大多数情况下并不由其被托付性来看待自己，并因此处于遗忘自身存在的沉沦状态之中。尽管如此，托付性仍然在此在之现身情态中被公开为一种负担：

> 在情绪状态中，此在总已经作为那样一个存在者以情绪的方式展开了——此在在他的存在中曾被托付给这个存在者，同时也就是托付于此在生存着就不得不是的那个存在者。(SZ135)

也正因此，海德格尔一再强调情绪较于认识以及意志之原初性，即使在沉沦状态，"在这种情绪不肯趋就之处，此在托付给这个此是昭然若揭的"(SZ 135)。这一托付性也规定了此在生存论意义上的被抛状态：

> 此在的这种展开了的存在性质，这个它存在着，我们称之为这一存在者被抛入它的此的被抛状态，被抛状态这个术语指的是应托付的实际状态。(SZ 135)

作为被抛的，也即是被托付到这个此的存在者，此在总已经是被抛入世界的与其他此在共在的存在者，也即是说，此在是作为与他人共在的在世的存在者而被（存在）托付给自身的，唯其如此，此在在本真决断中的个别化，正如海德格尔一再表明，"并不把此在隔绝在一个漂游无据的我中"，毋宁说只要与自身存在处于本真的关系之中，此在就是本真的能在世。所以，"决心恰恰把自身带到当下有所烦忙地寓于上手事物的存在之中，把自身推到有所烦神地共他人的存在之中"(SZ298)。

由于此在之在世性乃源于存在之托付，而不只是描述了此在与其他此在在世界中共同生活的经验性事实，即使在畏的情态中展露的世界与他人之无意蕴性，乃至于死亡都不能切断此在与世界（他人）的存在关系，毋宁说正是通过先行到死亡中去，此在方可能与自身，从而也是与他人（世界）处于本真的关系之中，正是在此意义上，海德格尔可以说"此在被抛入死亡因而有世界"。事实上，死亡在海德格尔那儿之所以并不如人们自然地设想的那样，无差别地泯灭个体，而是相反地成就了此在之个别（体）性，乃是因为严格来说，死亡并非我的死亡，而是我被托付给死亡。也即是说，从生存论角度上来说，死亡之意义并不在于其本身，而在于其被托付性。所以，与其说死亡揭示了此在最为本己的可能性，不如说此在由其被抛性（抛入死亡）总已经是被个别化的存在者，唯其如此，对死亡之本真领悟才有可能，而死亡（未来）也才可能将此在带回到其被抛的过去，从而使得此在能够将自身把握为一个整体，即能够成为自我构建的主体。

同样，也正是在此意义上，虽然死亡揭示了此在"无度地不可能生存的可能性"（SZ 262），却没有从根底上摧毁此在，而是相反地揭示了此在之纯粹之在此，即此在与存在最终的，甚至于不可能为此在之不复在世，为此在与其他此在的无关系性所消解的存在关联性。由此，正如丹姆斯科（James M. Demske）所见，在先行到死亡自身死亡中去，此在恰恰转向了自身的（被托付的）存在，死亡则不仅使得这一转向可能而且具有存在论意义上的必然性。①

在关于对死亡之生存论意义的生存状态的印证，即良知的分析中，托付的主题更是昭然若揭。正如我们前面已经注意到，良知的召唤并不来自于先行到死亡中的此在，而是来自于被抛的此在，也即是说来自于此在的被抛性，并将此在唤到其最为本己的可能性中去。事实上，如果此在不是被抛的，并且在其被抛性中已经被要求个别化的存在者，那

---

① James M. Demske, *Being, Man & Death*, p.68.

么，死亡之为此在最极端的可能性，并不就必然意味着其为此在最为本
己的可能性，故而，死亡的个别化功能，即其对于此在（个我）之构建
性已经基于被抛性。所以，如果先行到死亡中是此在将自身构建为责任
主体的生存论条件，那么，这一原初的责任已经是对被抛性，因而也是
对存在的回应，正是在此意义上，海德格尔可以说本真存在在此在之存
在中有其根据。

由此，我们也只有在与托付的关联中才可能真正理解海德格尔之本
真的罪责的含义。虽然，如同我们前面指出的那样，本真的罪责，作为
一种原初的责任，乃是责任主体在其中被构成的原行动，但作为被托付
到自身存在中去的存在者，这一原责任却已经是被托付的责任，以至于
我们可以说，此在之所以应当，并且能够为自身的存在负责，乃是因为
此在已经被托付给这一责任了。所以，虽然生存的责任在自身中要求此
在成为自身的根据，也即是说要求此在具有从根基处设置自身的自由
（能力），这一自由却并不与生存状态上的"不是自身的根据"相矛盾，
毋宁说两者从不同层面上描述了此在的自由与责任。作为受托付的存在
者，此在的自由总是已经受到这一托付的约束，并因此，正如海德格
尔指出，作为存在论上的可能性，自由"并不意味着为所欲为（libertas
indifferentiae）意义上漂游无据的能在"（SZ144），也即是说，并不会成
为某种不受限制的任意性，或者说不负责任的自由。

并且，由于总已经是被托付到世界中去的存在者，此在也总已经受
到一同被托付的世界的约束。但这并不等于说，约束仅仅来自于外在于
此在的世界，毋宁说这一构成了此在之责任的限制乃源于托付，并因此
虽然限制了此在的自由，却不会从根本上取消此在之自我责任所需要的
自由。因为如果托付是有意义的，那么此在就必然地已经具有生存的责
任所要求的自由，也即是说此在总已经被托付到自由中去，尽管只有通
过承担起对自身存在的责任，此在才可能真正领悟自身的自由。由此，

288

作为自由却同时是有限的存在者，此在乃是对自身负责的在者，并且这一责任已经是对此在之存在，即其被抛性的责任。显而易见的是，托付在存在论层面上勾连了自由与有限，并因此使得生存的责任成为可能。并且这一责任也具有明显的伦理意义，因为作为被托付到世界中的存在者，进一步而言，作为对这一托付负责的存在者，此在应当，并且能够承担起对世界——包括世内存在物以及与此在共在的他人——的责任。

但问题是，如果此在由其被托付性而不只是应当，并且能够承担起对自身存在的责任，那么本真的责任何以只被描述为否定性的，本质上无根据的罪责，难道这一责任（本真性）不是在此在的存在，在其被托付性中已经有其根据么？

在此，毋庸置疑的是，托付的语言确实暗示了存在对于此在之超越性，乃至于某种他者性（alterity），这一存在之外在性或言他者性，正如许多评论家注意的那样，明显地见于诸如海德格尔对死亡以及良知的描述中，比如死亡被说成是"进入"（hereinsteht）此在（SZ248），此在之先行则被说成是此在"走到死亡的眼底下"（dem Tode unter die Augen geht）（SZ382），并且死亡是对此在有所要求的（übernehmen beansprucht）（SZ263），而良知的呼声也被说成是"不期而来（wider Erwarten），甚至违乎意愿（wider Willen）"，出于我而又逾越（uber）我（SZ275）。① 尽管如此，至少在《存在与时间》中，这一暗示只有非常有限的作用，这部分地归因于海德格尔所采纳的先验—现象学框架，在这一框架中，存在作为意义有赖于此在之构造（或领悟），无论我们

---

① 海德格尔的"存在"所具有的他者性为比如 François Raffoul, François Dastur 等许多评论者所强调，必须指出的是，我并不完全否认这一存在对此在的他者性或超越性，但却对这些评论者试图通过他者性来暗示出某种（存在的）伦理性的努力深为怀疑，因为至少在《存在与时间》中，我们并未见到任何列维纳斯式的在他者性（或绝对他者）与他人（其他此在）相关联的努力——其他此在是与此在（我）共同在世的他人，而不是任何与我在存在性上相异的他者。

如何强调这一本质上先验的构造之被动性，以及其非主知论的情感性，托付的语言所暗示的此在对存在的依赖从根本上无法为海德格尔设定的理论框架所容纳。海德格尔自己也充分意识到这一点，故而在论及良知的呼声时，海德格尔不仅坚决地排除了呼声来自于与此在一道在世的他人的可能性，（SZ275）且明确排除了将呼唤者视为"非此在式的"或者说"陌生的力量"的玄想（SZ278）。① 对于海德格尔来说，虽然良知的呼声越出此在，却又不折不扣地是"来自于此在"向来所是的"那一存在者"（SZ278）。也即是说，良知的召唤就其本质来说乃是此在之自我召唤，故而其所宣告出的责任（罪责）也是此在之自我责任，即是责任主体自我构成的原行动。与此相应，所谓的托付也只能是，尽管悖论性的是，此在之自我托付。这一自我托付与其说缓解了，不如说只是掩盖了我们前面已经充分显明的生存的责任之悖论性。

尽管如此，这一托付的语言无疑表达出了海德格尔之此在分析的存在论意向，并因此在某种意义上显示了海德格尔前后思想的相继性。在《存在与时间》之后，尤其在海德格尔著名的转向之后，托付的语言所暗示出的此在对于存在之依赖性最终得以确立。与此相应，存在当然不复是此在所构造的意义，毋宁说此在乃是被存在托付或者说召唤到自身的存在者，而召唤也不再是此在对自身的召唤，而是来自"存在的召唤"（Anspruch des Seins）（WM236）。由此，责任不再是责任主体自我构成的原行动，而完全是此在对存在之召唤的回应。正是在这回应中，此在方始成为在此的，也即是说属于存在之存在者，或者用海德格尔的话来说，存在之守护者。所以，与其说此在是自我构造的存在者（主体），

----

① 值得注意的是海德格尔认为如果我们求助于一种非此在式的陌生的力量，实际上是"低估了此在的存在"（SZ278）。就此而言，海德格尔后期转向存在是否"低估了此在"，或者存在无非是此在的变式（modification），那么，谈论此在与存在关系与谈论此在与自身关系有何不同？进一步而言，为什么需要这一存在？

不如说是被构造的主体。与此相应，生存的责任也只能被理解为托付的
责任。

当然，托付的责任仍然可以是一种责任，如果托付是托付者与被托
付者双方同意的行为，并且在此基础上确立了某种明确的归责标准或托
付义务的话。但是，这恰恰不能应用于生存的责任，因为按照海德格
尔，作为被抛的存在者，此在存在着并且不得不以某种方式存在着，换
一句话说，此在并无选择不存在乃至于不如此存在的自由，并因此不能
够对其存在，或者说对托付负责。就此而言，托付在此并不构成责任，
而毋宁说只是被托付的此在对存在之纯然回应。也即是说，在托付所暗
示出的此在与存在的非对称性关系中，此在只是"听命于"（服从）存
在的召唤，不仅没有质疑这一召唤的可能，而且没有任何质疑的空间，
因为虽然此在完全依赖于存在之召唤而在此，存在却完全越出了此在之
意愿与认知能力，也正因此，这一召唤对此在而言只能是无法参透的
神秘。

显然，由于没有明确可知的标准来裁定此在是否对存在的召唤作出
恰当的回应，至少有这样一种可能性，虽然此在总已经是回应存在之在
者，此在之回应却总是不恰当的，唯其如此，此在就其存在已经是有罪
责的，也即是说，此在总是已经被托付抛入罪责，并因此在其可能的行
为之前，乃至于在任何认知与意愿之前就已经是有罪的。而罪责与其说
是此在应当并且能够承担的责任，不如说由于其完全超出此在之能力而
成为落实到每一此在头上的无理由的判罪，将这一判罪归结到托付（存
在）也不仅没有消除其无根据性，而是相反地消解了托付的语言隐约释
放出的存在的善意。①

---

① 在德语中，"überantworten"具有将某个珍贵的东西托付给某人的意思，并因此
隐含有某种对被托付者伴有善意的信任。

第四部分　为存在正名

在上面的章节中，我们首先致力于显明：海德格尔谓之的存在无非是自我意欲的，并通过这一自我意欲而意欲世界（存在物）的意志。与此相应，海德格尔的存在论，就其本质而言，乃是一种意志的，或者说自由的形而上学，这一形而上学必然地要求一个属于自身的伦理维度，因为维系了一切存在者之存在的原意志必须是自我限制和负责任的，也即是说伦理（善）的意志（自由），否则不仅此在的伦理性，而且连同存在者之存在都将失却根据。所以，从伦理的视角来看，海德格尔在《存在与时间》中关于此在的生存论分析可以被视为一种通过此在本真存在之可能性证明存在之伦理性的努力，并在此意义上，表现出了与传统的，尤其是奥古斯丁式的神义论的某种隐秘的相似与相继性。

所以，为了进一步理解这一努力，或者说海德格尔存在论的伦理意蕴，我们在第九章（罪与自由：海德格尔与奥古斯丁）中将首先尝试探讨奥古斯丁的神义论，尤其是在这一神义论中获得界说的自由（责任）概念与海德格尔由其生存论分析所界说自由与罪责概念的关联性。借此分析，我们也试图显明为海德格尔的存在论语言所遮蔽的隐秘的宗教意向，① 不理解这一与其伦理意向密不可分的宗教意向，我们将难以理解何以海德格尔要以罪责来描述此在对自身存在的责任，即我们上一章所言的原初的责任，而且也将很难理解其此在分析与存在问题（Seinsfrage）之间的相关性。同时，我们也试图借此进一步将海德格尔的本真性概念置于其所回应的奥古斯丁—笛卡尔—康德传统中，以便更为深入地界说其伦理蕴含，以及海德格尔之著名转向的伦理—形而上学动机。

这当然并不意味着，我们将单纯地将海德格尔之本真性分析比作奥古斯丁神义论的世俗化或存在论版本。尽管如此，与奥古斯丁相似，至少在《存在与时间》中，海德格尔仍然试图通过此在（人）承担罪责之可能性去证明存在之伦理性，并借此勾连人与存在之伦理性。但是，这一证明，正如我们在上一章中已经显明，与其说印证了存在之伦理性，不如说显示了生存的罪责，最终也是自由的悖论性，而海德格尔暗中求助的委托的语言与其说消解不如说凸显了这一自由的悖论性，这当然表明了海德格尔经由伦理途径（此在的伦理性）为存在正名的努力的失效，因为或许正如海德格尔在《形而上学导论》中表明，伦理之"应当"只是对存在，也即是自由之限制，而被限制的存在已经是存在之堕落形态。

所以，并不奇怪的是，海德格尔对于谢林后期的《对于人类自由的本质及与之相关联的对象的哲学探讨》（文中简称《自由论》）的诠释转而求助于一种隐蔽的善恶二元论，自由由此不再是意欲善的自由，也不是选择善或者恶的自由，由于善恶所承载的乃是存在的必然性，自由只

---

① 这一被海德格尔有意与无意掩蔽的宗教意向或许可以被恰切地称为海德格尔的"在言说中未被言明之物"（das in Sagen Ungesagte）——如同 Caputo 所见的那样。John Caputo, "People of God, People of being: the Theological Presuppositions of Heidegger's Thought" in *Appropriating Heidegger*, edited by James E. Faulconer &Mark A. Wrathall (Cambridge: Cambridge University Press, 2000）p.85。

是对必然性的认识，并在此意义上是对存在纯然的回应。这一二元论同时也贯彻于海德格尔后期（转向）之后对存在的界说：一方面，存在被界说为无所限制的强力，而人就其存在而言，乃是以自身的强力抵抗存在之超强力，并在这一不对称的力的抗衡中必然遭致自身毁灭的存在者；另一方面，对存在之馈赠和恩惠的暗示，但这一馈赠并不能在自身中制约，更毋庸说排除存在无度的强力，其结果是，由对存在之回应所规定的此在不可避免地徘徊于强力与仁慈之间。

第九章

罪与自由：海德格尔与奥古斯丁

　　虽然在《存在与时间》中，海德格尔仅仅六次提到奥古斯丁，并且与他在此书写作前后对康德与亚氏的长篇累牍的解释相比，海德格尔也只有在他早期关于宗教现象学的课程中比较详细地论及奥古斯丁的神学思想。但是，另一方面，正如许多学者已然注目与论证，《存在与时间》中的许多重要的术语与主题具有显而易见的奥古斯丁源起，以至于我们可以说《存在与时间》具有一个"奥古斯丁结构"（Augustine constitution）。① 而海德格尔的哲学也因此可以在某种意义上被归入通过新教与笛卡尔开启的近代哲学得以重建的奥古斯丁传统。在这一传统中，自由概念一直具有举足轻重的地位，因为正如保罗·利科在他

---

　　① Craig J. N. de Paul, "The Augustine Constitution of Heidegger's Being and Time". *American Catholic Philosophical Quarterly*. Issue No. 4 Vol. 77 (Fall 2003), 549. 此外，Kisiel 就海德格尔在《存在与时间》之前的思想进程，比较详细地论证了奥古斯丁神学对海德格尔哲学思想形成的影响。参阅 Theodore Kisiel, *The Genesis of Heidegger's Being and Time*. California: University of California Press, 1993, pp.71-80。

的《自由的现象学》中指出："在遭遇圣奥古斯丁称之为意志的匮乏形态（modus defectives）之前，西方思想中或许并无真正的自由概念"。①奥古斯丁的自由意志因此可以说是开启了一个或许直到近代才被完成的传统，在这一传统中，自由不复只是政治（法律）的概念，而是，正如利科试图显明的那样，主导了整个哲学——从存在论（形而上学），认识论到伦理学——的概念。对这一自由的自我意识，当其再次返归到伦理与政治领域之中，造就了一个全新的，我们至今仍然生活于其中的时代。在此意义上，正如弗雷德·达米特断言："西方历史乃是关于个体解放的历史……没有自由个体的审察，任何知识的进步都是不可思议的，同样，没有一个行为可以在缺乏自由与自治判断的条件下被适切地称为道德的行为"。②因为没有对自身自由的领悟，也就无所谓责任，而正是这一基于自由的责任，或者说绝对的自我负责（Selbstverantwortung），如同胡塞尔在他一生中发表的最后一部著作中宣称，构成了西方文化的精神本质与终极目的。③但是，另一方面，奥古斯丁对自由的界说或许也决定了自由概念内在的张力，这与奥古斯丁阐释其自由意志说的双重动机相关，而这双重动机，即伦理与神义论的动机的交织也使自由概念一开始就显得极为复杂与扑朔迷离。

---

① Paul Riceour. "Phenomenology of Freedom", in *Phenomenology and Philosophical Study,* edited by Edo Pivcevic Cambridge University Press, 1975.

② Fred R.Dallmayr, *Twilight of Subjectivity: Contributions to a Post-Individualist Theory of Politics*, Amherst: The University of Massachusetts Press, 1981, p.9.

③ Edmund Husserl. *Die Krisis der Europäischen Wissenschaften und die Transzendentale Phänomenologie*, The Hague: Nijhoff, 1953, p.15.

一、从恶到罪

就其伦理动机而言，对自由意志的强调并非始自奥古斯丁，在罗马斯多亚那儿，意志已经被视为善恶、幸福与不幸的源泉，并在某种意义上取代了古典伦理学中关于善（或目的）的知识，成为伦理学，乃至整个哲学思辨的一个核心概念，奥古斯丁的自由意志说因而可以被视为对这一伦理传统的进一步发展。当然，在奥古斯丁那儿，这一发展已然为其神学意向所导引。由于希伯来传统对神圣正义，从而也是对罪与惩罚的强调，并且这也与罗马伦理学的法律化倾向相契合，伦理归责（责任）逐渐成为一个突出的问题，而古典伦理学恰恰在此问题上暴露出自身的弱点。在苏格拉底开启的古典伦理传统中，德性在不同程度上被视同为知识，道德过错相应地也被视为无知的结果。但问题是人们为何，又在何种程度上应当为自身的无知受到惩罚？诚然，亚氏在某种意义上已经注意到这个问题，在《尼各马可伦理学》关于节制与非节制现象的分析中，亚氏已经触及我们今天通常称为意志软弱性（weakness of will）的问题：无节制者与其说是因为缺乏道德，即关于善的知识而犯错，不如说是缺乏按自己的善概念行事的意志力量。除此之外，亚氏对自愿与非自愿的研究也已经初步界说了归责（责任）的条件。但是，虽然已经认可意志对于行动之伦理性及其评判所具有的重要意义，在亚氏那儿，决定行为善恶的仍然是关于善恶的认知，首先是伦理明察（phronesis），伦理学也因此首先是对于善恶认知的探讨。

就其对情感研究的重视而言，斯多亚学派显然更为注重意志的软弱性问题。尽管如此，意志在斯多亚那儿最终被界说为独立于情感的理性意志，在此意义上，斯多亚事实上比亚氏更为接近苏格拉底的"美德即知识"的唯知主义传统。但是，如果意志最终被归结到理性——在斯多亚那儿，也即是对善的认知，那么，道德责任也就重新成了难以解决的问题，因为归责及其正义性要求预设行为者的自由：只有具有自由意志的行为者才是可被归责的主体，并且归责之正义性不仅体现为与行为的道德过错，而且与行为者所具有的自由适当的比例之中。某种意义上，奥古斯丁的自由意志说回应了这一要求，意志在奥古斯丁那儿首先被界说为选择（善恶）的能力（free choice），并在此意义上是自由与应当为自身行为负责的意志。

然而，使得奥古斯丁的自由意志说构成了黑格尔所言的"希腊与现代世界之转折点"①的却并非只是其伦理意义，而是，正如利科所见，奥古斯丁对自由与恶的关系的深入思考，是奥古斯丁阐发其意志自由说的另一动机，即我们所言的神义论动机。当然，奥古斯丁关于自由意志与责任的伦理意义的深入思考为此做了准备，尽管如此，我们只有在与奥古斯丁之神义论动机的关联中才可能把握其自由概念之激进性，因为正是在其独特的神义论框架中，奥古斯丁的自由意志概念才获得了充分的阐释。

神义论（theodicy）一词，正如其希腊词根所示，连接了"神"（theos）与"正义"（dike），故而被用来指称在恶的现实性面前为神完美的正义性所作的诸种辩护。虽然这一概念最早出自德国哲学家莱布尼茨。但是，早在奥古斯丁之前就已经形成了诸种为神的正义性辩护的理论，这也与希腊化时期伦理关注的强化有关。当然，恶的问题不只是一个伦理问题，同时是一个形而上学（存在论）问题，因为其所包括的不仅是道德恶，还有自然恶，不幸等。概而言之，恶涵盖了人们对自身与

----

① 参阅 *Phenomenology of Freedom*, p.176。

世界，或者说对存在之否定面的体验。故而，对于相信神具有无论是宗教还是形而上学意义上的完美性的心灵而言，恶的问题始终构成了无可回避的挑战。某种意义上，伊壁鸠鲁就已经以几乎不容辩驳的逻辑完美地表述了这一挑战。按照伊壁鸠鲁：

> 如果恶存在，则
>
> 要么神是善的，但不是全能全知的，故而无法克服恶。
>
> 要么神是全知全能的，但不是仁慈的，故而无意克服恶。
>
> 要么神既非全知全能，也不仁慈，故而不是神。

对于这一挑战，奥古斯丁之前就有诸种回应，奥古斯丁本人一度归属的摩尼教就提出了自己的解决方式。与其他主要来自于基督教的回应不同，[①] 摩尼教诉求于一种古老的善恶二元（神）论，将恶归因到一个与本性至善的神同样源始的邪恶之神（原则），以便在肯定恶的现实性的前提下，消解来自于恶的挑战。这对同样非常严肃地对待恶的问题的奥古斯丁当然具有一定的吸引力。但是，显而易见的是，摩尼教事实上是以牺牲神的全能为代价来捍卫神的仁慈性，也即是说，其辩护所牺牲的是基督教所坚持的神的完美的统一性。按照基督教的教义，从无中创造世界，并且将在末日对世界作出正义审判的上帝是全能(omnipotence)，全知(omniscience)与至善(benevolence)之神，并且唯其全能，方可被视为创世之神；唯其全知，方可被视为正义之神；唯其仁慈，方可被视为救赎之神。换一句话说，上帝的统一性所体现的是正义（的能力）与仁慈合一的完美的伦理性，牺牲三者之一都将威胁到上帝的完美

---

① L.H. Hackstaff 在他的译介中比较详细地罗列与分析了这些甚至到近代仍然有影响力的回应。参阅 Augustine, *On Free Choice of the Will*, translated by Anna S. Benjamin & L.H. Hackstaff. The Bobbs-Merrill Company, Inc. 1964, xvi-xix。

性。当然，这也使得对上帝的辩护变得格外困难。经过长期思考，奥古斯丁在皈依了基督教之后提出了自己的辩护。①

这一辩护或许可以被分为两个部分，前一部分主要回应了"如果有恶"的设定。奥古斯丁首先肯定了存在为善，存在者也因其存在而具有不同等级的善性，因为存在者乃由实体与属性组成，奥古斯丁进而论证道：恶不是实体，而是属性，并且作为否定性的属性，恶与其说存在，不如说是存在的匮乏（缺如），正如失明乃是就其本身是善的视力的缺乏。沿循这一明显地具有新柏拉图色彩的恶的褫夺说，奥古斯丁引入了基督教在作为创造者的上帝与被造物的世界之间的严格区分进一步解释了恶之起因。按照这一解释，只有作为创世者的上帝是完美的存在者，相形而言，被造物因其被造性而必然是不完美的，因而是易于败坏的，恶便可以被归因于被造物的易败坏性。②

虽然奥古斯丁在此主要界说了恶的存在论意义，并借此拒绝了摩尼教将恶实体化（rarification）的做法，但就其已经涉及了恶的起因而言，我们也可将其看成一个具有自身完整性的辩护。除了沿袭新柏拉图主义经典的做法，贬抑了恶的问题的重要性之外，这一辩护的问题是：如果恶必然地属于被造性，即对被造物（包括作为被造物的人）而言，具有某种源于其存在（被造性）的必然性，那么与其说人，不如说创世（行为）本身更应当为恶负责。这当然是奥古斯丁所要避开的结果，所以，在对恶作出界说之后，奥古斯丁随即借助于自由意志说来继续展开他的

---

① Augustine 的辩护最早见于他的 *De libero arbirio voluntatis* (On Free Choice of the Will)。在介绍他的神义论时，我们也参照了奥古斯丁的其他有关文本。必须指出的是，我们的目标不是阐释奥古斯丁神义论的宗教意义，所以，我们也将不涉及比如他与 Pelagianism 的重要争论等，我们在此希望所做的毋宁说是通过对奥古斯丁的罪意识的现象学分析，以探明自由概念在奥古斯丁那儿的原构成，及其内蕴的歧义性。

② 参阅 Saint Augustine, *Enchiridion*, tr. J. F. Shaw, from *The Works of Aurelius Augustine*, vol. IX, Rev. Marcus Dods, ed., Edinburgh, T. &T. Clark, 1892. Chs. XI-XII。

辩护，按照奥古斯丁：

因为人被赋予自由意志，也即是说具有行善作恶的能力，故而恶乃是人误用其自由的结果。所以，恶不能被归诸于上帝，而只能被归因于人的自由，人因此必须为恶负责（罪）。

毋庸置疑的是，如果恶确实只是人类自由选择的结果，上帝当然也就无需为恶承担责任了。但问题也在于此。正如我们上面已经指出，恶不仅包括道德过错，而且还包括不能被明确地，乃至于完全不能被追溯到无论是作为集体还是个人道德过错的疾病与自然灾难，即自然恶及其所带来的不幸，比如狄尔泰用来嘲弄基督教（尤其是其神义论）提到的里斯本地震。故而，为了将恶完全归责于人的自由，奥古斯丁不得不求助于基督教关于原罪的教义。这一教义基于《圣经—创世纪》中讲述的堕落神话。据此神话，人类始祖亚当与夏娃原先居住于天堂般美好与丰盈的伊甸园中，享有尚未被罪打扰的自由。由于蛇蓄意的诱惑，他们违背了上帝的禁令，偷食了智慧树的果实，从而具有善恶的知识。作为对他们罪的惩罚，亚当与夏娃被上帝罚出了伊甸园，从此必须遭受死亡与种种苦难。按照基督教的正统解释，虽然人就其本性（被造性）来说是善的，但由于其始祖的犯罪（原罪），人类的本性从此被败坏。所以，虽然不一定能被追溯到具体的道德过错，恶，包括自然恶，仍然可以被视为原罪及对之惩罚的结果。由于原罪已经是人类始祖自由选择的结果，所以，恶是人类误用自由的结果。

在此，我们将不纠缠于罪之可遗传性或继承性问题及其对自由概念的影响①。显而易见的是，奥古斯丁神义论的关键的一步在于将恶归结为作为自由意志结果的罪，从而能够免除上帝对恶的责任。但是，诚如我们上面已经指出，就其同时指称道德与自然恶以及它们所导向的不幸

---

① 只有当自由完全被界说为个体自由，这一问题才变得突出。

而言，恶的概念虽然内涵了伦理维度，却并非严格意义上的伦理概念。与此相应，恶的意识也不等同为伦理意识，它可能呈示为各种形态的悲剧意识，或者仅仅表达了对人生与世界根本的无意义性的体验。后者不仅不必然地导向伦理责任，而且还可能相反地意味着责任的消解。所以，将恶归结为罪（责）事实上已经以准归责的语言表达了一种伦理意识的拓展与深化。这一伦理意识不仅体现为对自身过错的责任，而且还要求为不能追溯到自身（行为）过错的恶与不幸，乃至为整个存在之否定面负责（罪），仿佛恶（而不只是我的过犯）是我自由的结果。由于恶所具有的形而上的无度性，这一为恶的负罪也必将突破由确定的法律所衡度的罪责，而具有无限性，或者说不可衡度性。

与这一伦理意识之深化相伴随的是自由意识的拓展与深化。对恶的责任之可能性预设了人对于恶的自由，或者说人为恶，而不只是自身过犯负责的能力。自由由此不再只是伦理与法理意义上有限的选择能力，而是能够与存在，乃至作为最高存在者的上帝相抗衡的力量。所以，正如保罗·利科指出，"在对恶与罪的经验的可怕的（terrible）光辉中，意志显身为一种可以否定存在，可以对上帝说'不'的能力"，并且正是这一能力"标示了意志［力］的无限性"。[1] 因为如果上帝意味着存在与善之完美的结合，那么，背离上帝则不仅意味着道德恶，而且意味着对存在的否定。与这一无限的自由（意志）相连的恶因此也不仅是道德过错，而且是存在之反面，是无本身。正是在此意义上，利科可以说自由乃是"趋向恶之虚无"的自由。[2]

但是，另一方面，也正因其与恶的关联性，自由一开始就呈现为一种否定的力量。作为趋向恶之虚无的力量，自由在某种意义上甚至具有

---

[1]　*Phenomenology of Freedom*, p. 176.

[2]　*Phenomenology of Freedom*, p.176.

一种自我消解性：如果说恶指示了非存在，那么，在与恶的关联中，自由与其说存在，不如说是非存在，或者说是无化一切的力量。在恶的体验中诞生的自由意识因此同时是对自身之无能（impotence）的意识。所以，并非偶然，在基督教中这一"无能感"被富有意味地以被与自由相对的"俘获"（captivity）所象征。显而易见，正是在与恶的关联中，或者更为恰切地说，在对恶的责任意识中，自由被同时体验为一种能够为无限的恶负责的能力，即对于恶的自由（free from evil），以及作为恶的原因的极端意义上的无能，① 自由因此而呈示出某种悖论性。其结果是不仅自由能否为恶负责，也即是说能否成为负责的自由，而且连是否有自由都可能成为问题。

　　某种意义上，尽管是以一种虽然是非常有限的方式，奥古斯丁在其神义论的框架中已经触及到这些问题。正如奥古斯丁自己承认，即使我们承认恶可以被视为人类恶行的结果，但如果上帝是全能全知之神，并因此按照基督教教义总已经预知甚至预定了人类的行动，那么，人又在何种意义上是自由的，并因此必须为自己的行为负责？在他的《上帝之城》，奥古斯丁试图通过对两类不同的必然性概念的区分来证明上帝的预知并没有消除人类选择自身行动的自由，② 按照奥古斯丁的解释，上帝对人类行为的预知（知识）不同于因果意义上的必然性，而更类似于概念的必然性，比如上帝的概念必然地包含有存在和永恒这样的属性，

---

　　① 这一极端意义上的无能甚至不能归结为意志之软弱性（weakness of will），其所表达的与其说是无能，不如说是无意（愿），并因此更近似于"根本恶"（radical evil），因为如果作前者理解，那么，我们就同时否认了为恶负责的能力。

　　② 参阅 Saint Augustine, *City of God*, vols I and II, tr. Rev. Marcus Dods, Edinburgh, T.&T. Clark, 1881, B V. 9–10。值得注意的是，这一论证不能用以证明前定论（predestination）与自由的相容性，因为"前定"不只是知识，而已经是行为。所以，如果上帝被界说为意志，那么其全知（包括预知）就已经是动力因了（efficient cause）。就此而言，这一辩护只有非常有限的效应。

但后者却并不构成对上帝（意志）自由的干扰。与此类同，上帝对人类行为的预知也并不直接取消人所具有的选择自由，而正是这一自由构成了行为直接的原因性（efficient cause），所以，人而非全知的上帝必须对这些行为可能导致的恶负责。

但是，如果事先就知道人会在某个时刻误用自由，并因此给自己与他人遭致不幸，那么上帝为什么没有阻止人类犯罪，假如上帝又是仁慈与全能的？进一步而言，如果自由必然地导致恶，那么上帝为什么要赋予人类以自由？奥古斯丁对这两个问题的答复已经部分地包含在他对自由意志的神学界说之中。按照奥古斯丁，自由就其源起，即就其作为上帝的馈赠而言，是善的，所以，即使自由可能导向恶，上帝仍然不会因此而阻扰或取消人的自由选择，更何况恶与其说是自由的结果，不如说是人类误用其自由的结果。但问题是：自由究竟是什么：是就其本性为善的自由，还是人类可能误用（这一本性为善的）自由的自由？① 如果我们将自由界说为后者——因为只有这一自由才是归责（罪）的条件，那么，我们又回到了一个更为严峻的问题：为什么有自由？对此，奥古斯丁的答复是，上帝为了满全其正义之故而赐予人类以自由，因为除非人类具有自由意志，也即是说能够自由地在善恶之间作出自己的选择，上帝才可能正义地要求人类为自己的行为负责，并对人类施以（最终的）审判。自由因而是上帝正义性的必要预设。②

---

① 也许我们在此可以见到康德的 wille（善良意志）与任意性（Willkür）的雏形。如果我们将自由界说为前者，那么，自由就不是负责的自由，而是衡度责任的法则；如果将自由界说为后者，那么，如果不是在与前者——对于康德来说——在与法则的关联之中，Willkür 在其本身并无道德意义。

② 在 *On Free Choice of the Will* 中，奥古斯丁就上帝为什么要赋予人类自由这一问题给出的答案首先是：如果没有自由，那么我们就不可能正当地行动。但这一答案显然已经假设了归责的正义。所以，最终奥古斯丁承认："如果人没有自由意志，惩罚与奖赏都将是不正义的"，也即是说自由意志是上帝的正义（裁判）的必要预设。参阅 *On Free Choice of the Will*, Bk 2, I, 1–7。

　　但是，这一辩护虽然证明了上帝的正义性，却可能在某种意义上使上帝的仁慈变得可疑。① 其结果是，正如康德所见，对神圣正义的强调，或者说对正义之绝对性的强调，不仅可能遮掩了上帝创世的目的——这一目的在康德看来只能是仁慈，而且使得神圣正义成为纯粹否定性的惩罚正义。② 在此，康德对神的正义与仁慈的反思虽然并未针对奥古斯丁，却恰恰切中了奥古斯丁式神义论的主要弱点。诚如我们上面的分析显明，由于奥古斯丁主要从伦理与法理性的归责问题入手为上帝之伦理性作出辩护，即使奥古斯丁成功地将恶归罪于人类（的自由意志），那么上帝也必然被相应地解释为单纯的归罪者。也即是说，奥古斯丁的辩护如果成功，那么其所能证明的也只是上帝归罪之正义性，而非——或者至少忽视了——上帝的仁慈。但是，另一方面这并不必然否定奥古斯丁神义论的有效性，因为体现于创世与救赎行为中的上帝的仁慈已然被预设，换一句话说，奥古斯丁之神义论是在信仰的框架中展开的辩护，其所要显明地更多的是与上帝之仁慈性相契合的正义性。这当然不是说，奥古斯丁本意就是为上帝的伦理性提供一种非常有限的辩护，毋宁说，正如当代许多评论家所见，奥古斯丁的，或者其他种类的神义论只有被看作一种有限的辩护才具有自身的信服力。与关于上帝存在的证明一样，其宗教意义更多地在于强化已有的信仰，而不是产生信仰。

　　事实上，就奥古斯丁之神义论所预设的对上帝的仁慈的信仰而言，

---

　　①　如果上帝只是为了显示其正义性而将自由赐予人类，虽然知道这自由必然会给人类带来不幸，那么，我们在何种意义上可以说上帝是仁慈的？

　　②　参阅康德的《道德形而上学》中的"最后的附释"。（见《康德著作全集》第6卷，李秋零译，中国人民大学出版社 2007 年版，第 498—501 页）在这一附释中，康德试图证明为什么我们必须将上帝理解为仁慈的上帝，因为如果仅仅从正义理解上帝及其与人之间的关系，那么，因为上帝对人而言没有义务而只有权利，神圣正义只能是惩罚正义。这当然绝不意味着康德否认正义对人的核心意义，毋宁说康德恰恰借此表明：伦理学不能扩展到相互的人类义务的界限之外。

并非对自由可以抵抗上帝的力量，而恰是对自由之无能或罪性的意识最终指示了满全于救赎中的上帝的仁慈。由于人之有罪性，或者说人的自由与罪（恶）的关联性，这一体现在救赎中的恩惠并非人应得之物（desert），也即是说，并非人按照正义的法则可以要求之物。故而，正如恶不可为任何有限的法则所衡度，上帝之仁慈同样超于任何可作为衡度的正义法则。但是，另一方面，这一仁慈并不取消正义，而是以满全正义的方式而超越正义，因为唯有意识到自己的罪性，并且意识到自我救赎之不可能性，我们才可能意识到救赎所体现的恩惠——如果人不是有罪的，那么救赎既无正义性可言，也非恩惠。如果说人可以自我救赎，也即是说可以按照正义的法则对自身的过犯作出完全的补偿，那么救赎不仅不必要，而且可能成为对正义实施之有害的干扰。就此而言，为救赎所表达出的已经是一种正义与仁慈相契合的完美的伦理性，并因此构成了对创世，也即是说全能的上帝之伦理性的最终界说。

尽管如此，上帝完美的伦理性并不单纯是信仰的设定，更非只是对创世善意思辨的结果，而毋宁说已经为罪意识所指示，并因此与罪意识处于不可分离的关联之中，以至于我们可以说对罪的意识同时是对上帝完美的伦理性的意识。也正因此，罪意识在此不复只是过犯的意识，而是以上帝完美的伦理性衡度自身有限的伦理性的结果。换一句话说，以曲折的神学语言，罪责在奥古斯丁那儿表达的已然是对完美的伦理性的渴望（aspiration），并因此而可以被视为一种伦理意识的深化。事实上，正是这一对完美伦理性的渴望促成了恶意识向罪意识的转化，也即是说促成了为恶的，也即是担当一切不幸的责任意识。

所以，如果与对完美的伦理性的信仰分离，如果上帝（最高的存在者）不是伦理的，那么罪意识（对恶的责任）要么是不可理喻的心理病症，要么是悲剧性狂妄，仿佛人是一切存在者的原因，并因此而具有对恶的自由。不仅如此，如果上帝之伦理性被归结为单纯正义，而非仁慈与正义之互契性，那么，这一正义，正如康德所见，只能是惩罚的正义，并且，随着本质上不可救赎的罪之无止境的叠加，这一惩罚的正义最终将兑变为纯粹的，无理由的惩罚，① 不仅不具有正义性，而且从根本上挫败了上帝创世的目的和善意。其结果是：罪意识将重新解体为恶的意识，并且这一恶的意识不再只是对存在之否定面的单纯体验，而是进升为可以与上帝抗衡的恶与虚无。

但是，不仅罪意识的伦理性，及其可理解性（intelligibility）依赖于对上帝完美的伦理性的信仰，后者同样依赖于罪意识，即依赖于对恶的责任。诚如我们前面已经表明，没有这一伦理意识的深化，则救赎不仅不可理喻，更无伦理性。显而易见，构成了奥古斯丁神义论核心的乃是罪与救赎之内在关联性：正是通过关联罪与救赎，奥古斯丁的神义论提供了以人的伦理性印证上帝之伦理性的路径。这当然不是说，人在其自身已经具有伦理的完美性，以至于可以完整地映射出上帝之完美性，或者可以自身的伦理性去反映，乃至于测度上帝之伦理性。相反，上帝之完美性只是人渴望的对象，与此渴望相伴随的恰恰是人对自身伦理缺陷意识的强化，是人对自身不完美性的意识。也正因此，对上帝完美性的渴望恰恰表现为罪意识，为这一罪意识所凸显的是人与上帝之间无限的距离。但是，另一方面，正如我们上面表明，罪意识已经是人以上帝完美的伦理性衡度自身行为的结果，也即是说罪意识已经基于，并在自身中包含了人对伦理的完美性的信仰，所以，正是通过，并且唯有在罪意识中，人始终处于与上帝的关联之中。② 由此可见，奥古斯丁神义论的本质乃在于通过罪责去印证上帝之伦理完美性，在此，如果说为

---

① ［德］康德：《道德形而上学》，第 500 页。

② 值得注意的是，这一关联在奥古斯丁那儿并没有否认上帝与人在存在论意义上的距离。就此而言，奥古斯丁认可了存在与伦理的，或者说人的所是与应是的区分。而海德格尔的存在论转化事实上抹杀了两者之间的区分。

救赎所表达出的上帝完美的伦理性是恶向罪意识转化之存在根据（ratio essendi），那么，为罪（恶）的责任则是上帝完美性的认知根据（ratio cognoscendi）。也即是说，对于奥古斯丁而言，人并不能仅仅通过对上帝之创世（全能）的思辨，或者对上帝完美性的直观——深陷于罪性中的人根本不会有这一直观，而只有通过伦理的承担，通过承担起按照正义法则不应承担的过错，才可能意识到这一神的完美性。正是在此意义上，奥古斯丁的神义论可以被视为一种彻底意义上的伦理的神义论：不仅就其所证明者，即上帝之伦理性而言，而且就其证明的途径，即其对伦理意识深化的依赖而言。

在此，值得注意的是，虽然奥古斯丁确实首先是在归责的框架中阐释其神义论的，但是，也正是在与恶的关联中，其神义论最终超越了狭隘的（纯然）归责正义，因为恶所关及的不仅是可归罪的道德过错，而且是按照正义法则不可归罪于任何人类行为的自然恶，所以，如果坚持狭义的归责说，将恶归责于人（的自由）就不可能是正义的。就此而言，神义论的问题最终并不在于上帝是否正义地将恶归责于人，而更多地是人是否（出自对神的完美性的信仰）自由与自愿地将恶归责于自身，从而不将恶归责于上帝。事实上，正是通过这一对罪责的自由承担，上帝才可能被证成为救赎的，也即是说以超越正义的方式满全正义的上帝，而只有这一救赎（仁慈）的上帝才可能真正赦免而不仅仅惩罚有罪之人。

当然，自由在此不复只是法理和伦理归责所必须预设的选择，或者可以不如此行为的自由——这一自由虽然是归责的必要条件，但就其本身而言，并无伦理性，因为归责之伦理性最终取决于约束了自由之任意性的法律（之正义性）。毋宁说，将恶归责于自身的自由在其自身已经是具有伦理意义的责任。并且，正是作为责任，自由一开始就将自身意识为需要约束的自由。对于奥古斯丁而言，这一约束最终来自于罪意识

所指示（使罪意识可能的）的上帝的伦理完美性，①故而，最为源始的
责任在奥古斯丁那儿呈示为对罪（恶）的责任。与此相应，自由一开始
就是与罪关联的自由，唯其如此，自由在意识到自身的能力的同时必然
地意识到自身的无能。但是，对自由之无能（罪性）的意识并不阻碍人
为自身的，乃至于并非出自自身的过错承担责任，因为无能（罪）乃是
相对于神圣完美性的无能，是伦理性的欠缺或不足，而非绝对的无能或
者无自由，以至于取消了任何可能的责任。换一句话说，对自由的限制
并没有取消自由，而只是限制了自由之僭越，也即是说，限制了将人的
自由与上帝的自由（全能）混为一谈。②所以，对恶的责任并不使自由
成为绝对的，也即是说作为自身，乃至于整个存在根据的自由，而无需
救赎的恩惠。毋宁说，罪责只有同时作为最终体现于救赎行为的上帝之
完美性的指针（index）才有其意义。

　　显而易见的是，在奥古斯丁那儿，自由之双重性最终被容纳和保存
于罪与救赎的辩证关联之中，唯其如此，对自由之伦理性与对自由之罪
性的意识不仅没有互相排斥，而且相辅相成。所以，虽然在对恶的伦理
承担中，自由意识到自身的超越性，但这一超越性，仍然是有限的，人
所具有的超越性，是人的有限的自由，而不是可以与上帝相抗衡的（无
限的）力量。这一自由之伦理性与其说体现于不受限制的自我意欲中
(will that wills itself)，不如说在于其被约束（限制）性。也正因此，自
由无非是责任。事实上，正是这一截然区分于（缺乏伦理意义的）任意
性的自由构成了伦理责任（道德）的形而上基础。就此而言，奥古斯

---

　　① 在奥古斯丁那儿，这一约束既非康德的自我约束（自律），也非来自于完全外在
的力量的约束，因为上帝的伦理完美性，或者说伦理上完美的上帝只能通过人对恶的承
担才能被意识到，故已经内在于罪意识之中。

　　② 这一神与人的自由的同一（质）性恰恰构成了海德格尔推崇之至的谢林的“自
由论”的出发点。参阅本书第十章。

丁某种意义上已经以神学的语言预告了为康德所最终阐发的道德形而上学。

当然，与奥古斯丁不同，在康德的道德形而上学中，构成对自由约束的不是作为信仰对象的上帝完美的伦理性：不是包容了正义之仁慈，而是纯粹理性法则，是绝对正义的可能性；不是信仰的超越性，而是理性之超越性；不是来自于超越的上帝之约束，而是理性存在者的自我约束。与此相应，构成康德伦理学核心的不是最终不可度衡的罪责，而是可为理性法则所度衡的责任（义务），最终是纯粹理性的法则，连上帝也不过是理性之构造物，是对理性所要求的完全的正义的超验保障，是正义（理性）的上帝。①

尽管如此，在康德那儿得以完整地阐发，或者在某种意义上被极端化的理性主义要素也已经部分地见于奥古斯丁的神义论之中，正如我们上面已经表明，除了上帝仁慈的预设之外，奥古斯丁的神义论一开始就依赖于希腊的存在论，即存在同时也是理性的完美性假设。对于希腊心灵而言，存在存在，非存在（无）不存在，因而只能被理解为存在之褫夺。与此相应，恶作为存在之否定面，只能被表述为存在之完美性的缺失，而不是绝对意义上的（可与存在相对峙）的无（非存在）。事实上，正如奥古斯丁指出，恶不可能在完全摧毁存在物之存在的情况下不自我摧毁。② 所以，与恶相关（作为恶的原因）的自由尚不是利科所言的"转向恶之虚无的可能性"，而毋宁说是——按照奥古斯丁自己的界说——从价值较高的存在（者）向价值较低的存在（者）之转向。③ 这一转向

---

① 这当然不是说康德完全否认上帝之仁慈性，相反，某种意义上，如同在笛卡尔那儿一样，上帝的仁慈性事实上已经被预设，只不过这一预设的仁慈性对于康德而言完全不是在伦理领域可以考察的问题。

② Enchiridion, Ch.XI. 对于奥古斯丁而言，恶寄生于存在，不能独立于存在而存在，没有绝对的恶，正如没有可与存在分离的非存在。

③ *On Free Choice of the Will*, Bk 3, I, 1.

虽然表明了意志之趋恶性，但并未使得源自上帝的意志（自由）成为恶的，或者说能够抗衡上帝（存在）的，意愿无的自由。事实上，对于奥古斯丁来说，即使上帝［神圣意志］也不具有这样的自由，这当然不是说上帝因此不是自由（全能）的，而是说完美的存在与善乃是蕴含于上帝概念之中的必然性。换一句话说，上帝的意志已经是将理性作为自身规定性的意志。唯其如此，上帝才是具有完美伦理性的存在者，用奥古斯丁的话来说，是最高的存在者。换一句话说，上帝之伦理性并不在于意志（自由）之任意性，在于意志之意欲或者自我意欲性，而是在于其所意欲者之善性，这当然不等于说，存在着先于上帝之意愿的善，而是说恶，以及对恶的意欲虽然是人的有限的意志的可能性，却与上帝为完美性所规定的意志完全相左。

显而易见的是，通过纳入希腊理性主义的存在论，奥古斯丁最终限制了对恶，从而也是对自由的神学—形而上思辨，并因此遏制了，或者至少部分平衡了其神学中的意志论（voluntarism）要素。① 对于奥古斯丁来说，虽然恶表征了存在之否定面，但并非可以与存在对峙之无。为奥古斯丁所强调的最终不是恶的存在性，而是其伦理性，是作为人类自由结果的恶（罪）。与此相应，虽然在对恶与罪的经验的可怕光辉中，意志超越了狭义的归责正义所要求的自由（选择），并进而被赋予一种形而上性，但是，只有通过人对罪（恶）的伦理承担，或者用康德的说法，只有通过道德责任，我们才可能意识到这一自由，正是在此意义上，自由在奥古斯丁那儿始终是一个伦理形而上学的范畴，是伦理责任（罪责）必要的形而上预设，并且只有在与责任的关联中，才有自身的

---

① 因为正如我们上面一再强调，上帝完美的伦理性与其说体现为一种不受制约的力量（全能），不如说是满全于将理性所认可的正义纳入自身的仁慈，换一句话说，即使上帝也没有为所欲为的自由，毋宁说上帝的自由（意志）是将正义（理性）纳入自身的自由。正是在此意义上，自由才能被视为道德的根据。

意义。

当然，我们上面对奥古斯丁神义论的伦理阐释并不构成对其完全的辩护。除了我们上面已经提及的归责框架之局限性之外，为奥古斯丁所纳入的希腊理性主义的存在论虽然有效地阻断了对恶，同时也是对（无论是人还是上帝的）自由（意志）的形而上学思辨，但也造成了潜伏于其自由概念中的内在张力。因为如果上帝，按照基督教教义，乃是无中生有，因而是全能的上帝，那么，最高意义上的善与其说应当被归结为(最终是被创造的）存在(者)，不如说应当归结为上帝的创造(行为)。但是，从无中创造有的行为(意志）恰恰不能为希腊心灵所接受。由此，奥古斯丁的神义论一开始就织入了理性与信仰的冲突，这一冲突使得自由问题变得更为困难。

尽管如此，奥古斯丁在其神义论语境中阐释的自由意志说却仍然具有远超越其有限的宗教（神学）语境的意义。在奥古斯丁那儿，意志不再是徘徊于理性与情感之间的不确定的中项（intermediate），甚至不再只是行为归责的必要条件，即选择的自由，而是道德责任的根据。事实上，正是通过这一对（意志）自由的新的界说，奥古斯丁的神义论得以勾连了人的伦理性与存在——对于奥古斯丁来说是上帝是最高的存在者，或者完美的存在本身——之伦理性，或者更为恰切地说，将前者奠基于后者，并因此从根本上改变了古典存在论，以及与之相联的伦理学的形态。同样，也正是在此，我们可以看到海德格尔的此在分析所包含的相似的努力。正如我们在上面的章节中已经指出，对于海德格尔来说，伦理之可能性只能基于存在之伦理性。也即是说只有当存在是伦理的，对于海德格尔来说，是自我限制（负责）的自由，此在才可能因其存在关联性，即因其在此（da-sein）而是伦理的，负责任的存在者。这当然不是说，至少对写作《存在与时间》时期的海德格尔而言，我们可以抛开此在（人）而去玄思存在之伦理或非伦理性，毋宁说，这对海德格尔而言意味着一条通过人的伦理性领悟存在之伦理性的途径。所以，并不奇怪的是，与奥古斯丁相似，这一领悟在海德格尔那儿同样要求此在去承担起本真的罪责，从而显明存在之完美性。

当然，毋庸讳言的是，海德格尔的存在并非奥古斯丁的上帝，并且无论是在奥古斯丁那儿已然被预设的上帝之仁慈性，还是奥古斯丁之神义论或明或暗诉求的希腊的存在论框架——正是在此框架中上帝被界说为最高的存在者或者完美的存在本身——在海德格尔那儿不复有任何有效性，其结果是海德格尔被迫（或者要求自己）去尝试一种比奥古斯丁远为激进的神义论，并因此暴露出神义论，尤其是所依赖的自由(意志)概念在奥古斯丁那儿多少被遮掩的困境。

二、从伦理到生存的罪责

虽然，正如我们在本章伊始就指出，《存在与时间》包含了若干奥古斯丁神学要素这一点已经为众多的有关研究所证实，但这并不足以证明海德格尔因此就具有与奥古斯丁类似的神义论意向，不仅因为海德格尔断然否认了在存在与上帝之间的等同，而且因为他在《存在与时间》中坚持的存在与此在之间的某种互蕴性：一方面，此在依其存在而获得其有别于非此在之存在者的本质规定，另一方面，存在却不外是此在所领悟的意义。其结果是，奥古斯丁式神义论的核心问题，即究竟上帝还是人应当为恶负责的问题，在海德格尔那儿并无意义。不仅如此，这一设问在海德格尔看来，恰恰暴露了奥古斯丁的神义论（神学）所预设的存在论框架之不合适性：在这一框架中，上帝一开始就被视为不同于作为存在者的人的另一种存在者，即最高的存在者。上帝与人的关系也被相应地界说为不同等级的存在者之间的，本质上外在性的关系。姑且不论这是否恰切地表达了奥古斯丁所要传达的宗教体验，这一外在性的关系显然截然有别于为海德格尔所强调的此在之存在关联性。

毋须讳言的是，如果我们仅就其宗教意义将奥古斯丁的神义论单纯地界说为通过将恶归责于人来免除上帝对恶的责任的努力，并且上帝被视为外在于，或者至少无限地超越于人的存在者，那么，我们显然很难在海德格尔那儿找到相似的尝试。但是，诚如我们上面对奥古斯丁神义论的深入分析所示，奥古斯丁的神义论不仅没有穷尽于恶的归责问题，而是相反地依赖于对归责框架之超越。事实上，正是通过这一超越，恶的意识才可能被最终转化为罪意识，即对恶的伦理罪责，而罪意识则已经在自身中包含了人与神的伦理性关系。唯其如此，作为伦理意识的深化，对恶的罪责才可能构成对上帝之伦理性的印证。就此而言，奥古斯丁的神义论典范性地例示了构成其神学特色的"从人的内在性通向上帝之路径"。这一路径之所以可能，是因为一方面，对上帝的伦理完美性的信仰构成了人的本质性要素，以至于我们只能在上帝的伦理性中找到人的伦理性之根源；另一方面，在奥古斯丁的神义论中，上帝完美的伦理性并非纯然的给予性，而毋宁说在某种意义上已经包含于人的罪意识，即人的伦理意识的深化之中。① 所以，对于奥古斯丁而言，虽然上帝就其存在而言无限地超越于人，但人与神的存在论距离最终被两者之间的伦理关联所超越。② 就此而言，如果说恶分离了人与上帝，那么罪

① 事实上，如果没有罪意识所表达出的人与上帝之伦理性关联，即使证明了人的伦理性，也不能证明上帝之伦理性，因为至少有这样的可能性，人是伦理的存在者，但上帝却是非伦理的存在者。反之亦然。

② 但是，这并不意味着对人与上帝的存在论距离的取消，存在论意义上的远与伦理意义上的近在奥古斯丁那儿并行不悖，也即是说，某种意义上，与海德格尔不同，奥古斯丁认可了存在与伦理之差异，当然对奥古斯丁来说，上帝的存在性最终由其伦理完美性而获得界说。

则连接了人与上帝。

　　与此相类，对于海德格尔来说，此在之在此（本质）乃由其存在而获得界说，所以，如果伦理性是此在本质的构成性要素，那么就必然在此在之存在中有其根据。换一句话说，只有存在是伦理的，人才可能是伦理的。另一方面，由于存在无非是人在其本真的存在方式中所领悟到的意义，存在之伦理性也只有通过人对存在的本真领悟才可能得以界说。就此而言，海德格尔之此在存在关联性在某种意义上可以被视为奥古斯丁的罪意识表述的上帝与人的关联性之存在论阐释。

　　所以，并非偶然，与奥古斯丁相似，罪责概念在海德格尔那儿构成了此在对自身存在之本真领悟的最终界说，① 而本真性也被相应地界说为对罪责的承担，这一承担，如果可能，并且具有伦理意义，则构成了存在之伦理性的印证。正是在此意义上，海德格尔可以说，生存论意义上的罪责，不仅提供了使此在在实际生存着能够成为有罪责的存在论上的条件，而且"同样源始地"是道德上的"善恶之所以可能的生存论条件，简而言之，是一般道德及其实际上可能形成的诸形式之所以可能的条件"（SZ286）。也正因此，无论是否认可，以及在何种意义上认可海德格尔之生存论分析的伦理蕴含，评论者们多半倾向于从海德格尔之本真性入手去证明或者否证一种海德格尔式伦理的可能性。因为本真存在是这样一种存在方式，只有以这种方式存在，此在才可能真正领悟自身的存在，所以，如果这一方式可以被显明具有伦理意义，那么，我们就可以说海德格尔的（基础）存在论在其自身已经是伦理的，或者用海德格尔自己的话来说，已经是一种原初意义上的伦理。

　　这当然并不否认海德格尔关于此在本真存在分析的存在论意向，对

---

　　① 事实上，海德格尔在"现象学与神学"中明确指明了他的罪责与基督教的罪概念的关系，在海德格尔看来，对罪责现象的分析可以为解释后者提供一个生存论（如果不是世俗）的基础。（WM51-52）

于海德格尔来说，本真性所描述的首先是此在在世的一种方式，作为在世的存在者，此在总已经是与世内之物交道的存在者，而本真的在世存在则意味着，此在与物交道却不为物所羁绊，更不以物之无论是应手还是在手的方式来定义自身与他人的存在。唯其如此，此在才可能领悟到自身与物（非此在的存在者）截然不同的存在，并因此而处于与自身存在真切的关联之中。这也使得此在有可能与他人本真地共同在世。诚然，此在之在世总已经是与他人的共在世，用海德格尔的话来说，共在是此在在世的构成性要素，但是，此在仍然可能以本真或非本真的方式与他人共同在世。在《存在与时间》中，海德格尔只是非常简洁地描述了此在本真待人的方式，在这一被称为本真烦神（Fürsorge）的方式中，此在不仅不以或明或暗的方式将他人视为用具（物），而且也不越俎代庖，也即是说，不仅活出自己，而且让他人也活出自己，尊重他人以自己的方式存在。对于许多评论者而言，海德格尔之本真烦神以存在论语言重述了康德之人性法则，并且其所表达的不仅是康德所言的对他人之中的人性，而且是对实存的他人的敬重，并因此具有显明的伦理意义。但是，对于另一些评论者来说，本真烦神则隐含了对他人存在之漠视，故与其说联接还不如说切断了此在与他人的关系。某种意义上，后者显然忽视了海德格尔对本真烦神更为积极的表述，对于海德格尔来说，本真烦神并不止于让他人活出自身，而且要求此在"成为他人的良知"。按照海德格尔，良知是将此在唤向自身本真存在的呼声，也即是说，良知从根本上是自我召唤，我们因此也只能在类比的意义上理解海德格尔所言的成为他人的良知，尽管如此，这已经表明，本真的烦神决非对他人存在之漠然不顾，而是尽自身所能帮助和促使他人活出自身，听从自身良知的召唤。由是，正如康德所言，对他人的敬重，将他人视为自在目的（end-in-itself），而非只是手段，自然地导向了目的王国的理念，即作为目的的存在者之共在，许多评论者也因此将海德格尔之本真共在解读为康德之目的王国的存在论版本。在《现象学的基本问题》中海德格尔自己也似乎暗示了这一点。①

尽管如此，这一在康德的目的王国与海德格尔的本真共在之间的比拟仍然可能有失贸然：对于康德而言，并非因为人之存在性，即因为人是能够设置自己目的，或者说为自身之故的存在者，而是因为人之道德性，是作为可能的普遍立法者的人才是敬重的对象，故而，正如康德一再指出，人性法则只是对关于普遍立法的第一公式的质料化表述，同样，目的王国也是由普遍性法则所统摄的王国。但是，如同我们将要论及的那样，正是这一规定了道德责任的普遍性法则是海德格尔之罪责分析所要解构的，所以，并不奇怪的是，并非康德为法则所界说的(道德)责任，而是奥古斯丁式的超越任何正义法则衡度的罪责才构成了对本真性的最终界说。

当然，罪责在海德格尔那儿是生存论，而非伦理的概念。尽管如此，对罪责之日常伦理意义的阐释仍然是海德格尔之罪责分析的出发点。按照海德格尔的分析，我们通常首先在"负债于他人"的意义上理解罪责，并且所负之债也主要涉及可计算的物质性财产 (SZ 281)。故罪责就其"负债义"而言总已经预设了此在与他人杂然共在的非本真的烦忙活动。当然，海德格尔也承认，负罪并不只涉及可为之烦忙的东西，人们也可能在并不对他人负债的情形下，仍然是有罪责的，也即是说在"作为某事的原因或者说肇始者"的意义上被认为"有责于"某事(SZ 282)。所以，负罪的另一含义是"对某事负责"，也即是说，我们也可以"负责义"来界说负罪。但是，如果不涉及对他人（或其财产）的伤

① 在《现象学的基本问题》海德格尔对目的王国作出了自己的阐释："目的王国是人们共同存在，互相交往的王国，故可被称为自由的王国。[此一王国]是实存之人的王国，而非每一成员，作为人的存在，与之关联的某个价值体系，……目的是实存之人"(GP197)。

害，作为某事的原因或肇始者显然并不直接构成负罪。换一句话说，只有在侵犯了他人权利的情况下，可以因果性地归之于某人的行为才可以被判定为负罪。故而，负罪在完整的意义上意味着侵权与由此构成的伤害，由于权利（与伤害）只能通过法律获得规定，"违法义"构成了日常语境中负罪的第三种含义。

在此，值得注意的是，虽然在德文中 Schuld（罪责）同时具有其他西文对应词不一定具有的负债义，但即使在日常生活的语境中，负罪也首先被界说为对他人人身的伤害，只有在从属的意义上，即在人身与财产之关联中，我们才将后者纳入负罪。同样，海德格尔所谓的负罪的两种流俗（vulgäre）的意义，即"负债义"与"负责义"，也并不是相并置的，因为负责并不需要预设负债，反而是"负债义"如果要被视为一种罪责，则必须预设"负责义"，因为只有当此在被视为具有负责能力的，因而是可被归责的主体，即可以被视为某一（包括负债）行为的原因或自由的肇始者的情况下，此在之负债才可能被界说为有罪。进一步而言，违法义也不只是与前两种含义并列的罪责的第三种含义，而是对罪责最为根本的界说，因为在规定了无论是人身与财产权的法律（无论自然还是成文法）缺如的情况下，负债并不构成侵权行为，也不能被裁定为负罪。比如在私产权不受到法律保障的社会中，不经他人同意而使用他人拥有的某些财产就是可允许的。也即是说，负债如果要被界说为罪责就必须预设与之相关的法律（与权利），并且只能从后者获得其规范性（道德）意义，而违法却无需预设负债，正如海德格尔自己承认，法律所规范的是人们之间的一切社会性关系，而非仅只财产性关系。

但是，倘若"负债"在日常语境中，至多构成了负罪的一种形式，海德格尔对罪责之"负债义"的强调显然是令人惊讶的。如果我们不愚蠢地假设海德格尔对法律常识完全无知，那么，唯一的解释只能是，这事实上构成了海德格尔批判性地解构日常负罪概念的一种策略。这也与海德格尔对罪责作出生存论分析的目标相一致。由于日常罪责概念在海德格尔看来必然地遮蔽了罪责的真正含义，对日常罪责的解构就有其必要性了。并且这一解构所指向的正是日常罪责概念的道德规范性，由于这一道德性最终取决于规定了权利与伤害的法则，恰恰是一般被视为罪责最为根本的意义，即其"违法义"，或者更为恰切地说，罪责界说必须预设的法则成了海德格尔解构的首要对象。因为正是法则最终规定了作为责任的罪责之道德性，在法律缺如的情况下，我们不仅无法在罪与非罪（无辜）之间作出区分，而且完全无法在规范的意义上（normative）谈论罪责（或责任）。

明了了这一点，海德格尔对日常罪责的分析也就不那么如其表面显示的那样令人困惑了。事实上，并非海德格尔在此有违常识地将罪责与负债混为一谈，而恰恰相反，在海德格尔看来，因为人们在非本真的日常生活中，总已经沉湎于与物的交道之中，并以此理解彼此之间的关系，负罪作为一种人们之间的道德关系才会被理解为负债。也即是说，正是在日常的，非本真的生活中，罪责总已经在负债意义上被理解。与此相应，法律作为罪责的预设所界说的也不过是债务与对债务的清偿，即使其所调节的不只是人们之间的财产性纷争。

某种意义上，海德格尔对日常语境中的罪责及其预设的法律的批判显然是有理由的，因为，或许正如休谟所见，由于财产归属问题最容易引发人们之间的纷争，对这一纷争的调节也自然地成了法律的主要功能，故而义务也就具有与债务可类比的意义，密尔（John Stuart Mill）对义务的分析也肯定了这一点。① 尽管如此，我们却并不能就此推出法律（权利）必然基于某种功利性考虑。至少对于许多哲学家——比如康

---

① 参阅大卫·休谟：《人性论》（下）第二章（论正义与非正义）的第二节（论正义与财产权的起源）。

德所归属的自然权利学派来说，法律所基于的是人生而具有的道德权利，并且正是这些权利构成了海德格尔在某种意义上也认可的人[性]的尊严。换一句话说，我们并不能从法律在许多情况下被用以调节人们之间财产性诉求直接推导出这样一个结论，即法律关及的只是债务及其清偿，或者任何对法律的诉求就是功利性的。

但是，虽然海德格尔对罪责及其预设的法律的批判确乎包含了对其过于偏重功利或者物质性一面的指责，这却并不是海德格尔的批判的要旨所在。简单而言，海德格尔的批判事实上已经诉求于他一向坚持的存在论差异（ontological difference）。对于海德格尔来说，能被衡度计算的只有当下在手（Vorhanden）之物，而此在由于其生存则属于不可被衡度计算的存在者，所以，只要试图以某种方式去衡度罪行，并在罪与非罪之间作出明确区分，法律事实上已经把人当作物对待，并因此错失了此在之存在。换一句话说，法律之规范性本身基于一种错误的存在论假定，由此，法律与其所规定的道德义务（责任）从根本上来说只能是非本真的，以至于我们如何理解法律的起源在此是无关紧要的（SZ 282）。

显而易见的是，海德格尔对日常罪责及其所预设的法律的批判首先是生存论的，而非只是道德的批判。也即是说，并非不正义的法律，或者法律不正义的可能性，而是法（从而也是正义）的规范性（normativity），以及与这一规范性相联的共度性本质才是海德格尔批判性解构的对象。对于海德格尔来说，正是法律，即他所言的"公法"（öffentlichen Gesetze）将罪责限制于日常烦忙结算的非本真的语境中，由此，法律不仅没有对罪责作出恰当的规定，而且相反地遮蔽了罪责的真正含义。所以，在论及罪责的"违法义"时，海德格尔明确指出，罪责不能被完全归结为违反公法，也即是说不能完全被界说成为"公法"所规定的伤害他人权利的行为，因为我们不仅因为伤害他人法定的权利而负罪，而且因为他人"在其生存中受到危害，误入歧途，甚或毁灭而负罪"(SZ 282)，即使这并不源于我的过错。换一句话说，即使我并没有伤害他人的权利，并因此依据公法来说是无罪的，我仍然可能因为他人的不幸而负有罪责。由此，只要世界上有不幸，有恶存在，那么我就是有罪责的，故而，罪责最为原初的意义并非违法，而是对恶与不幸的责任。

在此，我们可以看到海德格尔与奥古斯丁的罪责概念之间的相似性，诚如我们上一节已经指出，罪责在奥古斯丁那儿不只是道德过错，而最终是对恶与不幸的责任。借此，奥古斯丁以归责的语言表达了我们伦理意识的深化，作为这一伦理意识深化的结果，我们意识到自己不仅应当为自身的过错，而且应当为不能追溯到自身过错的 [他人的] 不幸，乃至于为整个存在之否定面（恶）而承担责任。对于奥古斯丁而言，正是这一罪责意识使我们最终能够意识到上帝以满全正义的方式超越于正义的仁慈（爱），即上帝完美的伦理性。并且正是这一仁慈，而非人类理性可理解的正义构成了道德（包括人类正义）的超验根源。仿佛是这一完美的伦理性在人心中不完美的反映，我们也将同时意识到自身尽管是有限的仁慈，并且这一对他人的仁爱不能完全被归结为我们有偏私的自然情感，并因此如休谟所见的那样不可避免地与正义之无偏私性（impartiality）相冲突。毋宁说，人心中的仁慈，由于其在上帝那儿的超验的（transcendent）根源，尽管是有限的，却同时在其仿佛无限的可扩展性中与正义相接。唯其如此，我们才有可能超出狭隘正义(法)的要求而为他人的（并非出自与我的过错的）不幸而负罪（责）。也正因此，责任在最为原初的意义上不是由正义法则所界说的义务，而是不能为人类法则所度衡的（无限的）罪责。就此而言，也正如我们上一节所示，从恶到罪意识的转化（对恶的责任）在自身中已然表达了对归责（法律正义）的超越，这一超越本身则构成了对狭义的归责正义的批判。同样，我们也可以在海德格尔关于日常罪责，尤其是他对流俗的良知的分析中看到类似的批判。

按照海德格尔的分析，虽然在日常语境中，良知也始终与罪责相联，但是，罪责仅只被理解为对已然发生的行为（过错）的责任，良知也相应地被解释为对这一过错的道德谴责。由此，只要我们没有犯下过错，也即是说，只要我们按照公法，没有侵犯他人的权利，我们也就可以问心无愧了，就可以持有好的良知。对此，海德格尔警戒道："不可把良心'有愧'的作用压低成对现成疚责的提出或对可能疚责的回避，一如不可把良心的'无愧'用来为'伪善'服务。好像此在即是'一户人家'，它所欠的债务无非需要有条理地抵偿就是了，自我也因此可以对这些——接续的体验袖手旁观"（SZ 293）。事实上，海德格尔指出，这一对良知的日常解释是依良知"无愧"的观念制定方向的，故而已经遮蔽了真正意义上的罪责，即此在"无需乎先有错失或拖欠"，无须违背公法而负有的罪责（SZ 287）。对于这一好的良知，海德格尔愤怒地批驳道："良心先前作为神圣权能的流溢，现在成了伪善的奴仆"（SZ 291）。

在此，显而易见的是，以其存在论颇为隐晦的语言，海德格尔在某种意义上重述了贯穿于基督教传统中，尤其为新教所强调的信仰（及与之相关的良知）的内在性与律法的外在性之间的对立。与内在的良知不同，法律及其定罪所关涉的只是人们的外在行为，其所规范的，用海德格尔的语言来说，只是此在与其他此在杂然共处的烦忙活动。与外在的法庭（律）及其归罪不同，依循良知，与其说我只因为自己过去的行为而有罪，不如说在我的一切行为之前，我已经对他人有责，故我不仅因为对他人的伤害而有罪，而且因为他人的并非出自我的过错的不幸而负罪，这一对他人的责任（负罪）既不能为法律，也不能以我的过错（行为）度量，故罪责意味着无度的，恰切地说，超越于世间一切度衡（法律），因而也是无限的责任。这当然不是说海德格尔因此倾向于一种宣称无限责任的伦理学，或者说有益渲染一种过度的负罪感。正如海德格尔一开始就指出，他对良知与罪的分析所着眼的是此在之存在，而非其行为的道德属性。但毋庸讳言的是，正是这一超于法则的，因而是无限的责任概念，构成了海德格尔对负罪的生存论解释的现象学根据。也正因此，与奥古斯丁相似，海德格尔在某种意义上同样坚持对不幸（恶）的责任，即罪责的原初性。

但是，虽然从恶到罪意识的转化在奥古斯丁那儿要求对归责正义的超越，奥古斯丁并非偶然地继续用准归责的语言表达了这一伦理意识的深化。对于奥古斯丁而言，即使恶不能完全被归责为人的过错，但是，人却并不因此在恶面前是无辜（罪）的，相反，我们的道德过错至少导致了人类所遭受的大部分不幸，故而，恶首先应当被视为一个具有伦理意义的概念，而不能被完全归结为不幸，并因此仿佛具有一种我们在其面前无能为力的生存论意义上的必然性，否则，我们就只能将恶诿过于上帝，并因此否认上帝的仁慈性。事实上，对于奥古斯丁来说，如果我们不能意识到自身的罪性，从而在某种意义上应当受到正义的审判，也即是说意识到上帝之审判的正义性，那么，我们也不可能理解上帝的仁慈。① 因为，虽然上帝的仁慈体现于对罪的赦免，但却并非对人类罪行不加追究，更非对正义，从而也是规范了人类生活的法则的漠视，正是在此意义上，仁慈并不消解正义，而恰恰是以超越正义的方式对正义的满全。换一句话说，在奥古斯丁那儿，最终为信仰指示的上帝无限的仁慈与人类理性所认可的正义不仅没有互相对立，而是相契相合。由此，正如我们上一节的分析中所示，奥古斯丁在其神义论中综合了《圣经》

---

① 以相近的精神，康德写道，虽然造就伦理共同体必须依赖上帝得以完成，但是，也不能因此就允许人对这件工作无所作为，听天由命……毋宁说，他必须这样行事，就好像所有的一切都取决于他：只有在这个条件下他才可以期望，更高的智慧将使他的善意的努力得以实行。（康德：《理性限度内的宗教》，《康德著作全集》第6卷，第101页。）

的信仰与希腊存在论的理性主义要素，借助后者，奥古斯丁遏制了对恶（从而也是自由）的形而上学思辨，并因此得以进一步通过其自由意志说将恶（不幸）意识转化为伦理形而上学的罪意识。

与奥古斯丁不同，正如我们上面已经指出，海德格尔对罪责的生存论批判则完全否弃了正义（法）的概念，[①] 从而也是奥古斯丁的神义论所承纳的理性主义要素。不仅如此，通过将人类的日常生活完全等同为非本真的沉沦的生存方式，通过将法的理性，乃至于任何可被认知的规范视为非本真的"知性"（verständigket）的产物（SZ 293），海德格尔不仅解构了罪责作为责任所预设的正义（法则），而且任何形态的道德的规范性诉求。这明显地体现在他对康德的良知说的批判中：

> 康德用正义法庭作为主导观念来奠定他的良知解释，这不是偶然的，这通过道德律令观念已露端倪——虽然他的道德概念与功利主义及快乐主义相去甚远。就连价值论，无论从形式还是质料上开端，也都将一种道德形而上学，亦即此在即生存的存在论作为其未经导出的存在论前提。此在被当作可以对之烦忙的存在者，而这种存在者的烦忙具有"实现价值"或"完成标准"的意义。（SZ 293）

显然，在海德格尔那儿，不仅以法与责任（义务）为核心的康德式伦理学，而且任何诉求于（无论何种意义上的）理性规范（norm）的

---

① 当然，我们或许仍然可以说海德格尔解构的只是他在《关于人道主义通信》中所说的"作为人类制品（fabrication）"的法律（WM 274），以便使我们能够向存在颁布的律令开放。但问题是：存在是否颁布使得人类伦理生活可能的法律？还是以自身的超强力消除一切法律？我们希望在下一章中回答这个问题。

伦理学，都由于其错误的存在论前提，① 而被不加区分地一起斥为非本真的道德。所以，为了从根本上询问此在的罪责存在，亦即从此在的存在方式来把握"罪责"观念，我们不仅"必须越过结算这种烦忙的领域中脱颖而出，而且也必须解脱应当（Sollen）及法（Gesetz）的牵涉"（SZ 283）。当然，在消除了任何法则的情况下，罪责也不复与可衡度的（道德）过错相关，也即是说，我们不复能如奥古斯丁那样在归责，哪怕是自我归责的意义上谈论罪责。由于与责任及其所必须预设的自由的关系的解体，罪责重新成为纯粹的不幸意识，成为我们在其面前无所作为的无可理喻的恶。

所以，虽然两者之间表面的相似性，但是如果说奥古斯丁的神义论依赖于恶向伦理的罪意识的转化，那么，海德格尔对罪责之道德意义的解构，即其对于罪责的生存论解释则相反地呈示为由伦理罪责向恶的必然性的过渡。所以，并不奇怪的是，罪责在海德格尔那儿所印证的不复是奥古斯丁的上帝完美的伦理性，而是死亡之"根本不知有度"，也即是"无度地不可能生存的可能性"。

但是，虽然死亡拒绝任何理性的衡度，却仍然可能为我们的情绪（Befindlichkeit）所领悟。Marx Wener 因此试图基于海德格尔关于死亡的分析发展出一种不依赖于传统 [理性] 形而上学设定的伦理学，构成这一被他称为"邻人的伦理学"的核心的是必死的，因而是有限之人之间的同情（compassion）。按照 Wener 的描述，对于死亡的恐惧（horror）不可避免地从根底上撼动了我们日常安适的存在，从而将我们从日常与他人的冷漠和斤斤计较的关系中解脱出来。因为在死亡面前，我不可避

---

① 也即是说，由于存在被视为理性所把握的存在，即现成在手的，因而是可以度量的存在者。当然，在《关于人道主义通信》中，海德格尔更为清晰地表明，这一存在论以及基于这一存在论的评价之所以应当被拒绝，是因为"在评价行为中思想在这里和在别处都是面对存在而能设想的最大的渎神"（WM 411）。

免地会感到孤独无助，但由于我就我的存在性而言是与他人共在的存在者，处于如此悲惨境地之我总是会转向他人，并因此开始用一种不同的目光看待他人：他人不再是偶然出现于我身边，可以被漠然待之的陌生人，也不再是我为了自身筹划可以如使用工具一样加以利用的他人，而恰恰是我可能的救助者。但是，他人之所以能够成为我的救助者却并非因为其强大，而是——正如 Wener 指出——因为其存在本身（by his mere existence）。① 正是作为与我共在的人，他人有可能聆听并对我在困境中的呼鉴作出回应。事实上，也正是通过对自身死亡的领悟，我才得以将他人视为他人，那些与我一样终将死亡的人。无论这些他人在表面上是如何幸福与强大，我看到的却已经是这种幸福与强大在无常与死亡面前不堪一击的脆弱，并因此对他们怀有同情之心。而他人对我的同情可能的回应则使同情——在其恰切的意义上——成为我与他人关联的新的纽带。对于 Wener 而言，在缺失这一同情构成的纽带的情况下，正义不过是一些抽象的法则。② 当然，这一同情并不能"抹去我们的每一滴眼泪"，更不可能将我们从自身的有限性或者必死性中解救出来，故并不指向任何无限的仁慈，或者宗教关于上帝完美的伦理性的假设，其所导向的毋宁说是一种可以被恰切地视为有限的存在者的伦理学。某种意义上，这一共命运之感或许也可以解释何以我们会因为"他人在其生存中受到危害等"而感到负罪。③

　　但是，这并不就表明我们因此可以从海德格尔"对他人的不幸的负罪"中推导出 Wener 所寻求的同情与邻人之爱的伦理学，毋宁说，无

---

　　①　Werner Marx's, *Towards a Phenomenological Ethics: Ethos and the Life-World*, State University of NY, 1992, p.53.

　　②　Werner Marx's, *Towards a Phenomenological Ethics: Ethos and the Life-World*, State University of NY, 1992, p.55.

　　③　比如我们可以将此负罪感视为同情或者说悲悯心的一种表达方式。

论其本身的有效性如何，这一同情的伦理学也将与基于理性规范的诸种伦理学一样被纳入海德格尔解构的范域。按照海德格尔的界说，对他人不幸的罪责可以被形式化地界说为"某一他人此在中欠缺的根据"（SZ 282）。在此，罪责虽然不复由公法而获得界说，并且其所关涉的也不复只是他人的财产性要求，但是，我们却仍然是在此在与他人，而不是与自身存在的关系中理解罪责。也即是说，我们并没有将罪责理解成对良知召唤的回应，这一召唤，正如海德格尔一再强调，并非来自与此在共同在世的他人，而是来自此在被抛的存在。与此相应，其所唤向的也不是与我们共在的他人，而是在死亡中被个别化的此在；其所要求的也不是对他人不幸的同情，而是对自身最为本己的能在的（罪）责任。所以，我们也就必须进一步将这一罪责概念形式化，首先将其从与他人无论如何被界说的伦理性关系中解放出来，[1]就其依赖于无论在何种意义上被理解的共在性设定而言，这新一轮的形式化中被解构的显然不只是康德的由普遍法则统摄的目的王国，而且还有 Wener 的同情与爱的共同体。[2]

作为这一形式化的结果，罪责的生存论观念被规定为"不之状态的根据"（Grundsein einer Nichtigkeit）。显然，如果说通过对法则，或者毋宁说对理性规范的解构，海德格尔解除了罪责与道德过错的关联，从而将罪责还原为恶与不幸的意识，那么，通过这进一步的形式化，罪责甚至不复与仍然具有道德意义的不幸（恶）以及对不幸的悲悯相关，并

---

① 要达到这一目标，"有罪责"这一观念就必须在一定程度上形式化，直到摆脱对烦忙着杂然共在的流俗的罪责现象的牵涉。（SZ 283）

② Wener 所谓的邻人的伦理学已经假设了（主要源自黑格尔的）共在内蕴的伦理性，唯其如此，对于 Wener 而言，死亡不仅没有，也不可能——如果此在确实是共他人的存在者——解除此在与其他此在（以及世界）的关系，而是相反地强化了此在与他在日常生活中忽视的他人的（情感性）联系。这是否表明 Werner 错解了海德格尔之共在概念？但问题是：如果共在不能延伸到死亡，那么又在何种意义上可以被视为此在的生存论规定？

因此丧失了其所带有的一切伦理意蕴。① 作为一个生存论观念，罪责只是对无的体验——是此在在烦忙的共同在世中不可避免地遭遇的应手之物突如其来的不应手性，是世界对于此在之无意蕴性，最终是在对畏的死亡中感受到的此在之不复在此的可能性。当然，"无"在海德格尔那儿并非与存在相对的"非存在"，更非存在之匮乏，而毋宁说是超越存在之自由，是能够成为"不之状态的根据"的自由。正是这一自由使得"罪责的生存论观念"，也即是说生存论意义上的罪责成为可能。

在此，值得注意的是，虽然与奥古斯丁将恶归结为伦理的罪责不同，罪责概念在海德格尔那儿被反向地重新界说为恶，乃至于并被进一步还原为无，但是，与奥古斯丁相似，至少在《存在与时间》中，海德格尔仍然试图将罪责界说为一种（虽然是生存论而非伦理的）责任，并且明确表明只有通过对这一责任的承担，此在才可能以本真的方式存在，也才可能真正领悟的存在的意义。就此而言，至少在形式上，海德格尔继续了奥古斯丁以罪责印证上帝的伦理完美性的神义论动机。正如我们上面指出，对于海德格尔来说，如果人是伦理的存在者，那么，我们必定能够在此在之存在中找到这一伦理性的根据，也正因此，此在在其本真的生存状态中对存在的领悟，即生存论意义上的罪责构成了道德罪责的根据。

当然，在海德格尔那儿，罪责不复与伦理过错相关，毋宁说，生存论意义上的责任是对无，即此在之无根基性的责任，是将无纳入自身，并因此建构了（自身）存在的意义的责任。就其为责任而言，这一生存的责任已经假设了此在作为自身根据的自由，也即是说至少在生存论层面上，此在应当，并且能够成为自身的根据。这一责任之所以是否定意

---

① 在此，正如 Caputo 所见，海德格尔对召唤（Ruf）及与之相关的罪责的解释剥夺了其在基督教语境中具有的"唤向友善（hospitability）与正义的特性"。John Caputo, *People of God, People of being: the Theological Presuppositions of Heidegger's Thought*, p.92。

义上的罪责，是因为此在，作为被抛的存在者，无法从根据处设置自身，并因此不可能是自我根据的自由，也即是说，在生存状态上，此在的自由只能是有限的自由。显而易见的是，海德格尔在此以其存在论语汇重述了奥古斯丁的罪责概念所指向的自由的双重性。正如我们上面对奥古斯丁罪责概念的分析所示，罪责，作为对恶的责任，在其自身已经预设了对恶的自由（能力），但是，另一方面，人的自由又是作恶的自由，是已然为恶所捕获的，因而是无能摆脱恶的自由。而如果说奥古斯丁通过诉求于上帝的仁慈（救赎），同时也是诉求于罪意识的伦理性——因为只有通过对恶的责任，人才可能认识到上帝的伦理完美性——而最终超越了这一自由的悖论，并因此建构了伦理的自由（责任），那么，在海德格尔那儿，作为根据的自由与不能成为根据的自由互为抵消，由此，正如我们在第八章（责任与自由）已经显明，生存的罪责在其自身已经是一个悖论，并因此是，对此在而言，不可能的责任，其所印证的因此也并非自我负责的，伦理的存在，而毋宁说是绝对的不受约束的自由（意志）。这一自由与其说是伦理责任的基础，不如说表明了伦理责任最终的无根基性。而海德格尔暗中诉求的委托，也正如我们在第八章（责任与自由）已然显明，虽然表达了海德格尔的存在论意向，但其所指向的与其说是存在之善意，不如说是对此在无理由的判罪，这一判罪所传达出的甚至不再是作为对存在的否定面体验的恶，而是超验的，源于存在的恶。

事实上，如果罪责没有伦理意义，而只是此在对自身存在之无根基性（Abgrund）的洞观，那么按照此在与存在之关联性原则，存在也同样没有伦理性，恶由此回归于存在，并因其与存在的关系而获得其必然性。所以，尽管与奥古斯丁的相似性，在海德格尔那儿，最终并非伦理的罪责，而是恶才是我们通达存在之途径，与此相应，其存在论也在海德格尔通过对谢林的《自由论》的解释而建构的"恶的形而上学"那儿获得最为确定的形式。

第十章

恶与自由：海德格尔与谢林

在上一章中，我们试图显明，海德格尔的《存在与时间》，尤其就其所强调的此在与存在的关联性而言，包含了一个奥古斯丁式的神义论主题，也即是说，对于海德格尔，正如对于奥古斯丁，唯有通过对罪责的承担，我们才可能证明存在（或上帝）的伦理性，而后者则构成了人的伦理性的存在论或超验源泉。也正因此，对存在之本真领悟在海德格尔那儿被界说为罪责。这一生存论的罪责在某种意义上可以被视为海德格尔对奥古斯丁的罪责概念的存在论阐释。尽管如此，也正是通过这一存在论解释，海德格尔完全解构了奥古斯丁的罪责概念内蕴的伦理意义，其结果是，罪责在海德格尔那儿所能印证的与其说是奥古斯丁的伦理的上帝，不如说是非伦理的存在或自由。与此相应，海德格尔的自由与罪责（责任）的形而上学也转化为他通过对后期谢林的"自由论"的诠释所阐发的恶的形而上学。

为了进一步理解海德格尔在这一恶的形而上学中对自由或原存在的界说，我们在本章中将主要聚焦于海德格尔就谢林的《对人类自由的本

质及其相关对象的哲学研究》所作的演讲（文中简称《谢林》）。时至
1936 年，海德格尔已经基本上完成了他可以追溯到 20 年代末和 30 年
代初的著名的转向。在这一阶段，为海德格尔注目的不再只是亚氏（以
及希腊古典哲学）和康德，而更多地是尼采，以及荷尔德林的诗作——
后两者以不同的方式为海德格尔打开了通向前苏格拉底思想的道路。除
此之外，值得注意的还有海德格尔对德国古典唯心主义的关注，当然，
这并没有什么突兀，正如我们论及康德时已经谈到，即使未及言明，海
德格尔事实上已经由德国唯心主义的基本精神取向来读解康德。尽管如
此，海德格尔选择谢林的《自由论》来阐释自由问题仍然耐人寻味，因
为与谢林盛期的诸如《先验唯心主义的体系》相比，《自由论》代表了
他后期的思想，这一思想虽然部分地延续了其早期唯心主义的基本信
念，但由于其所表露的基督教神智论的影响，及其显明的非理性主义色
彩而受到了主流的唯心主义哲学家的批判乃至于贬斥，不过对于海德格
尔来说：

> 谢林关于自由的论著是那些稀有的著作之一，在这些著作
> 中这样的一种云开始形成，这种云还悬于我们头上，我们后来
> 者只有这样一件是作为切近的义务：直指向这一云端。

这当然表达了海德格尔在谢林那儿感受到的与自身已然与正在形成
的思想的亲缘性。① 由此，通过对海德格尔的《谢林》的解读，我们也

---

① 并非偶然，海德格尔的《谢林》几乎紧接着在他中后期思想中具有重要地位的
《形而上学导论》，并且也明显地影响了同年撰写的 *Beiträge zur Philosophy (Von Ereignis)*
（《哲学论文集——论本有》）（全集 65 卷）：这一"冗长的格言式著作"正如 Dougluas
Hedley 指出，"充满了［谢林的］自由论的语汇和观念"。Douglas Hedley, "Schelling
and Heidegger: the mystical legacy and Romantic Affinities, in *Heidegger, German Idealism
and Neo-Kantianism*, Rom Rockmore (eds.), Humanity Books, 2000, p.149。

试图对海德格尔转向后的思想及其伦理相关性有一个预观（preview）。正如我们在本章中将要显明的那样，海德格尔的这一解读的结果同时是谢林的尼采化与尼采的谢林化，也即是说，一方面，谢林的自由被完全阐释为尼采超善恶的强力意志而失去了谢林通过爱的意志所试图暗示出的自由（上帝）的伦理性；另一方面，在与谢林的上帝（原存在）的关联中，尼采的强力意志则在某种意义上得以转化或言圣化，而变得更加类似于谢林的神圣任意性。借此，海德格尔在其存在论与伦理学之间做了彻底的切割，这一切割则最终表明了海德格尔的存在论，或者其自由的形而上学的非伦理性。通过最终消除自由的伦理性，海德格尔同时也否弃了自由，或者说自由在海德格尔那儿最终只是对天命，也即是说对神圣任意性的纯粹回应。

一、善恶之间

《自由论》是谢林转向基督教灵智论后首次，也是唯一一次公开发表的著作。撰写这部著作，谢林主要是为了驳斥对他的哲学的一些指控，这些指控认为谢林的唯心主义抹杀了自由，并且他的泛神论在最深层的意义上是"不道德的哲学"。[①] 针对这些指控，谢林试图证明他的泛神论的唯心主义不仅没有否定自由，而且是唯一阐释了真正意义上的自由的哲学，并且这一自由不仅支持了道德责任，而且具有更为深远的伦理性。

---

① 霍尔斯特·福尔曼斯的导论，见谢林：《对人类自由的本质及其相关对象的哲学研究》，邓安庆译，商务印书馆 2008 年版，第 34 页。

由于唯心主义一般被视为一种寻求无所不包的体系的哲学，谢林的辩护也先从体系与自由的关系入手。一般而言，体系化所致力于构建的是一个体系内部诸要素之间有着必然联系的，可与有机体相类比的整体，对于这一整体而言，构成整体的部分（要素）不仅就其存在性而言，依赖于整体，而且也没有独立于整体的价值。不仅如此，一个真正完备的体系应该毫无遗漏地包容一切可包容者。打一个比方而言，如果我们将一个政治共同体（国家）视为一个体系意义上的整体，那么，其成员之成员性，即作为成员的个体的存在性就只能依赖整体而获得规定，也即是说，个体只能由其在整体中的位置与身份等而获得自己的规定性，除此之外，个体什么也不是。循此，我们可以理解，如果自由被视为个体的不（完全）依于共同体的自由（或权利）的话，何以一般都认为体系与自由不相兼容。但是，对于谢林而言，这种观点源于我们对体系，以及自由过于粗疏的观点，因为即使我们认为自由是个体的自由，但就其总是以某种方式与世界整体——无论如何看待这一整体——相联系，"至少在神的理智中存在着某一体系，是与自由共存的"（MF 47）。对于谢林而言，唯心主义就是这样一种可以自由共存的体系，因为唯心主义就其本质而言是泛神论的。

在谢林之前，唯心主义主要呈示为一种观念论，这一观念论也多少被限制于人的意识与自我意识（即我思）的范域。自然，作为我思的对象，则被认为是不具有我思之精神性特质，并因此是异在于我思的自在的领域。费希特则开始将"思我"之外的存在者（自然）界说为"自我"所设置的"非我"，这样，自然就以一种尽管是否定性的方式从属于"自我"，而谢林则进一步赋予"自然"以肯定性的意义，将其与自我一同视为绝对者（上帝）自我展开（启示）的不同的层级。借此，唯心主义就得以构建起一个无所不包的体系（整体），这一整体的每一部分，作为上帝启示的不同形态或阶段，都在不同层面与级次上分有了上帝之神性。所以，唯心主义，至少谢林之后的唯心主义显然可以被视为泛神论的一种形态。①

但是，至少从表面来看，将唯心论阐释为一种泛神论学说，并不能避开上述对体系或体系化努力的指控，因为泛神论常常被表述为一种严格意义上的决定论，乃至于宿命论，斯宾诺莎的具有广为影响的泛神论体系就是一个典例。所以，要证明泛神论与自由的相容性，谢林首先必须将自己的唯心论与斯宾诺莎的学说相区分。按照谢林的阐释，斯宾诺莎的学说之所以排斥了自由，并非因为它是泛神论的，而是因为它将神等同为机械的，为自然律绝对规定的，没有自己生命的物。也即是说，在斯宾诺莎那儿，连神都没有自由，更何况人了。与此相反，在谢林构建的泛神论的唯心论中，神是有生命的，自由的存在者，并且这一自由只能被界说为绝对的自我规定性，也即是说以自身为根据的自由（意志），因为如果神不是以自身为根据，而是受到外在于神的他物约束的存在者，神就不复是神，即全能者。这一神性自由事实上构成了谢林关于自由与泛神论（唯心主义）相容性证明的起点与必要预设，据此，谢林的有关论证可以被构造为如下的步骤：

（1）神是绝对自由的。

（2）万物内在于神，因此都具有不同级次的神性。（万有在神论）

（3）所以，万物都是自由的。

---

①　学者们对谢林之后的，无论是观念还是实在论的唯心主义与泛神论的亲缘性这一点基本上已经达成共识。一般而言，泛神论是主张世界万物皆有神性的一种带有神秘主义色彩的学说，就其起源而言，可以被追溯到普罗提诺的太一流溢说，在基督教之后的泛神论学说一般倾向于赋予神以更强的人格性。就神与世界（人）的关系，泛神论可分为两种形态，即主张上帝（神）在万物之内的泛神论，与主张万物内在于神（上帝）的学说，后者显然更为强调万物对神的依附性与亲近性，一般被称为万有在神论。谢林前期思想更多地属于前一种形态的泛神论，而其后期受到基督教神秘主义，尤其是神智论影响的泛神论则属于后一种形态。

（4）上帝首先通过人启示出自身。（基督教教义）

（5）所以，人特别地分有了神性自由，并在自身中具有某种程度的神性自由，故而是自我规定的，也即自由的存在者。

但是，即使我们认可人（连同万物）以某种方式内在于神，毕竟——谢林自己也承认——人不同于上帝，作为受造物，人总已经是依附于上帝，并因此是受到上帝规定的存在者，于是，问题是，这一依附性与被规定性何以没有取消人的自我规定的自由？对此，谢林试图以父亲与儿子的关系来作出澄清：① 按照谢林，上帝与人的关系不能被比作工匠与创制品的关系，而更应由父母和子女的关系来理解，虽然子女就其存在（生成）而言受到父母的决定，并因此依附于父母，但就其如何存在（So-sein）而言则拥有自我决定的自由，故而依附性与自由并不必然地相冲突。这一类比论证显然具有某种牵强的意味，因为我们从日常经验中知道，只有在摆脱了对父母的孩子式依附之后，儿女才被视为自由的，可以为自身负责的成人，但是，被认为是内在于上帝的人则不可能不依附上帝而存在。当然，儿女的成长并不意味着与父母切断关系，就此而言，或许我们可以想象一种与弱意义的依附相并存的自由。但问题是一种依附的自由又如何可能是上帝式的自我规定的自由？进一步而言，即使我们承认内在于上帝的人仍然具有自我规定的自由，这一人的自由何以不是不断反抗上帝，或者至少试图摆脱对上帝依附的自由？对此，谢林的回答是："人的自由与全能对立是不可思议的"，因为：

万一上帝抽回他的力量片刻，那么人就得停止存在。（MF 50）②

---

① 当然谢林也使用了其他更为神学化的论证，比如"上帝只能把自身启示在与他相似的东西中"（MF59）。

② 当然不仅人，而且万物都将不复存在，这显然支持了人对上帝的强依附性的观

　　所以，我们没有其他出路，而"只能在神性的本质中拯救人及其自由"（MF 51），也即是说，我们只有通过设定："人不在上帝之外，而是在上帝之内"，即设定上帝与人的自由的同一性而拯救人及其自由，正是在此意义上，泛神论是唯一可能拯救自由的学说，或者更为恰切地说，正是为了拯救自由，谢林（与其他许多人）才去"坚持这一泛神论学说"（MF 51）。

　　这一被唯心主义所拯救的自由当然首先是上帝的自由，作为上帝的自由，自由是绝对的自我规定，是自我根据的，并在此意义上是完全肯定意义上的自由。由此，人的自由也并不如我们通常理解的那样首先是否定性的，即挣脱某一东西束缚的自由，更不是在自身中缺乏规定性的任意性，而是从自身的本质（存在）出发进行自我规定的自由，也即是说，对人而言，从其所属于的整体（神）而规定自身的自由。如此，自由不仅不是与整体，或被真正理解的体系相对立的自由，更非与自然（必然性）相对立的自由，而是由整体规定的自由。另一方面，整体——如果被理解为神的创造性活动展开的话，则不仅不与自由相对，并因此而构成自由之限制，而毋宁说是自由，或者说意志本身。① 故而，唯心主义是自由的哲学，或者更为恰切地说，自由的神学。而自由，就其首先为神的自由意志而言，必定在其自身已经是善良意志，否则，不仅存在之伦理性，而且整个世界（存在）都将陷入虚无。也正因此，如同海德格尔所见，自由之善性已经为康德以来的唯心论所预设。当然，在德国唯心论中，意志之所以是善的，不只因为它是道德（理性）的，

―――――――――
点。按照这一观点，不仅就人的生成，而且就其持存而言，都需要依赖于上帝的支持。并且这种支持并非必然的，否则就构成了对上帝的自由的限制。就此而言，谢林以父母与孩子的关系来论证人的自由显然站不住脚，除非我们认为胎儿已经具有自我决定的自由。

　　① 按照海德格尔，"以自身为基的东西是自由的东西，是意志"（S105）。显然，对于海德格尔来说，至少在原初的意义上，自由与意志是互相蕴含的概念。

即康德所言的普遍立法的意志，而在更深的意义上是意欲自身的（will that wills itself），并且通过这一自我意欲而意欲世界（万物）的意志，是创造一世的意志。

但是，如果意志（自由）是善的，则恶从何而来？如果没有恶，没有善恶的区分，自由何为？又如何能够是具有道德意义的自由？所以，在拒斥了对唯心论与自由不相容的指控之后，谢林随即转向了自由的，同时也是上帝的道德性问题——

> 但作为实在和有生命的概念，自由据称是一种致善和致恶的能力。（MF65）

对于这一转折，谢林解释道，虽然唯心主义将自由学说提高到它唯一可理解的境地上（MF99），但唯心主义所提供的仅只自由的一般与形式的概念。按照这一一般概念，无论人还是神的自由都被形式化地界说为自我规定的能力，而完全忽视了人与神的自由之间可能的不同。就此而言，唯心论事实上忽略了人的自由。当然，这并不表明谢林就主张一种与神的自由不同质的人的自由，诚如我们上面所言，与其他唯心论相同，自由在谢林那儿也首先是神的自由。① 所以，谢林在此所寻求的毋宁说是以一种致善和致恶的能力去理解（无论神还是人的）自由本身。

因此，对于谢林的这一有些过于简洁的解释，我们还必须从谢林主张的实在论的唯心论与观念论的唯心论之间的区别去理解。虽然在谢林之后，自然已经作为较为低级的阶段被纳入绝对精神无所不包的体系之中。但是，绝对精神，按照黑格尔，乃按照严格的辩证逻辑展开自身，

---

① 按海德格尔的解释，人的自由在此事实上被视为一种"派生的绝对性"（S86），即上帝的绝对自由的派生物。显然，本原的自由仍然是神的绝对自由，我们也只能通过理解这一本原的自由，才可能理解其派生物，即人的自由。

并因此是遵循观念（或理念）之必然性的展开，这一理念又被视同为理性的理念，就此而言，客观唯心主义在黑格尔那儿呈示为一种唯理主义的观念论。这一观念论在谢林看来，忽视了构成意志（自由）之本质要素的生命冲动，因为这一冲动力从根底上不能被理性化。此外，由于被完全归同为理性的必然性，自由从一开始就丧失了自己的生命力，而兑化为一个纯形式的概念，并进而被设定为纯粹的善良意志，乃至于康德所言的普遍性法则，其结果是唯心主义一开始就避开了恶的问题。

但是，虽然重新提出恶的问题无疑与谢林后期对恶的现实性或者说实在性的很可能是过度的关注相关，谢林借此却也同时表达出了他对自由之伦理性的关注，这也与他写作其《自由论》的伦理意向相关。诚如我们在上章论及奥古斯丁的神义论时已然表明，至少在受到奥古斯丁影响的西方传统中，自由意志一开始就与恶的问题相关联，并且是以这样一种方式，即不是简单地探究恶，而是探究出自上帝的世界的恶的可能性的方式相关联。就此而言，自由意志之提出首先是出于为神（上帝）的正义性辩护的需要。与此相应，对自由或意志之本质的考察也就相应地要求我们重新回溯到其在神义论中的源泉，用谢林的话来说，要求我们直面"整个自由学说中最深层次的困难"（MF65）：即如果恶存在，上帝如何可能是伦理（善）的存在者。

所以，谢林随后就批判性地考察了主要在泛神论框架中为神的伦理性辩护的诸种努力。在他的《谢林》中，海德格尔对这一考察做了进一步梳理，主要就三种典型的泛神论形态，即内在说，伴同说与流溢说讨论了恶与上帝的伦理性的关系问题。就内在说而言，由于万物被视为上帝之内的存在者，恶如果存在，则只能被设定为内在于上帝的恶。由此，我们要么否认恶的现实性，要么否认上帝的伦理性，其他两种学说在这一问题上也不更少困难。事实上，正如谢林在谈到神义论问题时所指出，只要上帝被视为万物存在之根据，也即是说只要我们"接受被造物对上帝的本质依从性"，那么，"根据内在性概念"，我们将不可避免地把恶"归于无限的实体或者原始意志"，即上帝本身，（MF65）从而完全摧毁一种完满的存在者的概念。另一方面，如果我们以某种方式否认恶的现实性，"关于自由的实在概念也就一同消失了"（MF65）。其结果是，我们似乎只能诉求于某种善恶二元论学说，但如此我们事实上已经放弃了为神的完美性辩护的努力，因为一个与恶处于永恒对峙中的神当然不可能是全能的神，因而也不可能是完美的存在者。就此而言，二元论"只是理性自我分裂和绝望的体系"（MF67）。

尽管如此，谢林并没有放弃为神的完美性辩护的努力，而是转而试图找到一种全新的为神正名的方式，因为对于谢林而言，否弃上帝之完美性将不可避免地意味着对自由的否弃——正如我们上面已经指出，自由在谢林那儿首先是神的自由，或者，即使我们谈及的是作为被造物的人的自由，那么这一自由仍然是以神的自由为范本，并因此在本质上是与上帝的自由同一的自由。当然，另一方面，谢林必须尽可能地避免上述两种困境：即将恶直接归结到上帝，或者否认恶，从而也是自由的现实性。

为此，谢林首先将上帝，或者更为恰切地说，通过创造万物而启示出自身的活的上帝阐释为在自身中包含了根据与实在之二元性（两种力）的上帝。根据是上帝自身中的黑暗，是上帝中要求回归自身的无限的，"没有理智"（MF 73）的渴求（意志），是上帝的无意识，故而是"不是上帝的上帝"，"在自身之内拥有一种相对独立于上帝的原则"（MF 72）。由于根据是内聚的，也即固执于自身的盲目的力，故而谢林又称其为上帝的自我性（egoisity），且以具有政治—伦理色彩的私意名之。与此相对，实存则是上帝之中的外张的能力，促使上帝在爱中启示出自身，并因此被称为爱的意志，谢林也以与私意相对的公意名之。这一意志是上帝之中的理智与上帝相应，人的存在也包含了这一根据与实存的二元性，只不过在上帝那儿始终被连接在一起的两种力量在人那儿是可分离的，因此也就产生了颠倒两者秩序的可能性。恶，对于谢林来说，即是这两者关系的颠倒，用伦理的语言来说，是人将私意置于公意之上的结果。

显而易见的是，虽然谢林按照内在性原则，而不得不将恶归因于上帝，但是，上帝的伦理（善）性却并未因此而被否定，因为虽然恶，就其作为一种自我性的原则而言，确实可溯源至上帝之内的根据，但在根据中上帝尚未达到自我意识，故而上帝不能等同为根据。此外，恶的可能性源于实存与根据的分离，这一分离又是根据被置于实存之上，即恶的现实性的可能性条件，但是，在上帝那儿，根据与实存却处于不可分的状态，故而，恶也不能被直接归于上帝。不仅如此，由于根据只是上帝创世（目的）的手段，而这一目的所体现的则是上帝之爱，上帝因而更多地应当被界说为爱的意志，尽管这一爱的意志只能在"与根据的意志的抗衡与协作中"才可表达为对世界的创造，即启示出自身（MF74）。显然，如果说恶源于根据与实存的分离，而这一分离只有在作为受造者的人那儿才是可能的，那么，恶最终更多地应当被归之于人而非上帝。事实上，对于谢林而言，正如基督教原罪说所指示的那样，只有通过人，恶才进入世界，而世界也因此为恶的势力所统治（MF 31）。所以，恶之存在并不必然地导向对上帝的伦理（善）性的否定。

但是，即使谢林在此确实证明了人而非上帝是恶的直接原因，那么，按其内在性原则，即人内在于上帝的观念，这与将恶之始源归于上帝并无太大的区别。换一句话说，谢林是否因此避开了神义论在传统的泛神论学说中必然遭遇的困境仍然是个问题。因为如果说恶的可能性在于实存与根据的分离，那么，这一分离与其说人的自由作为，不如说是上帝自由创世的结果。对于作为被造物的人来说，这一分离总已经是一种蕴含于其被造性的必然性。甚至对根据与实存的颠倒也在某种意义上

与人的自由无关，而毋宁说是因为人被创造成既与上帝相连而又相分的存在者之故，是因为人是从根据的黑暗中产生出的存在者，所以

> 这位出离中心者一直还保留有这样的感觉，他曾经就是万物，即在上帝之内，与上帝同在，所以，他再次朝那里努力，但自为地已经不可能存在于那里，即上帝之内了。由此产生了自私的（Selbstsucht）饥渴，这种自私欲只要它脱离了整体和统一性，在此限度内就变得越来越可悲，越来越贫乏，但也正因此也才变得更加贪婪，更加饥渴并且更加有害……而 [最终] 坠入虚无之中。(MF107)

并且，人之所以能够颠倒根据与实存，从而使恶得以现实化，是因为他能够"借助于他在自己之内所拥有的中心的强力去统治所有的事物"（Mf107），也正因此，原罪表达出的已经是"人自己内的向恶倾向"（MF107）。所以，原罪与其被视为（人的）罪孽，不如说已经"是恶本身了"（MF107），换一句话说，原罪的必然性已经在自身中指向原恶。而我们也因此不可能，如同奥古斯丁所尝试的那样，由人类的罪孽去解释恶，因为如果我们认为对原本质或者说对上帝的背离是人的罪孽的结果，那么，谢林追问道，"导致违抗上帝的最初能力从何而来"？(MF67)① 但是，如果恶不能被归结到人的罪孽（自由的过犯），而是被视为人生而具有，即内在于其被造性的恶的倾向与能力的必然结果，那么，恶事实上又被重新被归结到上帝（的创世），而谢林的神义论也就因此退回到其出发点，并且问题不复只是"如果恶存在，上帝如何可能

---

① 虽然谢林在此并没有提到奥古斯丁的神义论，但这一设问至少包含了对奥古斯丁神义论的质疑和批判。

是善的"，而且是"一个意愿恶的上帝如何可能是伦理性（善）的上帝"
或者"上帝如何鉴于 [他所意愿的恶] 而能得到辩护？"（MF 112）

所以，在对原罪的阐释中，谢林又试图以表面上看带有康德意味
的方式重新将原罪（恶）归结为人的自由决定，① 当然，这儿所说的决
定不能落实在时间中，而是"落实在一切时间之外"，因为"人虽然被
诞生在时间中，但却属于永恒"，是康德所言的超时间的理智的存在者
（intelligible being），故而：

> [人的] 这种行动也不是按照时间而发生在生命之前，而
> 是作为一种按本性而永恒的行动而贯穿时间（不被时间抓住）。
> 通过这一永恒行动，人的生命一直达到了受造物的开端；人因
> 此也是由于这一永恒行动而在被创造的东西之外，是自由的，
> 并且本身是永恒的（MF102）

由于人的生命，或者说其自由一直延伸到受造物的开端，[原] 恶
至少可以同时被视为人超时间的决定（行动）的结果，由此，"看起来
与自由无关的 [原] 恶，在其本原里仍是自己的行动"，所以，原恶既
是"通过自己行动又是与生俱来的恶"（MF 105）。就其与我们的行动
的相关性而言，它又可以被恰切地界说为应当被归责到人的自由的（原）
罪。而就其与我们之内的恶的倾向的相关性而言，我们"向善的转变不
可能不需要上帝的帮助"（MF 105）。如此，通过这一——用海德格尔

---

① 必须指出的是，康德在这一问题上采取了截然不同的路向，即断言恶不会源自
一种天赋的倾向，而是认为它归咎于道德上的东西，即必定通过"人自己的选择"而发
生的。在论及极端恶时，康德也表明：从一种遗传属性来推论恶的倾向，是所有解释中
最不适当的一种，因为除了我们自己的行动之外……没有任何道德的恶。并且关于恶的
本源在人类中这一点，对于我们是无法探究的。参阅"福尔曼斯德文版注释"（MF160）。

的话来说——"罪恶归同"（S176），① 谢林得以引入了在基督教中与罪相关的救赎说。于是，虽然有恶，甚至整个世界在某种意义上一直为恶所统治，但作为世界的救赎者，而不只是创世者（创世的自由），上帝的伦理性仍然可能得到最终的肯定。

但问题是，如果原罪（恶）是与生俱来的，也即是说在人受造的开端已然被决定，人又在何种意义上具有对恶的自由，并因此应当为恶负责；反之，如果原罪是人自由的，按照谢林自己的规定，在善恶之间选择的能力的结果，它又在何种意义上是已经被规定的？就此而言，正如福尔曼斯指出，谢林"关于恶的起源，关于原罪与个人选择的这些思想的意义"显得"晦暗不明"。②

事实上，即使我们认可原罪可以部分地归责于人的自由行动，那么，如果人是被造的，而非自我创生的存在者，那么在这一产生(世界)恶的创世行动中，人至多只是从犯。由此，上帝不仅要为自己所造成的那部分恶，而且要为将人卷入或"诱惑"入原恶而负责。而如果我们将恶归结到人的独立于上帝的恶的行动，并且认可这一自由行动与上帝的创世一起构成了世界的开端，那么，我们不仅解除了人与上帝的关系，而且也将被迫向一种二元论：在这种二元论中，人（世界）之恶与上帝之善从创世起就开始了永恒的争持；或者我们坚持人与上帝的关联，那么，我们就只能再次设定一个与上帝同样古老而强大的恶的力量（原则），但这样我们就退回到了传统的善恶二元论，并因此不得不放弃上帝之完善性概念。

---

① 值得注意的是，海德格尔在他对谢林的阐释中明确地批判并且致力于清除了这一在他看来不仅出现在谢林那儿，而且见之于整个德国唯心主义传统的"罪恶归同"，同时被清除的是谢林在此纳入的基督教救赎观中内蕴的虽然是以神学化的方式表述出来的伦理性，就此而言，海德格尔对谢林的罪恶归同的批判并不单纯地是在宗教与伦理之间作出切分，而毋宁说是为了消除恶（罪）的，从而也是与恶相关的自由的伦理性。

② 参阅"福尔曼斯德文版注释"（MF161）。

所以，为了捍卫上帝的完善性，谢林最终不得不求助于关于创世的终极意图的思辨。对于谢林来说，正如一切存在源于上帝，最终一切又回归到上帝，二元性也将被最终克服，因为在启示的终点，上帝将"把恶从善中排除出去，阐明恶为完全的非现实性"（MF124）。① 如此，上帝也将显明自身不仅是全能的，而且是爱的，因而是完美的存在者，是在爱中将一切存在包容于自身的绝对意志，而自由也因此不仅可以与这一整体（体系）共存，而且是伦理的，满全于爱的自由。② 于是，正如谢林一开始所言的那样，"至少在神的理智中存在着某一体系，是与自由共存的"。

但问题是，按照谢林自己对自由的规定，如果恶在创世的终点被排除出去，被抛入非存在（甚至不只是存在之匮乏），那么，也就不复有（无论是上帝还是人的）致善与致恶的自由，而如果没有自由（与恶），也就没有上帝。就此而言，谢林之求助于一种纯粹的爱与其说证明，不如说消解了上帝（自由）的完美性。反之，如果恶从创世的开端一直延伸到创世的终点，也即是说，即使在创世的终点，上帝也未能或者说不愿消除恶，那么，谢林的神义论将明显地无法避开伊壁鸠鲁的两难：即如果恶存在，那么，要么上帝是善的，但不是全能的，故而无法克服恶；要么上帝是全能的，但不是仁慈的，故而无意克服恶。而无论上帝不是仁慈的，还是不是全能的，上帝都将不是完美的存在者。

---

① 谢林甚至以更强的语气表达了同一意思："但善应从黑暗提升为现实，以便与神一起不朽地生活，而恶则应与善分离，以便能永恒地被抛入非存在"（MF 123）。

② 当然，这一自由与其说是意志，即精神，不如说是超出意志及其不可避免的二元性的爱。正如谢林在论及这一上帝之爱时表明："因为精神也还不是最高的东西、或者说只是爱的气息，而爱却是最高的东西。它是在根据，在实存者（作为被分离的）存在之前即已存在于那里的东西……"显然，借助对上帝创始意图的思辨，谢林试图表述出一种超越于罪与罚，超越于正义的爱的伦理学或者说神学，以最终拒绝对他的泛神论的道德指控。

事实上，一旦谢林将自由规定为致善致恶的能力，即将自由与恶相连，并且自由首先被理解为上帝的自由，那么，留给他的只有两种可能性：要么否定自由与恶，以便证成上帝的完美（善）性；要么放弃（上帝的）完美性概念，以便保存致善和致恶的自由。就后者而言，如果自由同时被表述为上帝的自由，那么上帝就不仅可以自由地不创造出世界，而且可以自由地，或者说，随心所欲地毁灭这个已然被创造的世界。在这一绝对的自由，或者说绝对的不受制约的暴力面前，不仅存在的伦理性，而且存在本身都将为虚无的深渊所吞没。而所谓的人的自由也只是对这一虚无的无尽的畏，以及借以在"恐惧与战栗"的状态中生存下去的对上帝之爱的幻想。所以，虽然试图坚持"上帝在创立世界中的极端自由"，① 谢林仍然，哪怕是自相矛盾地在恶的深渊面前退却了。通过对上帝的完美的爱的最终肯定，谢林在某种意义上回到了他所质疑的唯心主义的预设，即关于意志（自由）之善性的设定，并在一种非常有限的意义上维护了意志（存在）的尽管是模棱两可（ambiguous）伦理性。而这一伦理性正是海德格尔对谢林的解释所最终消解的东西。

二、唯有意志

诚如我们上一节表明，在他的《自由论》中，谢林试图证明，在他的泛神论或实在论的唯心主义中，自由不仅没有被消解，而且是具有伦理性的自由，这一证明自然地导向一种神义论，因为自由在谢林那儿首

---

① 正如福尔曼斯指出，谢林后期的实定哲学（自1892年）的基本思想就是上帝在创立世界时的极端自由。这也决定性地开始了他的反黑格尔立场。参见"福尔曼斯德文版注释"（MF161-162）。

先是神的自由，甚至神本身。这当然不是说谢林因此否认了人的自由及其与神的自由之间的差异性，但是，正如人是内在于神的人，人的自由，如果可能，则已经包含在神的自由之中，与此相应，人的自由与神的自由之差异性也只能被表述为包含在神（同一性）之中的差异性。由此，正如海德格尔在《人类自由的本质》中已经表明，自由并非人的属性，毋宁说人是自由的所有物，故而，追问自由的本质意味着"超出人进行追问，问到那种比人类本身更本质和更有力的（Mächtiger）东西里去"（S11）。

但是，将自由视为神的自由（意志），乃至于进一步将神界说为自由已然构成了至少是谢林之后德国唯心主义的本质，唯心主义因而可以被称为自由的哲学（神学）。同样，也正因此，在唯心论哲学中，自由，就其最为本原的意义而言，必定是伦理的自由，因为若非如此，不仅存在之伦理性，而且最终源于神的，也即是说源于自由的存在本身都将成为问题。所以，并不奇怪的是，自康德以降，自由就被界说为按照理性法则的自我规定，并在此意义上是善良意志。但也正因此，善良的并非是作为能力的自由本身，而是界说了伦理性的理性法则，这一法则（伦理性）从根本上构成了对自由的限制，其结果是自由已经不是本原意义上的，即神的绝对自由，用海德格尔的说法，唯心主义恰恰封闭了通向自由本质的道路。

由此，对于海德格尔来说，谢林的《自由论》最为重要的贡献在于：通过将自由界说为致善与致恶的能力，他在唯心主义终止提问的地方重新提出了自由的问题，并因此使得对自由，也即是说对存在本质全新的追问得以可能。当然，正如我们在上一节的分析所示，这并不意味着谢林就此放弃证明自由（神）的伦理性的努力，与此相反，对于谢林来说，这恰恰构成了一种与以往的神义论不同的，并且，如同他试图显明的那样，唯一有效的神义论的开端，因为只有当自由是善恶的能力，上帝之创世，也即是说爱的意志的实现（prevalence）才可能显明上帝之伦理性。① 某种意义上，谢林的《自由论》可以被视为他所寻求的神义论的展开。对于谢林而言，上帝，因而也是自由的伦理性最终将在上帝自我启示的终点得以显明——当然这一终点已经以某种方式潜存于创世的开端——因为在启示的终点，上帝将把恶完全排除出去，从而表明自身是"最纯粹的爱"。但问题是，正如我们上一节已经指出，这一善对恶的完胜，如果可能，正好与谢林自己对自由的界说相冲突。由此，并非偶然，谢林对上帝伦理完美性的论证充斥了显而易见的不一致性：一方面，谢林认为善（爱）的意志必然战胜恶（根据）的意志，以至于认为作为最纯粹的爱，上帝的意志中"绝不可能存在一种恶的意志"；另一方面，他又承认连上帝也不可能（或者不愿意？）克服自身之内的根据，即自身之内黑暗的力量，甚至于"没有恶就没有上帝"（MF122）。显而易见的是，一旦将自由（上帝）表述为善恶的力量，谢林事实上只能在上帝的伦理完美性与非（超）伦理的自由（上帝）之间作出抉择。如果说谢林在《自由论》中最终选择了前者，并因此在海德格尔看来，重新回到了主流唯心主义对于自由之善性的形而上设定，那么海德格尔则选择了后者，即没有伦理性的上帝或自由。

也正因此，对于海德格尔来说，神义论作为一种在恶的问题面前为上帝的完美性，最终是伦理完美性辩护的努力应当被弃置，甚至可以

---

① 按照谢林的说法，"虽然上帝预见到恶（的必然性），但仍然启示自身"，因为"假如上帝真的为了恶的缘故而不把自己启示出来，那么恶就已经战胜善和爱了"（MF 122）。就此而言，虽然有恶，上帝之启示（创造）世界已经证明上帝的善性（仁慈）了。但这显然并不构成对上帝的完美性的证明，因为这一论证已经假设了启示（创世）之前的恶。如果这一恶被理解为在上帝之外的恶，那么上帝可能是纯粹的爱，但却并非全能的上帝，故而不是完善的存在。如果这一恶在上帝之内，并且不能被上帝所克服，那么，上帝同样不是全能的，反之——如果上帝能够却不愿意克服自身之中的恶，那么上帝就不是纯粹的善（爱）。

说，唯有当我们放弃了为神的伦理性辩护，也即是说唯有当我们越出"伦理的跨域"（S 176），我们才可能达到一种对存在（自由）更为本源性的解释，只有这一更为本源性的解释才构成了为存在最终的正名。但是，虽然谢林在海德格尔看来，并没有能够启达一个"充分的存在概念"（S 178），却仍然以他对于自由，尤其是自由与恶的内在关联性的独特界说开启了这一可能性。与传统的神义论，也同主流的唯心论不同，上帝的完美性在谢林那儿并非通过消除恶，或者通过卸除上帝对恶的责任而获得证明。相反，上帝的自由，对于谢林而言，恰恰显示于恶的必然性中。也即是说我们只有通过肯定恶，或者阐明恶的肯定意义，才可能达到上帝（自由）本身。就此而言，谢林对于海德格尔而言，已经开启了一种恶的形而上学（Metaphysik des Bösen）。在《谢林》中，海德格尔意味深长地将这一恶的形而上学比之于康德的《纯粹理性的批判》，如果说后者可以被称为"形而上学的形而上学"，并且按照海德格尔的阐释，已经是一种关于此在的存在论的话，那么，谢林的恶的形而上学则可以被直接解读为一种恶的存在论，即使，海德格尔自己也承认，谢林并未以正式的方式谈论存在问题。

这当然不是说，存在是恶，而是说如果恶具有一种无可否认的存在性——这一点已经蕴含于谢林对作为善恶能力的自由的界说中，那么，对恶的存在性的追问必然会导向，甚至已经是对自由，因而也是对原存在之追问。并且，这一存在之问，倘若没有偏离其一开始为自身设定的轨道，那么最终也会构成对恶，或许还有与之相对与相连的善的存在论意义的恰切的界说。

所以，至少在开端处，我们无需，并且在阐明与恶相关的存在之前也没有可能，对恶作出清晰的界说，尤其必须摆脱的是关于恶的传统规定——在这一传统中，恶总已经被伦理地界说为不应当存在的，最终必然为善所克服的东西，并因此进一步被规定为存在，也即是说善的缺

失。这一规定在海德格尔看来已经基于一种错误的形而上学，即在西方
占统治地位的在场的形而上学，并因此可能完全阻断谢林所开启的由恶
出发对存在的追问。当然，这并不等于说海德格尔就完全否认恶的否定
性，至少在海德格尔那儿，正如在谢林那儿，恶仍然被视为一种与善相
对的否定性的力量，来自于与光明相对的黑暗。

　　尽管如此，这一否定性的恶必须被视为上帝的，因而也是人的自由
必不可少的构成要素，因为按照谢林，自由乃是致善和致恶的能力。于
是，问题是，自由何以必须在自身中包含一种否定的东西？这一在自身
中包含恶的自由又是怎样的自由？如果自由，按照谢林，乃至整个唯心
论传统的看法，意味着最为本原意义上的存在，是存在之源，那么，在
其自身中包含恶的存在是怎样的存在，又是如何存在？

　　在海德格尔看来，谢林关于上帝之内实存与根据的二分至少提供了
解答这些存在论问题的线索。在上一节中，我们已经就恶的问题论及这
一区分。按照海德格尔，这一区分决不是任意的，而是已经蕴含在谢林
的"实存与有生命的自由"，或者说原存在的概念中，故而，其所描述
的是存在联分（Seynsfuge）。事实上，如果生命在于生成（或被生成），
那么上帝（存在）之本质也就在于生成（Werden），当然，上帝不可能
是被生成，否则就不是上帝，或者说不是原存在了，而只能是由自身出
发的生成，并在自我生成中生成（启示）世界（万物）。但是，生成总
需要某种动力，这一动力当然不能来自于上帝之外，而只能在上帝之
内，否则上帝就不是自由的，即以自身为基的上帝。所以，也正如谢林
指出，上帝之内必定已经包含了根据与实存的二元对立，因为唯有这一
对立与对立者之间的斗争才能使上帝之生成成为可能。当然，海德格尔
随即指出，我们决不能以传统的本质（essentia）与实存（existentia）去
理解这一区分，因为在谢林那儿，根据与其说是理性所认知的事物的本
质，因而与理性相关，不如说是一种非理性的，但仍然是本原的力。同

样，实存也并非本质的例示，而是"从自己内出现而来的启示自身的东西"（S129）。

　　某种意义上，谢林的这一区分基于其自然哲学，"根据"在这一语境中可以被解作"基部"，类似于柏拉图的缺乏自身规定性的原物质，并在此意义上与诸如混沌和黑暗相连。与根据相对，实存是一种理智的原则，当然对谢林而言，这一理智应当被动态性地理解，也即是说应当从上帝自我启示出发被理解为爱的意志。由此，正如海德格尔指出，谢林不是思考"概念"，而是不能以"概念技巧加以平衡"的诸力（Kräfte）及其斗争（Streit von Mächten）（S 133）。尽管如此，根据与实存的区分在谢林那儿仍然表现出某种传统柏拉图主义式的物质与精神之二元性的续存。与此相应，恶首先与缺乏形式，即缺乏自身规定性的物质(根据)相关，并因此可能被理智原则之赋形所克服。对于谢林来说，这意味着对二元论这一"理性自我分裂与绝望的体系"的超越，而这一超越也是谢林最终证明上帝（自由）的伦理（善）性的要求。就此而言，谢林或许正如海德格尔所见，最终"退回到了西方思维已僵固的传统"（S194），即传统的理性主义形而上学，在这一传统中，善与存在一同被视为理性所规定的善。

　　这当然是海德格尔所要避免的，所以，在对谢林的解释中，海德格尔尤其强调了根据的积极意义。在海德格尔看来，根据虽然固守自身，从而维护了上帝之自我性，即不让上帝在无限外张的生成中失落自身。但另一方面，根据又是对实存的渴望，并在此意义上激发了实存，即上帝自我启示的欲望。由此，虽然上帝作为绝对的上帝（实存），并不能被视同为上帝之内的根据，但"上帝还是他的根据"（S 137）。在上帝那儿，根据与实存始终处于互属性之中，实存是根据所激发的实存，没有根据，也无实存。事实上，正是根据与实存的这一源初的互属性"使得它们的离异和分裂"成为可能（S137），也即是说使得上帝作为生存的上帝成为可能。由此，作为上帝在其所不是中同时所是之物，根据也不可能被克服，即使在上帝成为实存之后，乃至在谢林所言的启示的终点——假如有这一终点的话，"根据这一'尚未'并不消逝，而是由于那里有一永恒的生成活动而保持是'尚未'"（S140），否则，上帝将不复是生成的上帝，也即是说，上帝将不复存在——如果上帝之存在（本质）在于生成的话。

不仅如此，如果根据，如同谢林所言，是一种渴望（Sehnsucht）的原则，那么，这一渴望与其说表达了上帝之所不是（自然），不如说表达了上帝最为本原意义上的所是，上帝因而是"在与其根据的同一性内的实存"（S150）。正是在此意义上，海德格尔指出，渴望并非"某种仅仅是人的东西"，毋宁说人之所以是渴望的存在者，是因为上帝是"永恒的渴望"（S150）。这一渴望构成了意志的本质，作为一种欲求活动，意志是这样一种努力，"在其中那种努力的东西在不确定东西内是意欲它自己，亦即欲在自身内发觉自己和在它本身加以扩展的广度内表现自己"（S150）。也即是说，意志，正如尼采已经表明，并非仅只是叔本华所言的自我保存的意志，而是，并且只能是在自我扩展中自我保存，即在自我扩展中永恒地返归自身的意志。所以，意志就其本质而言乃是强力意志。所谓的理智，或者说启示的道语，只是——借用叔本华的话来说——这一强力意志的"表象"。作为根据的表象，理智当然与根据互相从属，或者更为恰切地说，从属于根据，因为正是通过并且在根据的永恒渴望中，根据与实存相互连接又相互分离，故而渴望，按照海德格尔，乃是存在联分的本质规律。

显而易见，通过强调根据对于实存的原初性，海德格尔成功地消解了谢林的自由论中残存的理性主义因素以及与之相连的伦理性，① 从而

---

① 这一伦理性，正如我们在上一节中表明，集中体现于谢林的神义论努力之中，

将谢林的上帝或原存在完全阐释为尼采的超善恶的强力意志。① 对于海德格尔来说，如果我们从存在论而非伦理意义上去理解自由，也即是说，如谢林指示的那样，将自由理解为原存在或存在之源，并且自由又是善恶的能力，那么，原存在只能被理解在自身中必然地包含二元对立的生成，而生成就其本原意义来说则是强力意志的自我生成。作为生成，存在当然是时间与历史性的，并在此意义上是有限的，但这不是说，至少对原存在（意志）而言，是在时间中的生成，毋宁说生成是对时间的生成，是尼采所言的"永恒轮回"。这当然不是指同一形相的简单重复（同一性），而是描述了意志从自身出发又复归自身，即意志自我生成的永恒性（Ewigen），② 也即是说描述了意志自我意欲的本质。正是作为自我意欲的意志，意志是自由的，以自身为基，更为恰切地说，自由无非是（原）意志。但是，同样也由于其自我意欲性，由于意志必须通过扩展自身而保存自身，自由在此并非缺乏规定的盲目的任意性，而毋宁说已经是从自身本质出发规定自身，或者说由其本质而获得规定的自由（意志）。唯其如此，作为自我扩展的强力意志，上帝不可能不生成，也即是说不可能不启示出自身，世界与人因而也就具有与上帝之存在（生成）相连的必然性。

显然，作为生存，存在或原意志在自身已经是时间与永恒，自由与必然的统（同）一。在此意义上，谢林那儿多少残剩的二元论被克服，或者恰切地说被超越地包容于意志的统一性中。当然，这绝不意味着返归传统的理性主义的一元论，在这种一元论中，非理性的意志力最终被

即使这一努力并不成功。

① 这当然并不是说海德格尔必然误解了谢林，因为正如福尔曼斯指出，叔本华与尼采这两位后起的哲学家如果没有谢林这位先驱的影响是不可思议的（MF 28）。尽管如此，为谢林的《自由论》最终肯定的仍然是爱（善）的意志，而不是超善恶的强力意志。

② 参见［德］海德格尔：《尼采》，孙周兴译，商务印书馆2004年版，第20—21页。

理智的原则所制约，与此相应，恶也最终被善所克服。但是，意志的一元性却是在自身中包含了二元性的一元性，因为二元性，或者海德格尔所言的存在联分所描述的不过是意志之内的区分，即意欲与所意欲者的区分，就此区分构成了意志的本质而言，原存在作为意志必定是二元性的，由此，意志（自由）的形而上学是，并且只能是谢林所言的"允许统一性的变形的二元论"。正是在此意义上，自由被称作善恶的能力，这当然不是说自由是一种选择善或恶的能力，如果是这样的话，自由要么是善的，要么是恶的自由——因为上帝的自由当然不能是未决性——而不是善恶的能力。后者所指的毋宁说是自由是一种在自身中支持或容纳了善恶的能力，而其之所以能够同时支持两种对立的力量，是因为意志，就其本质来说，乃是尼采所言的超越善恶的意志。如果说善恶的区分构成了伦理的本质要素，那么，自由或者说原存在无疑是超（非）伦理的。

明了了这一点，困扰谢林的神义论问题在海德格尔看来也就迎刃而解了，为什么有恶？"因为上帝没有无限多的选择的可能性，也不可能有这样的可能性"（S 192），这当然不是说上帝没有选择的自由，而是说上帝的自由不能被理解为选择的自由，而必须被理解为从自身本质出发的自我规定。因为上帝之本质即在于生成，所以，上帝必须允让恶，以便激发出相反的意志力，即爱的意志，并因此使得自身的生成成为可能。但是，这并不意味着，如同谢林不时暗示的那样，爱的意志因此就是与恶的意志不同的另一种善或伦理的意志，毋宁说，如果恶的意志(根据)表达了意志之尚未明确的自我性，即自我保存的意欲，那么，爱的意志，作为"构成一般存在本质的对自身的爱"，则表达了自我保存必需的自我扩张，两者一同构成了强力意志的不同环节。也正因此，"恶即是善"（S189），因为善恶只是意志的不同的表达。我们因此不能将恶简单化地界说为伦理的恶，因为后者总已经以某种属人的标准分离了善恶，而这种分离恰恰是对原存在（上帝）之高贵的统一性的亵渎。

所以，从存在（生成）而非伦理的观点来说，虽然恶相形于善而言是否定性的，但就其源于上帝内的根据而言，也即是说，就其作为上帝生成的必要条件而言，恶又具有毋庸置疑的肯定意义。并且由于根据在海德格尔那儿被视为最为本源的力，恶甚至具有比与之对立的善更高的肯定性，是"某种在最高意义上肯定性的东西"（S 144）。唯其如此，我们只有通过恶才可能真正理解自由或存在之本质，而存在论也因此首先是一种恶而非善的形而上学。事实上，对于海德格尔来说，只有肯定恶存在，即肯定自由是致善致恶的自由，我们才可能将自由，从而也是原存在理解为永恒的生成，理解为超越善恶的强力意志，以便最终摆脱传统的在场的形而上学以及与之相连的伦理学的约束。反之也如此，唯有将存在（或自由）理解为强力意志之自我生成，我们才可以理解恶在存在论意义上的必然性，因为正如谢林所见，如果恶不存在，也就没有上帝。这当然不是说上帝是恶的肇始者，并因此应当为恶负责——责任的语言在此完全不合时宜；而是说恶内在于上帝，是源于上帝之内根据的恶。尽管如此，上帝并不因此就是恶的或者善的上帝，因为也正如谢林指出，在上帝那儿，根据与实存不可分离地处于同一意志之中，故而，恶（同时也是善）在上帝那儿仍然只是一种可能性。

与上帝不同，在作为被造物的人那儿，根据与实存总已经处于分离状态，①以至于两者的秩序可能被完全颠倒，恶因而只有通过人才得以从可能性转化为现实性，就此而言，"恶的根据是人的根据"。当然，正如恶不能被归责于上帝，恶同样也不能被归责于人，因为就上帝必须通过人来启示出自身而言，恶经由人的现实化也就具有了对于上帝之自我

---

① 我们或许可以这样理解这一分离，因为与上帝不同，人不能由其意欲创生出所欲者，也即是说根据与实存的分离事实上描述的是意欲与所欲者在人那儿的分离。

启示的必然性。事实上，也正是这一恶的，从而也是致善恶的自由的必然性联接了人与上帝，由此，恶的形而上学不只是关于原存在的，而且是关于人的存在（自由）之本质的形而上学。

作为被生成者，人的自由与上帝的自由一样，也是善恶的能力，这并非只是说人的自由是在善恶之间作出选择的自由，如果将人的自由归结为一种选择（善恶）的能力，那么就必然同时预设这一选择（Wahl）之外的，或者说先在于选择的善恶标准，① 其结果是意志必然地受到这一标准的制约，故而不是自由的，即自我规定的意志。也正因此，选择在海德格尔那儿与其说是自由，不如说是一种尚未成为自由的"未决性"（Unentscheidenheit）（S123）。而人就其自由的本质而言，不能停留于这一未决性。但是，另一方面，与上帝不同，在人之中根据与实存处于分离状态，故而，人必须通过自身的决断（Erschlossenheit）来连接两者，从而成就自身的自由本质。也即是说，人必须决定拥护某些东西，反对某些东西，但是更为重要的是，人必须知道其所反对者并未因其反对而消失，正如根据并未因为上帝的自我启示而被消除。换一句话说，对于决断来说，重要的不是反对或者拥护了什么，更非伦理意义上的从善弃恶，而相反地是在决断中将两者关联起来，也即是说，使善恶在互相对立中互相从属，唯其如此，人才可能意识到自身超越于善恶区分的自由（意志）。也正是在此意义上，海德格尔表明自由无非是决断，而决断之所以可能是因为人由其存在而言"自由地处于 [善恶] 两种原则之上"（S176）。所以，决断，正如海德格尔在《存在与时间》中已然表明，乃是

---

① 事实上，也不可能有这样的标准，不仅因为上帝作为致善和致恶的能力，并不提供任何区分善恶的标准，而且因为倘若上帝提供了这样一种标准，那么上帝就取消了人的自由，而人，按照谢林与海德格尔，拥有与上帝同质的，尽管就其力量而言是较弱的自由。由此，我们或许能够理解为什么在《存在与时间》中选择与选择掉是一回事，因为两者同样缺乏根据。参阅 8.4。

此在对自身存在的本真领悟，唯有在决断中并通过决断，人才领悟到自身为其存在所决定的本质，也即是说，领悟到自身的自由，这一自由，就其本质而言，无非是自我意欲的意志，即强力意志。

所以，恶就不仅对于上帝或原存在来说，而且对与人——就人对于上帝之从属性而言，也即是说，就人与上帝一样是自我意欲的意志而言，同样具有存在之必然性，就此而言，恶，而不再是《存在与时间》中仍然带有明显的奥古斯丁印记的罪责，在此界说了人（此在）的存在关联性。所谓的恶的形而上学即是对这一存在关联性的界说，就恶的可能性最终必须通过人而得以现实化，即必须通过人而获得印证而言，海德格尔的恶的形而上学显然继续了他为存在正名的努力。当然，这一正名或者说"证明"截然不同于传统中的神义论，不仅就其证明的方式，而且就其证明的结果而言。如果说传统的神义论，无论其论证方式或途径如何不同，所要证明的始终是上帝的与恶截然相分的伦理（善）性，那么，海德格尔借助于恶在人那儿的现实化，即人之恶性所证明的则相反的是没有伦理性——无论这一伦理性被理解为公正、仁慈，还是两者之结合——的上帝，是完全不受制约的绝对自由，或者用海德格尔的话来说，"作为超力（Übermachtig）的存在"。① 这一没有伦理性的上帝反

---

① 值得注意的是，也正是在对自由首次作出主题性考察的《逻辑的形而上学本质》中，海德格尔在一个"与本文主题不直接相关"的注释中，已经预告了他的"神义论"。按照海德格尔，只有通过将超越作为自由和时间性来考察，我们才可能"显明何种意义上，作为超力，作为神圣（holiness）的存在领悟隶属于存在论上完全不同的超越性本身。我们的目的不是在存在者状态上（ontically）证明神圣（divine）的存在，而是经由此在的超越来显明这一存在领悟之源，也即是说，去显明存在的理念如何属于存在领悟本身。"他随后写道："作为超力的存在的理念只能由存在的本质和超越性，而不能经由依赖某个绝对之他（你），或者作为价值和永恒的善的解释而被理解"。显而易见的是，虽然海德格尔在此仍然坚持存在在某种意义上属于此在的存在领悟，但却已经指示了由作为超力的（此在的）存在领悟（自由）"印证"更为本源的超力，即存在的理念的途径，并且同时表达了这一印证之宗教性——真正的形而上学家难道不比普通的信仰者，甚至

过来又支持和界说了人的本质（或自由）的非伦理性。这一非伦理性的自由，正如海德格尔在《形而上学导论》中所表明的那样，无非是不受任何限制的强力，或者更为恰切地说，是在与强力之永恒争斗中显示自身本质的意志。

但是，如果人就其本质而言是在自我保存中自我扩展的意志，并且人的意志是有别于上帝的另一种意志，那么，人的强力与上帝的强力之间的冲突也就不可避免了。其结果是，在谢林那儿仍然包容于上帝之内的，或者为上帝所包容的二元性也就自然地扩展为人与神的争斗与对立了。由此，我们或许可以理解海德格尔在《形而上学导论》中对索福克勒斯的《安提戈涅》第一首合唱词的解释所使用的"暴力修辞"了。①

就其对海德格尔后期，即其著名的转向（Kehre）之后关于存在问题的思考的深度与广度而言，《形而上学导论》无疑是，并且也经常被视为《存在与时间》之后海德格尔所发表的最为重要的著作。值得注意的是，在界说被海德格尔视为存在论（形而上学）最为根本的问题的第一章，海德格尔就引入了尼采关于哲学（philosophizing）与哲学家的观点，这当然并非偶然，因为事实上正是构成尼采思想核心的超善恶的强力意志导引了海德格尔对前苏格拉底思想的解释，通过这一解释，海德格尔最终得以将存在规定为希腊的"自然"（phusis），由此，这一"自然"，无论其在希腊作何解释，表现出与尼采的强力意志，以

比神学家"更为宗教"？当然，另一方面，海德格尔也明确表明他的"证明"及其表达出的宗教性与（伦理或宗教的）善无关。（MFL211ft.9）

① 借用 Fóti 的说法，虽然 Fóti 使用这一说法有他的意图，但如果细读这一解释，其中泛滥的暴力若只以"修辞"来描述，实在有"为尊者讳"的意味了。参见 Veronique M. Fóti, "Heidegger, Hoelderin, and Sophoclean Tragedy", in *Heidegger toward turn: Essays on the Work of 1930s*. James Risser (eds.), NY: State University of New York Press, 1999, pp.173-175。

及谢林创世的上帝之间的相似性也就并不那么令人奇怪了。按照海德格尔的界说，这一"自然"与当今所理解的与精神或心理的东西相对的"自然"全然不同，而应该在更为原本的意义上被理解为在自我生成中（das von sich aus Anfgehende）生成万物者，即一种既绽开又持留的强力（aufgehend-verweilende Walten）。"它就是在者之在"（EM19），也即是说，是最为原初意义上的存在。

在对原存在（自然）作出界说之后，海德格尔转向了对传统存在论的批判或者说解构，我们上面提到的解释出现在《形而上学导论》的最后的一章（即"对在的限制"）中的第四，也是最为重要的部分——就其所关涉的是构成了巴曼尼德以来西方存在论基石的"思与存在的同一性"问题而言。但是，我们在此并不打算讨论这一解构，或者说海德格尔对巴曼尼德的解释①——这一解释最终不但解构了在巴曼尼德那儿与意见相区分的理性，而且还有赫拉克利特的"逻各斯"，②而只是试图借此进一步厘清什么是与海德格尔的自由（或存在）必然相联的恶，并且如果这一存在之恶，按照海德格尔，必然要求突破伦理范域，那么这一"突破"究竟意味着什么？

在他的解释展开之初，海德格尔就特别要求我们注意唱词的首句："奇异（das Unheimliche）诸物，无有比人更为奇异者"。按照海德格尔的解释，"奇异"（deinon）一词，在希腊原文中指的是可怕（畏）的东

---

① 对于只剩残篇的前苏格拉底哲学，究竟是海德格尔，还是西方的主流读解更为正确当然是很难判断的，我也不认为我的希腊文水平能够胜任这一判断的任务。尽管如此，我仍然认为谢林，或许更多地是尼采，而非前苏格拉底哲学提供了我们理解海德格尔以"自然"名之的存在，这当然并不否认苏格拉底构成的哲学转向——即从对自然转向对人的（伦理）关注，不过如果我们按照海德格尔的解释，那么，我们只能将苏格拉底之后的理性主义的形而上学（西方思想）看成是完全偶然的，在此前的希腊思想中绝无根据。或者如海德格尔暗示的那样，是不可思议的沉沦（Verfall），或者存在的天命？

② 如果没有这一逻各斯，那么，我们或许不是如赫拉克利特所言的那样，"不能两次踏进同一条河流"，而是如克拉底鲁所言的那样"一次也不能踏进同一条河流"。

西（das Furchtbare），并且这一可怖感乃由强力制胜者（das überwalti-genden Walten）所激起。而人就是这样一位强有力者，这不仅因为人拥有强力，以强力行事，而且因为"行使强力不是他的行的基本特征，而是他的此在的基本特征"（EM159）。也即是说，人因其存在即是强力行事者，强力是人与存在，因此也是与一切存在者，包括其自身相关联的最为根本的方式，是人的本质，因而也是人的自由之所在。所以，自由无非是强力意志。

在明确了人的自由的强力本质之后，海德格尔随后就按照诗篇的顺序描述了这一自由，即强力的具体开展：以此与生俱来的强力，人征服自然，构建城邦。这当然不是说自然就被动地等待着人的强力宰制，毋宁说，"海与大地，每样都以其方式是一个强力制胜者"（EM 154），所以，人已经"在制胜者之中心强力行事"，这一强力不仅界说了人与自然的关系，而且同样界说了人与人的社会政治关系。事实上，正是在人的强力制胜中，自然与历史（政治）被勾连为一体，而这一勾连又指向了作为超强力的制胜者的存在，即海德格尔在《形而上学导论》中所言的自然（phusis）。

在这一超强力面前，或者说在人与这一超强力之间的战争中，作为较弱的（即被生成的）强力，人的命运，或者恰切地说，厄运已然被注定："针对着在者的超强力量的强力行事就不得不在此超强力量面前粉碎"（EM 170），并且不是作为单个的人，而是作为历史中的此在。这一人所无可逃脱的悲剧的必然性，按照海德格尔在《谢林》中解释，正好指明了恶的必然性，因为如果存在必须被理解为创造，创造则必须让根据作用起来，而恶来自于根据，那么，"只要存在东西的整体被规划于存在的结构，……恶在原则上也设定起来"（S193）。但是，虽然绝对能够使根据（恶）包容在自身之中，人作为"被创造的东西相反地却永不会使根据完全在它的控制之内，它会在根据上粉碎，为根据所排除，并因而为根据的重力所过分施以重负"（S191）。①

不过也正因为其源于存在之必然性，恶不能被作伦理解释，同样，人之必然粉碎的悲剧在海德格尔那儿也并非如索福克勒斯的歌唱词所暗示的那样是出于人的骄傲，或者缺乏审慎，即缺乏应有的德性，而是强力与强力互相冲突，也即是说，是人以强力行事的必然结果。事实上，正是对这一唱词内蕴的伦理性的解构构成了海德格尔这一解释的特质。正如海德格尔在对这一唱词解释之初所指出的那样，强力（或暴力）在此不能由其习惯的意义被理解为粗野与任性，也即是说我们不能在伦理的范域内将暴力理解为需要法度制约的东西。对于存在而非仅人的暴力而言，不仅"致力于和解与互助的准则"（EM 159），而且整个正义法则都只是对存在之强力的不适当的限制。不仅如此，作为创造者，强力行事者"不知善意与抚慰"，……"视一切帮助如敝屣"（EM 163），而唯求在自身的强力之中，乃至在自身的粉碎中成就自身的存在，即成为自由的存在者。换一句话说，为了成为强力意志，一切有助于人类共处的法则、德性，以及人与人之间的友爱与善意，也即是说，一切被我们视为善与人伦之理的东西都必须以存在（或自然）的名义被解构，或者被消解。②

---

①　或许我们借此可以更好地理解海德格尔《存在与时间》中的对罪责的一段描述：此在委托给了这个存在者，它只有作为它所是的存在者才能生存；作为这样一个存在者，此在生存着就是他能在的根据，虽然此在不曾自己设置这根据，但它依栖在这根据的重量上，而情绪把这重量作为负担向此在公开出来（SZ 284，着重号系著者加）：显然，在所谓的生存的罪责中，此在事实上体验到的已经是恶的必然性，当然，另一方面，在《存在与时间》中，具有生存必然性的恶仍然被界说为此在必须承担的责任（罪责），而不是《谢林》中的"广布于整个自然的沉郁"。

②　这或许回答了韩潮的问题：为什么是大势〔即超强力〕与"暴力行事"的对抗，而不是黑格尔在论及《安提戈涅》时所见的自然法与实定法的冲突？——后者对于韩潮来说更加符合希腊人的自我理解。对于这一问题，唯一的回答是因为在海德格尔的存在论中没有法则（无论是实定法还是自然法）的位置，因为所有的法则都是对暴〔强〕力

作为这一解构的结果，索福克勒斯的唱词所导向的与其说是亚氏所言的能够净化灵魂的悲剧，不如说是纯粹的、令人绝望的暴力剧。与此相应，海德格尔笔下托庇于希腊的"自然"所描述的与其说是花开花落，有生有死，支持了人类既和谐又争斗的生活的自然，不如说更加近似于霍布斯笔下自然状态中人的"每一个人对每个人的战争"。① 这一相似性当然并非偶然，因为对于霍布斯而言，在自然状态中没有正义法则，唯一有效的法则是自我保存的法则，为了自我保存，人们——正如康德所见——必须先发制人，"而不必等着现实的敌意"。② 但是，如果说在霍布斯那儿，这一自然状态更多地被用来论证法治国家，从而也是立法意志的必要性——在康德那儿，这一必要性已经基于超越工具理性的道德（立法）理性之可能性，那么，在海德格尔那儿，这一暴力争斗则相反地指向了超越于人的暴力的暴力，即存在之强力。因为，正如海德格尔一开始就表明，人之强力行事却并非源于人自身的意愿或选择，而是其存在使然，是因为"人被存在抛入（geworfen）这一存在的急需之中"（EM171），也即是说，因为超强力需要通过人发挥作用，以开展出作为整体的在者。或者用谢林式的语言来说，是因为爱必须让根据活动，这样"它才具有那种它在其中和其上能启示出他的全能（omnipotence）的东西作为进行抗拒的东西"（MF 238）。

与此相应，人也唯有通过强力行事，通过承受这一强力对抗必然导

_____

的限制，即使这些限制之间可能出现悲剧性的冲突。最终，是因为海德格尔的自然并非韩潮所言的"大化流行"——这一自然中至少还有与前苏格拉底的"自然"相似的道，故而我们可以谈论"道法自然"，而是圣化的强力（暴力）。参阅韩潮：《海德格尔与伦理学问题》，同济大学出版社 2007 年版，第 318 页。

① 如果说对于霍布斯而言，人就其本质乃是永无休止的对权势的欲望，"得其一思其二，死而后已"（[英] 霍布斯：《列维坦》，黎思复等译，商务印书馆 2012 年版，第 92 页），那么，对于海德格尔来说，"此在乃由其对在者的原初的永无餍足所规定"（MFL 192-193）。这一令人注目的相似性或许足以证明海德格尔之现代性！

② [德] 康德：《道德形而上学》，第 320 页。

向的破碎与失败才能够印证这一存在的超强力，或者谢林的上帝的全能，才可能，用《存在与时间》的语汇来说，与自身存在处于本真的关联中。当然，与《存在与时间》中略有不同的是，人在此所指的不再是作为个体的人，而是历史中的此在，与此相应，本真性所指的也不仅是个体的决断，而是历史中的此在（Dasein des geschichtlichen Menschen）的"天命"（Geschick），这一存在之天命对人而言就是：

> 被设置为粉碎机，以让存在之超强力（die Übergewalt des Sein）冲到这粉碎机来显示自身，而这一粉碎机本身也在存在身上粉碎。（EM172）

但是，不仅人只能通过强力行事而与存在相关联，而且存在也只有通过人的强力对抗才能够显示自身的超强力，换一句话说，如果没有人的强力行事，也就无所谓存在的强力，因为所谓的存在的超强力无非是被圣化了（consecrated）的人的强力。海德格尔大约也不会否认这一点，正如他在关于谢林的解释的结尾中指明，虽然表面上看来，谢林在此谈的只是"绝对，创世，自然，是存在的诸本质环节"，但其实他"在一切中谈论的却都只是人"（S 196）。但是，也正如海德格尔随即指出，这并不是说谢林是在玩一种"拟人论"的修辞游戏，毋宁说，这里进行着最为关键的一步，因为只有通过将人的强力，或者人对强力永不餍足的欲求归诸于存在，将人变成神，海德格尔方能够以存在（神）的名义解构一切属人的法度，摒弃所有与神相比渺小的人类生活要求的伦理善意。由此，暴力不再是暴力，不是因为其缺乏暴力性，而是因为没有可以约束暴力的正义；同样，恶也不再是（伦理意义上的）恶，不是因为其缺乏恶性，而是因为没有与其相对的善；一旦被圣化为终极现实，恶不再是与善对峙的恶，而是内在于存在本身的恶。恶由此获得了某种超验性，成为"最纯粹精神的东西"。换一句话说，就其最为纯粹的本质而言，精神（意志）无非是恶，是谢林所言的"对一切存在进行最激烈的战争，甚至愿意取消创世的根据"的自由（能力）（S144）。就这一恶的精神内在于上帝的根据而言，谢林或许恰如其分地称之为"上帝内的恐惧"，当然不是上帝的恐惧，毋宁说是令人恐惧的上帝。

在这一令人恐惧的上帝或者超强力面前，人作为与超强者争持的强力者，当然就只能是"出巡处处，无知无路，彼终归无"，因为"死把所有一切完成都超完成了，把所有一切限制都超限制了"。只消人在，人就处于死之无路可走中（EM 161）。事实上，在海德格尔的诠释所完成的这一暴力剧中，不仅必死之人，而且，就其不可避免地处于与人之强力争斗中而言，神（或超强力）同样无自由可言。有的只是永不餍足的意志，是永恒渴望的上帝或人，挣扎于意欲与所欲者必然的分裂中。某种意义上，强力与强力之间的永恒的斗争只是以神话化的方式描述了这一意志的自我分裂和绝望，就此而言，正如谢林所见，二元论是"一个理性自我分裂和绝望的体系"。

当然，谢林并没有停留在这一令人绝望的二元性中，也即是说，并没有拥护一种绝对的二元论，而是，正如我们在上一节已经论及的那样，求助于上帝在启示的终点所显明的爱。这一爱，按照谢林，甚至不再是精神，也即是说，不再是与根据的意志相对峙的爱的意志，而是最高的东西，"是在根据，在实存者（作为被分离的）存在之前即已经存在在哪里的东西"。但是，什么是这一最终超越于意志之二元性的爱呢？谢林紧接着就以明显地表露出艾克哈特影响的语言解释道：①

_____

① 谢林的 Urgrund 明显地类似于艾克哈特的上帝的上帝性（Godhead），就其同时为 Ungrund 而言，显然预示了海德格尔的"Abgrund"。

> 在所有的根据之前，所有的实存的东西之前，因而一般地也是在所有的二元性之前，必然有一本质，对于这一本质，我们除了把它称作原始根据（Urgrund），或者相反地称作无根者（Ungrund）外，如何还能称作别的呢？……这一本质不能被描绘为对立双方的同一性，而只能称作是两者绝对的无差别……（MF138）

与谢林相似，对于海德格尔来说，人与神之间的暴力争斗也并非全部故事：虽然人之为人必然地已经被卷入这一暴力的争持，但是，如果人完全沉没在这一暴力争持之中，而无法与其保持某种至少是审美的距离，那么，人将不知道自己已经置身其中。这当然正是渺小的芸芸众生的境遇，但哲学家、诗人以及城邦构建者们却是例外。事实上，也正如海德格尔在对索福克勒斯的唱词界说之初就已经指出，如果说"奇异"是"从人的存在之最宽广的界限的深度来领会人"，那么"这样的存在只向诗意地思的谋划敞开"（EM150）。也即是说，正是在这一诗意的思中，存在被展示为人与自然、人与人、人与神之间永恒的强力争执（polemics），这一争执之所以没有完全兑化为谢林所言的令人绝望的二元论，乃是因为真正的哲学家与诗人既置身其中，又置身其外，并因此而能够泰然自若地让存在（Seinlassen）以自身最为本原的方式发生（ereignet）。由此，海德格尔以自己的方式达到了谢林的恶的形而上学的至高点，在这一至高点，诗意的思最终超越了谢林所言的令人绝望的二元性。

这当然不是说，在这泰然自若（Gelassenheit）的执态中，在这一诗意的思中，不复有《形而上学导论》所着力描述的强力与强力之间的争斗，正如谢林在谈及无根者时所辨明的那样：这当然不是说，对立因此就消逝了，毋宁说正是这一无根者"确立和证实了这一对立——如果没有无差别，就是说没有一种无根者，也就不存在诸原则的二元性"

（MF127）。同样，正如悲剧只是悲剧诗人的作品，也正是在这一漠视人
类善恶区分的沉思的目光中，① 强力才被展示为在永恒的斗争中的原发
生（Ereignis）。当然，另一方面，若无悲剧，亦无悲剧诗人，悲剧诗人
只有通过悲剧成就自身，与此类似，存在的原发生（Ereignis）也总是
以自己的方式拥有人，并且在诗意的思中展示自身。就此而言，在海德
格尔后期哲学具有统摄地位的泰然自若（Gelassenheit）与在这一存在
执态中显示自身的更为原初的存在，即海德格尔之原发生（Ereignis）②
在某种意义上可以被视为海德格尔对谢林的"无根者"以及对这一无根
者的"思"的表述。

所以，泰然自若（Gelassenheit）并不如人们经常认为的那样表明
了海德格尔对意志论的克服，毋宁说其所描述的首先是对强力意志之
超善恶的神性本质的洞观。事实上，也只有在这一泰然自若的执态中，
我们才能最终超越善恶的区别，以便让存在之强（暴）力得以突破所
有——首先是伦理的——约束而成就自身，也即是说，让存在存在。就
此而言，"让存在"所表达的与其说是在存在面前的谦卑，或者说某种
应天顺命的消极，不如说是最为本原意义上自由（意志），是被海德格
尔最终称为"Ereignis"的原存在。所以，如果说自由在海德格尔那儿
无非是强力意志，那么，泰然自若及与之相应的原发生则是这一强力意
志（自由）之根源。③ 只是，如果说在谢林那儿，关于无根者的思想至

① 毕竟，正如谢林所言，"把善与恶的对立提高到这一立足点一般是不允许的"
（MF 175）。

② Ereignis 在 *Beiträge*，即《哲学论文集》（全集 65 卷）之后在海德格尔那儿渐渐
取代了存在（Seyn），就此而言，中文在翻译后期海德格尔文本时将其以为"本有"——
相对于"存有"（Sein/Seyn）当然有一定道理，我在此将其译作"（原）发生"除了更接
近其字面意义外，主要是为了强调这一"存在（有）观"与谢林的"生成的上帝"及其
特有的时间性的明显关联。

③ 所以，最为原初的自由是"自由之原发生（Er-eignis der Freiheit）"。参见海德格
尔:《尼采》，第 1139 页。

多构成了起点——这一无根者，虽然"自身还不曾作为爱"却以某种方式指向了爱的上帝或者上帝之爱，那么，在海德格尔那儿，关于无根者的思则构成了终点，其所指示的也不复是谢林所言的"把恶从善中排除出去的"上帝之爱，而是尼采的"命运之爱"（amor fati），是对意志"神圣"的必然性，即其强力性的最终肯定。

三、两种意志论

诚如我们上面所示，通过对谢林的《自由论》的解释，海德格尔后期思想中以神秘主义蛊惑的语言所表达出的若干重要主题已经呼之欲出，就此而言，正如海德格尔在《谢林》的结尾所宣告，我们已经站在一个新的开端面前。这一新的开端，按照海德格尔，意味着整个西方形而上学的历史，故而也是，至少是苏格拉底以来的西方哲学的终结。就其对存在之强力的最终肯定而言，海德格尔的这一宣称决非狂妄之言。因为至少自苏格拉底以来，强力（might）与正当（义）（right）的区分始终构成了西方思想永恒的主题，这在柏拉图的《理想国》中已见端倪，某种意义上，正是为了从根本上拒斥智者派在强力与正义之间的等同，柏拉图最终构建了其理念论。① 这一理念论构成了由斯多亚哲学家与古

---

① 这当然并不否认理念论的存在论意义及其认识论旨趣，但如果我们仅仅从认识论入手去理解柏拉图的理念论，以及最为经典地表述了这一理念论的成熟形态的《理想国》，那么我们将无法理解《理想国》何以要从正义与强权的问题开始。就此而言，至少苏格拉底转向之后，西方存在论已经为伦理的动机所导引，而不是纯粹的存在之思。事实上，海德格尔自己也意识到这一形而上学的伦理性，故在他的《形而上学导言》中明确地表明，对存在之思的限制始于柏拉图，在以（显然为康德所强调的）伦理的"应在"（ought to be）对存在的约束中达到其巅峰，所以，正如我们一再指出，海德格尔对

罗马法学家共同开启的自然法传统的形而上学—存在论根据。在这一学说中，人由其理性而来的自由与平等性被首次确立，并在经历了漫长而曲折的历史发展之后，终于在现代，尤其是自由主义的政治思想与实践中成为现实，从而开启了一个全新的，我们至今仍然生活于其中的时代。就此而言，现代政治，并非如海德格尔所言的那样是自由主义"天才"的创造，或者说，这一创造已经是站在巨人的肩头的创造。

但是，另一方面，要理解海德格尔的这一新的开端，我们与其从前苏格拉底思想入手，不如溯回到近代哲学在笛卡尔那儿的起点，正如海德格尔为了帮助我们把握谢林的自由概念所做的那样。按照海德格尔，我们只有在笛卡尔之后近代思想的开展中去理解谢林关于自由与体系的关系的论述，因为笛卡尔的"我思故我在"已经意味着"人的思维被视为事物，或者说一切存在者的基本法则"，就此而言，"以知识和行动征服世界已经开始"（S38），这一征服不仅体现为人对自然的征服——自然在笛卡尔那儿已经被视为可以用数学精确衡度的广延和非精神性的存在，而且也体现在政治领域，尤其在自由主义的政治哲学之中，因为只有通过后者，人最终从将自身从神圣或世俗的权威中解放出来。这种解放，在海德格尔看来，是以自身为基础对存在的掌握与控制："在这一历史时刻，作为与这样一种定在相应的最高和最初的目标，必然形成一种意志，把整体中的存在在一种可支配的结构中提到主导知识"（S39），这一体系化的意志在德国唯心论中获得了最为完整的表达，因为只有"在德国唯心论中，体系，即对存在者整体的把握"被理解为绝对知识

西方形而上学的批判具有显明的伦理意向，以至于我们可以说海德格尔在某种意义上是以其存在论去抵抗（解构）基于所谓的现时性的形而上学的"善（目的）—法则"的伦理学，或者说是以"存在"抵抗"应当"——因为"并非一种'应当'决定存在，而是存在决定'应当'"。（[德]海德格尔：《尼采》，第33页）。所以，问题始终是海德格尔之取代了应当的存在是否具有伦理意义？

的要求"（S42），甚至历史也被视为"绝对知识通向它自身的道路"。就此而言，只有在德国唯心主义那儿，哲学才真正达到自身，即对自身的理解，因为"哲学作为精神的一种最高意志活动在其之内是一种超越自身的意志活动"（S69），也即是说，哲学在其最高的意义上是意志的，从而也是，并且在海德格尔看来只能是自由的哲学。

毋庸置疑的是，对意志的强调构成了深受具有唯意志论色彩的新教及其所继承的奥古斯丁传统影响的近代思想的一个特质，这既体现于笛卡尔对绝对的确定性的寻求，也体现于近代政治哲学，尤其是经常被称为合意的唯意志主义（consensus voluntarism）的社会契约论之中。但是，另一方面，这一意志论倾向也一直为可以溯源至古希腊罗马的理性主义所平衡。也正因此，在笛卡尔那儿，作为真理标准的是观念的清晰明白性，而非无法衡度的确定性。同样，在现代政治思想中，对具有普遍性的理性法则的强调也从根本上限制了其内涵的意志论要素。在康德的实践哲学中，善良（自由）意志则进一步被明确地规定为理性的意志，与此相应，自由也被规定为合法则性，所以，对于康德而言，真正的，具有伦理意义的自由乃是为法则所限的，或者以法则限制自身的自由（freedom by law）。

当然这一理性对意志之限制并非没有问题，尤其是在理性只被视为工具理性的情况下，理性事实上成了意志和欲求的工具，不仅未能在真正的意义上构成对意志的限制，反而推助了意志无限扩张的欲求，也即是说推助了意志对世界，首先是对自然的征服与掠夺。而在实践领域，正如康德所见，道德也不过是审慎的筹划与技艺，而非真正意义上的德性。

就此而言，海德格尔对近代哲学及其所指导的实践的批判当然是有意义的。但是，另一方面，这一批判所指向的并非是近代哲学中的过度扩张的意志论倾向，而是相反地解构了可能对这一意志主义构成有效约

束的理性法则。这事实上解释了海德格尔何以将意志论的德国唯心主义
视为近代哲学的巅峰，乃至于最为精纯的哲学。当然，也诚如海德格尔
所见，唯心主义本身也经历了自己的演变。在《谢林》中海德格尔简单
地追溯了这一演变。按照海德格尔，唯心论意味着那种自我，确切地
说，思维的主体在其中居先的存在体系，唯心论当然必须被追溯到笛
卡尔的"我思故我在"，但是，只有经过康德的两大批判，"我思"才真
正开始"被从自由来理解"。由此，唯心论"把存在东西的自在存在理解
为自由存在"（S111）。当然，如果说在康德那儿，自由仍然处于与自然
的分离状态，那么在费希特那儿，自然已经被视为自我设定的非我，沿
此轨道，谢林最终将自然纳入自由，从而成就了同时包容了自然与自由
（我思）的绝对体系（知识），也即是说，成就了通过这一体系而把握存
在者整体的绝对意志。由此，"笛卡尔的'我表象'的唯心论就在德国
唯心主义那儿变成了'我是自由的'更高的唯心论，变成了自由的唯心
论"（S112）。在这一唯心论中，"除了意志活动外没有其他什么存在。意
志活动是原存在（Ursein）"。对于谢林的这一断言，海德格尔解释道："这
意味着原初性的存在是意志"（S 114）。这显然再次表明，正如我们迄今
为止由不同的途径对海德格尔的存在论的所作的探讨已经显明，正是沿
着古典唯心主义开辟的道路，海德格尔才得以将存在界说为原意志，即
绝对的自由。就此而言，海德格尔的存在之思与其说意味着一个新的开
端，不如说是对近代思想内涵的意志主义要素的汇聚与彻底化（radicaliza-
tion）。正是在此意义上，我们将海德格尔的存在论称为意志的形而上学或
存在论，构成这一形而上学核心的最终是谢林所言的原（绝对）意志。

　　对于这一绝对意志来说，所谓的善只是意志之所欲，恶则是意志所
不欲者，但就意志本身而言，善恶不过是，并且无差别地是意志之函项
而已，意志由此必定是，正如尼采所见，超善恶的意志。当然，这一意
志的超善恶性在谢林那儿已见端倪。对于海德格尔来说，这也是谢林超

出其他唯心论哲学家（包括黑格尔）之处。如果说在其他唯心论哲学家那儿，原意志被单纯地视同为善的意志，甚或理性法则，那么谢林的高明之处首先在于他重新将善恶视为自由的函项，或者说将自由，首先是神的自由，视为超善恶的自由，从而得以在存在论层面上消解了任何通过善的法则对自由（原存在）作出限制的可能性。就此而言，只有谢林才真正达到了为上帝（自由）的正名，因为自由作为自由，即作为绝对者，必须是不受限制的自由，是上帝创世时的自由，也即是说，是体现于上帝的无中生有的创造（creation ex nihilo），并且在从属的意义上，也体现于人的创造活动中的自由。所以，正是沿着谢林的道路，海德格尔最终解构了存在与伦理之间的关系。

但是，悖论性的是，同时被解构的还有自由本身，因为在这一全能的绝对自由的上帝（原存在）面前，人不过是粉碎机而已，甚至上帝，为了能够通过其创造而证明自身的全能，也不过是创造，或者更为恰切地说，强力意志之自我生成的必然性而已。所以，如果说"没有一个行为可以在缺乏自由与自治判断的条件下被适切地称为道德的行为"，那么，海德格尔的存在论与其说指向一种原初的伦理学，不如说指向了一个前（非）伦理的世界：在这个世界中，只有胜利与失败，而没有善与恶，因为或许正如尼采所见，如果不以强力作为衡度，即"不以对强度关系和力量关系来确定"，那么善恶不过是奴隶道德的产物。①

这当然不是说，海德格尔就因此趋向于一种与尼采指责的奴隶或群氓（herd）的道德相对立的"主人的道德"，如果说强力在尼采那儿仍然是人，即使是"超人"所拥有的强力，是意识到上帝之死的人的特权与重负，那么，通过对强力意志的存在论解释，通过关联尼采与谢林，

---

① 对此海德格尔评述道："在这斗争中失败的东西，因为它失败了，所以是不正确的和真实的。在这场斗争中占上风的东西，因为它胜利了，所以说是正确和真实的"。[德]海德格尔：《尼采》（下卷），第758页。

海德格尔则重新复活了死去的上帝，当然不是（至少正统的）基督教的上帝，而是作为超强力，作为绝对制胜者的全能的上帝，在这一上帝面前，正如谢林所言："德行（Tugend）就表现为热情，表现为英雄主义（在同恶的斗争中），表现为信仰"。而"信仰在其最本原的意义上是对神圣的东西（有力）的信仰和深信不疑，这种意义杜绝一切选择"（MF 111）。对此，海德格尔解释道：

> 最本原的自我规定的自由意义上的自由只存在在一种地方，在那里一种选择不再是可能的，也不再是必需的，谁恰正还在选择和意欲选择，就还不知道他意欲什么。他还不是本原地意欲。（S186）①

没有选择，当然也无责任或罪责可言。或者说，责任只是对神圣必然性的信仰，是对存在的天命的纯粹回应，与此相应，真正的自由也只是"与神圣的必然性的协调一致"（MF108）。这一自由与其说导向任何伦理意义上的责任，不如说，正如谢林表明，导向"取代了伦理性的宗教性"。② 关于这一英雄主义的，热情或者狂热的宗教性，最为经典的表达或许要算克尔凯廓尔在他的《恐惧与战栗》中对《圣经》中亚伯拉罕受"上帝之命"杀死其独生子的故事的阐释。按照这一阐释，正是通过对这一

---

① 或许值得追问的是：被否定者是否包括《存在与时间》中的选择选择？或者选择选择原本就不是真正意义上的选择？

② 当然，Jan Patočka 肯定不会同意这一对宗教性的非（超）伦理界说，因为对他而言，宗教无非是责任："只有在责任的 [伦理] 体验将自身从那种可以被称为魔性的神秘（demoniac mystery）的秘密形式 (form of secrecy)——[这一形式可以被界说为本原的非（无）责任]——中离脱出来之时，才有本真意义上的宗教"。尽管如此，Jan Patočka 对责任、宗教以及非伦理的神秘的分析或许帮助我们理解谢林与海德格尔在此所言的宗教性。参见 Jacques Derrida, *The Gift of Death*, translated by David Wills, Chicago: University of Chicago Press, 1995, pp.2–7。

违背了所有人伦的所谓的上帝命令的遵从，亚伯拉罕才"因信称义"。

就此而言，最终并非尼采对价值的评估，或者超人道德，而是克尔凯廓尔，或者谢林的信仰最为适切地表达出了海德格尔之本真性，或者本真意义上的自由。由此，后期谢林之重要性显然不仅在于将自由规定为善恶的自由，用海德格尔的话来说，重新提出了被唯心主义忽略的人的自由的问题，而更多地在于，通过纳入基督教的某些要素，直接将这一"人"的自由归同为神的自由。换一句话说，正是通过追随谢林后期的"神学转折"，①海德格尔才得以完成他自己由此在的形而上学向存在的形而上学或存在之思的转向（Kehre）。对于后者来说，重要的不复是人的决断与自由，而是存在之天命与对这一天命的回应。尽管如此，善恶仍然是意志的决断，当然不复是人，而是神（存在）的决断。不过，由于我们不可能知道上帝的决断，所以上帝的决断很可能仍然是人的决断，当然不是芸芸众生的"常人"的决断——他们因为缺乏存在的知识而只能在无知中充当粉碎机而已，而是少数人的决断，是真正的诗人，哲学家，或者更多的是伟大的政治家的决断。借此决断，即使最为底线的道德，最为基本的人伦之理都可以以神圣的名义被正当地逾越，由此，海德格尔在纳粹问题上的沉默也就不难理解了，一切不过是存在的天命，这一天命已然注定人不过是粉碎机而已。

显而易见，海德格尔著名的转向不过是从尼采式的（以人—此在的决断为中心的）意志论转向一种更为谢林—克尔凯廓尔式的（以神的决断—天命为中心的）意志主义，②而海德格尔对主体性的批判所寻求的

---

① 参见邓安庆：《启蒙伦理与现代社会的公序良俗》，人民出版社 2014 年版，第 446、449 页。

② 关于谢林后期思想，包括其"自由论"的显明的神学唯意志论（theological voluntarism）特征，及其对克尔凯廓尔的影响，参见 Michelle Kosch, *Freedom and Reason in Kant, Schelling, and Kierkegaard*, Oxford: Clarendon Press, 2006, pp.88–120。

也只是以神或者说原存在（意志）取代人的意志。两者所共有的是对任
何可能限制其绝对自由的法则（理性）的拒斥，是对不受限制的（无论
是神的还是人的）任意性的肯定，是对被视为终极现实的圣化了的强力
的膜拜。所以，如果海德格尔关于此在的生存论分析与其说显明了伦理
的生存论基础，不如说显明了伦理之无根基性，那么，他后期的存在之
思所导向或许也并非一种原初的伦理学，而更多的是消解了任何可能
的伦理学的"宗教性"，是康德在对唯意志论的宗教狂热的批判中所见
到的"对暴力的崇拜"。① 这一强力崇拜在某种意义上恰恰体现于神学，
尤其是唯意志论神学对上帝之全能，或者说神圣的任意性（divine arbi-
trium）的排他性（exclusive）强调之中。② 这当然不是说，宗教，即使
在其对上帝的全能的坚持中，就必定是非伦理的，更不表明宗教必然与

---

① 在《道德形而上学奠基》中，康德一针见血地指出：从神圣的完美意志推导道
德的努力（即他所言的神学的完善论）的问题不仅在于其不可行，也即是说不仅因为我
们不具有对神圣完美性的直观，而且因为这一努力，或者说对神圣意志的崇拜反映出的
恰恰是我们"对荣誉与主宰的欲求，并且结合以对威力（der Macht）和报复这样的恐怖
的观念（表象），若把这样一个道德体系作为基础，是直接和道德背道而驰的。"Kant,
Foundation of Metaphysics of Morals, p.115. 另 参 见 Immanuel Kant, *Lectures on Ethics*,
translated by Peter Health. Cambridge University, 1997, pp.5–7。某种意义上，正是出于对
神学唯意志主义及其世俗化版本的拒斥，康德始终坚持将自由（意志）视为理性的，也
即是为法则所限制与规定的自由。

② 尽管如此，我们仍然不能仓促地将中世纪后期的神学唯意志论责为非伦理的，
即使伦理性在神学唯意志论中被完全地归属于（subsume under）宗教性，即对上帝的信
仰，但是，作为神学学说，唯意志论仍然保持了对上帝的伦理（善）性的信仰，尽管上
帝的善被认为（至少在某种境况中）是不可为人类渺小的智慧所参透的神秘，这一信仰
至少部分地续存于克尔凯廓尔与谢林对上帝之爱的信仰之中，即使这一上帝之爱已经变
得如此稀薄，乃至于不可辨认。但是，正如我们对海德格尔对谢林的《自由论》的存在
论阐释的分析所表明，通过其存在论解读，通过将谢林的上帝解释为永恒生成的强力意
志，海德格尔事实上已经解构了谢林的上帝之爱，或者说谢林与克尔凯廓尔那儿续存的
（宗教的）伦理性，就此而言，海德格尔通过这一解构所阐释的原存在（自由）可以被
恰切地视为没有任何伦理性的上帝。当然，另一方面这一解构或者去伦理化在谢林，以
及在相当程度上受到后期谢林启迪的克尔凯廓尔那儿并非全无根据。

伦理相冲突：奥古斯丁在他的《教义手册》中就以一个非常朴实的例子显明了这一点。按照奥古斯丁：

> 一个善良的儿子希望他父亲不死，虽然按照上帝的意志，他父亲应当死去。一个恶人则希望他父亲死去，而这也正好是上帝之意愿。但是，虽然前者所欲者与上帝不合，而后者所欲者与上帝相符，但前者之孝顺（filial love）却仍然是与上帝之善意相协。[1]

虽然上帝仍然是，对于奥古斯丁来说，全能的上帝，但是，我们在此感受到的决非是克尔凯郭尔的恐惧与战栗，而是对人类赖以生活的伦理与亲情的尊重，因为，正如我们在上一章对奥古斯丁的解释中已然显明，对于奥古斯丁来说，如果上帝是全能的，那么这一全能，或者说上帝的意志（自由）必然是伦理的意志，而不是神圣的任意性，不是非伦理的上帝。[2]

当然，毋庸置疑的是，在《形而上学导论》之后，尤其在 20 世纪 40 年代后，至少从表面上看，海德格尔作品中的意志论色彩逐渐减弱，存在或原发生（Ereignis）也不再以超强力的面貌出现。与此相应，人与存在以及存在者之间的关系也更多地被表述为，就存在而言，馈赠与安置；就人而言，回应与感恩，而不只是强力与强力之间无休止的争斗。在海德格尔前期与中期作品中占主导地位的畏的情感也开始让位于一种宁静——如果不是安适的情感，但什么是这一情绪转换，及其与之相伴的海德格尔对存在领悟的转化的根据或理由，或者在此有的只是与

---

① Augustine, Enchridion, Chs. XCVI, C-CI.

② 康德或许有理由感慨：没有道德的上帝是多么可怕（dreadful）！Immanuel Kant, *Lectures on Ethics*, p.5。

天命的任意性相呼应的思的任意性？如果天命之隐显不过是兴之所至的游戏，那么，海德格尔后期对技术与技术理性的批判——这一批判一向为在海德格尔后期思想中寻找伦理维度的研究者所注目——究竟根据何在？毕竟我们这一技术时代也是天命必然与绝对自由的开展，并因此有其存在的理由，正如恶与苦难同样有其存在理由一样。① 由此，在这一神话化的语言所描述出的伊甸园式图景中，在天地人神和谐的四重奏中，在诸神仿佛无辜的嬉戏之间，不可消弭的仍然是诱惑者（蛇）投下的阴影，预示着一切都将重新开始——永恒轮回?! 或许，我们仍然可以在这一海德格尔为我们提供的神话中找到某种暂时的——比如美学的慰藉，但伦理（正如人类生活）对于这一轻灵的慰藉来说过于沉重。当然，海德格尔自己也未完全陶醉其中，而是仍然在期待上帝的来临，但为什么要期待，为什么要将人类之祸福系于天命之任意性，既然上帝或者原发生不过是善恶之间任意的轮转！所以，就我们所关注是人类真实的生活，以及基于这一生活的伦理而言，我们也许可以就此打住了。

必须补充的是，单纯的伦理评判对海德格尔这样复杂的思想当然可能有失公正，我们并不否认这一思想，作为人类遗产的一部分，已经并将继续启迪我们对人，包括人的伦理性的思考。尽管如此，值得我们思考的或许不只是海德格尔的原伦理学，而首先是对海德格尔伦理学的痴迷。这或许是我们时代真正的病症所在，而海德格尔思想之所以成为我们时代的表征或许是因为其如此深地潜入我们这个时代不愿承认与承担的"黑暗中心"（heart of darkness）。

---

① 正如 Rogozinski 指出，在没有任何法则或标准的情况下，Ereignis and Gestell 也变得不可区分。（Jacob Rogozinski. *Hier ist kein warum*. p.58）Thomas Seehan 也承认"海德格尔的论著中没有给出任何对技术无尽的扩展作出限制的良好论证"。Thomas Seehan, "Being, Opened-ness, and Unlimited Technology: Ten Theses on Heidegger", in *Revista Portuguesa de Filosopfia* (Vol.59, 2003), p.1259。

参考文献

1.海德格尔著作

GA2　*Sein und Zeit*, Tubingen: Max Niemeyer Verlag, 1953

GA3　*Kant und das Problem der Metaphysik*, Frankfurt am Main: Vittorio Klostermann, 1978

GA5　*Holzwege*, Frankfurt am Main: Vittorio Klostermann, 1980

GA6　*Nietzsche I-II*, Frankfurt am Main: Vittorio Klostermann, 1996, 97

GA9　*Wegmarken*, Frankfurt am Main: Vittorio Klostermann, 1978

GA14　*Zur Sache des Denkens*, Tubingen: Max Niemeyer Verlag, 1969

GA18　*Grundbegriffe der Aristotelischen Philosophie*, Frankfurt am Main: Vittorio Klostermann, 1975

GA19　*Platon: Sophistes*, Frankfurt am Main: Vittorio Klostermann, 1992

GA20　*Prolegomena zur Geschite des Zeitbegriffs*, Frankfurt am Main: Vittorio Klostermann, 1979

GA21　*Logik: Die Frage nach der Wahrheit*, Frankfurt am Main: Vittorio Klostermann, 1976

GA22　*Die Grundbegriffe der antiken Philosophie*, Frankfurt am Main: Vittorio

Klostermann, 1993

  GA24 *Die Grundprobleme der Phänomenologie*, Frankfurt am Main: Vittorio Klostermann, 1958

  GA25 *Phänomenologie Interpretation von Kants Kritique der reinen Vernunft*, Frankfurt am Main: Vittorio Klostermann, 1978

  GA26 *Metaphysische Anfangsgrunder der Lokgik im Ausgang von Leibniz*, Frankfurt am Main: Vittorio Klostermann,1978

  GA31 *Vom Wesen der menschlichen Freiheit. Einleitung in die Philosophie*, Frankfurt am Main: Vittorio Klostermann, 1982

  GA40 *Einführung in die Metaphysik*, Frankfurt am Main: Vittorio Klostermann, 1983

  GA42 *Schelling: Vom Wesen der menschlichen Freiheit*, Frankfurt am Main: Vittorio Klostermann, 1975

  GA60 *Phänomenologie des religiösen Lebens*, Frankfurt am Main: Vittorio Klostermann, 1995

2. 其他外文著作

Ackrill, John L. "Aristotle on Action" in *Mind*, New Series, Vol. 87, No. 348 (Oct., 1978), pp. 595-601.

—— . *Aristotole on Eudamonia*. Oxford: Oxford University Press, 1974 .

Allison, Henry. *Kant's Transcendental Idealism*. New Haven: Yale University Press, 1983, rev. ed. 2004.

—— . *Kant's Theory of Freedom*. Cambridge: Cambridge University Press, 1990.

Ameriks, Karl. *Kant and the Fate of Autonomy*. Cambridge: Cambridge University Press, 2000.

Aristotle *Nicomachean Ethics*. Terence Irwin (trans.), Hackett Publishing Company, 1999.

—— . *Politics*. Benjamin Jowett (trans.), Kitchener: Batoche Books, 1999.

—— .*Physics*. Robin Waterfield (trans.), Oxford University Press, 1996.

Augustine, *Enchiridion*, J. F. Shaw (trans.), from *The Works of Aurelius Augustine*, vol. IX, Rev. Marcus Dods (eds.) Edinburgh, T. &T. Clark, 1892.

—— . *City of God*, vols I and II, Rev. Marcus Dods (trans.), Edinburgh, T.&T. Clark, 1881

—— . *On Free Choice of the Will*, Anna S. Benjamin & L.H. Hackstaff (trans.) The Bobbs-Merrill Company, Inc. 1964.

Balaban, Oded. Aristotle's theory of "praxis" in *Herms*, 114. Bd., H.2 (2nd Qtr., 1986), pp.163-172

Bambach, Charles. *Heideger's Roots: Nietzsche, National Socialism and Greeks*. Ithaca: Cornell University Press, 2003.

Beck, Lewis White. *A Commentary on Kant's "Critique of Practical Reason"*, Chicago: University of Chicago Press, 1990.

Bernet, Rudolf. "Phenomenological Reduction and the Double Life of the Subject." In *Reading Heidegger from the Start: Essays in His Earliest Thought*. Theodore Kisiel & John Van Buren (eds.), Albany: State University of New York Press, 1994, pp.245-267.

Biemel, Walter. "Heidegger's Concept of Dasein", in *Heidegger's Existential Analytic*, Frederick Elliston (eds.), 111-132. New York: Mouton, 1978.

—— . *Martin Heidegger in Selbstzeugnissen und Bilddokumenten*. Rowohlt Taschenbuch Verlag, 1973.

Birmingham, Peg E. "Logos and the Place of the Other", in *Research in Phenomenology* 20 (1990): pp.34-54.

—— . "Ever Respectfully Mine: Heidegger on Agency and Responsibility", in *Ethics and Danger: Essays on Heidegger and Continental Thought*. Arleen Dallery and Charles E. Scott (eds.) , Albany: SUNY Press, 1992, pp.109-123.

Brent Adkins, Brent. *Death and Desire in Hegel, Heidegger and Deleuze*, Edinburgh University Press Ltd, 2007.

Brogan, Walter A. *Heidegger and Aristotle: The Twofoldness of Being*, Albany: State University of New York Press, 2005.

Bowie, Andrew. *Introduction to German Philosophy: from Kant to Habermas*, Polity Press, 2003.

Buroker, Jill Vance. *Kant's Critique of Pure Reason*, Cambridge University Press, 2006.

Buren, van John. "The Young Heidegger, Aristotle, Ethics", in *Ethics and Danger: Essays on Heidegger and Continental Thought*. Arleen Dallery and Charles E. Scott (eds.), Albany: SUNY Press, 1992, pp.35-62.

Caputo, John. *Demytholgizing Heidegger*, Bloomington: Indiana University Press, 1993.

——. *Radical Hermeneutics*. Bloomington: Indiana University Press, 1987.

——. "Heidegger's Original Ethics." The New Scholasticism 45 (1971).

——. Sorge and Kardia: The Hermeneutic of Factical Life and the Categories of the Heart. *Reading Heidegger from the Start: Essays in His Earliest Thought*. Edited by Theodore Kisiel & John Van Buren, Albany: State University of New York Press, 1994, pp.245-267.

——. "People of God, People of being: the Theological Presuppositions of Heidegger's Thought" in *Appropriating Heidegger*, James E. Faulconer &Mark A. Wrathall (eds.), Cambridge: Cambridge University Press, 2000, pp.85-100.

Cark, Wolfgang. *Die transzendentale Deduktion der Kategorien in der I. Auflage der Kritik der reinen Vernunft: Ein Kommentar*. Frankfurt: Vittorio Klostermann 1992.

Howard Caygill, *A Kant Dictionary*, Blackwell 2000.

Crowe, Benjamin D. *Heidegger's Religious Origins: Destruction and Authenticity*. Bloomington and Indianapolis: Indiana University Press, 2006.

Craig J. N. de Paul. "The Augustine Constitution of Heidegger's Being and Time" in *American Catholic Philosophical Quarterly*. Issue No. 4 vol. 77 (Fall 2003), pp.549-568

Dallmayr, Fred R. "Heidegger on Intersubjectivity", in *Human Studies* 3 (1980): pp.221-246.

——. *Twilight of Subjectivity: Contributions to a Post-Individualist Theory of Politics*. Amherst: The University of Massachusetts Press, 1981.

Demske, James M. *Being, Man & Death: A Key to Heidegger,* The University Press of Kentucky, 1970.

Derrida, Jacques. *The Gift of Death*. David wills (trans.), Chicago, University of Chicago Press, 1995.

Dilman, Ilham. *Free Will: A Historical and Philosophical Introduction*, Routledge, 1999.

Dreyfus, Hubert L. *Being-in-the-World*. Cambridge: MIT Press, 1991.

——. "Interpreting Heidegger on 'Das Man'." *Inquiry* 38 (1995): pp.423-430.

Eberhard, Grisebach. *Gegenwart. Eine kritische Ethik*. Halle-Saale: M. Niemeyer, 1928.

Elliston, Frederick. "Heidegger's Phenomenology of Social Existence." *Heidegger's Existential Analytic*. Frederick Elliston (eds.) , New York: Mouton, 1978, pp.61-78.

Eric Von Der Luft. "Sources of Nietzsche's "God is Dead!" and its Meaning for Heidegger", in *Journal of the History of Ideas*, Vol. 45, No. 2 (Apr. - Jun., 1984), pp. pp.263-276

Fell, Joseph P. "The Familiar and the Strange: On the Limits of Praxis in the Early Heidegger." *Heidegger: A Critical Reader*. Hubert Dreyfus and Harrison Hall (eds.), Cambridge, NY: Basil Blackwell Ltd, 1992, pp.239-276.

Fóti, Veronique M. "Heidegger, Hoelderin, and Sophoclean Tragedy", in *Heidegger toward turn: Essays on the Work of 1930s*. James Risser (eds.), NY: State University of New York Press, 1999, pp.173-175.

Fynsk, Christopher. *Heidegger: Thought and Historicity*. Ithaca: Cornell University Press, 1986.

Gelven, Michael. "Authenticity and Guilt" in *Heidegger's Existential analytic*. Frederick Elliston (eds.), New York: Mouton Publishers, 1978, pp.233-246.

Sarah Gibbons, *Kant's Theory of Imagination*, Oxford: Oxford University Press, 1994.

Gonzalez, Francisco J. "Beyond or Beneath Good and Evil? Heidegger's Purification of Aristotle's Ethics", in *Heidegger and the Greeks: Interpretive Essays*, Indiana University Press, 2006.

—— .On the Way to Sophia: Heidegger on Plato's Dialectic, Ethics, and Sophist," *Research in Phenomenology* 27 (1997): pp.26–35.

Guignon, Charles B.: "Heidegger's authenticity revisited." *Review of Metaphysics* 38 (Dec. 1984) pp.321-339.

Jean Creisch. "The 'play of Transcendence' and the Question of Ethics." *Heidegger and Practical Philosophy*. pp.99-116. Albany: State University of New York Press, 2002.

Haar, Michel. *Heidegger and the Essence of Man*. Translated by William McNeill. Albany: State University of New York Press, 1993.

Haines, Nicolas. "Responsibility and Accountability" in *Philosophy*, Vol. 30, No. 113 (Apr., 1955), pp.141-163

Hammer, Espen. *Philosophy and Temporality from Kant To Critical Theory*,

Cambridge University Press, 2011

 Hatab, Lawrence J. *Ethics and Finitude: Heideggerian Contributions to Moral Philosophy*, Rowman & Littlefield Publishers, Inc., 2000.

 Hegel, G.W.F. *Introduction to the Lectures on the History of Philosophy*. T. M. Knox &A.V. Miller (trans.) Oxford University Press, 1985.

 Dirter Henrich. "The Proof-Structure of Kant's Transcendental Deduction", in *Kant on Pure Reason*, Ralph C.S. Walker (eds), Oxford: Oxford University Press, 1982, pp.66-81.

 Hodge, Joanna. *Heidegger and Ethics*. New York: Routledge, 1995.

 Hoffman, Piotr. "Death, Time, History: Division II of Being and Time," in *The Cambridge Companion to Heidegger*, Charles B. Guignon (eds.), Cambridge: Cambridge University Press, 1993, pp.195-214.

 Husserl, Edmund. *Die Krisis der Europäischen Wissenschaften und die Transzendentale Phanomenologie*, Husserliana XXIX .The Hague: Nijhoff, 1953.

 ——— .On the Phenomenology of the Consciousness of Internal Time (1893-1917), John Barnett Grough (trans.), Kluwer Academic Publishers, 1991.

 Insole, Christopher J. "Kant's transcendental Idealism, Freedom and the Devine Mind" in *Modern Theology* 27:4 October 2011, pp.608-637.

 Irwin, Terence. *The Development of Ethics, A Historical and Critical Study*, Oxford: Oxford University Press, 2007.

 Kant, Immanuel. *Foundation of the Metaphysics of Morals*. Lewis White Beck (trans.), Indianapolis: Bobbs-Merill Educational Publishing, 1976.

 ——— .*Critique of Judgment*. Werner S. Pluhar (trans.), Hackett, 1987, p.12.

 ——— . *Lectures on Ethics*. Peter Health (trans.), Cambridge University, 1997. pp.5-7.

 ——— .*Critique of Pure Reason*. Norman Kemp Smith (trans.), NY: Macmillan Co., 1929.

 ——— . *Critique of Pure Reason*. Translated by Lewis White Beck (NY: Macmillan Co., 1993)

 Keller, Pierre & Weberman, David. "Heidegger and the Source (s) of Intelligibility" in *Continental Philosophy Review* 31 (1998): pp.369-386.

 Kellner Douglas. "Authenticity and Heidegger's Challenge to Ethics Theory" *Thinking About Being: Aspects of Heidegger's Thought*. Edited by Robert W. Shahan and J. N. Mohanty, Norman: university of Oklahoma Press, 1984, pp.159-175.

 Kisiel, Theodore. *The Genesis of Heidegger's Being and Time*. California:

University of California Press, 1993.

Kosch, Michelle. *Freedom and Reason in Kant, Schelling, and Kierkegaard*, Oxford: Clarendon Press , 2006.

Krell, Farrell David. "On the Manifold Meaning of Aletheia" in *Research in Phenomenology*. Vol.V. pp.969-975.

Levinas, Emmanul. *Existence and Existents*. Alphonso Lingis（trans.）, The Hague: Nijhoff, 1978.

—— .*Totality and Infinity*: An Essay on Exteriority. Alphonso Lingis（trans.）, Pttsburge: Duquesne University Press, 1969.

Löwith, Karl. *Das Individuum in der rolle des Mitmenschen*. Munich, Drei masken verlag, 1928.

Macann, Christopher. "Genetic Phenomenology: Towards a Reconciliation of Transcendental and Ontological Phenomenology" in *Martin Heidegger: Critical Assessments*, Vol.I. Christopher Macann（eds.）, New York: Routledge, 1992, pp.94-116.

Marx, Werner. *Is There a Measure on Earth?: Foundation for a Nonmetaphysical Ethics*, Thomas J. Nenon and Reginald Lilly（trans.）, Chicago: University of Chicago Press, 1987.

—— . *Towards a Phenomenological Ethics: Ethos and the Life-World*, State University of NY, 1992.

MacIntyre, Alasdair. *After Virtue: A Study in Moral Theory*（Notre Dame: University of Notre Dame Press, 1981）

Nancy, Jean-Luc. " Heidegger's 'original ethics'", in *Heidegger and Practical Philosophy*. Edited by François Raffoul & David Pettigvew, Albany: State University of New York Press, 2002, pp.65-86.

Nicholson. "The Meaning of the Word'Being': Presence and Absence" in *Heidegger's Existential Analytic*. Frederick Elliston（eds.）, New York: Mouton, 1978, pp.61-78.

Olafson, Friedrick A. *Heidegger and the Ground of Ethics: A Study of Mitsein*. New York: Cambridge University Press, 1998.

Pinkard, Terry. *German Philosophy 1760-1860: The legacy of Idealism*, Cambridge 2002.

Pöggeler, Otto. *Martin Heidegger's Path of Thinking*. Daniel Magurshak and Sigmund Barber（trans.）,. Atlantic Highlands, N.J.: Humanities Press International, INC.,

1987.

Raffoul, François. *Heidegger and the Subject*. David Pettigrew and Gregory Recco (trans.) , Atlantic Highlands, NJ: Humanities Press, 1997.

—— . "Heidegger and the Origin of Responsibility." *Heidegger and Practical Philosophy*. François Raffoul & David Pettigvew (eds.) , Albany: State University of New York Press, 2002, pp.205-218.

—— . "Otherness and Individuation," *Man and World* 28 (1995): pp.341-358.

Riceour, Paul. "Phenomenology of Freedom", in *Phenomenology and Philosophical Study*, Edo Pivčević (eds.) Cambridge University Press, 1975, 173-194.

(eds.) Cambridge University Press, 1975.

Richardson, William J. *Heidegger–Through Phenomenology to Thought*. Third edition. Hague: Martinus Nijhoff, 1974.

Ridling, Zaine. Ph.D. *The Lightness of Being: A Comprehensive Study of Heidegger's Thought* (Access Foundation, 2001)

Rockmore, Tom. (eds.) *Heidegger, German Idealism and Neo-Kantianism*, Humanity Books, 2000,

Rogozinski, Jacob. "Hier ist kein warum: Heidegger and Kant's Practical Philosophy" in *"Heidegger and Practical Philosophy"*. Francois Raffoul & David Pettigrew (eds.), NY: State University of New York Press, pp.43-64.

Sadler, Ted. *Heidegger and Aristotle: The question of Being*: The Atholone Press, 1996

Schalow, Frank. "Language and Social Roots of Conscience: Heidegger's Less Traveled Path" in *Human Studies* 21 (1998): pp.141-156.

—— . "The Topography of Heideggger's Concept of Conscience." *American Catholic Philosophical Quarterly* 69 (1995) : pp.255-273.

—— . *The Renewal of the Heidegger-Kant Dialogue: Action, Thought, and Responsibility*. Albany: State of New York Press, 1992.

—— . "The Other Side of Heidegger's Appropriation of Kant: Freedom, Finitude, and the Practical Self." *Heidegger and Practical Philosophy*. François Raffoul & David Pettigvew (eds.), Albany: State University of New York Press, 2002, pp.29-42.

Schneewind, J. B. *The Invention of Autonomy: a History of Modern Moral Philosophy*, Cambridge University Press, 1998

Schopehauer, Auther . *The World as Will and Representation*. E. F. Payne (trans.),

New York: Dover, 1969.

Schrag, Calvin O. *Existence and Freedom: Towards an Ontology of Human Finitude*, Evanston: Northwestern University Press, 1961.

Seth, Andrew. *The Development from Kant to Hegel*, London, Cambridge Scholars Press, Ltd. 2002.

Silverman, Hugh J. "Dasein and Existential Ambiguity", in *Heidegger's Existential Analytic*. by Frederick Elliston (eds.), New York: Mouton, 1978, pp.97-108.

Sheehan, Thomas. "Time and Being", 1925-27", in *Thinking about Being: Aspects of Heidegger's Thought*, Robert W. Shahan & J.N. Mohanty (eds.), Norman：University of Oklahoma Press, 1984.

Sherover, Charles, M. *Heidegger, Kant and Time*. Bloomington: Indiana University Press, 1971.

——. "Founding Existential Ethic," in *Human Studies* 4 (1981): pp.223-228.

Sternberger, Adolf. *Der verstandene Tod, Eine Untersuchung zu Martin Heideggers Existenzial-Ontologie*, Leipzig, 1934.

Strawson, P.F. *The bounds of Sense: an Essay on Kant's Critique of Pure Reason*. London, Methuen, 1966.

Taubes, Susan Anima. "The Gnostic foundations of Heidegger's Nihilism" in *The Jounral of Religion*, Vol. XXXIV, number 3. July 1954, pp.155-172.

Taminiaux, Jacques "The Interpretation of Aristotle's Notion of Aretê in Heidegger's First Courses", in *Heidegger and Practical Philosophy*, François Raffoul and David Pettigrew (eds.), Albany: State University of New York Press, 2002, pp.23–27.

Taylor, Charles. *The Ethics of Authenticity*. Cambridge: Harvard University Press, 1992.

Theunissen, Michael. *The Other: Studies in the Social Ontology of Husserl, Heidegger, Sartre, and Buber*. Christopher Macann (trans.), Cambridge: MIT Press, 1984.

Vedder, Beb. *Heidegger's Philosophy of Religion: From God to gods*. Pittsburgh: Duquesne University Press, 2006.

Volpi, Franco. Being and Time: A "Translation" of the Nicomachean Ethics? John Protevi (trans.) in *Reading Heidegger from the Start: Essays in His Earliest Thought*. Theodore Kisiel and John van Buren (eds.) , Albany: State University of New York Press, 1994. pp.195-212.

—— "Dasein as praxis: the Heideggerian assimilation and the radicalization of the practical philosophy of Aristotle." in *Reading Heidegger from the Start: Essays in his Earliest Thought*. Theodore Kisiel and John van Buren（eds）, Albany: SUNY Press, 1994，pp.91-128。

White, Carol J. *Time and Death: Heidegger's Analysis of Finitude*, Ashgate, 2005.

Weatherston, Martin. *Heidegger's interpretation of Kant: Categories, Imagination and Temporality*, Plagrave Macmillan 2002.

Waite, Geoff. "Heidegger, Schmitt, Strauss, "The Hidden Monologue, or, Conserving Esotericism to Justify the High Hand of Violence", in *Cultural Critique*, No. 69, *Radical Conservative Thought in Transition: Martin Heidegger, Ernst Jünger, and Carl Schmitt, 1940-1960*, University of Minnesota Press, 2008. pp. 113-144.

Zimmerman, Michael E. *Eclipse of the Self*（Revised Edition）. Ohio: Ohio University Press, 1981.

3. 中文译著与著作

［德］奥特弗尔德·赫费：《康德——生平、著作和影响》，郑伊倩译，人民出版社 2007 年版。

［德］海德格尔：《尼采》，孙周兴译，商务印书馆 2004 年版。

［德］康德：《道德形而上学》《理性限度内的宗教》（《康德著作全集第 6 卷》），李秋零译，中国人民大学出版社 2007 年版。

［德］克利斯·桑希尔：《德国政治哲学：法的形而上学》，人民出版社 2009 年版。

［德］谢林：《对人类自由的本质及其相关对象的哲学研究》，邓安庆译，商务印书馆 2008 年版。

［法］笛卡尔：《第一哲学沉思录》，庞景仁译，商务印书馆 1985 年版。

［美］大卫·科珀：《存在主义》，孙小玲、郑剑文译，复旦大学出版社 2011 年版。

[美] 杰弗里·墨菲:《康德:权利哲学》,吴彦译,中国法制出版社 2010 年版。

[美] 理查德·沃林:《存在的政治》,周宪、王志宏译,商务印书馆 2000 年版。

[美] 罗尔斯:《正义论》,何怀宏等译,中国社会科学出版社 2005 年版。

[英] 霍布斯:《列维坦》,黎思复等译,商务印书馆 2012 年版。

[英] 休谟:《人性论》,关文运译,商务印书馆 2010 年版。

[英] 休谟:《道德原则研究》,商务印书馆 2000 年版。

陈嘉映:《海德格尔哲学概论》,商务印书馆 2014 年版。

邓安庆:《启蒙伦理与现代社会的公序良俗》,人民出版社 2014 年版。

韩潮:《海德格尔与伦理学问题》,同济大学出版社 2007 年版。

孙贯臣:《海德格尔的康德研究》,中国社科学院出版社 2008 年版。

孙小玲:《从绝对自我到绝对他者:胡塞尔与列维纳斯哲学中的主体际性问题》,上海人民出版社 2009 年版。

张汝伦:《存在与时间释义》,上海人民出版社 2014 年版。

缩 略 语

1. 海德格尔著作

SZ 《存在与时间》译引自：*Sein und Zeit,* Tubingen: Max Niemeyer Verlag, 1953.

AS 《柏拉图的〈智者〉》译引自：*Platon: Sophistes*, Frankfurt am Main: Vittorio Klostermann, 1992.

WF 《人的自由的本质：哲学导论》译引自：*Vom Wesen der Menschlichen Freiheit: Einleitung in Die Philosophie*, Frankfurt am Main: Vittorio Klostermann, 1982.

GAP 《亚里士多德哲学的基本概念》译引自：*Grundbegriffe der Aristotelischen Philosophie*, Frankfurt am Main: Vittorio Klostermann, 2002.

K 《康德与形而上学的基本问题》译引自：*Kant und das problem der Metaphysics*, Frankfurt am Main: Vittorio Klostermann, 1991.

GP 《现象学的基本问题》译引自：*Die Grundprobleme Der Phän-omenologie*, Frankfurt am Main: Vittorio Klostermann, 1975.

EM 《形而上学导论》译引自：*Einführung in die Metaphysik*, Frank-furt am Main: Vittorio Klostermann, 1983.

MFL 《逻辑的形而上基础》译引自：The Metaphysics Foundation of Logic, translated by Michael Heim (Bloomington: Indiana University Press).

WM 《路标》译引自：*Pathmark*, William McNeill (eds.), Cam-bridge: Cambridge University Press, 1998.

S 《谢林：关于人类自由的本质》译引自：*Schelling: Vom Wesen der menschlichen Freiheit*, Frankfurt am Main: Vittorio Klostermann, 1975.

2. 其他著作

N 《尼各马可伦理学》（亚里士多德）译引自：Aristotle. *Nicoma-chean Ethics*, Terence Irwin (trans.), Hackett Publishing Company, 1999.

KRV 《纯粹理性批判》（康德）译引自：Immanuel Kant. *Critique of Pure Reason*, Norman Kemp Smith (trans.), NY: Macmillan Co., 1929.

KPV 《实践理性批判》（康德）译引自：*Critique of Pure Reason*. Translated by Lewis White Beck (trans.), NY: Macmillan Co., 1993.

MF 《对人类自由的本质及其相关对象的哲学研究》（谢林）引自：邓安庆译本，商务印书馆 2008 年版。

主题索引

后　记

2004 年我在美国撰写的博士论文就是关于海德格尔伦理学的，从题名《本真性和社会责任》就可以看出其所遵循的是在美国有关研究中非常流行的理路，即通过对共在（Mitsein）的伦理化解读将海德格尔的本真性概念界说为具有社会伦理意义的责任。或许也正因此，文章受到我的导师与一些有关专家的好评，甚至被推荐为可能在美国出版的论文——如果我愿意对论文（包括语言）作较大的修改的话。但我放弃了这一"学术"机会，因为虽然比较了解海德格尔与现象学，但是，对伦理学却仅仅一知半解，甚至不清楚责任这一概念的深层含义。

从 2004 年起，我从比较纯粹的现象学转向了伦理与政治哲学的研究，十余年来，通过授课与阅读，我几乎遍涉了当代伦理学诸流派，也对古希腊以来西方伦理政治思想的发展和变迁有了较深的理解。

但是，促成我自己思想"伦理转向"则更多是因为生活的变故。2005 年春节我儿子出生，四天后被诊断患有最为严重的先心病——肺动脉闭锁或称法洛氏五联症，两年后他做了第一次姑息手术，但很快我们就发现他同时患有严重的精神残疾，没有明确的诊断，兼有自闭症、轻度脑瘫与癫痫的症状。由于身心疾病的交互强化，几乎所有的医生都表示很难对他的未来有任何乐观的预期。就这样，几乎从他出生起，我与我先生以及孩子的爷爷奶奶就以爱和责任面对着当下无尽的艰辛和他没有未来的未来。难以想象的付出所换来的是他有时明媚如天使般的笑容与不时仿佛永无尽头的哭吵与病恙。但是，虽然有世态炎凉，我更多地体会到的是不仅来自同事、朋友，而且还有素不相识的人们的关爱。或许正因此，我开始寻找这样一种伦理学：主导这一伦理学的不是对神圣者的膜拜，而是对芸芸众生或许是渺小的悲欢离合的尊重。在这一伦理学中可以没有动人的美的光辉，却必须有正义以减少人间蔓延不绝的纷争，有爱以抚慰人间不可消弭的苦难，有无限的担当与责任却不因此而自傲，有希望却不祈求天国绝对的完美，相反地能够直面无常的人生，能够在充满缺憾的人生的尽头如维特根斯坦那样说出：我度过了美好的一生。

2009 年重新回到我的博士论文，这回感受到的不只是（伦理）知识的欠缺，而且是其中所表达的伦理景观（vision）的偏误，遂放弃修改计划，重新开始对海德格尔思想伦理意义的研究。此后漫长的五年中，于困思中上下求索，虽然付出了艰苦的努力，结果仍然差强人意。总体而言，第一、二章并不没有如我希望的那样真正摆脱沃林所言的那种大多数海德格尔研究的二手文献所使用的注经式的解释，第四到第七章也仍然或多或少地拘泥于文本，虽然我也试图通过对文本有时相当激进的解释来表达出自己的见解。从第八章起才开始渐渐获得表达自己观点的自由，第四部分的两章是我自己比较满意的，虽然可能失于偏激。

邓安庆、陈嘉映、张庆熊、张志扬和万俊人教授曾评阅了本书的初稿，并提出了极为宝贵的意见，在此表示深深的谢意。令我特别触动的是张志扬老师提出的批评，兹引如下：

关于海德格尔有没有或有怎样的伦理学思想这一重要问题的开掘，仅仅放在《存在与时间》前后十年的时间内考察，除了"发端"意义上的重要性外，就问题本身看，是非常不完整也不可能完整的……我不得不顺便表示一点遗憾：就在 30 年代中期，海德格尔已经着手写了《哲学论稿》（1935—1939）（即"65 卷"，死后百年诞辰才公布于世）。因此，我希望课题研究人下一步再继续完成 65 卷等生前未发表的著作研究，按目前达到的基础，我相信所获一定会是另一番景象。这是用"希望"表现的"不足"。

张志扬老师可谓是一语言中了本书的弱点，遗憾的是，虽然重读了 65 卷，却仍然未能做出他所期望的修正，只能留待以后了。

一旦成书，写下的文字就不复属于自己，所以，也就没有过多的解释与辩护的必要了。唯求借此之际，对伴随我走过这一段艰难路程，对所有帮助过我的人表示衷心的感谢。首先要感谢的是我的先生郑剑文，他放弃了他深爱的哲学以便承担起家庭沉重的经济负担，在这五年间，他一再耐心地倾听我不断地谈论海德格尔与伦理，与我一同经历了无数次彷徨与困思；其次要感谢我的儿子郑鼎希，虽然他不曾能够叫过我一声妈妈，却教会了我爱和担当。我也要感谢复旦的同事们的鼓励和帮助。需要遥致谢意的还有我已然故世的美国导师 Hans Seigfried，在他的指导下，我最初萌发了写一部关于海德格尔与伦理学的书的设想；其次要感谢的是 Adriaan Peperzak，虽则年事已高，却依然在这些年间不断地给我以激励和启迪。此外，Thomas Seehan 也曾就海德格尔文本的阅读给了我许多指导，虽然在不得不离开芝加哥罗耀拉（Loyola）大学的情况下，他未能如约做我关于海德格尔的博士论文的导师。

最后我要特别感谢张伟珍为编辑本书付出的巨大努力。

孙小玲

2015 年 9 月 20 日

责任编辑：张伟珍

封面设计：吴燕妮

版式设计：周方亚

图书在版编目（CIP）数据

存在与伦理——海德格尔实践哲学向度的基本论题考察 /

孙小玲 著 . – 北京：人民出版社，2015.11

（实践哲学问题史文丛·邓安庆 主编）

ISBN 978 – 7 – 01 – 015349 – 0

I. ①存…　II. ①孙…　III. ①海德格尔，M.（1889—1976）–
哲学思想 – 研究　IV. ① B516.54

中国版本图书馆 CIP 数据核字（2015）第 237148 号

存在与伦理
CUNZAI YU LUNLI
——海德格尔实践哲学向度的基本论题考察

孙小玲　著

人民出版社 出版发行

（100706　北京市东城区隆福寺街 99 号）

北京汇林印务有限公司印刷　新华书店经销

2015 年 11 月第 1 版　2015 年 11 月北京第 1 次印刷
开本：710 毫米 ×1000 毫米 1/16　印张：26.5
字数：335 千字

ISBN 978 – 7 – 01 – 015349 – 0　定价：58.00 元

邮购地址 100706　北京市东城区隆福寺街 99 号
人民东方图书销售中心　电话（010）65250042　65289539